ビギナーズ
刑事政策

第3版補訂版

守山　正
安部哲夫
［編著］

成文堂

第3版補訂版はしがき

　本書は、「ビギナーズ刑事政策第3版」の補訂版である。補訂版を出す主要な理由は、令和4年（2022年）6月、刑法の重要な一部改正により、懲役・禁錮が廃止されこれに代わる拘禁刑が導入されたことにある。明治40年以来、刑法に規定されてきた懲役と禁錮という自由刑内部の区別をやめ、これらを統一する新自由刑ともいうべき単一刑の拘禁刑が創設された。施行は2025年が予定されており、必ずしも詳細は明らかになっていないものの、本書第3版もできる限りの修正を加える必要があり補訂版とした。またこの際、一部の個別犯罪の現況やこれに対する対応などについても、数値を最新のものとする補訂も行った。とはいえ、なお拘禁刑の具体的施行内容が明らかになっておらず、編集の時間の制約もあって十分な修正には至っていないところもある。その点は次の機会（第4版を予定）において充実をはかりたく考えている。

　今後も、性犯罪に関する刑法の改正などが予定されており、また、令和4年版犯罪白書が「新型コロナウィルス感染症と刑事政策」を特集したことに見られるように、刑事政策に影響を与える種々の重要な社会現象も生じている。こうしたことも含めて、いま、犯罪と刑罰を全体的に考察し、刑事政策のあり方を改めて検討するときが到来しているものと思われる。

　本書の補訂作業においては、成文堂編集部の田中伸治氏に再びご苦労いただいた。記して感謝申し上げる。

　2023年3月

編著者　　守山　　正
　　　　　安部哲夫

第3版はしがき

　本書はビギナーズ刑事政策の第3版である。平成23年の第2版は初版同様、多くの読者に恵まれたが、その後6年を経過し、その間にわが国の犯罪動向、刑事立法や犯罪者処遇の状況に種々の変化が生まれ、旧版の記述に齟齬がみられたことから読者に不便を強いてきたため、改訂に至った次第である。

　本改訂にあたり、最新の犯罪現象や犯罪対応の動向、犯罪者処遇の新展開を加筆した。そのほか、個別犯罪への対応として種々の立法が図られたことから、これらについても補正した。とくに、交通犯罪、組織犯罪、高齢者犯罪、性犯罪などに対しては比較的大きな変更があり、それらに応じて見直しを行ったが、依然、政府の法改正の動きは止まっておらず、この執筆時点でも十分補正が間に合わない事態も生じており、これらは残念ながら次回の改訂にゆだねざるを得ない。なお、巻末には2版同様、比較的好評の刑事法令年表を添付し、必要に応じて追加した。

　このように刑事政策は生の事実を素材とするために、つねに変わりゆく学問領域である。この領域はおおむね、犯罪予防、刑事立法、刑事制裁、犯罪（者）の処理過程、犯罪者処遇の5つに分かれるが、比較的犯罪現象が安定的な時期を迎えている現代社会においても、各種の変動がみられる。たとえば犯罪予防においては伝統的に再犯予防への関心が強い一方で未然予防に関する議論も盛んになりつつあり、刑事立法・刑事制裁の領域では新犯罪概念の創出、刑罰強化の動きが一層明瞭であるし、被疑者・被告人への対応として犯罪処理過程における刑事司法機関の在り方が依然問われている。また犯罪者処遇の領域では再犯防止に向けた多機関連携の模索が続いている。

　このような「実務としての刑事政策活動」に対して、本書はこれらを対象とした学問の営為を示すものであるが、この10年ほどの研究状況をみると、「学問としての刑事政策」は残念ながら停滞し、伸び悩んでいるように思われる。その要因は、一つには刑事政策の実務が医療、福祉、教育などの分野

と連携を深め、幅広い社会政策的側面へと広がりを見せる中で、大学研究者による政策理論がその動きを十分に把握できず、統合した理論的研究がみられない点にある。また、他方で、大学内では研究者、とくに若手研究者の育成が進んでおらず、学界における議論状況も低調であって、そのため法務省などの行政機関主導の政策展開が目立ち、理論研究が政策に十分反映していない点が考えられる。学問としての刑事政策、つまり刑事政策学の要諦は、本書にもあるように、「国家の刑事政策を創造的に批判すること」である。しかも、「エビデンスに基づく政策」がこれほど高揚されながら、刑事政策研究による国家活動の検証やチェックの作業は、わが国ではほとんど機能していないと言わざるを得ない。

　政府は近年、犯罪対策閣僚会議において「再犯防止に向けた総合政策」を発表し、「出所後 2 年以内に再入所する受刑者の割合を今後 10 年の間に20％減少させる」との数値目標を設定した。このような具体的な施策提示は画期的であり歓迎はされるものの、この政策に対する検証や評価の動きがないこと自体、こんにちの学問状況を如実に示しているのではないだろうか。今後、現在の政府内議論状況からすれば、自由刑の改革、少年年齢の引き下げなどが現実化する可能性があり、また他方で、直近で確定した性犯罪やテロ犯罪への対応など多くの困難な問題点を抱えるトピックも少なくない。そういう意味でも、刑事政策を学ぶ者は誰であろうと、政府の政策実施を、市民の視点から、絶えず注視しながら、創造的に検証・評価し、議論していかなければならないと考える。

　最後に、複雑な改訂作業に労を煩わせた成文堂編集部の田中伸治氏に感謝を申し上げる次第である。

　2017 年 6 月

編著者　守 山 　　正
　　　　安 部 哲 夫

第 2 版はしがき

　本書の初版を刊行したのは、3 年前の 2008（平成 20）年である。「刑事立法の時代」といわれるほどに新たな刑事立法の制定や改正が連続していた時代である。また犯罪予防や犯罪者処遇に積極的な立法政策が展開されていた時代でもある。さらに刑事司法においても、裁判員裁判を中心とする司法改革の一翼が、その実施を前にして国民への啓発を進める時代であった。国民を巻き込んだ刑事政策の実践が推進された時代ともいえる。それは、ともすれば犯罪者を社会から排除し隔離するという方向性（exclusion）を強め、残念ながら、犯罪者の社会復帰は名前だけのものになっていた感すらある。

　しかし、他方で、犯罪者を正しく社会に包摂するという方向性 (inclusion) も見えてきたように思われる。裁判員裁判の実施は、国民に犯罪者を断罪することだけでなく、犯罪者の立ち直りのために何が必要かを考える契機となったし、矯正改革や保護改革を担って成立した新法制も、その具体的な実践の場で、徐々に評価を得るべく実績を重ねてきている。たとえば、高齢の頻回受刑者への対応に象徴されるように、その社会復帰に必要なものを提供できる地域環境を整備するため、多機関が連動する仕組みも動き出している。評価には今後いくらかの時間が必要であるが、少なくともメディアに煽られるかのような厳罰主義が納まってきたことは好ましいが、さらに注視する必要がある。いずれにせよ、どのような犯罪対策が適切であるのか、刑罰を含む刑事制裁のあり方について適切に議論できる環境が整ってきたように思われる。

　こうした時代認識に立ち、改めて初学者向けに本書の第 2 版を公刊することにした。初版は、図版やコラムあるいは年表などの助けもあり、ビギナーズに学習しやすい教材としてひろく利用していただいた。第 2 版は、全般的に統計の差替えを行ったり、一部本文叙述の加除をしているが、構成そのものの改編は見合わせた。あくまでも初学者向けの教材を意識して編集した。初版同様に、刑事政策の学習に役立てていただければ喜ばしいかぎりであ

る。本書第 2 版刊行に際しても、成文堂編集部の相馬隆夫氏にご苦労いただいた。記して感謝申し上げる。

　　平成 23 年 4 月

　　　　　　　　　　　　　　　　　編著者　守 山　　正
　　　　　　　　　　　　　　　　　　　　　安 部 哲 夫

はしがき

　本書は文字通り、初学者向け刑事政策の基本書である。これまで多くの刑事政策に関する教科書類が出版されてきたが、しかし、刑事政策の学問的位置づけについては依然定説をみていない。そもそもドイツ・フランスなどの大陸系研究の影響を受けた者は、刑法と刑事政策の親和性を重視し、あるいは刑事政策を犯罪学と区別する傾向があるのに対し、英米系の影響を受けた者は両者を区別しない傾向が強い。また、刑事政策という語を国の活動とみるか、あるいは学問とみるか、その視点もさまざまである。このように、刑事政策の定義についても、論者の概念はまちまちであり、統一的に理解することは難しい。かつて科学として刑事政策を刑事政策学や刑事政策論などと呼称したこともあったが、これも定着をみていない。

　そこで、本書は、刑事政策の概念として一講を設け、大学で講じられる「刑事政策」が学問的領域に属することを確認し、国家の活動を対象としてそれに創造的に批判・評価を加える作業であることを示した。大学で講じる「刑事政策」には、国が行っている諸活動に対する評価や批判が含まれていなければならないと考えるからである。ただし、その評価や批判においては、建設的な提案や代案が示されるべきである。否定的消極的評価に終始すると、国家活動としてのより良い刑事政策を低迷させ、結局は国民の利益を損ねてしまうからである。本書では、刑事政策の評価をめぐる論争について、これに拘泥することなく紹介するにとどめた。初学者としての読者にとっては、刑事政策がどのような領域を対象とし、どのような評価活動が行われているかを把握すれば十分であると思われる。なお、本書には、現代の刑事政策の方向性を探る趣旨から、従来の教科書にはあまりみられなかった「犯罪予防」や世界的な刑事政策の動向も含めて整理する「刑事政策の動向」を独立の講として設けている。このように、刑事政策の現在を描き出すよう配慮した。

　ところで、近年刑事司法制度や刑事法の改編や改正作業が継続して行なわ

れている。これは、当然のことながら、こんにちの社会の動向を反映したものである。現代はいわゆる「刑事立法の時代」とも呼ばれ、従来の諸制度が大きく変更されつつある。いわば国家の活動としての刑事政策はターニングポイントを迎え、種々のパラダイムの転換を生み出している状況にある。たとえば、社会内処遇や施設内処遇においても新法の成立とともにその理念は大きく舵をきった。刑罰制度も改編が進んでいる。こうした状況下にあっては、現行の制度をリアルタイムに正確に捉えることはきわめて難しい。しかし、だからこそ、こんにち新しい情報と解釈の必要性は以前にも増して高まっており、その意味では本書を世に送り出す意義は大きく、まさしくこの時期に刑事政策の内容を整理することに対するニーズは高いと言わなければならない。

　ある論者によると、現代は、犯罪問題に関して「素人の時代」であるという。すなわち、かつてのように刑事司法制度の専門家が独占した時代は終わり、市民や被害者が犯罪問題の議論の輪に参加しつつある。そのための制度も被害者関与制度や裁判員制度の導入に象徴されるように次第に充実しつつあり、市民参加・私事化が刑事司法制度に浸透してきた。しかし、他方で、そのような風潮は市民の情緒的感情が直接、制度の方向性を論議する意思決定に反映し、その結果、犯罪者に対する応報感情を強め、厳罰化・重罰化をもたらす恐れもある。かつての復讐・恥辱の時代に逆戻りするのではないかとの懸念も生じる。したがって、本書でもその点はとくに留意し、いわゆるエビデンスに基づく政策が強調されるように、議論は明らかな科学的根拠に基づいて行うべく、種々の工夫をこらしたつもりである。

　本書は姉妹書「ビギナーズ少年法」の体裁を踏襲し、同様に読者の理解のために、各講の冒頭に「キーワード」を提示し、本文中に適宜「コラム」を挿入した。また巻末には、年表を付し、主として平成期以降の流れを追い、とくに近年の錯綜する刑事法の改編に関して、時期と内容およびその契機となった出来事を簡略に示した。この年表からもこの数年の動向がわが国の刑事政策にとっていかに重要であるかが理解されるであろう。もっとも、このような急激な変化の時代にあって本書の内容が時間の経過とともに急激に色あせることも懸念されるが、それは活字媒体の宿命である。近年、国内外に

おいて公的機関からウェッブサイトを通じて常時新しい資料が提供されており、これらを利用することは、刑事政策の新鮮な理解を大いに助けることになろう。

　なお、本書の出版に際し、「ビギナーズ少年法」に引き続き、成文堂編集部の相馬隆夫氏の指導や助言を仰いだ。長い編集作業が可能であったのも、ひとえに氏の理解が得られたからである。ここに執筆者を代表して謝意を表する次第である。

　　2008 年 5 月

編著者　　守　山　　　正
安　部　哲　夫

刑事司法手続（成人）の流れ

（令和3年）

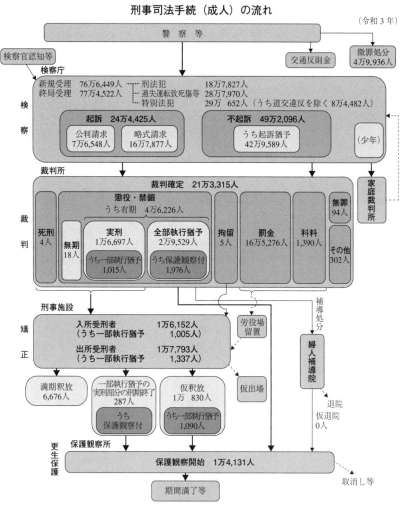

注 1　警察庁の統計、警察統計年報、矯正統計年報、保護統計年報及び法務省保護局の資料による。
　　2　各人員は令和3年の人員であり、少年を含む。
　　3　「微罪処分」は、刑事訴訟法246条ただし書に基づき、検察官があらかじめ指定した犯情の特に軽微な窃盗、暴行、横領（遺失物等横領を含む。）等の20歳以上の者による事件について、司法警察員が検察官に送致しない手続を執ることをいう。
　　4　「検察庁」の人員は、事件単位の延べ人員である。例えば、1人が2回送致された場合には、2人として計上している。
　　5　「出所受刑者」の人員は、出所事由が仮釈放、一部執行猶予の実刑部分の刑期終了又は満期釈放の者に限る。
　　6　「保護観察開始」の人員は、仮釈放者、保護観察付全部執行猶予者、保護観察付一部執行猶予者及び婦人補導院仮退院者に限り、事件単位の延べ人員である。
　　7　「裁判確定」の「その他」は、免訴、公訴棄却、管轄違い及び刑の免除である。
出典：令和4年版犯罪白書30頁

少年非行に対する手続きの流れ

（令和3年）

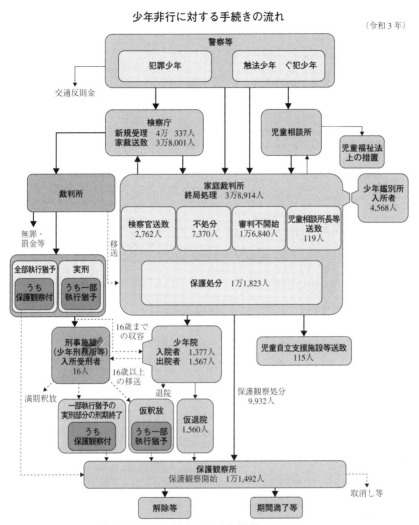

注 1　検察統計年報、司法統計年報、矯正統計年報及び保護統計年報による。
　 2　「検察庁」の人員は、事件単位の延べ人員である。例えば、1人が2回送致された場合には、2人として計上している。
　 3　「児童相談所長等送致」は、知事・児童相談所長送致である。
　 4　「児童自立支援施設等送致」は、児童自立支援施設・児童養護施設送致である。
　 5　「出院者」の人員は、出院事由が退院又は仮退院の者に限る。
　 6　「保護観察開始」の人員は、保護観察処分少年及び少年院仮退院者に限る。
　 7　本図及び数値は少年法等の一部を改正する法律（令和3年法律第47号）施行前の手続きによる。
出典：令和4年版犯罪白書117頁

凡　例

法令名略称　以下の例のように略記する

インターネット異性紹介事業を利用して児童を誘引する行為の規制等に関する法律	出会い系サイト規制法
旧証券取引法	（旧）証取
警察法	警察
刑事施設及び受刑者の処遇等に関する法律	受刑者処遇、受刑者処遇法
刑事収容施設及び被収容者等の処遇に関する法律	刑事収容、刑事収容施設、刑事収容施設法
刑法	刑
刑事訴訟法	刑訴
検察庁法	検察
更生保護法	更生保護
航空機の強取等の処罰に関する法律	ハイジャック処罰法
裁判員の参加する刑事裁判に関する法律	裁判員法
執行猶予者保護観察法	執行猶予
児童買春、児童ポルノに係る行為等の処罰及び児童の保護等に関する法律	児童買春・ポルノ、児童買春・ポルノ法
児童虐待の防止等に関する法律	児童虐待防止法
児童福祉法	児福法
銃砲刀剣類所持等取締法	銃刀法
少年法	少
少年審判規則	少審規
心神喪失等の状態で重大な他害行為を行った者の医療及び観察等に関する法律	医療観察、心神喪失者等医療観察法
ストーカー行為等の規制等に関する法律	ストーカー規制法
精神保健及び精神障害者福祉に関する法律	精神福祉、精神保健福祉法
組織的な犯罪の処罰及び犯罪収益の規制等に関する法律	組織的犯罪処罰法
道路交通法	道交
独占禁止法	独禁
入札談合等関与行為の排除及び防止に関する法律	官製談合防止法
配偶者からの暴力の防止及び被害者の保護に関する法律	DV 防止法
罰金等臨時措置法	罰臨法
犯罪者予防更生法	予防更生
犯罪捜査規範	捜査規範
犯罪捜査のための通信傍受に関する法律	通信傍受法
犯罪による収益の移転防止に関する法律	犯罪収益移転防止法
犯罪被害者等給付金の支給等に関する法律	犯罪被害給付
犯罪被害者等の保護を図るための刑事手続に付随する措置に関する法律	被害者保護法
不正アクセス行為の禁止等に関する法律	不正アクセス禁止法
不正競争防止法	不正競争
暴力団員による不当な行為の防止等に関する法律	暴力団対策法
麻薬及び向精神薬取締法	麻薬取締法

目　　次

第 *3* 講◆刑事政策の動向

第 *4* 講◆犯罪予防

第 *5* 講◆刑事制裁（刑罰と処分）

第8講◆死　　刑

第9講◆自　由　刑

第 *10* 講◆財 産 刑

第 *11* 講◆保安処分をめぐる問題

第 *12* 講◆犯罪者の処遇

第 *13* 講◆施設内処遇

第 *14* 講◆社会内処遇

第 *15* 講◆個別犯罪と対策

本文中に掲載したコラムの一覧表

第 1 講 ◆ 刑事政策の概念

科学主義、人道主義、福祉主義、刑事司法の私事化

　「刑事政策」の概念は、依然あいまいである。もともとドイツに由来するが、その内容をめぐっては犯罪学や刑事学などとの関係で、今日でも論争がみられる。もっとも、あまりこの概念に拘泥すると、犯罪に対する対応が抽象的に論じられるようになり、その実効性が失われる恐れがある。したがって、本講では、一応の理解として検討することとする。

1　刑事政策の意義

1　用語の由来

　刑事政策という用語は、ドイツ語の'Kriminalpolitik' の訳語であり、1800 年頃、ドイツにおいて、刑事立法政策や刑罰・犯罪に関する立法原則を指す言葉として登場した。今日の刑事政策の範囲と比較するとかなり狭義に解されていた。しかし、この言葉を最初に使用したとされる当時の刑法学者フォイエルバッハ (P. J. Anselm von Feuerbach, 1775-1833) の念頭にあったのは、刑事政策をドイツで発達しつつあった経済政策や社会政策などの一連の政策論の系列に位置付けることであった。

A・フォイエルバッハ

　これに対して、英米には「刑事政策」概念がなく、これに類する criminal policy（犯罪政策）という用語がない訳ではないが、ほとんど使われていない。むしろ、後述するように、この概念を含む

「犯罪学（criminology）」が用いられている。かつては、刑事政策に近い語として、19 世紀アメリカで生まれた刑罰学（penology）が法律的概念として用いられることが多かったが、今日ではこれもあまり使用されていない。むしろ、犯罪学の中に刑事政策的概念を含めて、広義に使用する例が多く、現に世界的に評価の高いケンブリッジ大学犯罪学研究所の研究員には法律系出身の者も少なくない。要するに、英米諸国では、犯罪学が広い意味で刑事政策を包含した学問領域となりつつある。

　このほか、フランス的概念として、「社会防衛（la défénce sociale）」がある。かつてマルク・アンセル（Marc Ancel, 1902-1990）などのフランスやベルギーの学者が有力であった時代には、この語も用いられ、この影響から国際連合内部には刑事政策を扱う部局として社会防衛部が設置された。この語はそもそも新派刑法理論から出てきた概念であり、刑罰によって社会、法秩序を防衛することを主眼として、そのために犯罪者・行為者が有する反社会性・危険性を基本に、それに対する処分を決定するものとされた。しかし、アンセルの死後、この語は急速に衰退した。

　ところで、わが国で刑事政策の語が現れるようになるのは明治 30 年代と言われ、牧野英一（1878-1970）らがこの時期にこの語を使用している。当時、社会政策などの語も到来していることから、ドイツの影響が強くみられたことは間違いない。とくに牧野は、フラ

F・リスト

ンツ・フォン・リスト（Franz von Liszt, 1851-1919）の影響を強く受け、わが国の刑法学理論のうちに、犯罪者（行為者）の主観と危険性を基礎とする近代学派（新派刑法学）を確立した。リストは、「最良の刑事政策とは、良き社会政策である」として、社会福祉政策の充実こそが犯罪を防止する最良の道であることを強調していた。刑事政策の概念を社会政策や立法政策、司法政策などを含め、広く捉える見方は、リストに由来するものであろう。

2　定　　義

　一般に、刑事政策とは、犯罪防止をめざす国家または地方自治体の活動であるとされる。これについては、刑事政策を公私の活動に拡大する見解もみられるが、刑罰の執行を含む刑事政策活動の主体はあくまでも国家・地方自治体などの公的な機関に限定すべきであろう。国家刑罰権が誕生した背景から考えれば、それこそが、公権力の責任の所在だからである。

○コラム1　刑事司法の私事化

　わが国で刑事政策の主体を私人を含む公私の活動とする見解を主張されたのは故藤木英雄教授（1932-1977）であったが、こんにちこのような見解はほとんどみられない。しかし、現象的には、刑事司法制度の私事化に伴って、公私の区別がかなり曖昧になっているのは事実である。たとえば、刑務所民営化の場面では、なぜ民間人が刑罰の執行に関与しうるかという議論が生じており、刑罰は国家の専権事項として刑罰権を位置づける理念からは逸脱するとも考えられる。もっとも、わが国でその運営に民間が関与した PFI 刑務所「社会復帰促進センター」の設立においては、この種の議論はみられなかった。もともと、刑務所民営化はアメリカ、イギリス、オーストラリア、カナダなどの英米諸国で始まったものであり、国家権力を抑制する伝統の強い国々の発想であった（守山　正「刑事司法の私事化現象」『西原春夫先生古稀祝賀論文集第4巻』〈1999年、成文堂〉365頁以下）。その後、フランスなどの中央集権国家にも広がったもので、その正統性を示すために刑罰と非刑罰の執行を区別する理論的工夫がなされているが、必ずしも明解とは言い難い。しかし、民営化は保護観察などの領域にも進行しつつある。

　刑事政策には「政策」という用語が含まれるために、刑事政策を国家の活動そのものではないかという疑念が常に生じて、刑事政策の語の用法に混乱が生じることがしばしばある。一般に、実務家が使用する場合には、その意味あいが強い。他方、学者には刑事政策学ないし刑事政策論の意味が好まれる。そこで、国家活動としての刑事政策と学問としての刑事政策を分けて理解する必要がある。

(1)　国家活動としての刑事政策

　国家ないしそれ以前の形態としての社会がその平穏を考えなかった時代はないと思われる。その意味で、社会の平穏の維持は、国家ないし社会の原始的機能である。このために、手段として刑罰や制裁が使用されてきた。これもきわめて普遍的である。そして、政策は広い意味で政治であるから、国家社会の政治の一環として犯罪の防止が行われてきたのである。

　刑事政策の中核であった刑罰や処分は、歴史的にみてさまざまな形で発展した（後述、第 2 講参照）。死刑、身体刑、財産刑、家族刑、流刑、自由刑など種々の態様が考案され、その刑罰の機能には応報、贖罪、抑止などが盛り込まれ、社会の反動に応えようとしてきた。いずれにせよ、これらの機能は最終的には犯罪の防止という刑事政策の目的に収斂する。しかしながら、次第に刑罰の機能に関しては限界が認識されるようになってきた。その最も象徴的な時期は、19 世紀ヨーロッパである。なぜならば、刑罰を科し、あるいは重罰化しても犯罪は減らなかったからである。科学的な意味での刑事政策の研究は、むしろ刑罰機能に対する懐疑から始まったといってよい。そこで、犯罪を行った者に対する処遇という考え方が生まれる。刑罰を科しても彼らが犯罪をやめないとしたら、犯罪の原因は別にあるからである。ここに、犯罪者の矯正（correction）や改善（reformation）、社会復帰（rehabilitation）という概念が生じた。通常、これらをひっくるめて「処遇（treatment）」という用語が用いられる。すなわち、犯罪者に対するさまざまな働きかけ（介入）を行い、犯罪原因を除去し、善良な市民として社会復帰をさせ、その結果、犯罪の事後予防（re-active prevention）を図ろうとする思想（再犯防止、特別予防）である。もっとも欧米では 1970 年代頃から、このような犯罪者への働きかけを否定し、反社会復帰思想を背景に、社会復帰（改善）モデルから正義モデルに転換する動きがみられた。

　さらに、犯罪問題に対処する国家活動は、その後被害者の保護に向かった。犯罪から生じた社会的葛藤のうち、被害者問題は歴史的に放任されてきたからである。もちろん、犯罪者に刑罰を与えることで被害者の報復感情を満足させると考えられてきたし、刑事法の領域ではないが、犯罪者による被害者への賠償も命じられてきた。しかし、それらは間接的であり、また実効

的ではなかった。そこで、第二次大戦後、被害者に対する関心が高まり、一方で被害原因を研究する被害者学（victimology）が誕生したほか、他方で被害者の救済、さらにはその権利の擁護が議論され、また、世界的に、加害者と被害者が対話を通じて問題解決を図る「修復的司法（restorative justice）」が普及するなどして、今日に至っている。すなわち、犯罪後の被害者の満足こそ社会的平穏の維持に不可欠な要素であるとの再認識が生まれたのである。

もっとも、以上の刑罰、犯罪者処遇、被害者救済は、いずれも犯罪後の国家の対応である。ここで看過されてきたのは、犯罪が起こる前に何らかの措置を講じるという未然予防（pro-active prevention）の発想である（これにつき、第5講参照）。考えてみれば、事後対応としての刑事司法機関（警察、検察、裁判所、刑務所、保護観察所などの機関）の活動には多くの人員と莫大な費用を要し、またそもそも犯罪の発生を前提とすることは被害が生じること、さらには甚大な社会的損失を招くことが想定されている。これに対して未然予防の考え方は、個人的レベルの社会的心情としても、被害者や遺族の悲劇を回避しうる。このように考えると、予防的措置を講じ、被害を出さなければ、社会的悲劇がなくなり、刑事司法機関の活動は最小限に抑えられる。もっといえば、市民の犯罪不安感（fear of crime）自体が低減でき、生活の質の向上を期待しうる。近年、刑事政策の領域において、犯罪の事前予防が強調されるのは、まさにこのような理由による。

(2) 学問としての刑事政策

一般に、大学研究者による学究活動がこれに当たり、また大学に設置された科目としての「刑事政策」もこれに含まれる。その特徴は、先に挙げた国家の刑事政策活動に対する評価・批判を行い、その活動の合理性・科学性・実効性を究明することにある。

第1に、ここにいう刑事政策活動は、法的根拠を有する事実活動であるから、学問としての刑事政策は、この事実を正確に理解することから始めなければならない。その評価の指標となるのは、具体的な科学的根拠に根差すもの（エビデンスに基づくもの。コラム2参照）であり、一般的には犯罪予防効果、処遇効果、再犯率、社会の評価などがこれに含まれる。その際、まずは各種犯罪統計の活用である。他方、この事実としての刑事政策活動は、犯罪

現象、犯罪原因、犯罪者特性などの具体的状況を基盤に行われるべきであり、しかも、最小限の労力、最小限の費用で最大限の効果を挙げる合理性を備えておかねばならない。しかし、その合理性は絶対的なものでなく、実現可能性を前提とした相対的な合理性である。たとえば、絶対的な特別予防効果は全ての犯罪者に生命刑を科すことで実現するが、しかし、刑事政策の人道主義、人権思想、社会の人々の現実的対応などから、それはとうてい許されない。

　第 2 に、学問としての刑事政策が行うのは、国家活動としての刑事政策に対する批判・評価を行うことである。また、その手法として科学的知見に根ざす評価研究（evaluation research）も活用しなければならない。そして、この批判はたんにそれに留まることなく、対案などを示して創造的、客観的に行うことが重要である。そのためには、先に示した合理性、科学性、実現可能性などがその指標となるが、この態度は、近年、欧米で主張されている「エビデンスに基づく（evidence-based）」政策をめざすことと同義である。

○コラム 2　エビデンスに基づく政策

　近年、医学・疫学などの種々の領域で「エビデンスに基づく政策」という用語が盛んに使用されている。刑事政策や犯罪学の領域では、シャーマン（L. Sherman）やファーリントン（D. Farrington）などの研究者グループが「キャンベル計画」といった一定の主張を行う国際研究者組織を立ち上げ、その旗印としたのがこの政策であった。簡単にいえば、イデオロギーや政治的考慮によるのではなく、冷静に証拠（エビデンス）を科学的に診断して、それに基づいて政策を立案すべきという考えであり、一般に、ある実験的試みに対してその有効性を調査する評価研究を行い、その結果を政策決定に生かすことを求める。わが国のように、政策のための実証研究が遅れている状況では、まさしく「エビデンスに基づく政策」が一層強く求められるであろう。

2 刑事学・犯罪学・刑法学との関係

1 刑事学との関係

　刑事政策と近い用語には、さらに刑事学という語がある。もともと、フランス語の 'sciences pénales' を牧野英一がこのように訳出したのが始まりとされる。刑事学は、犯罪、犯罪者、刑罰を共通の研究対象とする学問領域で、その内容はかなり広範である。刑事学もこんにち刑事政策に近い意味で用いられる場合もあれば、後述の事実学としての犯罪学と近い意味で用いられる場合もある。確かに、かつて criminology（英）、Kriminologie（独）を刑事学と訳す例もみられた。しかしながら、この語は現在では「犯罪学」と訳され、もともとイタリアのガロファロ（Raffaele Garofalo, 1851-1934）が 1885 年にその著に名付けた 'criminologia' に由来する。

　もっとも、刑事政策と刑事学は、後者が実質的な犯罪原因を追求し、前者がそれに基づいて対策を検討するという関係で論じられることがある。この場合、前者が規範（政策）学であるのに対して、後者は事実学の扱いとなろう。しかし、実際には刑事学でも刑事政策的な議論が行われており、このような関係づけも今日ではあいまいである。

　さらに、大学の設置講座としては、おおむね東京大学や京都大学、あるいはその影響下のある旧国立大学系が「刑事学」とするのに対して、私大系やその他の旧国立大は「刑事政策」とする傾向がみられる。また、司法試験ではかつて法律選択科目として「刑事政策」という名で実施されていたが、実際には犯罪原因に関する出題も含まれており、「刑事政策」がいわば刑事学や犯罪学の領域を含んで解されていたと思われる。

　いずれにしても、多角的に犯罪問題を検討する学際的研究のニーズが高まっている現在では、刑事政策、刑事学、犯罪学を厳密に区別して論じること自体、あまり意義を見いだせない状況にある。但し、冒頭で述べたように英米での主流は「犯罪学」であり、強いて刑事政策に近い語を探せば、刑罰学の後継としての「刑事司法制度」（criminal justice system）論であろう。

2 犯罪学との関係

犯罪学の概念自体、ドイツを中心とする大陸系とアメリカを中心とする英米系では異なるため、これによって刑事政策との関係も変化する。すなわち、上述のように、ドイツ系ではイタリアの系統を汲む Kriminologie という概念・用語が別に存在するために、刑事政策とは全く別に捉えられており、したがって、犯罪学と刑事政策との概念的区別は明瞭である。要するに、刑事政策論は規範学と目され、最終的には公的対策を講じるものであるから、その方向性として「すべし（sollen）」という原理に従う。これに対して、犯罪学は事実に関する科学、つまり事実学であり、現象をありのままに捉えるから、「である（sein）」という側面が強調される。実際、これまで両者の関係は、犯罪学は犯罪現象を分析・評価するものであり、刑事政策はその研究成果に基づき、対策論を講じるものとされてきた。このようなドイツ流の理解は、わが国においても広く普及し、少なくとも 20 年以上前までは、このような理解が主流であった。ところが、英米流では、刑事政策という用語が定着しなかったために、犯罪学が刑事政策の概念をも包含し、広く対策論を含む概念として捉えられている。もちろん、イギリスでも法解釈を中心とした刑事法概念などを論じる分野や研究もみられ、とくに刑事司法制度論などを犯罪学と区別することもある。しかし、それでも、たとえばイギリス犯罪学会の場で、これらの分野を含む多様な議論が行われており、必ずしも明確な識別がされているわけではない。したがって、英米流の理解が普及しつつある今日においては、ドイツでもわが国でも犯罪学と刑事政策の概念的区別があいまいとなり、将来的には刑事政策が世界共通語としての犯罪学（criminology）概念に吸収される可能性もあろう。

3 刑法学との関係

刑事政策と刑法学との関係も問題とされる。一般に、刑法学は刑法解釈学と別称されるように、主として、過去に行われた行為に対する構成要件該当性、違法性、有責性などの犯罪の成立要件を研究する領域である。刑事政策は将来の犯罪予防をめざすから、しばしば刑法学は回顧的、刑事政策は展望的などとする理解もみられた。もっとも、刑事政策は当然ながら、刑法にお

ける犯罪概念から出発する。このため、刑事政策は刑法に依拠するものとして、下位概念の扱いに甘んじてきた。また、刑法学には、このほか刑罰論も含まれるがゆえに、刑法改正などの場面では、刑事政策と刑法学における刑罰論の関心が重複し、両者の対象領域が識別できないことが少なくない。但し、刑事政策の犯罪概念は刑法学が対象とする概念よりも広範であり、必ずしもそれに拘束されるわけではない。つまり、刑事政策では、時代の推移に合わせて、将来の立法作業として犯罪概念を自由に構想できるのである。

　歴史的にみて、刑事政策と刑法学との関係は、リストの「全刑法学」の提起によって明確にされてきた。彼の整理によると、刑事司法の全域にかかる学問として「全刑法学」を統括概念とし、この中に、刑法という規範のあり方や解釈をめぐる「刑法学」と、刑法の対象となる犯罪の実相を明らかにし、その原因探求と対策を講じる「刑事政策」、さらには犯罪を処理し刑罰を科すための手続に関する「刑事訴訟法学」という 3 つの柱を位置づけた。1881 年、「全刑法学雑誌（Zeitschrift für die gesamte Strafrechtswissenschaft）」を創刊したこともリストの意図の表れである。刑法学における刑罰論においては、リストは、刑法および刑罰の目的として、犯罪者の処罰による正義の実現（応報）や社会秩序の維持（威嚇）という一般予防から、犯罪者の改善更生（教育）を説き、特別予防論を展開した。この構想は、彼がマールブルク大学教授就任講演として行った「刑法における目的思想」いわゆる「マールブルク綱領」（1882 年）において展開されたものである。さらにリストは、処罰の対象は行為ではなく行為者であるとした。それゆえに行為者の危険性に応じた刑罰の必要性が論じられたのであり、観念的な議論から、具体的犯罪者を意識した政策論の必要性が強調された。但し、リストが「刑法は刑事政策の乗り越えがたい障壁である」と説くように、時に刑事政策が示す人権侵害性の恐れを押しとどめる役割も、「犯罪者にとってのマグナカルタ」である刑法および刑法学に期待されてきた。こんにちのドイツやわが国における刑事法学の講義分野に、刑法と刑事政策とが並存しているのにはこうした伝統が背後にあるからであろう。

　このように、刑事政策と刑法学とを結び付け、統合的な視点をもって、犯罪対策に関する科学を確立しようとしたところにリストの功績がある。さら

に彼は、ベルギーのプリンス（Adolphe Prins）やオランダのハメル（Gerard van Hamel）らとともに、「国際刑事学協会（Internationale Kriminalistische Vereinigung, IKV）」を創設し、刑法学を取り込んだ刑事政策論を欧州全域に向けて展開した。

　こんにち刑事政策と刑法学との関係は、ますます密接な状況にある。犯罪社会学や犯罪心理学、さらには被害者学といった研究領域の知見が、刑事政策において重要なことは当然であるが、刑法学が果たす規範の確立や規範の有効性の確認といった作業は刑事政策にも有用である。まさしく「全刑法学」が予定した刑事諸科学の総合科学性が求められているといえるであろう。これは前述したように、英米諸国における総合科学としての犯罪学の役割と酷似する。もっとも、刑法学の規範の探求が、被害者への配慮や国民の声を意識した刑事立法の策定や刑事司法の運用に反映することは、たしかに刑事政策の重要な視点のひとつであるが、これも過剰で直情的な処罰感情に依存しすぎると、近代社会が確立してきた国民の権利（市民的自由）を危うくすることにもなりかねない。刑法の謙抑性が強調される所以である。刑事政策に要求される事柄が、刑法学の学理も織り込んだ刑事法全体の視野から検討され、その限界を明確にすることも重要である。

3　刑事政策の目的・指導理念

1　目　　的

　上述のとおり、（国家活動としての）刑事政策の目的は国家や地方自治体の活動を通じて実現される犯罪の防止である。なぜなら、犯罪はわれわれの社会に種々の危害、損害、混乱、葛藤を引き起こし、その結果、日常の快適な生活を阻害するからである。そこで、国家は犯罪から市民の安全を守り、快適な生活を保障する責務がある。その意味では、刑事政策が究極的にめざす方向は、われわれ市民の「快適な生活」ないしは「生活の質（quality of life）の向上」と言い換えてもよい。

　しかし、犯罪のない社会がはたして本当に快適であるのかは検討を要する。というのも、犯罪の防止と市民生活の自由は、一部に二律背反の関係が

みられるからである。たとえば、市民の安全を図るために、警察官を増員し、街角ごとに警察官が立ち会い、犯罪を行おうとする者に対する監視を強めたとしよう。あるいは、都市のあらゆる街頭に CCTV（監視カメラ）を設置したとしよう。これらによって、確かに犯罪は一定程度、減少するかも知れないが、われわれの生活も窮屈なものとなり、もはや快適とはいえなくなる。

　そこで、われわれは市民生活の自由を確保するために、一定量の犯罪が社会に発生することを許容しなければならない。フランスの社会学者エミール・デュルケイム（E. Durkeim, 1858-1917）が「犯罪は社会の正常の現象である」と述べたのは、まさしくこの一面を示している。

　他方、犯罪の防止は犯罪者に対する無用な厳罰化を意味しない。すなわち、後にみるように、刑事政策の指導理念には人道主義、福祉主義があり、犯罪者といえども人間であり、その人間らしさを尊重するのが近代刑事政策のあり方である。したがって、かつての死刑や身体刑、流刑を濫用した時代とは異なり、今日では自由刑や財産刑が刑罰の中心として、現代社会の要請に応じて発達した。

　さらに、近年において、刑罰の機能に対する懐疑論も生まれている。実際、刑罰を厳格にしたからといって犯罪の防止（一般予防、特別予防）を図ることができないことは一部、再犯率などの統計が示すところである。そこで、今日では同じ犯罪防止でも、事後的な再犯予防から、未然的な事前予防に重点を移す動きが欧米諸国を中心にみられる（第4講参照）。

○コラム3　犯罪不安感と「生活の質」

　犯罪不安感（fear of crime）は1960年代後半、犯罪が急増したアメリカで注目される用語となり、さらに1980年代では時代を映すキーワードとなった。犯罪が多発する社会では、当然ながら、日々の生活において絶えず犯罪被害のリスクを抱えるからである。このため、この頃から研究者による不安感研究が盛んになった。

　他方、1990年代後半から2000年代に入って先進諸国の大半では犯罪減少期を迎え、わが国でも2002年をピークに刑法犯認知件数は近年まで減少し続け

た。しかしながら、このような状況にもかかわらず、犯罪不安感の議論は収まらず、むしろ盛んになる状況がみられた。それは、統計上犯罪は減少したが、各種世論調査によると不安感は変化しないか、逆に高まっている状況が示された。

　この要因として考えられたのが秩序違反行為（disorder）の問題であった。確かに、犯罪が減少した現在、日常生活においては刑法上の「犯罪」に対する不安感は低下したかもしれないが、「犯罪」とはいえないような迷惑行為に対する不安を人々は感じているのではないか。これが秩序違反行為に対する問題意識であった。つまり、多くの人々は「犯罪」とそれ以外の迷惑行為に対して識別しておらず、これらを混合して犯罪に対して不安を感じているという状況である。そこで、近年、研究者の間で秩序違反行為に対する関心が高まり、研究が進められている（渡邉泰洋「犯罪学における秩序違反行為（Disorder）研究の意義」拓殖大学論集（政治・経済・法律研究）25巻1号（2022年）、75頁以下）。

　このようにみてくると、従来の刑事政策が犯罪防止を目的としてきたのに対して若干の修正を余儀なくされているように思われる。つまり、犯罪が防止されても人々は満足しておらず、したがって、人々の要求を充たすには、さらにその先にある「快適な生活」ないしは「生活の質」の向上が果たさなければならないことになる。そこで、刑事政策においても、これらを新たな目的に掲げるべきではないだろうか。

2　指 導 理 念

(1)　科 学 主 義

　世界的にみて、犯罪問題が科学的に論じられるようになるのは19世紀前半のことであり、それほど古いことではない。ここで科学的とは、その政策が科学的根拠を有することに他ならない。科学的根拠とは合理性と言い換えてもよい。もっとも、古典学派は18世紀に意思自由論を展開し、合理的な論争を試みたが、のちにみるように、刑事政策においては、次第に科学的とは実証主義、実証研究（empirical research）を意味するようになり、実証データによって裏打ちされた所説が登場するようになった。なかでも、ケトレ

ー（A. Quetelet, 1796-1874）やゲリー（A. Guerri, 1802-1866）らは 19 世紀前半に整備されつつ あったフランスの犯罪統計を基に、犯罪現象 を科学的に分析し、犯罪対策への一定の示唆 を与えた。他方、19 世紀後半に生来的犯罪 者説を唱え、一世を風びしたチェザーレ・ロ ンブローゾ（C. Lombroso, 1835-1909）の見解 が科学的であるとされるのは、たんに一定数 の犯罪者の頭部の形状を測定して人類学的に 異常性を示したことにとどまらず、犯罪者を 実験群、一般人（兵士）を対照群とする実験

C・ロンブローゾ

計画法を採用し、その対比を試みて、その有意差を統計的に表したことが評 価されたためである。

◯コラム4　ロンブローゾ

　イタリアの法医学者であり、「生来的犯罪者説」を唱えたことで知られる。 彼は監獄医であった時期に、収容されている殺人犯の異常性に着目し、体躯 の形状とくに頭蓋骨の形状を多数調べることによって、その中に「生まれな がらの犯罪者（a born criminal）」がいるとの結論を導いた。すなわち、犯 罪者は額が狭い、顎が突出している、眼窩のくぼみが大きい、頭蓋骨に陥没 がみられるなど一般人と比較して目立った特徴があると指摘し、これはヒト になりきれなかった者がその途上にあるからと隔世遺伝などを論拠とした。 その後、この説は科学的根拠に乏しいとの批判を受け、ロンブローゾはたび たび修正を試みるが、最終的には否定されて、こんにち支持者はみられな い。ロンブローゾはユダヤ人であったが、ナチスが彼の説を利用してユダヤ 人を虐殺したのは、歴史的皮肉であろう。

　刑罰論において、刑罰の機能に関する科学性によって刑罰に抑止効果を主 張するのであれば、刑罰を実際に受けた者の再犯率だけでなく、刑罰の適用 による犯罪率への影響を一般市民を対象として実証的に証明しなければなら ない。また、犯罪者処遇においては、刑務所等で行われる処遇プログラムが

有効であるといえるためには、対象者のその後の社会復帰、再犯率がどうであるのかを証明する必要がある。

　このように、刑事政策における科学性とは古典学派などが行ったような、思弁的に議論するのではなく、種々の社会現象を大量観察して統計処理を行い、一定の発見事実を示して、自らの論説を結論として導き出すことである。今日のような科学発展の時代においては、刑事政策の科学性はきわめて重要な要素であることは言うまでもない。

(2)　人 道 主 義

C・ベッカリーア

　刑事政策は、ヨーロッパで近代まで多くの人々が社会的に抑圧されてきた歴史に鑑み、また多くの市民革命の影響を受けて、犯罪者や浮浪者であっても、その人間性、人間の尊厳を回復させることを目指して確立されてきた。すなわち、人道主義とは、人間の主体性を回復しようとする思想である。このような人道主義は、フランス革命後のヨーロッパにおいて広く浸透し、それを主導したのは啓蒙思想家の人々であった。

　その代表格がイタリアのチェザーレ・ベッカリーア（C. Beccaria, 1738-1794）であった。彼は、すべての人間を合理的理性的な存在と捉え、刑法のあり方においてもそれを前提に犯罪と刑罰の均衡を訴えた。このような考えは古典学派とよばれ、その後の近代刑法の立案に大きな影響を与えた。すなわち、彼の著『犯罪と刑罰』（1764年）において、人間は合理的であり、したがって、犯罪の利益と刑罰の重さを十分に計算することができるから、刑罰は犯罪利益を少し上回る程度に予め刑法典に規定しておけば、犯罪を行わないはずであると説き、また死刑廃止論を展開した。

　もう一人、人道主義を訴えたのが、イギリスのジョン・ハワード（John Howard, 1726-1790）であった。彼は、ヨーロッパのいくつかの監獄を視察したのち、『監獄事情』（1784年）を著し、不衛生で過酷な監獄を改善すること

を提案し、これが監獄改良運動となって犯罪者処遇を中心とした人道化の方向に刑事政策を導いたのである。彼の功績は後世に長く伝えられ、彼の業績をたたえてロンドンには「ハワード協会（The Howard League for Penal Reform）」が設立され、現在も専門研究誌を発刊するなど活発な運動を続けている。

J・ハワード

　わが国においても刑務所の近代化に尽力した人物がいた。20世紀初頭に活躍した小河滋次郎（1863-1925）である。彼はもともと内務・司法官僚であり、監獄行政に携わる傍ら、ドイツの監獄法を学びつつ『監獄学』（1903年）を著した。また、少年に対する感化法の制定にも関与した。しかし、犯罪の抑止は監獄の近代化だけでは達成できないとして、社会改良の重要性を指摘し、みずからも後に社会福祉事業に身を投じた。そして、方面委員（民生委員の前身）制度の創設などに関与している。

(3) 福 祉 主 義

　刑事政策の目的は、前述したように犯罪の防止であるが、もちろんその手段には一定の制約がある。たとえば、犯罪者の再犯に対する究極の防止策は、軽微な事件の犯罪者を含

小河滋次郎

め、全ての犯罪者の死刑で処理することである。確かに、歴史的にみると死刑多用の時代もみられた。しかし、死刑廃止論も盛んなこんにちにおいて、死刑の多用は社会的にもとうてい是認されないであろうし、先述の人道主義からも大いに問題がある。

　刑事政策の生まれた19世紀初頭は、むしろ過去の過酷な刑罰の時代に反省を加え、犯罪者に対する扱いが次第に緩和されてきた時期であった。犯罪

者にその応報として苦痛を与えるというよりも、刑罰を通じて、あるいは刑罰内容に盛り込んで犯罪者の福祉を実現しようという動きがみられた。刑事司法制度の歴史を長年考察するディビッド・ガーランド（D. Garland, 1955-）は、このような動きを刑罰福祉主義（penal-welfarism）と呼び、この考えは1970 年代頃まで続いたと指摘する（David Garland, Punishment and Welfare, 1985）。刑罰福祉主義は、言い換えれば、後述の犯罪者に対する改善モデル、社会復帰モデルである。

　他方、刑事政策において福祉主義は、当然ながら被害者にも及ぶ。被害者は長く刑事司法制度の埒外に置かれ、十分な救済や保護が与えられない時代が続いた。しかし、第 2 次世界大戦を挟んで被害者に対する研究機運が高まり、被害者学が創設されるなど刑事政策の分野に新たな動向がみられ、さらに近年、社会的な被害者運動の高まりにより、被害者に対する救済や保護、さらには被害者を刑事裁判の当事者として扱う動きがみられる（守山　正 = 西村春夫『犯罪学への招待』〈1998 年、日本評論社〉）。わが国では 1970 年末から、「被害者の時代」と呼ばれる時代に至り、種々の立法措置がとられるに至っている。こんにち「被害者」は刑事政策の重要なテーマの一つであり、いぜん十分な考察が必要となっている（第 7 講参照）。

　このように、刑事政策では全体としては社会秩序の維持を図りつつも、他方で個々人の福祉の向上を一つの理念として考えるべきである。

(4)　刑事政策の評価・監視

　前述のように、学問としての刑事政策（刑事政策論）は、公的活動としての刑事政策を創造的に評価・批判し、その活動の合理性・科学性・実効性を究明するとされる。しかし、その手段・方法についてはわが国では必ずしも確立しているとはいいがたい。つまり、現実に実施されている国家活動をどのように評価するかが明らかではなく、このため、わが国では十分な評価に関する研究や調査が発展していない状況にある。しかしながら、国家や自治体の刑事政策活動は当然ながら公的資金（税金）が投入されており、刑事政策研究者ばかりでなく、一般国民や地域住民も関心のある分野といえる。ましてやエビデンスに基づく刑事政策が標榜されるこんにち、有効な刑事政策活動を担保するうえで評価・検証（evaluation）がきわめて重要な手段である

ことはいうまでもない。また、たんに評価するにとどまらず、公的機関の恣意的あるいは権限逸脱の活動を監視することも重要であり、近年わが国で設置された刑事施設視察委員会など第三者が外部から監視し、意見や助言を与えたりする制度は他の分野でも必要であると思われる。

他方、欧米ではほとんどの重要な公的政策のプロジェクトに対しては、その中途で実施するプロセス評価や終了後のインパクト評価が盛んに実施されている（渡邉泰洋「地域安全活動の評価方法」犯罪と非行 162 号 107 頁以下）。そして、その結果次第では、政策の転換・修正が迫られることになる。効果のみられない政策やプロジェクトを継続することは無駄であり、国民の批判を招くからである。また評価は研究者間で互いの個別研究に対しても実施されることがあり、その研究が有効か無効かの判断に利用される。さらに、公的活動の監視については、刑事司法機関それぞれに視察官が客観的な評価を行っている例やわが国の会計検査院に相当する機関が予算の執行を専門分野に即して厳しくチェックするシステムが確立している。

わが国でも 2001 年に「行政機関が行う政策評価に関する法律」（政策評価法）が成立し、各国家組織では自ら政策評価を導入する動きにはあるが、内部者による評価であったり、当該機関が設定した型通りの評価では意味がなく、科学的手法を取り入れた第三者による評価作業が求められる。往々にしてわが国では横からの干渉を嫌う傾向がみられ、このような外部の評価・検証、監視を批判や責任追及ととらえがちであるが、評価や監視は国家、自治体の適正な法執行には不可欠な機能であり、刑事政策の分野でも評価、検証、監視の制度をなるべく多くの領域で設定して、実効性のある公的活動を担保すべきと思われる。

参考文献

・三井誠他編『刑事法辞典』（2003 年、信山社）
・沢登俊雄他編『刑事政策』（1985 年、蒼林社）
・森下忠＝須々木主一編『刑事政策（増補版）』（1980 年、法学書院）

（もりやま・ただし）

第 2 講◆刑事政策の歴史

キーワード
__古代・中世の犯罪処理、古典学派と近代学派、__
__（刑務所建築様式、拘禁様式）__

　犯罪に対する国の社会的反作用は、19世紀初めに欧米において刑事政策として認識され、それ以降、無意識的ではなく、意識的に追求される。日本では、その認識は、明治期以降登場する。そこで、古代・中世の犯罪処理と19世紀から現在にいたる刑事政策に分けて検討することにする。

1　古代・中世の犯罪処理

　19世紀初めまで意識的な刑事政策はなかったが、犯罪や刑罰の概念、また刑事司法制度は存在していた。まず、それらが人類の誕生のときから存在していたのか、それとも一定期間の後に現われたのか、を考えることにする。19世紀には「それらは人類の誕生のときから存在していた」との考え方が有力であったが、現在は、そうではないとの考え方が妥当する。また、誕生した刑事司法がその後どのように発展したのかも考える。そこでは、物を盗まれた人、怪我を負わされた人、家族を殺された人など、被害者個人が刑事裁判において当初主役を演じていたのが、中世末期には脇役になったり、あるいはもはや登場しなくなることがひとつの特徴である。

1　人間社会における刑事司法の起源
　19世紀以来近時に至るまで、刑事司法の誕生に関し、刑罰制度の出現時と人間社会の誕生時期が一致していると考えられていた。しかし、今では両者に時間的ずれがあると考えられている。

(1) 旧説：一致説

(a) 一致説の根拠

　刑罰制度が人間社会の誕生時から存在すると主張する仮説の根拠は、未開社会における法典のうち大部分が刑法によって占められているという事実である。たとえば、19 世紀の著名なイギリスの法制史家ヘンリー・メイン（Henry Sumner Maine 1822-1888）は、『古代法 *Ancient Law*』（1861 年）（安西文夫訳、1948 年、史學社、復刻版 1990 年、信山社）において「ゲルマン族の法典においては民法の部分は刑法に比べれば微々たる領域しか有しない。─法典が古代的であればあるほどその刑法的立法が豊富であり精巧であると断定し得る」（同訳書、264 頁）と述べている。

　結局、原始法について次のように考えられていたといえるのである。原始社会において規範の全体は一つの漠然とした未分化の連続体をなしているのであって、すべての規範は、規範・習慣あるいは伝統への本来的な従順さゆえに服従され、遵守される。原始的生活において、何か法に類似したものが存在をみるにいたる唯一の場合は、行為の規範が侵犯されたときであって、行為の結果につき違反者は全部族の共同の反動によって直接に罰せられる。すなわち、唯一の分化した法としてわれわれが原始社会に発見することの可能な法は刑法である、と。このようにマリノウスキー（Bronislaw Malinowski 1884〜1942）（マリノウスキー／青山道夫訳『未開社会における犯罪と慣習』〈1984 年、新泉社〉116 頁）がその考え方を見事に要約している。もっとも、マリノウスキー自身は、その考え方に反対ではある。

(b) 一致説に対する現代的批判

　以上の一致説には次の批判が成り立つ。

　第 1 に、一致説が根拠としている古代の諸法典がすべて、文字で書かれていることから明らかなように人類の起源時より後のものであり、人間社会の誕生時における刑法の存在を直接立証するものではない。

　第 2 に、伝統的な生活を続けている現代の部族には、厳密な意味での刑罰制度なしに成り立っている社会がある。

　この批判を実証的に行ったのが、先の法民族学者の、マリノウスキーである。彼は、第 1 次大戦中（1914〜18）、太平洋上メラネシアのトロブリアン

ド諸島のひとつボヨワ島において現地調査を実施した。調査の方法は参与的観察法というもので、現地民の言語に習熟し、現地民と十分近接した地点に自らも住居を設け、彼らの生活に参与して観察することを内容とする。

マリノウスキーは、調査の結果、次のことを明らかにした。すなわち、規範は 19 世紀の学者達が言うような伝統的従順さと刑罰によって遵守されているのではない。規範の遵守＝義務の履行を担保するのは、むしろ、義務の履行に対する賞賛や報償である。

たとえば、トロブリアンド諸島の社会は、母系社会であって、しかも家族の経済生活は、妻の実家からの贈与に依存している。夫は自分の家族を養うためにではなく、彼の姉妹の家族のためにヤム畑を耕作する。彼らの食するヤム芋は、妻の兄弟から贈与される。この経済的ルールを遵守させるものは、これから贈与するヤム芋を自宅の前に積み上げ、自分がこれだけりっぱなヤム芋を多く生産でき、気前よく贈与することを皆に示すことにより、仲の良い親族関係を保ち社会から尊敬を得たいという願望であるという［マリノウスキー、前掲書］。

(2) 新説：不一致説

この仮説によれば、刑罰制度は次の 2 つの契機を経て誕生したと考えられる（不一致説についての以下の叙述は、Jacques Leaute, *Criminologie et science penitentiaire*, 1972, p. 122 による）。

第 1 の契機は逸脱行動に対する集団的反作用の出現であり、第 2 の契機は人間社会の出現からある程度経てはじめて現れた制裁概念と犠牲概念の概念的区別である。

(a) 一定の動物社会といくつかの原始的人間社会に共通の防衛的反作用

刑罰制度出現の第 1 の契機は、逸脱行動に対する集団的反作用の出現であり、このことは、現代人という生物種が進化史上登場する以前の、ゴリラやチンパンジーなどの他の類人猿から分化する前の時期にすでに存在していたと考えられる。

集団にルールが存在し、違反した者には集団の長が平手打ちなど何らかの反作用を加えることが、類人猿の世界にも現代の未開部族にも見られる。このことは、上の考え方の直接的証明ではないが、トンネルの両端を観察する

ことによりトンネル内を推測するという間接的な証明にはなる。

逸脱行動に対する集団的反作用は、人類の出現時から存在していたと考えられるが、それはいまだ刑罰とは言えないものである。

(b) 人間社会固有の抑圧的反作用

その反作用が刑罰として理念化されてはじめて、他の動物の反作用と異なったものになった。それは、刑罰と犠牲の概念の分離を意味する。しかし、人間社会の出現直後にその分離が実現したと考えることは、次の2つの理由から不可能である。

第1に、超自然的なものの怒りをしずめる行為が、復讐や正義の欲求の実現行為と混じり合っている、概念的に区別されていない未開社会が存在している。

第2に、言語の障害がある。無実や正義という抽象概念は、人類の初期には存在しえないものである。そのような抽象概念が生まれるためには、複雑なコミュニケーションを必要とする分業の発達と、無実の概念を生み出さざるを得なくする社会的事実が存在するようになることが必要である。後者を言い換えるなら、社会構造が犯罪を生み出すものになり、もはや犯罪行為を天災・災害と同一視できなくなることが必要である。

2 私的司法から公的司法への移行

以上のように、人類の誕生から少したって誕生したと考えられる刑罰制度は、近・現代のそれとは異なる、いわば私的刑事司法と呼びうるものであった。従来支配的であった「進化主義人類学」の考え方では、刑事司法の発展過程につき、すべての人間社会が私的司法という同じ出発点から、同じ2つの中間段階を経て、公的司法という同じ最終段階に至るとされていた。「進化主義人類学」の考え方とは、世界のすべての民族において「人間性の同質性と合法則性が妥当しており、それ故諸民族は人類共通の発展法則に服し、同一系列の諸発展段階を経過する」というものである。

しかし、現在では、大枠ではすべての社会の刑事司法の発展過程は同様のものと考えられるとしても、全く同じではなく、多くのヴァリエーションがあること、また、一部に過去の形態を残存させていると考えられている。以

下では、以前はすべての社会に妥当すると考えられてきたが、今はひとつの大枠としてのみ意味がある、古代刑法史についての一般理論を紹介してみたい。

○コラム 5　進化主義的人類学

　19世紀に支配的であった「進化主義人類学」によれば、世界のすべての民族において「人間性の同質性と合法則性が妥当しており、それ故諸民族は人類共通の発展法則に服し、同一系列の諸発展段階を経過するのだと考えられていた（単系進化論）。この考え方は、一見常識的にみえる。すべての人間は基本的に同じであり、文明化されている程度が違うだけだというのだから。しかし、社会の文明度・開明度は厳しく吟味され、遅れている社会は進んでいる社会の保護・指導を受けなければならないとして、列強の植民地的進出を正当化する理論だった（内田樹『街場の中国論』〈2007年、ミシマ社〉71頁）。このような単系進化論は、西洋列強にとって都合のいい理論であり、学問的検証に堪え得ない。大枠ではすべての社会の発展過程は同様のものと考えられるとしても、全く同じではなく、多くのヴァリエーションがあり、また、一部に過去の形態を残存させていると考えるべきである（多系進化論）。したがって、古代刑法史についての一般理論は、ひとつの大枠としてのみ意味がある。

---

(1)　私 的 司 法

　刑事司法という概念と制度が誕生したときそれは、私的司法と名づけうる内容のもので、2つの柱から成り立っていたとされる。第1は、集団内における身内的司法、第2は、集団の外部に対する私戦である。

(a)　集団内における身内司法

　まず、集団内司法について、これは、共同体内部で犯罪がおこった場合の処理の仕方であって、その場合、家長・族長と呼ばれる共同体の長が判決を下したとされる。刑罰の種類としては、死刑・身体刑のほかに追放が重要な位置を占めていた。当時は、罪と穢れが完全には分離してはおらず、また、共同体を追放されれば生きていくことはほとんど不可能だったゆえに、追放は死刑に等しい効果をあげ、しかも血を流さなくともすむという利点をもっ

ていたからである。

　(**b**)　集団外に対する私戦

　つぎに、犯罪の責を、共同体内部の者ではなく、外部の者に帰すべき場合、武力による復讐が行われたとされる。しかも、その復讐は、共同体の成員が殺害された場合、および、略奪された人間や物を取り戻すことが必要な場合、部族間の戦争＝私戦に転化した。

　なぜ、その場合、被害者の家族による復讐にとどまらず、部族間の戦争にまで発展したのかといえば、それは、被害者の側では、部族的連帯と名誉感情が部族のメンバー全体に復讐を命じるからであり、加害者の部族においても、加害者を保護する義務があるからである。

　このような部族間の戦争の成り行き＝結果が、共同体外の者による犯罪を処理するとみなされた。この解決方法は、私戦の結果を神の意思とみるものであるが、強者の法ともいえる。そこから、不正の感情が生まれ、次の段階への発展に貢献する。

　もっとも、家族内のことは家長の自由に任せるという (**a**) の身内的司法は、単位となる集団が徐々に縮小していくとはいえ、その後も存続し続ける。私裁 [＝家長の判断による身内の殺害] は日本の武士集団にも存在していた。元木泰雄「保元・平治の乱を読みなおす」(NHK ブックス 2004　127頁) は、日本の平安時代に「京でこそ公的な死刑は行われていなかったものの、治外法権ともいうべき武士の所領では、郎従らに対して死刑が日常的に行われていた」と述べている。また、夫婦間レイプや親による子の虐待を当然に犯罪視するようになったのはつい最近のことでしかない。

　(2)　**任意的調停の段階**

　次の任意的調停の時代に入ると、隣接する部族間で私戦がもはや原則として行われなくなる。

　この段階を生み出す背景には次の 2 つのものがある。

　第 1 は、人口増加からくる領土拡張あるいは領土防衛の必要から部族同盟が生じたということである。同盟に属する部族間で私戦がおころうとする場合、同盟の別の部族長が、まだぜい弱な同盟の崩壊を回避するため、調停に入ることになる。第 2 は、取引＝商業の発達である。商業が維持され、発展

するためには、平和が必要なのであって、これも私戦を回避するための調停を生み出す契機となる。

任意的調停は、2段階的に行われた。

まず、贖罪金による和解が試みられる。調停者が適当な贖罪金額を提示し、それに被害者の家族と加害者の家族が同意すれば、贖罪金を支払わせることにより復讐は成就したとみなされる。もし、被害者側が賠償金による解決を拒否した場合、タリオの形式の範囲での復讐権が認められる。タリオとは、「目には目を、歯には歯を」の命題で有名な同害報復の原則のことである。これが、調停の第2段階を構成する。

このタリオの形式の調停にも両当事者が従わない場合、部族間の私戦により決着がはかられることになる。

(3)　強制的調停＝仲裁の段階

次が、強制的調停＝仲裁の段階である。この段階において、調停による和解の受け容れは、当事者の拒否できないものとなる。これは、部族連合が一層強化されたことにより、あるいは一部族による諸他部族の征服により、部族間の私戦による解決をもはや許さなくなったからだとされる。

両当事者は、調停者による和解の提案をもはや拒否できなくなり、また和解のための贖罪金の額も、侵害の種類・被害者の身分に応じて定額化され、この段階の最後には成文法化されるに至る。

この時期にヨーロッパでは犯罪と刑罰の法典化がなされるのである。そこでは、手続法の形成が実体法に先行し、法典が成立する過程は次のようなものであろうと推測される。

①　当初、犯罪に対する反作用には統一性がなかった。

②　それが、まず、手続法が形成され、ついで先例の集積とともに、いかなる場合に刑事裁判が可能か、が次第に明らかとなり、先例が法典という形で法律としてまとめられる。

そして、この第3段階の最後には、判決が、国王、共和国、あるいは国家の名において下されるようになり、第4段階に入ることになる。

(4)　発展の最終段階：公的司法

最後の公的司法の段階に入ると、調停者＝仲裁人はその性格を変え、彼

は、もはや両当事者の合意を追求せず、裁判官として有罪者に刑罰を科すようになる。

　この発展の背景には、君主に主権があるとのイデオロギーが支配的となり（もっとも、古来、民衆にこそ主権があるとの考えが消滅したわけではなく、前者が圧倒的に優位になっただけで、後者もその後も伏流として存在し続ける）、君主の主権者性を示すものとして、また、重要な収入源のひとつとして刑事裁判が位置づけられるようになったことがある。犯罪者の全財産を没収する刑罰は、ヨーロッパでは一般没収と呼ばれ、日本の江戸時代では、家財闕所（かざいけっしょ）と呼ばれ、しばしば用いられた。

　このようにして成立した公的司法はつぎのような特徴をもっていた。

　　①　犯罪の本質　　犯罪の本質は、君主への反逆（君主の法を犯してはならないと言う命令に違反すること）にある。犯罪の被害者は君主である。いかなる行為を犯罪とするかは、君主の権限に属する。具体的には、君主の権限を委託された裁判所の権限に属する。

　　②　刑罰権　　刑罰権は、君主にある。刑罰は、君主に対する反抗への君主による復讐を本質とする。したがって、罪より過剰に重い刑罰が科される。刑罰の中心は死刑であり、その刑の執行は君主への服従を民衆に学ばせる機会として、公開で、華々しく行われる（公開処刑）。

　　③　刑事手続　　取調べと処罰を平行して行いうる。嫌疑の深まりに応じて、処罰ができ、その処罰を取調べに用いることができる。したがって現在、日本国憲法 36 条が禁止している拷問は、恣意的な制度ではなく、この原理に基づく正式な取調べ方法の一つである。犯罪の証明は、試練手続（たとえば日本ではクガタチまたは湯起請と呼ばれる、被疑者に熱湯に手を入れさせて火傷の有無で判断する方法がしばしば用いられた）、宣誓証人など、神意を問うことにより行う。裁判は、被疑者・被告人にも非公開（いかなる罪に問われているのか、いかなる証拠に基づいているのかを判決言い渡しまで知らされない）、民衆にも非公開（処刑の場において初めて、判決文が読み上げられ、処罰が公開される）である。

　　④　大いなる閉じ込め　　18 世紀のヨーロッパでは、権力者は、不正常と考える人間を閉鎖施設に閉じ込めていた。病人、精神病者、浮浪者、無

神論者、債務者、軽微な犯罪者を施療院・懲治場・監獄に閉じ込めていた。しかも　その手続は、極めてずさんなものであった。

　ただ、その中の懲治場は、他の閉じ込め施設とちがった面をもっていた。懲治場 Workhouse は、16 世紀末から 17 世紀にかけて、イギリス、オランダなどヨーロッパ各地でつくられたもので、それらは、当時進行していた農業技術の発展や商工業のぼっ興により発生していた大量の浮浪者や乞食に対する半警察的・半慈善的な施設であり、そこでは作業に従事させた。たとえば、ロンドンには、1557 年にブライドウェル懲治場 Bridewell Workhouse が、アムステルダムには、1596 年に男子懲治場 Rasphuis（常緑高木であるブラジルボクを刻んでチップにする仕事に従事させる。このチップから染料である紅色色素を抽出する）が、1597 年に女子のための紡績場 Spinhuis が、1603 年に少年のための特別懲治場が設けられている。浮浪者や乞食という、「犯罪者」というより犯罪者の周辺に位置づけられる人たちに対するものという意味では、施療院・監獄と同様なのであるが、宗教教育と労働による収容者の改善が追求された点が懲治場の、施療院・監獄とのちがいであった。アムステルダムの女子懲治場の入口には、次の文字が刻まれていたという。「おそれるな。私は悪に報いようとしているのではない。むしろ善に導こうとするものである。私の手は厳しいけれど、私の心は愛に満ちている。」

　日本では、精神病者の閉じ込めは江戸時代には原則としてなく、明治以降私宅監置として始まった。ただし、浮浪者は、江戸時代無宿人とよばれ、中期までは、佐渡の金山に水汲み人足として送られ、死ぬまで働かせられていたが、後期に、長谷川平蔵の発案によりつくられた、江戸佃島の人足寄せ場（1790 年）に送られ、労働と「心学」教育による改善が図られた。

　⑤　従来の被害者の公的刑事司法からの退場　　刑罰としての罰金が生まれることになり、従来の刑事裁判の中心にあった賠償は、これ以降、刑罰の附属物として刑事裁判所で裁かれるか、あるいは、刑事裁判から分離し、民事裁判所の管轄になる。これは、傷つけられた人、殺された人の遺族、物を盗まれた人など従来の刑事裁判の当事者の一方であった者が、刑事裁判から退場もしくは脇役へ退くことを意味する。なぜなら犯罪の本質的被害者は、今や君主であるからである。このことは従来の被害者にとっては復讐権

の喪失であるとともに、復讐義務からの解放を意味する。

　このように成立した公的刑事司法は、しかし、その後、部分的修正を経ながらも現代まで続いてきたのではない。主権が国民に存することを確認した近代的転換は、公的司法をも大きく転換させた。

○コラム6　刑事政策の歴史と被害者

　公的刑事司法成立までを被害者の黄金時代と呼ぶことが多い。しかし、その時期をそう呼んでいいのであろうか。復讐を行える強い力を持った者にとってはそうであろうが、大部分の弱者は被害者とすら認定されず、泣き寝入りするしかなかったのではないか。

　現代の日本において、被害者の権利・被害者の保護が刑事政策に大きな影響を与えている。マスコミなどからの二次被害の阻止、精神的・財政的支援など被害者保護を進める必要は大きいと考えられるが、公的な刑罰権は、個々の被害者ではなく、主権者である国民の総体にあるという近代刑事司法の原則は変えるべきではない。現在の刑罰の最大の目標は、犯罪者の改善・社会復帰にあるのであり、それに資する限りで、個々の被害者の刑事司法への関与もありうるのではないか。

3　公的司法の近代的転換—成文刑法典制定後の刑法規範の誕生—

イタリアの啓蒙主義者ベッカリーア（Cesare Beccaria　1738-1794）は、その著書『犯罪と刑罰』（1764年）において、「法律だけがおのおのの犯罪に対する刑罰を規定することができる。この権限は、社会契約によって統一されている社会全体の代表者である立法者にだけ属する。」と、当時の複数の刑法の法源システムに対して、罪刑法定主義（刑法の法源を制定法のみに限定するシステム）を主張した。ベッカリーアは、罪刑法定主義の主張のみを『犯罪と刑罰』において行ったのではなく、当時の刑事司法の全体の原理的改革を提案した。そして、そのような改革提案は、当時の多くの刑事改革者たちと共通していた。

(1)　改革者たちの構想

　ベッカリーアたち改革者の刑事司法改革構想は、次のような特徴をもって

いた。

　　①　犯罪の本質　　犯罪の本質は、個人の自由の侵害であり、個人の自由を守るために締結される社会契約違反である。

　　②　刑罰権の所在　　君主ではなく、社会全体・人々全体が刑罰権をもつ。

　　③　刑罰の本質　　人々に、犯罪は釣り合わないという観念をうえつけることにより、個人の自由をまもる。そのために、刑罰は、野外作業刑に典型的に現われるように、犯罪の帰結が刑罰であることを人々に不断に示し教えるものがふさわしいことになる。

　　①②③から、罪刑法定主義が必然的に導かれる。それは、刑法の法源を、制定法に限定するだけではなく、軽微な非行の犯罪からの排除も導く。軽微な非行まで犯罪とすることは、刑罰権の濫用により、かえって個人の自由を侵害するおそれがあるからである。

　　死刑については、廃止で一致していたわけではない。ベッカリーアは、原理的に、個人の自由をまもるために個々人が締結する社会契約において、各人の供託する最小の自由の一部分に、「あらゆる財産の中でもっとも大きな財産である生命の自由も含まれる」と解釈することはそもそも背理であるという理由で、また、実際的に、人に犯罪を思いとどまらせるのにもっとも大きな効果を与えるのは、刑罰の強度ではなく、その継続性であるから、死刑は、はげしいが一時的な衝動しか与えず、防止に必要でも、有用でもないという理由で死刑に反対した（ベッカリーア／小谷眞男訳『犯罪と刑罰』〈東京大学出版会〉90頁以下）。しかし、ジャン・ジャック・ルソーは、重大な社会契約違反者に対する死刑を肯定した（ジャン・ジャック・ルソー／桑原武夫・前川貞次郎訳『社会契約論』〈岩波文庫〉54頁）。今や犯罪は君主の与える法違反ではなく、人々が自ら締結する社会契約＝法違反なのだから、犯罪者は社会への裏切り者であり、死刑もしかたがないというのである。ただ、死刑を肯定する場合も、死刑は、もはや華々しい見世物ではなく、同朋が法を犯したことの悲しみ、同朋とこの世から別れなければならない悲しみを表わす葬送の儀式となる（ミシェル・フーコー／田村俶訳『監獄の誕生』〈1977年、新潮社〉115頁）。

　④　刑事手続　　無罪の推定を原則にする。すなわち、裁判で有罪が確定するまでは無罪と推定され、処罰してはならない（拷問の禁止、嫌疑刑の禁止）。また、犯罪の証明を世俗化（神意を問うことの排除、法定証拠主義から自由心証主義へ）する。また、裁判を公開する。

　⑤　監獄刑の廃止　　監獄刑は、刑罰の目的であるところの、人々に犯罪は釣り合わないという観念をうえつけることに適切ではない。監獄という人々の目に触れないところで執行されるからである。また、当時の監獄は、監獄熱という疫病（おそらく、シラミにより媒介される発疹チフス）が充満し、また犯罪者の「学校」であるとの現実認識から、廃止すべき刑罰とされた。

　これらの主張は、⑤を除いて、当時の市民層＝ブルジァジーに共感をもって受け容れられ、市民革命後、現実化していく。

　18世紀末において、それまで改革者たちが廃止を主張していた監獄刑＝自由刑が、廃止されるどころか刑罰における支配的な地位を確立するようになった。その背景、理由は、第9講「自由刑」で述べている。

　また、この近代的転換が日本において行われたのは、明治期ではなく、第2次大戦敗戦後の初めて国民主権をうたった日本国憲法成立後であることに留意しなければならない。また、それは憲法や刑事訴訟法上という制定法の転換であり、実務上、近代以前の残滓が今なお根強く残っている。たとえば有罪判決が確定するまでは無罪と推定する原則は、しばしば虚偽の自白を生む警察の厳しい取調べや、裁判において、被告人や証人の直接の証言より取調べ段階の供述の方を裁判所が信用するいわゆる「調書裁判」などが実務に残る限り、形骸化しうる。

2　19世紀から20世紀前半にいたる刑事政策
―古典学派と近代学派―

　公的司法の近代的転換の結果、死刑は廃止されなかったものの、中心的な刑罰は自由刑になった。刑務所では受刑者を拘禁するだけではなく―それでは中世の閉じ込め施設と変わらない―、16・17世紀の懲治場がひとつのモデルになり、作業による改善も追求しようとする。そこで、自由刑を刑罰の

中心として運用しつつ、その目的・機能についての手探りの追究が、実務家、政府関係者により行われていく。19 世紀初めにはなお、公開処刑、徒刑場まで鎖に繋いで囚人を公衆の目に晒しながら連れて行くことなど中世の身体刑中心の刑罰の残滓もあったが、19 世紀前半には、それらも一掃された。

　19 世紀前半、西ヨーロッパでは、刑法に関し、主に 2 つの学派が存在していた。どちらも人には意思自由が存在する、すなわち、人は意思自由を備えており，善と悪を選択することができる、したがって、人が悪を行うことを選択するならば、それにつき非難され、処罰されなければならない、人が自由であったか否かにより、また，その悪の選択においてどの程度自由であったかにより、その悪がその人に帰せられるか否か、また、どの程度帰せられるかが決まると、と考える点では共通していたが、刑罰の機能の理解に関しては異なっていた。ひとつは、カントの流れをふむ観念論学派で、刑罰は、犯罪によって失われた正義を回復するという、ただそれだけのために行われなければならないものであり、予防目的のためにあるのではないと考える。刑罰の適用において、刑事政策的配慮は必要ないのである。この学派の考え方が刑事政策として体系化されて主張されるのは、20 世紀後半まで待たなければならない。もうひとつは、古典学派であり、市民的権利の防衛のために刑罰はあるが、刑罰権の濫用から個人の自由を守るための調整器としての正義の必要性を強調する。古典学派は、ベッカリーアなどの改革者の考え方の継承者であり、また、観念論学派には、近代以前の考え方との共通性があったので、古典学派の方が支配的であった。

　ところが 19 世紀後半に、意思自由の存在を否定し、決定論の立場から、刑事責任を基礎づけ、刑事政策を構築しようとする考え方が登場する。この考え方は、近代学派と呼ばれる。近代学派にも、犯罪者の排除による社会防衛を重視するイタリア実証学派と、刑罰による一般予防を重視するフランス行刑学派の 2 つの流れがある。

　以下では、古典学派と近代学派についてより詳しく検討する。

1 古典学派

　古典学派は、市民的権利の防衛のために刑罰はあるが、刑罰権の濫用から

個人の自由を守るための調整器としての正義の必要性を強調する。

(1)　調整器としての正義の必要性

　古典学派は、市民的権利の防衛のために刑罰はあるが、刑罰権の濫用から個人の自由を守るための調整器としての正義の必要性を強調し、正義による調整という意味で、自らを折衷学派と呼んだ。刑事責任が認められるためには、酩酊や催眠など意思自由を妨げる事由が行為時に存在しなかったこと、犯罪行為が行われたときに犯罪と刑罰が法律によって定められていることが必要であるとする。意思自由と罪刑の法定・比例原則である。

(2)　刑罰機能における一般威嚇と改善の重視

　古典学派は、一般威嚇機能を重視する。それは、同派がベッカリーアなどの改革者たちの相続人であることの帰結である。しかし、このことは、すでに罪を犯した者に対する刑罰の改善機能・除去機能の軽視を意味するものではない。監獄刑＝自由刑を刑罰の中心におくのであるが、これは、刑務所の改善機能を重視しているからである。

(3)　責任と改善可能性を基準とする刑罰制度

　以上のような刑罰機能の重点の置き方を前提として、古典学派は、次の3点において特徴的な刑罰制度を構想する。

　第1の特徴は、刑罰は過去の行為に対する非難、すなわち責任により基礎づけられねばならないとされることである。これは刑罰の不可欠の機能として一般威嚇を置くことの帰結である。それ故、精神病者のような責任無能力者は刑罰の対象とされず、自傷・他害のおそれのある場合、医師の診断を前提とする県知事の精神病院への入院命令の対象となる（たとえば、フランスの1838年7月30日の法律）。

　第2の特徴は、絶対的不定期刑を否定することである。犯罪者の改善を追求するなら、自由刑を期限の定めなしに言渡し、受刑者が改善されたことが確認されてはじめて釈放する方がよりその目的に合うわけであるが、古典学派は、その場合の刑務所当局の恣意による人権侵害、また、期限が定まっていないことから生ずる受刑者の心理的苦痛を考慮して絶対的不定期刑を否定した。

　第3に、自由刑の定まった枠内で、受刑者の改善のための処遇が行われな

ければならないとする。もっともこの点は、本格的には追求されなかった。

そして、具体的には次のような内容をもつものとして構想され、19世紀の各国において現実化していく。わが国が明治期に導入した近代的刑罰制度も、外観的にはこの古典学派の構想に基づいているといえる。

（a）死　　刑

一般威嚇の観点から厳しい刑罰が要求される重大な罪を犯し、かつ改善の見込みのない者に対しては、死刑が科せられるべきだとする。

（b）流　　刑

一般威嚇のために死刑を用いなければならないほど重大な罪を犯してはいないが、改善の見込のほとんどない者に対しては、植民地への流刑が用いられる。この類型にあてはまるのは、窃盗や詐欺の多重累犯者である。

フランスでは、流刑は当初重懲役のひとつの執行形態として1854年に用いられ始め、1885年からは多重累犯者に対しても用いられることになった。イギリスは、流刑地として18世紀から19世紀にかけてオーストラリアを用いていた。わが国が明治期に導入した近代的刑罰制度においても、当初流刑が存在し、多くの受刑者が、ここでは多重累犯者だけでなく政治犯も多く含まれ、北海道へ送られ、厳しい開拓事業に従事させられたことは有名である。

（c）自　由　刑

最後に、一般威嚇の観点から何らかの刑罰を科さなければならず、また改善の見込みのある者に対しては刑務所での自由剥奪刑が科される。

2　近代学派

19世紀後半に、意思自由の存在を否定し、決定論の立場から、刑事責任を基礎づけ、刑事政策を構築しようとする考え方が登場する。この考え方は、近代学派と呼ばれる。近代学派にも、犯罪者の排除による社会防衛を重視するイタリア実証学派と、刑罰による一般予防を重視するフランス行刑学派の2つの流れがある。ドイツのフォン・リスト（1851-1919）は、両者を総合しようとしたが、どちらかといえばフランス行刑学派に近い。

(1)　イタリア実証学派

　ロンブローゾ、フェッリ、ガロファロらのイタリア実証学派は、犯罪原因につき、意思自由を否定し、生物的因子中心の多元因子説に立つ。犯罪者の中心には、先祖返りという遺伝上の事故によって出現するという生来性犯罪者がいる。そして、社会の防衛を個人の上におき、社会の自己防衛権に基礎づけられる社会的責任論によって刑事処分を正当化しようとしている。

　このような基本的立場から、刑事処分・刑罰の諸機能における重点の置き方、および刑事処分体系につき次のような特徴が導かれる。

(a)　除去中心の刑罰機能

　イタリア実証学派にとって刑罰は社会防衛のための手段なので、刑罰の機能のうち、贖罪応報機能は否定され、除去・威嚇・改善の3機能が追求されることになる。そして、その中でも、除去機能が最も重視されるが、これはイタリア実証学派の犯罪原因論の必然的帰結である。なぜなら、彼らによれば、人が罪を犯すのは、主として生まれつきの性質によるのだから、犯罪者から社会を防衛する手段としては除去が最も有効ということになるからである。除去の方法としては、ロンブローゾ、ガロファロによれば、無期刑は逃亡・恩赦のおそれがあるとして、むしろ死刑が推奨される。市民革命までの刑罰制度における死刑の多用を、正しい社会防衛を無意識的に追求していたものとして高く評価さえしている。フェッリは、元来、死刑廃止論者であったが、最晩年には死刑を認容するに至る。

　このように、イタリア実証学派は、犯罪の生物的因子を最も規定的で重要なものと考えていたが、他方、社会環境・教育などの社会的因子も否定はしていなかった。それ故、二次的な重要性しかもたないとしても、刑務所や農業作業場などでの犯罪者の改善も、刑罰制度によって追求されるべきことということになる。

　最後に、刑罰による一般威嚇の機能は、否定されないとしても、重要なものとはみなされない。なぜなら、イタリア実証学派によれば、大多数の犯罪者は犯罪の帰結すなわち刑罰を計算して行動することが不可能な存在であると考えられるからである。

（**b**）　社会的危険性に応じた刑事処分

　刑事処分の目的が犯罪者の除去・改善にあるとされる以上、いかなる刑事処分を選択するべきかを決定する基準は、犯罪者の「社会的危険性」ということになる。

　そして、犯罪者の社会的危険に応じて選択される刑事処分は、従来の刑罰と比べて次の3つの特徴をもつといえる。

　第1に、処分に非難的要素がない。犯罪は、自由意思の産物でなく、必然の産物だからである。

　第2は、刑事処分の不定期性。将来のどの時点で犯罪者の社会的危険がなくなるか予測することは不可能だからである。

　第3は、その多様性。犯罪者により社会的危険の程度も種類も様々である以上、刑事処分も多様でなければならないことになる。

　刑事処分の内容は、大まかにいえば次のようになる。

　（**i**）　矯正不能な社会的危険をもつ者

　これに対しては、肉体的・精神的に衰弱し、社会にとってもはや危険でなくなるまで刑事施設に拘禁し続けるか、あるいは端的に、死刑に処すべきであるとされる。

　（**ii**）　矯正可能な社会的危険をもつ者

　この者は、年齢・適性に応じて、農業作業場や刑務所に期間を定めず送致される。すなわち、不定期刑が科される。そして、社会にとって危険でなくなったと判断されるまで矯正が加えられる。

　（**iii**）　社会的危険のない者

　反社会的行為があったとしても、行為者に社会的危険がない場合には、損害賠償を言渡すことで足りるとされる。

　以上のイタリア実証学派の刑罰理論は、学説としての影響力は大きかったものの、立法への影響はあまり大きくなかった。19世紀末の刑罰制度改革を指導したのは、むしろ、次に検討する、より穏健なフランス行刑学派の理論であった。

（2）　**フランス行刑学派**

　タルド（Gabriel Tarde 1843-1904）、サレイユ（R. Saleilles 1855-1912）らに代

表されるフランス行刑学派は、イタリア実証学派と同様に古典学派が前提と
する人間の意思自由を批判するが、他方、イタリア実証学派が意思自由とと
もに捨て去った責任の非難の側面は維持する。

（a）　古典的刑法理論批判—同一性責任論—

フランス行刑学派は、意思自由を中核とする点で古典派刑法理論を批判す
る。それは次の2つの柱から成っている。

（i）　刑事裁判所の専門化の主張

まず、古典派刑法理論は、犯罪者を抽象的にとらえ、原則的に一般市民か
ら区別されない、一般市民と異ならない存在とみなしている。それ故、古典
派刑法理論に従った従来の刑事手続においては、行為者の人格より、客観的
行為の認定を重視し、また、裁判官も必ずしも専門家である必要でなく、重
罪裁判所は一般市民によって構成される陪審が事実認定を行っている。それ
に対し、フランス行刑学派は、犯罪者を、生理的身体的に一般市民と異なっ
てはいないが、社会環境の影響により人格的に大きくゆがんだ存在であると
考える。それ故、犯罪者の人格に応じて刑罰が個別化されるべきであると
し、そのため、刑事裁判所が専門化されるべきだとする。刑事裁判所の専門
化の内容としては、①刑事手続、とくに量刑の段階に人格調査を導入するこ
と、②陪審を廃止すること、③民事裁判官と刑事裁判官を専門分化すること、
などである。

（ii）　意思自由を前提としない道義的責任論の主張

また、19世紀後半の科学のめざましい進歩を前に、フランス行刑学派は、
古典派の道義的責任を、意思自由という科学的に証明されない不安定な土台
に立った責任論であるとして批判した。もっとも同じく古典派の意思自由を
批判したイタリア実証学派、とくにフェッリは、人間行動も法則により決定
されている以上、道義的に非難できないとし、刑事責任の根拠を行為者への
非難ではなく、社会に生きていること自体に求めるべきだとする社会的責任
論を主張したが、フランス行刑学派、とくにタルドは、このフェッリの社会
的責任論を批判し、同一性責任ともいうべき独自の責任論を展開している。

タルドのフェッリ批判は、次の3点に整理することができる。

第1に、フェッリのように意思自由を明確に否定し、決定論に立つことを

明言することは、根強い意思自由支持者の無用の反発を招き、必要な刑事司法改革の妨げになるとして、意思自由の存否の問題から離れて刑事責任を論じるべきだとする。

　第2に、フェッリの責任論にあっては、行為の主観面は、社会的に相当な動機による行為は責任がないという形で、責任阻却の場面でしか考慮されず、行為と結果の間の因果関係と行為者の反社会性が認定されれば原則として刑事責任が発生するわけであるが、そこでは、精神障害による触法行為と通常の犯罪、すなわち、他人の犯罪行為の模倣による犯罪とを区別していないとタルドは主張する。しかし、後者すなわち、他人の犯罪行為の模倣による犯罪は、行為者により反復され、さらに他人によって模倣される可能性があるから、その行為を公に非難することにより、行為者に反対動機を生ぜしめ、他人の模倣意欲をなくす必要がある。その必要のために刑罰制度があるという。すなわち、刑罰制度は、社会にとって危険なものを社会から隔離し、矯正するためにのみにあるのではなく、行為者を非難することによって、行為者および他の人々に反対動機を生ぜしめることにもあるとタルドは考え。このような意味での刑事的非難に値する行為とそうでない行為を分ける基準となる道義的責任の制度は現代でも有用であることになる。

　第3に、非難や道義的責任が刑罰制度に不可欠だとしても、意思自由と道義性や非難とは不可分の関係にあるのではなく、意思自由を離れてもある行為を非難することは可能であるとタルドはいう。このことは歴史的にみても明らかだとさえいう。すなわち、個人責任原則の確立する前の刑事責任は、家族あるいは部族単位で考えられていたが、そこでは犯罪行為が自由意思によったか否かは全く問題にならず、行為者がいかなる家族あるいは部族に属するのかという同一性のみが重要であったと。また、現代においても、現実に社会の非難・憤慨と行為者の贖罪意識を生み出すのは、行為が自由意思に基づくことの確認ではなく、行為が故意的であること―タルドは過失行為の可罰性を否定する―、行為者の固有の人格に相当であること（＝人格的同一性）、および、行為者が社会と共通の価値観を有していたこと（＝社会的類似性）の確認であるとする。

　以上のようにタルドは、行為者に道義的責任を負わせる要件として、①行

為が行為者の固有の人格に相当であること、すなわち、人格的同一性と、②
行為者が社会と共通の価値観を有していること、すなわち、社会的類似性の
2基準を満たすことを挙げているわけであるが、それらの要件に欠ける場合
とはどういう場合なのか。

　まず、人格的同一性を欠く場合とは、精神異常、迷酊、催眠、老化、など
により行為時の人格が以前のそれから変化している場合がそれにあたる。

　次に、社会的類似性に欠く場合とは、たとえば、オーストラリアの人食い
の風習をもつ部族の男がパリに突然やってきて、パリ人を食い殺す場合がそ
うだとタルドはいっている。

　人格的同一性あるいは社会的類似性を欠く場合、タルドによれば刑事責任
はないことになるが、これは刑罰を科すのに適さないということを意味する
だけで、別の何らかの強制処分を課してはならないという趣旨ではない。最
後の人食い人種の場合、社会は彼を強制的に隔離する権利があるとタルドは
いっている。

　以上、近代の刑事政策は、古典学派と、その内部でさらに2つに別れる近
代学派の対抗として展開してきた。ところが、20世紀の2度の世界大戦、
とくに第二次大戦を生み出した全体主義の苦い体験は、第二次大戦後、新た
な刑事政策の展開を生み出す。

3　現代の刑事政策—刑罰の人道化・改善機能の重視—

　第二次大戦後の各国の刑事政策は、全体主義の苦い経験から出発する。す
なわち、その基調は全体主義において無視されていた刑罰制度の人道化と刑
罰の改善機能の重視である。

　刑罰制度の人道化を最も端的にあらわす改革は、死刑の廃止であるといえ
る。

　イタリアにおいては、1947年の新憲法により、死刑は廃止され、刑法か
ら削除された。西独も、1949年に制定された基本法により死刑を廃止し、
その代替として仮釈放を伴わない終身自由剥奪刑をもうけ、さらに、1981
年に終身自由剥奪刑受刑者にも仮釈放を可能にした。イギリスは、1965年

に 5 年間暫定的に死刑を廃止することとし、1969 年に最終的に廃止した。同様の廃止の動きは他のヨーロッパ各国においてもみられ、1981 年にフランスが死刑を廃止したのを最後に、西ヨーロッパ諸国で死刑を存置している国はなくなった。

アメリカ合衆国においても、現在、死刑を廃止している州は 50 州中 19 州ある。存置州も 31 州あるが、1972 年、連邦最高裁は、現行の死刑を言い渡す基準が不明確であるとして、死刑につき違憲判決を下した。もっともその後、各州は死刑を言い渡す基準を明確化する法改正を行い、1977 年からは死刑の執行が復活している。

次に、第 2 次大戦後の改善思想の発展を最も端的にあらわすものとして、少年法制の改革がある。

すでに、19 世紀初期より、少年に対しては刑罰とは別の処分を課す可能性をもうける制度が各国において導入されていた。すなわち、是非弁別力をもって罪を犯したか否かを調べ、弁別力がないと判断された少年には刑罰を科さず、保護処分のみが課されうるという制度である。フランスの 1810 年刑法、また、わが国の 1880 年の旧刑法は、16 歳未満の少年にこの制度を適用している。また、19 世紀末ごろより、各国に刑事未成年の制度が設けられ、満 12 歳から 14 歳に満たない少年に対しては刑罰を科さないことになった。たとえば、1880 年に制定されたわが国の旧刑法はその年齢を満 12 歳とし、1907 年制定の現行刑法は満 14 歳としている。

第 2 次大戦後、少年法制は、少年の改善すなわち少年の保護育成の観点から、大きな改革を被る。改革の形態は各国において異なるが、共通点として、次の 2 点の傾向がある。第 1 に、保護処分を原則、刑罰を例外としたこと、第 2 に、保護処分か刑罰かの選択権を、刑罰の改善以外の機能すなわち贖罪応報・除去・一般威嚇を重視する傾向をもつ検察官や刑事裁判所とは別の機関に与えたことである。

以上のような第 2 次大戦後の刑罰制度改革を理論化し、体系化し、その後の改革を指導した代表的理論のひとつとして新社会防衛論がある。以下ではそれを検討し、次いで、1970 年代以降に現れた反改善思想をめぐる論争を検討してゆく。

1 **新社会防衛論**

　はなはだしい人権侵害をもたらした全体主義の刑事政策の反省から人道主義を出発点にし、また、犯罪学と人間諸科学の発展に信頼をおく刑事政策学の潮流が、第2次大戦後、生まれた。それは、まず、イタリアのグラマティカが開始し、次いで、フランスのアンセルが、世界的な影響力をもつ理論へと発展させた。

(1)　**グラマティカ（Filippo Gramatica 1901-1979）**

　新社会防衛運動は、イタリアの刑法学者グラマティカによって始められた。彼は、第2次大戦直後の1945年、ジェノヴァに社会防衛センターを創設し、1949年には、国際社会防衛学会を組織し、その初代会長になった。彼の主著は翻訳されている（グラマティカ／森下忠他訳『社会防衛原理』（1980年、成文堂）。

(a)　社会防衛の新しい定義

　グラマティカの基本理念の第1は、社会防衛の概念に全く新しい定義を与えたことである。社会防衛の第一次的目標は、イタリア実証学派が主張したような社会を犯罪者から守ることではなく、犯罪者を社会から、彼を無視し、拒否する社会から守ることであるとする。すなわち、犯罪者の社会復帰を実現することこそ社会防衛の目標であり、それを実現することにより、社会は副次的に犯罪から防衛されるにすぎないと主張する。この社会防衛の新しい定義は、グラマティカとそれ以外の点で見解を異にする他の論者も含めた新社会防衛運動の共通の考え方である。1954年に採択された国際社会防衛学会の最小限綱領は、「社会防衛の運動は、社会の各成員を保護することによって、その社会集団の保護を確実にすることを求める」と述べている。

(b)　刑法の否定

　ところで、グラマティカが他の新社会防衛論者ときわだって異なる点は、社会防衛の実現のためには刑法を否定し、社会防衛法におきかえなければならないと主張している点である。

　刑法を否定するとは、犯罪概念、犯罪者概念、刑罰概念、責任概念の排除を意味する。すなわち、新しい社会防衛の考え方は、個人の社会復帰をその核心とするものであるから、刑罰という個人に対する非難の側面を不可欠的

にもつ概念は退けられ、また、社会復帰が必要な対象にはいわゆる犯罪者の
みならず、反社会者、不適応者、逸脱者も含まれるべきであるから、犯罪概
念、犯罪者概念は不要となる。

　それゆえ、社会が個人に働きかけねばならないか否かを決定する基準は、
個人の社会復帰の必要性ということになり、それをグラマティカは反社会性
と呼ぶ。この反社会性概念は、社会の個人への働きかけの必要性基準となる
ばかりでなく、従来の責任に代わる正当化根拠となる。社会が個人の社会復
帰のために働きかけるのは、社会の権利ではなく義務であり、社会復帰の必
要な個人にとっては、その働きかけは要求すべき権利であるとされる。そし
て、その権利を放棄することは、自己に反することであるが故に許されない
とされるのである。

　この反社会性の概念は、グラマティカの理論のキー概念となるものである
が、純粋に主観的なものとされる。すなわち、個人の社会復帰が必要か否か
は、客観的な行為のみからは判定できず、対象者の心理状態・人格を調査し
てはじめて明らかとなるものと考えられている。

（**c**）　社会防衛処分

　反社会性ありと判定された者に対しては、社会復帰に必要な措置、すなわ
ち社会防衛処分が加えられる。その特徴は、第 1 に、刑罰に完全にとって代
わるものであること、第 2 に、犯罪行為をまたず加えられうるものであるこ
と、第 3 に、不定期のものであること、すなわち、執行過程で、いつでも変
更・中止できるものであること、にある。

　処分の種類としては、教育または治療処分、少年に対する特別処分、予防
処分などがあり、それぞれ、自由の剥奪をともなうもの、自由の制限を含む
もの、自由の制限を含まないものがある。

（**d**）　グラマティカの理論への批判

　以上のグラマティカの理論に対しては、当然のことながら、個人的自由が
おびやかされるおそれがあるとの批判が加えられた。反社会性概念は、犯罪
概念に比べて非常にあいまいで、かぎりなく広く、恣意的に運用される危険
が大きいのであり、しかも、予定されている処分には自由の剥奪をともなう
ものも含まれているからである。

　そこで、同じく、犯罪者を社会復帰させることにより、間接的に社会を犯罪から守ろうとする考え方から出発しながらも、以上の批判を充分配慮するものとして、アンセルの新社会防衛論が登場する。

　(2)　アンセル（**Marc Ancel 1902〜1990**）

　アンセルは、第2次大戦直後より、日本の最高裁に相当する破毀院判事として実務にたずさわる一方、早くから新社会防衛運動に関与していた。彼は、その理論を「新社会防衛論」と題する書物にまとめ、1954年に発表した。この本は、世界的な評判を呼び各国語に翻訳されるとともに、1966年に第2版、1981年に第3版がでている。初版、第2版ともに翻訳されている［アンセル／吉川経夫訳『新社会防衛論［第2版]』（1968年、一粒社)]。

　アンセルの新社会防衛論の特徴は、第1に、犯罪者を具体的にとらえること、第2に、刑法や責任概念を否定しないことにある。

　(a)　具体的人間像―改善の重視―

　アンセルは、犯罪者を、古典理論の想定したデカルト的理性人とも、イタリア実証学派のいう運命のあやつり人形とも考えず、それを不安の中に生きながらも希望をすてないパスカル的人間、具体的人間ととらえる。すなわち、罪を犯し、再犯に至らないよう援助することが必要な具体的人間・男性・女性・少年と把握する。

　このような人間像は、刑事処分の機能のうち、改善を重視することに結びつく。すなわち、犯罪者は、デカルト的理性人ではないのだから、一般威嚇を重視することはできないし、また、あやつり人形でもないのだから社会からの除去のみが唯一の解決策とはならないからである。このように犯罪者を具体的にとらえようとするから、グラマティカと同様、人格調査が極めて重要ということになる。

　(b)　刑法の維持

　アンセルがグラマティカと異なる点は、刑法、犯罪、犯罪者、刑罰、責任などの制度、概念を排除せず、それらを維持し、新しい社会防衛のために再編成し、利用しようとすることである。それは、具体的には次の3つのことを意味する。

(i)　刑罰の改善以外の機能の利用

　まず、アンセルは、刑罰の改善以外の機能も、第2次的にしろ、利用されるべきだと考える。第1に、刑罰の贖罪応報機能と深く結びついた犯罪者の責任感情、贖罪意識を改善のために利用しなければならないとする。この意味で、責任概念は責任感情の概念として維持される。

　第2に、刑罰の抑止効すなわち一般威嚇も過失犯、行政犯の領域では考慮しなければならないという。

　第3に、改善不可能な者の社会からの隔離を認める。ただし、死刑、無期刑は、人道的刑事政策、および社会復帰の観点から、否定する。

(ii)　法定原則の尊重

　たとえ、犯罪者の社会復帰という目標がかかげられていても、その働きかけが恣意的であれば、人権侵害をひきおこす。このような人権侵害を防止するため、アンセルは、近代刑法における法定原則が尊重されねばならないことを主張する。すなわち、罪刑法定原則や犯罪行為なければ刑罰なしの行為主義の尊重、不定期刑の否定などを主張するのである。

(iii)　責任概念の維持

　アンセルにとって責任の概念は、先に述べた犯罪者の責任感情の利用のためだけにあるのではなく、人道的刑事制度の到達点、目標としての意義ももっている。アンセルは、それを責任の教育学と呼んでいる。すなわち、責任とは刑事手続および処遇の全過程において追求されるべきもので、犯罪者において、同朋に対する人間的義務の意識を発達させ、そのような意識に相応した行動をとらせるようにすることを意味するとされる。

(3)　アンセルの刑事制度構想

　以上のような基本理論に基き、アンセルは具体的に次のような刑事制度を構想する。

　① 　手続　　手続に関しては、まず、有罪・無罪の認定の段階と刑の量定の段階に分け、刑の量定において、充分な人格調査が行われるべきことを主張する。また、裁判と刑の執行の分離を再検討し、判決裁判所が刑の執行をも監督することを勧める。

　② 　処遇　　処遇に関しては、犯罪者の再社会化の観点から、必要に応

じて、刑罰と保安処分が選択されるべきであるとされる。具体的には、主として、人権を尊重した医療的処遇、職業教育、道徳的再教育ということになる。さらに、社会復帰のための社会環境整備として、住居、定職のあっせん、および必要とあれば財政的援助も重要であるとされる。

　以上のような新社会防衛論を含む社会復帰思想は、第2次大戦後の刑事政策に理論的根拠を与え、また、それを指導してきたが、1960年代末より、社会復帰は幻想だとする「反社会復帰思想」の潮流が、アメリカ合衆国および北欧に台頭してきた。

2　反社会復帰思想の台頭

(1)　反社会復帰思想

(a)　社会復帰思想批判

反社会復帰思想の主張者たち（たとえば、Ian Taylor, Paul Walton, Jock Young, *The new criminology : for a social theory of deviance* 1973）は、社会復帰理念に指導された従来の刑事政策を次の3点において批判する。

(i)　改善効果

犯罪者の改善・社会復帰のための様々な試みが実行されてきたのに、再犯者は減っていない。ある調査によれば、改善のための科学的処遇を受けた受刑者が、そのような処遇を受けなかった受刑者と、出所後、同じ比率で再犯を犯している。従って、改善のためとして行われてきた処遇には、改善効果は実際にはなかった、と批判する。

(ii)　強制と改善の矛盾

第2の批判は、改善を強制することは本来矛盾しているというものである。犯罪者の改善・社会復帰は、元来自発的に行われてこそ可能だからである。

(iii)　処遇の個別化の不平等性

第3の批判は、社会復帰処遇が行う受刑者の人格に応じた処遇内容の個別化は、実質的に受刑者の不平等な取り扱いという人権侵害をもたらしたというものである。

（b） あるべき刑罰制度

　それでは、批判者たち自身はあるべき刑罰制度としてどのようなものを構
想しているのか。そこには 2 つの考え方があるように思われる。

　（i） 応報と一般威嚇の重視

　まず第 1 の考え方は、刑罰の改善機能の追求をやめ、応報と一般威嚇を重
視した刑事制度を構想するものである。まず、応報機能だが、それを犯罪に
よって動揺させられた市民の連帯意識の再強化としてとらえなおし、追求す
る。また、刑罰の一般威嚇機能も、再評価する。これらの考え方からの帰結
は、固定刑と重罰化ということになる。この考え方は、先に「20 世紀半ば
まで待たなければならない」［本講 28 頁］と述べたように、刑法に関する観
念論学派のそれに通じるものである。

　（ii） 応報と人道化の重視

　第 2 の考え方は、応報機能を市民の連帯意識の再強化ととらえなおし、評
価する点では同じだが、一般威嚇機能については、その効果は何ら立証され
ていないとして退け、もっぱら、応報機能のみ追求しようとするものであ
る。その際、人道化の観点から応報の追求は必要最小限にとどめるべきだと
する。吉岡一男『刑事学』（1996 年、青林書院）における考え方や、や松宮孝
明『刑事立法と犯罪体系』（2003 年、成文堂）の積極的一般予防の考え方は
この流れに属すると思われる。

　現実の刑事政策へは、第 1 の考え方の方が現在のところ影響力をもってい
るといえる。1970 年代以降のアメリカ合衆国の刑事政策、近時のわが国の
厳罰化政策は、第 1 の考え方を「被害者保護」の理念によりさらに正当化し
たものといえる。

3　新社会防衛論からの反論

　以上のような批判に対し、新社会防衛論の側では、それらの批判に対して
充分に考慮しながらも、社会復帰理念は依然として強調されるべきであると
考えていると思われる（Marc Ancel, *La défense sociale nouvelle*, 3e éd. 1981）。

　その反論は、失敗したのは社会復帰を中心にすえた刑事政策全体なのでは
なく、刑務所での自由刑による改善の試みであったというものである。健全

な市民から切り離して、他の犯罪者と共同生活させることを本質的側面としてもつ刑務所において、改善と再社会化を追求することに本来矛盾があることは認める。しかし、そこからの帰結は改善の放棄ではなく、自由刑以外の方法による改善の追求であるという。そして、たとえば、短期自由刑に代えて執行猶予、罰金刑の活用、また、公益奉仕労働などの導入などを提案する。

参考文献

・ヘンリー・メイン／安西文夫訳『古代法［復刻版］』（1990 年、信山社）

・マリノウスキー／青山道夫訳『未開社会における犯罪と慣習』（2002 年、新泉社）

・グラマティカ／森下忠他訳『社会防衛原理』（1980 年、成文堂）

・アンセル／吉川経夫訳『新社会防衛論』（1968 年、一粒社）

・ベッカリーア／風早八十二・五十嵐二葉訳『犯罪と刑罰』（岩波文庫）

・ミシェル・フーコー／田村俶訳『監獄の誕生』（1977 年、新潮社）

フランス語の文献であるが、

・Jacques Léauté, *Criminologie et science pénitentiaire*, 1972

（つねみつ・とおる）

第 3 講◆刑事政策の動向

キーワード

厳罰化・重罰化、私事化、犯罪予防

1 現代刑事政策の特徴

1 概　　観

　時代や社会が変化すれば、刑事政策も変化する。犯罪が変質し、その対応
も変えなければならないからである。とくに第二次大戦後の社会は、歴史的
にみて、いわば刑事政策の激動期ともいえる。経済的、社会的、文化的な意
味で大きな社会変動が生じ、それに伴って、欧米をはじめとする社会で
1970 年代から犯罪激増現象がみられたからである。犯罪問題は、いわば市
民の日常生活の重要な関心事となり、市民は日々直面するこの問題への対応
に苦慮してきたのである。このような状況で、市民は国家・地方政府の刑事
政策のあり方を厳しく批判し、安全確保のために自衛する一方で、国家・地
方政府も、犯罪者に対する刑罰のあり方、犯罪者処遇のあり方においてパラ
ダイムを大きく変換し（たとえば、「改善モデル」から「正義（公正）モデル」
への転換）、刑罰の強化、一般市民（とくに被害者）の安全確保を重視する新
しい刑事司法制度を生み出してきた。1990 年代後半以降、欧米諸国でもよ
うやく犯罪問題は沈静化に向かいつつあるが、刑事司法制度の改編は変わら
ず行われており、今日に至っている。

　他方、わが国では逆に、1990 年代半ばから犯罪増加の傾向がみられ、被
害者運動の活発化とも相まって、犯罪増加を食い止めるために種々の刑事法
が立法化され、あるいは刑罰の重罰化が図られて、法令の改編による対応が
目立っている。従来、わが国の犯罪現象が欧米諸国に比較して安定的であっ
たこともあり、法制度の改編にはかなり慎重な姿勢がみられたが、後にみる

ように、非常に活発な立法・改正作業が進行し、「刑事立法の時代」を迎えているといわれる。しかし、当然ながら、従来犯罪とされなかった行為を犯罪化すること、あるいは従来の刑罰を強化することは、一つにネット・ワイドニング（netwidening）の問題をはらみ、いずれも市民的自由の縮小、束縛に連なることは間違いがない。この問題は、刑法の謙抑性、ウルティマ・ラティオ（ultima ratio, 最後の手段）としての刑罰のあり方を問うことになるが、残念ながら、研究者間や学界においてさえ、十分に議論されているとはいえない状況にある。将来に禍根を残さないためにも、活発な議論が求められる。

2 刑事立法の時代

(1) 近年の立法・改正

巻末の「刑事法令年表」をみても分かるように、20世紀末から21世紀初めにかけて、わが国では、急激な刑事法の改変が続いている。平成期でいえば、1998年（平成10年）までに目立った立法は暴力団対策法くらいであり、これも刑事法というよりは行政法であって、この時期までには大きな変化はみられない。ところが、1999年（平成11年）になると、「児童買春・ポルノ法」、「不正アクセス禁止法」、「組織的犯罪処罰法」、「通信傍受法」が矢継ぎ早に立法化され、さらに2000年（平成12年）では、「あっせん利得処罰法」、「被害者保護法」、「ストーカー規制法」、「児童虐待防止法」の立法、それに「少年法」の大改正が行われている。

2001年（平成13年）になってもその動きは止まらない。「DV防止法」のほか、重要な2度の「刑法」改正が行われている。とくに、危険運転致死傷罪が刑法208条の2に新設されたことは、交通事故の刑罰的処理を大きく変える契機となった。その後は、2003年（平成15年）に「出会い系サイト規制法」、「心神喪失者等医療観察法」が続く。しかも、この時期作られた新法制の多くには一定年度内の見直し規定が設けられていたために、2004年（平成16年）には上記の法令の見直し、改正が相次いで行われた。また、この年、おそらく今後の刑事司法や刑事裁判のあり方を大きく変更すると思われる「裁判員法」が成立し、2007年（平成21年）から実施されている。さ

らに、2004年（平成16年）の刑法改正では、有期刑の上限が15年から20年に、加重する場合は20年から30年にそれぞれ引き上げられ、これに呼応して殺人罪の下限も3年から5年に引き上げられ、刑法全体の重罰化傾向がみられる。また、この刑法改正では、2003年大学生らによる集団強姦事件（スーパー・フリー事件）を契機に、集団強姦罪（178条の2）が新設されたほか、強制わいせつの法定刑上限が7年から10年に、強姦罪の下限2年から3年に引き上げられ、性犯罪規定の重罰化がここでも実現している。そして、同年には早くも危険運転致死傷罪の上限が10年から15年に引き上げられている。さらに、2005年刑法改正と同時に刑事訴訟法も改正され、死刑規定犯罪の公訴時効期間が15年から25年に変更され、さらには2010年に撤廃された（刑訴250条）。

　2005年（平成17年）以降も刑事法の改正が続く。立法の大きな目玉は、1908年（明治41年）制定の監獄法に対する改正である「受刑者処遇法」であり、これは翌2006年（平成18年）、未決拘禁者の扱いを定める被収容者処遇に関する規定を含む「刑事収容施設法」に統合された。そして、2007年（平成19年）には、刑法改正により自動車運転過失致死傷罪が新設され、さらに2013年（平成25年）には自動車運転死傷行為処罰法が成立し、自動車運転に関わる犯罪は刑法からこの法令に移行した。他方、少年法も改正され、とくに触法少年の扱いが大きく変更された。さらに、2007年（平成19年）では、主として保護観察・仮釈放を規定する更生保護法が成立し、従来の犯罪者予防更生法、執行猶予者保護観察法を統合するに留まらず、新たに被害者保護の規定も盛り込んだ。同年の刑事訴訟法の改正も、刑事裁判への被害者の関与を一段と強める規定を新設している（刑訴316条の33以下）。

　2022年6月、刑法の大改正ともいうべき大きな刑罰政策の大転換が行われた（令和4年法律第67号「刑法等の一部を改正する法律」）。すなわち、現行の懲役刑と禁錮刑を一本化する、いわゆる自由刑の単一刑化が図られたからである（以下、コラム7参照）。欧米では、ほとんどの先進国で自由刑単一刑化が実施されているが、わが国では明治以降、懲役と禁錮、さらには拘留という自由刑内の識別が行われてきた。今回の改正により、拘留は存置されたものの、拘禁刑が部分的に一本化されたことになる。

　なお、この改正法では、さらに侮辱罪（231 条）の法定刑が引き上げられている。すなわち、「拘留又は科料」から「1 年以下の懲役若しくは禁錮若しくは 30 万円以下の罰金又は拘留若しくは科料」へと変更された。この重罰化には、こんにちのインターネット時代において、ネットへの書き込みによって不特定多数の者への拡散が可能であって社会的影響は大きく、そこで誹謗中傷の実態への対処として、悪質な侮辱行為に厳正に対処する意図が伺える。

○コラム 7　刑法改正〜自由刑の単一化

　既述したように、2022年 6 月13日に「刑法等の一部を改正する法律」（令和 4 年法律第67号）が成立した。このうちの最大の目玉は、施設内、社会内処遇の充実化であり、懲役刑と禁錮刑を廃止して一本化した「拘禁刑」の導入を図るものである。このほか、刑罰の改革としては刑の執行猶予制度の拡充に伴う保護観察処遇に関する整備、受刑者の処遇の充実、被害者等の心情等を踏まえた処遇の充実、刑の執行終了者に対する援助の充実など、近年の刑法改正では、かなり大規模な内容となっている。

　この結果、改正法は従来の刑法規定、すなわち「懲役は、刑事施設に拘置して所定の作業を行わせる」（12条 2 項）、「禁錮は、刑事施設に拘置する」（13条 2 項）を一本化し、次のように規定する。

　12条　1 項　拘禁刑は、無期及び有期とし、有期拘禁刑は、1 月以上20年
　　　　　　　以下とする。
　　　　2 項　拘禁刑は、刑事施設に拘置する
　　　　3 項　拘禁刑に処せられた者には、改善更生を図るため、必要な作
　　　　　　　業を行わせ、又は必要な指導を行わせることができる。

　なお、同じ自由刑である拘留刑は存続したが、但し、これまでになかった改善更生の目的や必要な指導の実施が追加され、次のように内容となっている点が注目される。

　16条　1 項　拘留は、1 日以上30日未満とし、刑事施設に拘置する。
　　　　2 項　拘留に処せられた者には、改善更生を図るため、必要な作業
　　　　　　　を行わせ、又は必要な指導を行うことができる。

　これまで、懲役と禁錮を区別することにつき種々の異論を生み出してき

た。すなわち、①受刑者の個性に応じた分類処遇を妨げること、②前者を破廉恥犯、後者を非破廉恥犯とする歴史的な区別的対応は不明瞭であって、過度のモラリズムであり、破廉恥犯というレッテルは社会復帰の障害になること、③懲役という強制労働を伴う刑罰は労働蔑視の批判を免れないこと、④禁錮刑受刑者の大半は請願により作業を行っている現実があること、など現代において両者の識別は意味を失っている点などが指摘されてきた（高橋則夫「拘禁刑の創設について〜受刑者処遇の理論的・実践的課題　ジュリスト2023年1月号98頁以下）。

　このようにして、懲役と禁錮の歴史的統一化が図られたが、改正法にある「必要な作業」「必要な指導」は現時点では明らかになっておらず、本改正法は公布の日から3年以内に施行されることになっており、その実施に向けた内容が詰められることになっている。それによって、拘禁刑の全体像が明らかになると思われる。

(2)　近年の立法の背景

　わが国の近年におけるこのような急激な立法動向（いわゆる刑事立法の活性化）、犯罪化と重罰化の傾向をどのように理解すべきであろうか。この点につき、論者は、その背景として、①刑罰に依存せざるを得ない社会への変化、②人々の不安の顕在化、③根本的価値観を共有しない社会への動き、④国際社会からの圧力を挙げ、不可避の必然的現象だとする（井田良「刑事立法の活性化とそのゆくえ」法律時報75巻2号4頁以下〈2003年〉）。しかし、これらの事項は、一般的にどの時代にも指摘しうるものであり、現に、第2次大戦後以降、おおむねこのような傾向が続いてきた。通常、厳罰化・重罰化の傾向がみられるのは、犯罪が激増し、一般市民から犯罪不安感による不満や不平が聞かれ、政府や自治体、あるいは刑事司法機関に対する非難が強まる時期である。欧米でもそうであったし、わが国でもこのような時期を迎えているが、しかし、その背景にあるのは、以下にみるように1つには、政治家・官僚の刑罰ポピュリズム（penal populism）であり、不可避な必然的現象とまでは言えないであろう。被害者や社会感情の重視が強調されるのはそのためである。

　確かに、わが国でも近年大きな社会変動に見舞われ、従来とは異なる法秩
序の構築が必要であることは疑いがない。社会のグローバリゼーションに伴
い、世界規模の価値の再編がみられ、これまでの価値観・世界観が大きく変
更されようとしているのも事実であろう。しかし、欧米社会と同様に、社会
的価値観が極度に分化し、もはや社会の構成員が共通の価値を維持するのが
困難な状況にまで至っているとは思われない。他方、刑罰を強化することに
よって社会統制を強める手法についても議論が多い。そもそも近年政府文書
でも強調される「エビデンスに基づく政策」理念からみて、刑罰の強化がは
たして社会統制を強め、犯罪を減らすことになるかは、実証的な研究が必要
である。そもそも、わが国ではたして 1990 年代に犯罪が激増したのは事実
であったのか、あるいは統計上の現象であったのかは議論が分かれるところ
であり（河合幹雄『安全神話崩壊のパラドックス―治安の法社会学』〈2004 年、
岩波書店〉）、また、メディアの報道姿勢により人々の犯罪不安が増幅された
のも確かであろう。依然として、わが国の犯罪状況が欧米ないし他の発展途
上国に比較して、同様に悪化しているとは思われない。

　むしろ、以下にみるように、今日の犯罪化・厳罰化の傾向は、犯罪の激増
現象を背景に、被害者を代表とする社会感情に対する配慮、そして、これに
呼応した政府・政治家・官僚のポピュリズム（人気取り政策）、あるいはメデ
ィア報道に起因する人々の犯罪不安の昂揚、さらにはリスク社会における
人々のリスク回避行動を体現したものといえよう。言い換えれば、犯罪問題
の政治化・素人化現象である。

2　リスク社会と刑事政策

1　リスク社会と厳罰化

　リスクはさまざまな場面で用いられるが、刑事政策の領域でもリスク概念
が盛んに議論され、従来の議論の周縁部分から中核へと至っている。とく
に、欧米では、リスクを抱える若者への早期介入政策、あるいは性犯罪者の
社会内での管理といったトピックの中でリスク概念が顕在化してきた。後者
においては、仮釈放審査に際して、性犯罪者の将来のリスクを評価し、それ

に基づいてリスクを管理する分野で論じられている。そのようなリスク評価
を可能にしたのは、コンピュータなどの IT の発達である。各機関で蓄積さ
れたデータが種々の機関で共有され、膨大なデータ・ベースが構築されるこ
とによって、犯罪者に関する種々のデータが参照でき、また特殊なソフトウ
ェアを活用することによって、分析が洗練されるようになったのである。と
くに、コンピュータ使用による保険数理的分析（actuarial analysis）は飛躍的に
犯罪者のリスク診断・評価の精度を高めた。

　このようなリスク概念の刑事司法への導入は、多くの領域における変化を
求めてきた。その典型的な領域が、地域住民の保護や安全と最も直結する保
護観察であり、たとえばイギリスでは、犯罪者に対する地域の処遇が大きく
変更された。つまり、上述の保険数理的介入を行うためには、伝統的な保護
観察のフェイス・ツウ・フェイスの処遇者・被処遇者関係による処遇では困
難であり、リスクの科学的評価や管理はできないとして、保護観察に変わる
用語として「公衆保護（public protection）」や「犯罪者管理（offender management」
という語が使用され、保護観察と刑務所、警察などの法執行機関とが協働し
た体制が整備されつつある。すなわち、伝統的な地域における更生保護、保
護観察という概念がリスク管理という概念にとって代わられたのである。

　考えてみれば、われわれの日常生活は種々のリスクに包まれている。自動
車を運転すれば事故を起こし、あるいは事故に遭遇し、被害を与え、あるい
は被害を受ける可能性がある。道路の歩行中においても、事故に遭遇するこ
とは誰もが認識することである。医者にかかれば、医療事故に巻き込まれる
かもしれない。また、学童は、登下校の際に、見知らぬ者に声をかけられ、
あるいは危害を加えられることもある。さらに、自宅にいても、近隣の火災
によって死傷するおそれもある。日常的な食事の場面でさえ、有害な食品を
口にして、被害を受けることも起こりうる。レジャーを楽しめば、それに伴
うリスクがある。海水浴には溺死、登山には遭難はつきものである。つま
り、われわれは日常的にあらゆるリスクに直面しており、家庭内においてさ
え安全とは限らない。児童虐待、DV、ストーカー、さらには、家族構成員
間の殺人など家庭内のトラブルも増えているからである。ところが、多くの
人々はこのようなリスクの認識にもかかわらず、それによって発生した結果

を受け入れず、その加害者に対して厳しい対応をする傾向がみられる。

　そして、かつてわれわれは、被害を受けたとしても、その加害者が少年や日頃は善良な市民、日常的に親密な関係の者であれば、一定程度、許容してきたのである。加害者・犯罪者に対する寛容な態度、つまり宥恕は、わが国の美風とさえ言われた時代がある。しかし、今日では、人々の間で、その寛容な態度は著しく低下している。少年といえども、あるいは善良な市民といえども、彼らが引き起こした被害に対して、被害であることには代わりはないと考えるからである。つまり、自らの行動にはリスクが伴うことをある程度認識しながらも、それを許容せず、加害者に対して厳罰を求める被害者の姿勢が広がっているのである。従来、これらのもめ事は一定程度民事が解決すべき問題であった。そして、刑罰が市民生活に介入するのは好ましいことではないとされてきた。民刑分離はまさにこの大原則であったのである。しかし、今日、民刑の境界線があいまいとなり、どちらかというと刑事分野で被害者（社会）感情を治癒しようとする動きが感じられる。

　もっとも、このような状況は、日頃善良である自分自身が加害行為を行えば、またその被害者から同様の非難を浴びることになるが、それ自体については十分に認識されていない。リスク嫌忌社会は、実はたとえ日頃法遵守活動を行っている者でも一歩間違えば、自分自身が加害者に転じ、強い批判を受けることを示している。相手の行為に対する許容、寛容といった対応を失った現代社会では、われわれ市民がいつでも社会的非難の矢面に立たされる可能性がある。したがって、このような厳罰化、応報化の傾向は、市民ひとり一人にその覚悟を求めているように思われる。このように理解すると、「刑事立法の時代」は将来、市民間で多くの問題を引き起こす可能性を秘めており、たんに社会に横行する応報・厳罰といった現象に止まらないのである。

2　犯罪問題の政治化と刑罰ポピュリズム

　イギリス、アメリカ、オーストラリアなどの欧米諸国では、1980 年代頃から新右翼主義の政権が相次いで誕生し、戦後レジュームからの脱却現象が生まれた。これによって、いわゆる福祉国家思想ないしは社会福祉サービス

の提供などを見直す機運となり、個人の国家依存から自己責任を問う流れへと変化している。その結果、福祉の切り下げなどにより、社会的紐帯は失われ、社会内に不平等・社会格差が静かに進行した。このような経緯から、犯罪問題が政治課題とされ、犯罪の政治化が明瞭に示された。

　他方、ガーランド（D. Garland）が刑罰福祉主義（penal-welfarism）と呼んだ刑罰による福祉の実現は、基本的に専門家による犯罪問題の議論に根ざしてきた。つまり、種々の教養・見識を積み訓練を受けてきた人々がいわば独占的に犯罪者の処遇を担当してきたのである。ところが、近年の犯罪の政治化の動きは、大衆・メディアを含むいわば素人、あるいは私人による犯罪問題の対処という現象を招いている。よく言えば犯罪問題の民主化であるが、素人の議論は科学性に乏しく、議論が錯綜し、空論に終わる可能性もある。しかし、いずれにせよ、犯罪激増の現象から、関心を有する誰もが犯罪問題に言及できるようになり、その分、犯罪・刑罰に関する論争は、感情的、応報的、大衆的になったのである。

　しかし、これに乗じて、政府・政治家・官僚は犯罪問題を大きな政治課題の一つとして扱うようになった。政府や政治家が自らに対する支持を獲得するには、犯罪に苦慮する市民の意向を汲み取り、その意見に同調することが最も平易だからである。この意味で、政府はメディアや一般世論の後押しもあって、かつて犯罪対応に失敗し、その結果喪失した市民からの統治的権威（legitimacy）の復活を図ろうとして、市民受けする諸策を多く採用した。たとえば、アメリカではブート・キャンプの導入、常習犯罪者に対する三振法の創設、性犯罪者に対する電子監視、超重警備（スーパー・マックス）刑務所の設置など多岐にわたる。このような状況は、さらに反社会的行動・秩序違反行為に対する統制、9.11 後におけるテロリストへの対応など、その例に事欠かない。すなわち、犯罪問題を契機に市民の政治不信が強まるなか、政治家・官僚、さらには刑事司法機関の職員はその信頼回復のために、いよいよ世論への迎合的態度を強め、その結果、犯罪者のような社会的アウトサイダーに対して憎悪や不安を示す一般公衆からの支持を取り付けようとしているのである。これが世界的に広がりをみせる厳罰化の波の元凶となっている。まさしく、現代における刑罰ポピュリズムの隆盛である。

3 刑事政策と私事化

　欧米では、1970 年代以降、犯罪の激増に伴い、警察、裁判所、刑務所などの刑事司法機関に対する批判や不信感が高まり、自身、家族、あるいは地域・学校・職場における秩序を自ら構築する動きがみられる。つまり、国家や公共機関を抜きにして、自分たちで安全を確保しようとする動きである。つまり、公的秩序から私的秩序への移行である。その最たる現象が「ゲイティッド・コミュニティ」であった（第 4 講コラム 12 参照）。このような公的秩序への不信は、言い換えれば、従来公的機関が行ってきた事後予防のあり方に対する疑念であり、被害を未然に防ぐ事前予防への回帰である。つまり、市民の安全・安心は事前予防に大きく依拠しており、これが、安全の私事化がもたらす現象である。

(1)　事後予防から事前予防へ

　事前予防は 2 つの方向性を有する。1 つは環境犯罪学から派生する物理的な改良施策を中心とした事前予防である。これについては第 4 講で詳述されているが、簡単にいえば、犯罪の発生自体を物理的に抑制する手法であり、地域社会において、犯罪を誘発する物理的環境を設計し直し、あるいは改善して、犯行者がいかに労力を用いても犯罪を遂行できないような構造を作り上げるのである。犯罪が発生すれば、警察をはじめとする大規模な法執行機関、刑事司法機関の組織・資源が必要となり、莫大な国家支出を余儀なくされる。他方、犯罪が発生すれば被害者も生じるのであり、今日のように被害者重視の時代には、その国家的対応も負担が大きい。次に、事前予防のもう 1 つの側面は、犯罪発生の基盤となる社会状況への法的対応である。たとえば、後者において、イギリスでは次第に、犯罪の背景となっている種々の社会状況に対する対応、とりわけ若者対策がとられ、1998 年犯罪および秩序違反法は、「犯罪だけでなく、犯罪原因にも厳格に（tough on crime, and tough on causes of crime）」を標語とした。まさしく犯罪（crime）の前段階に位置する秩序違反行為（disorder）を規制することによって、犯罪自体の発生を未然に防ごうとする発想である。したがって、ショッピング・センターでたむろしたり徘徊する若者が規制の対象となり、いわば実質的に若年者対策となっている。

(2)　公私領域の変化

このような犯罪予防の領域では、従来、警察の治安維持活動や刑事司法機関のサービスの受け手であった公衆は、次第に、自らの手でこれらの活動を果たさなければならなくなり、いわばその担い手が国家から市民に渡るようになったのである。近年、警察機関が犯罪問題は市民自身の問題であることを強調し、その対処には警察だけでは困難であることを強調する傾向にあるのは、まさにこの状況を示している。つまり、従来、犯罪問題は警察の専権事項とされてきたが、この構図が崩壊し、現代では、市民は秩序と安全を生み出す社会資源とされ、リスク管理者として位置づけられるようになった。このような状況を欧米の研究者は市民の責任化（responsibilization）などと呼んでいる。

要するに、究極的には秩序と安全は公的な刑事司法機関に依存するのではなく、非公的（インフォーマル）な社会統制に基づくという考え方である。他方で、それを支えるのは、現実は種々の法令であり、そのために、立法や法改正が続いているのである。他方、民間業者はこの状況にビジネス・チャンスを見い出しており、「安全」の商品化が進んでいる。つまり、市民や企業が住宅・事務所に警備装置を購入したり、護衛のために警備員を雇用する状況である。現に、多くの先進諸国では、すでに民間の警備員数が公的警察機関の職員数を上回ると報告されている。

4　犯罪者の「処遇」から「管理」へ

1970年代、アメリカを中心に、すでに犯罪者処遇への関心は著しく後退した。しかし、その後、全く関心が失われた訳ではなく、実際、更生保護の領域では、犯罪者・刑余者に対するさまざまな支援が行われ、社会復帰が目指されてきた。しかし、上述のように、犯罪の激増とともに社会環境が大きく変化し、これによって個々の市民が犯罪不安を抱え、犯罪者に対する許容や寛容を感じる余裕を失うようになると、これらの犯罪不安を与える者に対して厳罰を求めることになる。すなわち、市民にとって犯罪者処遇はたんに犯罪者の甘やかしに過ぎず、応報原理に著しく反し、とうてい許すことはできないのである。犯罪現象がまだ安定的な時代には犯罪者処遇を議論する余

地が残されていたが、今日のように、犯罪の増加やそれによる被害者の悲痛がメディアで大きく扱われると、人々は犯罪者に対する支援や福祉を否定する態度に変化する。そして、それに代わり、地域社会において、たとえ刑を終えた者であっても、彼らを監視し管理をすることを求める運動が生じる。これが、「犯罪者管理」の発想であるが、かつての自警団を連想させやすい。

　現に、イギリスでは、上述のように、従来、処遇者と被処遇者の個々的な人間関係を通じて社会復帰が目指されてきた地域社会における保護観察のあり方が厳しく問われ、法令上、「保護観察（probation）」が「犯罪者管理（offender management）」という用語に代替されるにまで至っている。このような動きは、犯罪者処遇の理念を捨て、まずは一般公衆の安全確保を最優先するものであり、しばしば「公衆保護（public protection）」がキーワードとして政府文書で現れている。

　しかし、われわれには冷静な判断が求められていると思われる。なぜなら、むしろ、犯罪者の処遇の、一般市民の保護に貢献する側面が看過されているからである。すなわち、逆に、地域社会において犯罪者への監視を強め、彼らを社会的に排除すれば、彼らは追い詰められて再び犯罪を行う再犯可能性が高まり、その被害を受けるのは紛れもなく、われわれ一般市民だからである。犯罪者管理に批判的な論者が、犯罪者の社会的排除（social exclusion）ではなく、社会的包摂（social inclusion）を主張するのも、まさしくこのような理由に根ざしている。この意味で、わが国でも、社会感情や被害者の意思を重視して、保護観察のあり方が大きく変更される動きとなっているが、この点を再度検討する必要があろう。

3　刑事政策の関心の変化

　刑事政策（Kriminalpolitik）の用語が生まれてほぼ200年が経過した。この間、多くの国々で犯罪問題、犯罪者に対する対応として試行錯誤が繰り返され、現代刑事政策の手法に至っている。このような経緯の中で、刑事政策の関心は少しずつではあるが、変化してきたとみることができる。図3-1は、この経緯を示している。

1　犯罪者への関心

　図 3-1 によると、18 世紀後半から 19 世紀にかけて、刑事政策は犯罪者に
対する刑罰のあり方から議論が始まったといえる。いわゆる刑罰論である。
とりわけ再犯者、常習犯罪者の激増という社会現象に対して、犯罪者の扱い
のあり方、つまり犯罪者処遇論が盛んになる。これは、犯罪学の領域におけ
る犯罪原因論と結合し、犯罪原因研究から示された犯罪者情報を処遇に生か
す諸策が展開され、犯罪者の社会復帰が模索されてきたのである。しかし、
1970 年代、アメリカにおける「ナッシング・ワークス（nothing works）」論、
つまり刑事司法無機能論が台頭し、とりわけ刑務所における処遇の非効率、
非効果が指摘された。つまり、刑罰の内容として犯罪者の改善・社会復帰を
盛り込んだ刑罰のあり方が問われたのである。この動きは、人種問題とも相
まって、犯罪者処遇とくに犯罪者社会復帰の不平等性を強調し、その結果、
犯罪者処遇論、犯罪原因論は衰退したのである。これが意味するのは、過去
に犯罪を行った者の再犯に対する防止手段を失ったことに他ならない。この
ようにして犯罪者への関心は、処罰の対象として議論されることはあれ、そ
の処遇や社会福祉的支援という方向では、大幅に薄れたのである。

図 3-1　刑事政策の関心の変遷

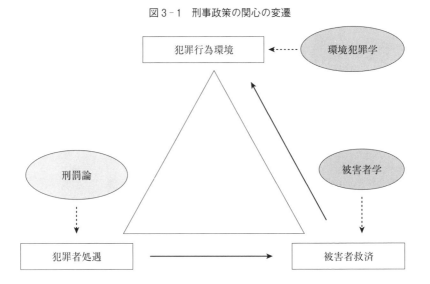

○コラム8　"Nothing Works" と "What Works"

　1974年ロバート・マーティンソンらの研究グループは、メタ解析法を用いて1945年から67年までの犯罪者に対する社会復帰プログラムを分析した結果、一部の例外を除き、再犯に対する効果的な影響は見られなかったと結論づけた。すなわち、社会復帰（改善）プログラムは何も機能していない（Nothing Works）とし、雑誌にマーティンソンの小論文が掲載されると、この語句は一躍有名となった。この影響から、欧米では社会復帰を中心とした改善モデルは急速に衰退し、応報や抑止を中心とした正義モデル（just desert）が支配的になり、今日に至っている。また、近年、犯罪者への有効なプログラムを模索し、エビデンスに基づく政策を推進するため、これに代わって 'What Works'（何が機能するか）が標語として指摘されている。

2　被害者への関心

　ちょうどその頃、被害者に対する救済論が台頭する。よく知られるように、イギリスのマージャリー・フライ（Margery Fry, 1874-1958）女史が被害者救済を訴え、それを受けてニュージーランドで初めて被害者補償制度が導入されたのが1960年代のことである。要するに、次第に犯罪者への関心が薄れ、被害者へと関心が移ったとも理解できる。そして、こんにち依然、被害者への関心は強まっており、さまざまな法制度の改革が世界諸国で続けられており、わが国においてもその状況は変わらない（第7講参照）。1980年代に、犯罪被害者補償制度が導入されたことを皮切りに、被害者への犯罪事件通知制度、刑事裁判への関与など、欧米と類似する制度の導入が相次いでいる。

3　犯罪環境への関心

　さらに、こんにちでは、犯罪行為の発生状況、つまり犯罪・事件の発生メカニズムへの関心が強まっている。それを主導するのが、環境犯罪学であり、状況的犯罪予防である。要するに、犯罪者処遇が象徴的に犯罪者への関心、研究を示すのとは対照的に、犯罪発生メカニズムの研究は犯罪行為の環境を問題とし対象とするもので、研究対象がいわば「人」から「行為」へ転

換したとみることができる。むしろ、環境犯罪学は人(つまり犯行者)への関心が薄く、誰でも機会(犯罪環境)が与えられれば、犯罪を行う者であるという前提を採用する。つまり、逆に、未然予防を図るためには被害者へのアプローチはあっても、犯罪行為者を取り立てて問題にする必要がないのである。ここには、従来、犯罪原因論が犯罪者を特定の人種、階層に集中して議論したことに対する反省の意味も認められる。そして、環境犯罪学は犯罪が多発する地点・状況を指摘して、その未然予防の重要性を説くのである(第 4 講参照)。

4 秩序違反行為への関心

刑事政策は、その性質上、従来、主要な関心は犯罪・犯罪者、被害・被害者に関連する事項であったが、近年、これに加えて、秩序違反行為(反社会的行動、迷惑行為、不品行などの表現がある)、つまり必ずしも刑罰や規制の対象とはならない行為にも関心が及ぶようになっている。とりわけ、諸外国の不安感研究では、「犯罪」不安感に限らず、それには至らないが、市民の不安感に影響する秩序違反行為が問題とされている。考えてみれば、通常、殺人や強盗などの凶悪な犯罪の被害に遭遇することはめったにないが、深夜若者の馬鹿騒ぎ、公共物への器物損壊(バンダリズム)、ホームレスなどのうろつきなどの行為は、日常繰り返されるがゆえに、不安感を醸成し、これが契機となって住民トラブルにも発展させるなど、その「生活の質」を著しく阻害するのである。これまで、刑事政策では犯罪防止がその目的に掲げられ、犯罪を防止することによって社会内の秩序は維持されると考えられてきたが、犯罪ばかりでなく、秩序違反行為に対する対応や政策も必要とされるようになっており、わが国でも一部の不安感調査では、この状況が示されている。今後の課題といえよう。

参考文献

・守山　正「犯罪不安感に関する一考察〜「シグナル犯罪」論を手がかりに」拓殖大学論集 17 巻 1 号 43〜64 頁(2014 年)
・調査研究報告書「公的犯罪統計と体感治安の乖離に関する日英比較研究」(2013 年度日工組社会安全財団共同研究助成最終報告書、2014 年)

・守山　正「犯罪予防の現代的意義」犯罪と非行 146 号（2003 年）

（もりやま・ただし）

第 *4* 講 ◆ 犯 罪 予 防

キーワード

事前予防、環境犯罪学、状況的犯罪予防、社会的犯罪予防、民間警備

1 犯罪予防の意義

1 定　義

犯罪予防とは、国家が犯罪と規定した行為によって引き起こされる損害の軽減・予防を目的に、私的な個人・団体ないし公的機関によって採用される活動・技術の総称をいう。英語の 'crime prevention' がこれに当たる。これに近い用語として犯罪の防止、抑止、鎮圧、防犯などの言葉がある。しかし、これらの用語の定義はいずれも必ずしも明瞭ではなく、また、以下にみるように、とくに犯罪発生の未然予防を重視する現代的意義を盛り込む趣旨から、近年は「犯罪予防」の語で代表され、概念的にも整理されつつある。

2 歴史的意義

歴史的にみて、人々が犯罪予防に関心をもたなかった時代はない。実際、われわれは犯罪を防ぐために多くの時間や労力、資源を費やしてきた。もちろん、犯罪予防とりわけ公共の秩序の維持は依然、国家の重要な任務であり、そのためにこれに関する多くの公的機関が整備されている。しかしながら、今日これらの公的機関、なかでも刑事司法機関の機能についてさまざまな疑義や機能不全の指摘がみられる。しかも、これらの機関は基本的には事後予防を目的としており、犯人の検挙、犯罪者の処罰・処遇を通じて再犯予防を目ざしてきた。しかし、近年では被害予防の高まりともあいまって犯罪発生を未然に防ぐ方策への強い要請がみられる。つまり、犯罪が発生する以前に何らかの対応を施す、事前予防への関心が強まっている。1990年代に入

り、欧米では刑事司法機関、法執行機関以外の活動によって、犯罪予防計画を見直す動きが活発であり、次々と専門的組織の創設が打ち出されている。

　伝統的には、犯罪予防といえば刑罰政策を意味するのが一般であった。いわゆる刑罰の効果をめぐる議論である。とくに、大陸法なかでもドイツ法の論争の影響を強く受けたわが国では、この種の議論が盛んであった。すなわち、刑罰の機能として一般予防と特別予防が識別され、一般公衆に対する刑罰の威嚇・抑止効果として一般予防、すでに犯罪を行った者に対する苦痛の付与、改善、社会復帰が特別予防として論じられた。しかし、これらの論争は理念的抽象的な議論に傾きがちであって、刑罰が一般人や犯罪者に対して、どの程度犯罪抑止効果を示すのかも不明であることから、社会的実態に即した学問的論争といえず、社会的にも遊離したきらいがある。もっとも、政治的には刑罰の強化によって、一般予防、特別予防双方において犯罪を減らすことが今日においても広く公言されている。

3　事後予防と事前予防

　以下にみるように、犯罪予防モデルのうち、法執行モデルは典型的な事後予防である。つまり、事後予防とは、犯罪・非行の発生後に善後策として、将来の予防を検討することをいう。通常、犯罪・非行を行った者に対して、種々の犯罪原因を究明し、この者の改善・更生、社会復帰を図って、再犯を予防するもので、しばしば特別予防とよばれる。したがって、このような事後予防には多くの刑事司法機関、法執行機関が関わり、警察、検察、裁判所、刑務所、保護観察所などの活動は、終局的には、犯罪・非行を行った者を法的手続に従い処理して、それらの者の再犯予防を目指している。しかしながら、事後予防においては、犯罪発生後に行われるため、上記のような多くの国家資源が投入されるとともに、犯罪発生による多くの被害者を生み出す結果となっている。もっとも、伝統的な犯罪予防政策が、基本的には事後予防に重点をおいてきた結果、犯罪の事後処理を主要な任務とする刑事司法機関、法執行機関の発展を促してきた側面がある。そして、犯罪原因論もこれと同調して、上述のように、一般に、犯罪・非行を行った者について事後的にその原因を究明したが、これがいわば犯罪者を異常と理解する傾向（犯

罪傾性 criminality ないしは disposition の観念）や一定階層（たとえば、少数民族派労働者階級）の出身者に特定する傾向を生みだしてきたともいえよう。

　このように、20世紀、少なくともその大半は伝統的犯罪原因論とそれに根ざす犯罪者処遇論が優勢を占め、事後予防論の時代が続いた。もっとも、それ以前にも事前予防論を標榜する見解はみられ、早く18世紀末、スコットランドのパトリック・カフーン（Patrick Colquhoun, 1745-1820）は、その著『大都市警察論』（1795年）において犯罪は誘惑と機会の問題であり、特殊な犯罪傾性の問題ではなく、予防は、安全性の改善、対象物の堅固化、潜在的被害者の縮減の問題であると述べていた。しかしながら、このようなカフーンの見方も主流となることはなく、事前予防が重視されるようになるのは、遅く1960年代末から1970年代始めにかけてである。それまで事前予防が主流にならなかったのは、19世紀後半以降、ロンブローゾをはじめとするイタリア実証学派が全盛期を迎え、上述のように犯罪は「犯罪傾性」と同義とされ、犯罪発生自体、犯罪学上重要な意義を失い、たんに「犯罪傾性」を基礎づける象徴的な現象にすぎなくなったからである。こうして、その後、しばらくの間、予防論では特別予防論という事後的場面が注目されるようになった。こうして、19世紀に警察、検察、裁判所、刑務所、保護観察所などの刑事司法機関の多くが整備され、これらが犯罪統制の中核を担うこととなり、検挙・起訴・拘禁といった一連の事後的犯罪対応が主流となったのである。

　他方、とくに、1970年代、犯罪の激増現象とともに法執行機関、刑事司法機関への失望、諦念といった動きがみられ、1970年代に生じた犯罪者処遇懐疑論はまさにこの象徴であった（いわゆる 'Nothing Works' 論、58頁参照）。そして、犯罪者処遇論の衰退はその科学的基盤を支える犯罪原因論の衰退も意味し、再犯予防策の意義は弱まったのである。そこで、犯罪予防策のうち、事前予防がこれに代わるものとして台頭するようになる。そして、犯罪対策の対象として、「犯罪傾性」にかわって犯罪発生、犯罪機会つまり「犯罪行為環境」が重視されるようになり、環境犯罪学（69頁以下）、状況的犯罪予防（67頁以下）の今日の隆盛をもたらしたのである。

　事前予防は、その本質上、潜在的犯行者、潜在的被害者に焦点を当てる

が、とくに注目するのが潜在的被害者である。なぜなら、潜在的犯行者に対する施策はしばしば人種・階級差別や人権侵害を伴う場合がみられ、その点、潜在的被害者に対する施策はその者の利益を図る方向で行われるため、弊害も少ないからである。そもそも事前予防を目指す「環境犯罪学」は「誰でも機会があれば犯罪を行う」という、いわば性悪説の前提に立つ。また、一部の研究調査によると、数少ない被害者が数多くの被害を受ける状況があるとも言われ、特定者に被害が集中する傾向がみられる。これは、いわゆる再被害化（revictimisation）の問題でもあるが、そうであれば、潜在的犯行者に向ける施策よりは、被害の集中する数少ない被害者に対応する方が人的物的資源の節減という点からも合理的である（渡邉泰洋「再被害化」犯罪と非行135号68頁以下）。

2 犯罪予防のモデル

1 犯罪予防モデルの概念化

　犯罪予防は、従来、予防医学の概念を借用して論じられることが多く、犯罪者にも「治療」という言葉が用いられた。そこで、予防医学と並列的にとらえて犯罪予防を論じる見方がある。図4-1が示すように、予防医学によると、予防には1次、2次、3次の3つ段階があり、1次的段階では疾病の初期の発生を止めるための措置がとられる。これには特定個人というより公衆全般に対する措置としてワクチンが投与されたり、感染予防のために衛生状態が保持される手段が含まれる。次に、2次的段階では個別的に、疾病の初期症状を示す個人・状況に対する措置がとられる。結核患者に対する治療などがこれに当たる。最後に、3次的段階はいわゆる再発予防であり、すでに疾病に罹患している者がさらに悪化することを防ぐ措置がとられる。

　犯罪・非行の予防にこれを適用すると、1次的予防では、潜在的犯罪者に機会を提供し、あるいはこれを促進する物理的社会的環境の諸条件を検討する場面が該当する。すなわち、ここでは環境設計による予防（後述のCPTED）や近隣監視運動（neighbourhood watch）、さらには私的警備などがこの段階に属する。2次的予防では、違法行為が行われるのに先立って潜在

的犯罪者を早期に確認し、それに介入する措置がとられる。刑事司法機関は、この段階で問題の確認と予測を行う。3次的予防では、現実の犯罪者を処遇し、彼らが将来犯罪を行わないように介入を行う段階である。これらを先の予防医学のプロセスと照合すると、1次的段階のワクチンの投与が住民の環境浄化運動に当たり、2次的段階の個別の患者の確認が潜在的犯罪者の確認と予測に当たる。また、3次的予防段階では、いずれも将来の再発予防に向けた活動が行われる。言い換えれば、犯罪・非行の予防段階は、未然予防、犯罪者の確認、そして犯罪者の社会復帰といった一連の刑事司法プロセスに符合する。

　しかしながら、このような予防医学モデルの応用には、次のような批判がみられる。第1に、予防医学をモデルにするこの考えは、予防を専門家の領域にとどめ、一般市民の批判から晒されず閉鎖的な活動に堕するおそれがあること、第2に、潜在的犯罪者の確認ないしその予測は国家権力の介入を招き、また確立されていない予測法を使用することは人権侵害や刑法の責任主義の観点から危険であること、などである（P. J. Brantingham and F. L. Faust,

図4-1　疾病と犯罪の予防モデル比較論

	一次的予防		二次的予防		三次的予防
予防医学	健康増進 ・衛生教育 ・栄養指導 ・遺伝診断 ・定期検診	個別指導 ・個人衛生 ・予防注射 ・労災防止 ・環境衛生	初期診断 ・診察 ・検査 ・投薬	疾病特定 ・治療	社会復帰 ・訓練 ・自宅療養 ・支援
犯罪予防	状況的・社会的予防 ・環境設計 ・非行浄化活動 ・非行予防教育		犯罪・犯罪者の選択 ・犯罪者の特定、検挙 ・ダイバージョン ・犯罪原因調査 ・近隣プログラム		改善 ・社会内処遇 ・施設内処遇 ・処罰 社会復帰 ・訓練、支援、監督 無害化 ・施設内拘禁

出典：P. J. Brantingham and F. L. Faust, A Conceptual Model of Crime Prevention, p. 289を修正して作成した。

Crime and Delinquency, vol. 22, no. 3, 1976,）。しかし、予防概念を犯罪に応用し、それぞれの段階で何をすべきかを明らかにした点で意義は大きい。

2　各種の犯罪予防モデル

　犯罪予防モデルとしては、法執行モデル、発達モデル、コミュニティ・モデル、状況（的犯罪）モデルの4つが分類されている（M. Tonry and D. Farrington, Strategic Approaches to Crime Prevention, 1995, p. 1-20）。これらのうち、最も伝統的なモデルは法執行モデルであり、通常、刑罰に依拠して直接的には抑止、無害化、社会復帰、間接的には社会化の機能を果たすと考えられてきた。また、これらの4つのモデルは必ずしも独立にみられるのではなく、しばしば重複しており、たとえば発達モデルとコミュニティ・モデルは合わせて一般に社会モデルとして論じられる。さらに、コミュニティ・モデルと状況モデルも重複する。これらの相違は何に着目するかで生じるものである。また、この点は後述するように、「環境犯罪学」や「状況的犯罪予防論」では、一般に、コミュニティ・ポリシングも論議の対象としていることからも理解される。

（1）　法執行モデル

　前述したように、長い間、犯罪予防の任務は刑法、刑事司法制度にあると考えられてきた。刑法の一般予防、特別予防の機能はまさに犯罪予防のためであり、そのために刑罰制度が維持された。すなわち、刑法に規定された行為とそれに対する刑罰は、一般の人々に対する警告であり、かつ犯罪を行った者に対する苦痛を意味した。したがって、犯罪が減少しない場合には、しばしば刑法が改正されて刑罰を強め、一段と過酷さを増した。この背後には犯罪者に対する倫理的道徳的非難があり、これらに基づいて責任追及の側面がみられた（一般予防の効果については、第5講参照）。

　こうして、人類史の長きにわたって、刑法の制定と執行は直接、間接に人々の行動に影響を及ぼし、法執行は市民を犯罪から守る手段として信じられ、確立されたのである。他方で、潜在的犯行者つまり犯罪を行う機会をうかがう者は、刑罰の威嚇によって抑止され、再犯防止は犯罪者を拘禁し、あるいはその行動を監視することによって実現できると考えられた。

　刑罰の予防・抑止機能に対するこのような根強い信仰は、警察をはじめ、検察、裁判所、刑務所、保護観察所等の諸機関の発展を促し、まさに20世紀はこれらの機関が確立した時代であった。しかし、次第に、研究者ばかりでなく実務家の間にも、これらの機関の潜在的機能には限界があり、法執行に依存する犯罪予防は、公衆保護の観点から不十分であり、不完全であるとの認識が拡大したのが欧米の1970年代であった。さらには、この時期、ラベリング（コラム9）や過犯罪化（over-criminalization. 一般市民の行動を不必要に犯罪として刑法で処罰すること）、そしてその結果としての非犯罪化（不必要な犯罪を刑法から削除すること）の議論によって、法執行モデルは逆に犯罪を増やす側面があるとの批判を受け、その後の衰退に結びついた。

　少なくとも、刑罰がどのように犯罪予防の機能を果たすのかについては、実証的には証明されていないと言わざるを得ない。

○コラム9　ラベリング理論（labeling theory）

　ラベリングとは、ある者に対して人々（とくに刑事司法機関）が「犯罪者」、「ムショ帰り」といった負のレッテルを貼り、社会的に疎外することをいう。これによって、その者は社会復帰が困難となり、そのレッテル貼りによってさらに犯罪や問題行動へと至り、これが一つの犯罪原因とも考えられる。この過程を理論化したのがアメリカのタンネンバウム（F. Tannen-baum, 1893-1971）やレマート（E. Lemert, 1912-1996）で、とくにレマートは、1950年代に、ある者の一次的逸脱（最初の非行）に対して社会的反作用が加えられると、その者は自らも犯罪者・非行少年という自己意識を形成するようになり（自己概念化）、次の二次的逸脱を行う可能性があると主張した。その後、1970年代から1980年代にかけ、ラベリング論は政治色を帯びて盛んになり、わが国にも紹介されたが、現在、この議論自体は下火である。ただ、ラベリング論者が批判に応えて展開したダイバージョン政策（なるべく公式の刑事司法制度で扱わないやり方）の重要性が注目されるようになっている。

---

(2)　発達モデル

ここでいう発達とは、まさに発達心理学などにいう発達であって、子ども

の成長発達期に焦点を当て、この段階における犯罪予防の重要性を示唆するものである。すなわち、発達モデルとは個々人の、とくに児童期、少年期における犯罪潜在力を抑えるために企図された介入策を意味する。とくに人間成長の研究で見いだされたリスクや予防因子を対象とする介入策である。

　このモデルに従って行われる介入策としては、両親の育児スキル、子どもの精神的肉体的保健衛生、子どもの学業改善、児童虐待の防止などがある。現実には子どもの保護政策は多岐にわたり、犯罪・非行との関係は間接的あるいは副次的である場合が少なくない。しかし、子どもの成長には一般社会も重大な関心を寄せ、少年の犯罪はその成長発達との関係で論じられることが多い。また、個別研究においても、いわゆるバース・コーホート研究などでは、誕生から児童期を経て青年期に至るまでに行われた種々の介入策が非行予防効果、あるいは他の指標（たとえば、学校成績、活動過多、衝動性）に影響をもたらすことが知られている。このように、発達モデルは成長期にある児童、少年に対する介入策を正当化し、犯罪・非行に対する影響力を承認している。

○コラム10　コーホート研究

　もともとコーホート（cohort）とは集団や仲間を意味するが、犯罪・非行研究としてのコーホート研究は、一般に同一一年に生まれた人々の群（birth cohort）を調査対象として、10年や20年といった縦断的な長期追跡調査（longitudinal survey）を行うものである。すなわち、コーホート群のうち、どれくらいの者がいつ頃、犯罪・非行を開始し、いつ頃終了したかなどの行動パターン、あるいは犯罪実行の間隔、犯罪内容の変化などの犯罪経歴の実態、さらにはライフ・ヒストリーの出来事と犯罪・非行との関係などを分析して、犯罪原因を追求する手法である。かなりの長期間、膨大な研究人員と費用を要するため、これまでに行われた研究はそれほど多くはないが、アメリカのフィラデルフィア研究、イギリスのケンブリッジ研究などが著名である。わが国でも科学警察研究所の研究例がみられる。

---

(3)　コミュニティ・モデル

コミュニティ、つまり居住地域において犯行に影響を及ぼす社会的諸条件

の改善をもたらす介入策を意味する。シカゴ学派の代表であるショーとマッケイ（C. R. Shaw and H. D. Mckey）の研究によると、一定のコミュニティでは時代を問わず、また住民・人種・階級の構成を問わず、一定の高い犯罪率を維持していることが明らかにされた。つまり、犯罪と地域には高い相関があり、犯罪発生に対して地理的特性が強い影響を与えるという。そこで、地域を改善することは住民の行動に影響を与える可能性がある。このショーとマッケイの生態学的研究に従って行われたのが、著名な「シカゴ地域計画」である。このようにして、アメリカでは精力的に地域社会の改善、あるいは地域の組織化が図られ、膨大な予算が計上されるようになった。

　さらには、ジェーン・ジェイコブズ『アメリカ大都市の生と死』（Jane Jacobs, The Death and Life of Great American Cities, 1961）（日本版 1977 年）あるいはオスカー・ニューマン『まもりやすい空間』（Oscar Newman, Defensible Space, 1972）（日本版 1976 年）が相次いで出版され、地域の安全確保のために、第 1 に、自然監視や監視力を高めるために建物や近隣の構造を改善すること、第 2 に、住民の予防活動への関与を促し社会資源を活用して地域住民の組織化を図ること、第 3 に、子どものための余暇活動などの意識的な犯罪予防活動を実施することなどが主張された。このように、犯罪学以外の分野では早くから地域の物理的な環境改善による犯罪予防策が提唱されていた点が注目される。さらに、地域の犯罪統制力の強化の点から、近隣監視運動が盛んになるのも 1970 年代以降であり、アメリカやイギリスではこれを意図した各種プログラムが一斉に開始された。

　また、従来の警察の警ら活動に対する反省として、新たな治安維持活動が要請され、いわゆる問題解決型、あるいは事前抑止型のコミュニティ・ポリシング（community policing、地域安全活動）が注目を集めるようになった。なぜなら、従来の警察活動は事後処理的性格が強く、事前予防的な活動は軽視されてきたか、あるいは行われても効果的ではなかったからである。とくに、劇的に犯罪率を低下させたといわれるニューヨーク市のポリシング戦略として、「割れ窓理論」などが採用され、コミュニティ・ポリシングのあり方を大きく変更したといわれる。

○コラム11　割れ窓理論（broken window theory）

　ウィルソンとケリング（J. Q. Wilson and G. Kelling）が主張した理論で、地域の無秩序行為や犯罪は連続的に進行するとして、小さな違反行為も見逃さず、早めに措置をとることが予防には重要であるとした。たとえば、比喩として建物のガラス窓が何者かによって割られた場合、それを修復せず放置すると残りの窓ガラスも直ちに割られて、周辺の環境が悪化し、他の犯罪も誘発して、当該地域全体が犯罪多発地帯に変貌するという。したがって、修復されずに放置された窓ガラスは、地域の住民の無関心の表れであり、犯行者は次々と犯罪を行うようになるとする。そこで、いわゆるゼロ・トレランス政策に基づき軽微な犯罪も厳格に取り扱うことが求められた。ニューヨークの前ジュリアーニ市長が犯罪戦略として採用してきたことでも知られる。

　もっとも、彼らの理論は自身の実証調査に根差すものではなく、また近年、小さな秩序違反行為の放置は重大犯罪を招くとする理論的前提は実証されていないとして批判がみられる。

(4)　状況モデル

　いわゆる「状況的犯罪予防（situational crime prevention）」と呼ばれるモデルである。すなわち、状況的犯罪予防とは、犯罪発生、とりわけ犯罪が多発する物理的環境に対してさまざまな操作を行い、犯罪機会を減少させ、検挙リスクを増大させるなどして、犯罪発生自体を抑えることである。1970年代後半から欧米で有力な予防論となった。とくに、イギリスでは内務省内に研究部門が設置され、多様な報告書が毎年公刊されるとともに、クラーク（R. Clarke）、ティリー（N. Tilley）、レイコック（G. Laycock）、エクブロム（P. Ekblom）をはじめとする多くの環境犯罪学者を輩出した。

　この考え方の前提は、多くの犯罪が文脈的、機会的であると理解することであり、犯罪機会を縮減するためにはその文脈を変える必要があるとする。もっとも、状況的犯罪予防自体、人類の歴史上、普遍的にみられた考え方であり、決して目新しいものではない。現に、われわれは日常生活において犯罪リスクを認識し、住宅の施錠、門灯、番犬の飼育、警報装置の設置など、それに対応したさまざまな方策を講じているからである。しかし、近年の欧

米における方策はこれらに止まらず、行政、警察、地域社会、産業界を巻き
込んだ大規模な組織的プロジェクトを展開している点に意義がある。

　犯罪学的にみて状況的予防モデルは、法執行を補充する犯罪の事前予防で
あり、対症療法的機能を営むものである。したがって、このモデルがどの犯
罪にも応用できると考えるよりも、一定状況下においてはこのモデルに根ざ
す手段・手法が犯罪発生の抑止に有効であると考えるべきであろう。

　このモデルあるいは後述の環境犯罪学に対する批判としては、犯罪の転移
（displacement）に関する議論がみられる。つまり、特定場所、特定時間にお
ける犯罪発生を予防できたとしても、他の場所、他の時間に犯罪が転移する
にすぎず、犯罪の総量は減少していないとする議論であるが、近年の研究報
告では、状況的予防効果は、むしろその手段をとらなかった場所、時間にも
その影響が及ぶ「利益の拡散（diffusion of effects）」のプラス効果も指摘され
ている。

(5)　社会モデル

　いわゆる「社会的犯罪予防（social crime prevention）」と呼ばれるモデルで
ある。これは、子どもの社会化を通じて善悪の判断力を強化し、規範化して
犯罪・非行を未然に予防する手法である。社会的犯罪予防の考えは、ある者
が犯罪を起こす契機を与えているのは、個人的社会的要因であるとの前提に
根ざす。これらの要因には、家庭環境、学校への出席、個人の収入や雇用、
アルコールや薬物への関わり、仲間集団の影響、道徳的価値、文化的影響等
が考えられる。これらの一部は地域的な要因でもある。このように、社会的
犯罪予防は子どもの心理への働きかけを含む点で、物理的改善をめざす状況
的犯罪予防と対をなす。但し、犯罪予防機能としての即効性、確実性は弱
い。もっとも、子どもに対する社会化はたんに家庭・両親だけでなく学校や
地域社会、場合によっては職場によっても果たすことができ、その結果、一
般に、社会的紐帯が強く、地域に対する矜持や所属意識がみられる地域で
は、子どもの犯罪率は低い。要するに、地域の犯罪統制力が強ければそれだ
け、人々の地域に対する関心も高く、それが犯罪の抑止力に連なるのであ
る。

3　環境犯罪学

1　環境犯罪学の出現

　1970 年代初めアメリカでは、犯罪者処遇論の衰退と踵を接するようにして、「環境設計による犯罪予防（Crime Prevention through Environmental Design, CPTED）」が犯罪学者（C. R. Jeffery）や建築家（O. Newman）などによって論じられるようになり、その後、イギリスでは状況的犯罪予防論、アメリカでは環境犯罪学がこれを継いで、未然予防論を発展させた。通常、これらを総称して「環境犯罪学（Environmental Criminology）」と呼び、犯罪学体系の一角を占める。

　1970 年から 1980 年代、1990 年代前半まで、欧米では未曾有の犯罪激増現象がみられ、これへの対応として、犯罪発生自体を抑える手法としての環境犯罪学に関心が集中した。つまり、犯罪発生には一定の法則性があり、そのメカニズムを理解することによって物理的に犯罪の予防が可能と考えるのである。たとえば、マーカス・フェルソン（Marcus Felson, 1947-）は、財産犯が発生する条件として、①動機づけられた犯行者、②持ち運び可能な標的、③監視可能な者の不存在の 3 つを挙げ、これらに対応することによって犯罪を予防できるとする（マーカス・フェルソン「日常生活の犯罪学」日本評論社、2001 年）。また、犯罪学に合理的選択理論の適用を唱えるロナルド・クラークは、犯罪予防の基本として、①犯罪利益の減少、②検挙リスクの増大、③犯行努力の消耗を掲げ、犯行者の視点で考えた場合、どのような条件が揃えば犯罪を実際に行うかを検討することによって、具体的な予防策・技法を提示したのである。さらに、環境犯罪学はごく一部の被害者が多数の被害を受けている状況（いわゆる再被害化）から、被害化予防を重視し、潜在的ないしは経験的被害者に対する働きかけを推奨する。

　このように、環境犯罪学は、従来の犯罪学者が視野に入れることのなかった犯罪発生メカニズムに対して種々のデータを駆使して科学的に解明することにより、政府の政策担当者、警察機関ばかりでなく、産業界、行政機関なども巻き込んで個々の犯罪を未然に予防する戦略を具体的に提示した。環境

犯罪学は社会改善を目ざさないことから、犯罪学界内部では依然としてマイナーに扱われているが、一般市民の犯罪不安感の低下に貢献し、かつ地域社会全体の犯罪状況にも少なからぬ影響を与えた点の意義は大きい。わが国でも1990年代末にみられた「安全・安心まちづくり」の手法は、多く環境犯罪学の手法に依拠している。

2 「イベント」としての犯罪

　伝統的犯罪学と環境犯罪学の研究対象は、前者が犯罪傾性（criminality, disposition）、後者が犯罪（発生）イベント（criminal event）と異なっているが、これはそもそも犯罪の構成要素に対する着目点の相異に由来する。犯罪イベントは、いうまでもなく刑事司法よりも前段階に位置し、事前的展望的であって、事後的回顧的ではない。つまり、犯罪は行為者だけによって惹き起こされるものではなく、一定の犯罪を惹起する環境的、とくに物理環境的諸条件が揃ったときに発生すると考えるのである。要するに、犯罪「イベント」の観点からは、犯罪は起こされるものではなく、起きるものだと考えるところに特徴がある。つまり、個々の犯行者の犯罪発生に対する寄与を小さくみるところに特徴がある。これを基礎として、環境犯罪学はあくまでも将来の犯罪発生を俎上にのせるから、有罪判決を受けた犯罪者には関心がなく、潜在的な犯行者も犯罪発生条件の一つにすぎない。そして、環境犯罪学は、潜在的犯行者にはあらゆる人を想定するから、特定の人種・年齢・性別・宗教を問わず、伝統型犯罪学が陥りがちな犯行者としての特定人種・特定階級を想定しない。この意味で、しばしば伝統型犯罪学理論に登場する非行少年・犯罪者イメージが「スラム街に住む崩壊家庭出身の少数民族の少年」、「精神異常の犯罪性の強い男性」という出自的要素を克服しうる。この点が、環境犯罪学に対する一部犯罪学者の熱狂的な受け入れの背景の一つであるものと思われる。

　環境犯罪学において、伝統的犯罪学との対比でもう一つ特徴的なことは、犯行者は正常な普通人であるという前提をとることである。この主張は、必ずしも目新しい主張ではなく、すでに、トラビス・ハーシ（Travis Hirschi, 1935-）の社会統制理論などにもみられたが、環境犯罪学はハーシよりも犯

罪者・犯行者に対する関心がさらに希薄である。環境犯罪学では、この正常な普通人は犯罪機会の誘惑に弱い存在として描かれるが、それ以上ではない。したがって、犯罪を行う人々はまさに世俗人である。すなわち、伝統的犯罪学が犯罪は特定の犯罪傾性を有する異常な者によって引き起こされると考えたのに対して、環境犯罪学は犯罪を機会的に誘発される出来事、つまりイベントととらえるのである。そこでは、誘発するもの、誘発要素が問題となるが、これは犯罪を行う者の内部には存在しない。たとえば、木々が深く生い茂った住宅に侵入盗が多い場合、この木々が犯罪の誘発要素の１つと考えられるが、木々は何ら価値を含んでおらず、たんなる物理的な環境、モノにすぎない。

3　環境犯罪学の実践

　環境犯罪学の要諦は、その単純さにある。犯罪を防ぐには、犯罪のしにくい環境を構築することであり、犯罪がしにくい環境とは犯行者がいやがる環境である。そして、そのためにきわめて実践的・実用的な手法を用いる。これが環境犯罪学の実践的側面であり、状況的犯罪予防とよばれるゆえんである。たとえば、侵入盗を防ぐには鍵を多重にする。ひったくりを防ぐには街路照明を改善する。要するに、環境犯罪学の特色は単純、世俗、直截、実用であり、いわば「常識」である。このような特色に対しては、一方でアカデミックではないとの批判が生まれ、現に大学研究者には必ずしも歓迎されない状況がみられた。また、政治的にも保守派からは犯罪対策として微温的であるとの批判も聞かれる。しかし、環境犯罪学の側からは、伝統的犯罪学に対して何ら犯罪問題を解決しなかったという批判が強い。地域や家庭の崩壊が犯罪原因だとしても、これらを改善することは容易ではなく、遺伝的な精神異常を治療することも困難だからである。そこで、他方では、きわめて実践的、実用的、即戦的であったために、犯罪激増に悩む実務担当者、中央・地方の政府政策立案者には歓迎された。このため、しばしば「行政犯罪学」ともよばれている。このように、環境犯罪学は、きわめて実践的な、しかも上述のように潜在的な被害者に焦点をおく科学であり、今日のような犯罪情勢の厳しい社会には不可欠とされる。

4　犯罪予防の私事化

1　市民の自衛化

(1)　個人の予防責任

　かつて犯罪問題は国家の責任とされ、多くの専門的な研究者や実務家が取り組んできたが、近年、犯罪予防の担い手は次第に専門家から一般市民、つまり素人へと推移し、それとともに、個人の市民的責任も強調される傾向にある。犯罪問題はもはや専門家の独占領域ではなく、一般個人が関心をもつべき事項へと変化したのである。この現象の功績は、個人が犯罪統制に関心を持つことによって政府のあり方に対する批判を呼び起こしただけでなく、さらに政府に対する監視を強めてそのあり方を注視することが可能になったことである。それによって、さらに公的機関の説明責任も追及されるようになり、個人は自己決定の前提となる情報を求めることができるようになった。

　他方で、個人の自衛自決が求められるようになり、個々人は日々、自ら犯罪被害を回避する責務を果たさなければならない。そうなると、必然的にこれまでの個人の不満は、公的機関から直接犯罪者へと向かい、一段と社会は厳罰化へ進んできたのである。このように、個々人や個別の組織はみずから犯罪リスクを管理する責任を担うとともに、その失敗が犯罪者への非難へと至るプロセスは、社会全体の応報化と表裏一体の関係にあるように思われる。

(2)　私的秩序の構築

　有害な人物や事物を排除し、快適な生活を送ること、つまり、「生活の質」向上をめざす人々は、公的な秩序に依存することなく、独自の集団的秩序を構築しようとする動きがある。その典型例が近年欧米で発展著しい「ゲイティッド・コミュニティ（gated community、塀付き住宅街）」である。塀の内部では、同様の社会的階級の人々が日常生活を送り、安全や秩序を確保している。これは、自らの安全を追求した究極の居住形態であるが、他方で、異なる社会階層への「社会的排除」をもたらしており、いっそう社会的格差を促

進する側面がある。

○コラム12　ゲイティッド・コミュニティ（gated community）

　文字通り、ゲイト（門や塀）付きの住宅街で、要塞町などとも呼ばれる。すなわち、個別の住宅ではなく、一定戸数の住宅街の周囲全体に塀やフェンスを巡らせて、第三者の出入りを制限し、出入口には警備員等を配置して集合的に住民の日常生活を警備する居住方式で、主として裕福な特定階層の人々の安全確保を目的とする。全米で２万カ所以上、約800万人がこの様式の住宅街に居住しているといわれる。近年、わが国にも出現している。しかし、他の地区との交流などは乏しく、またコミュニティ以外の者に対して排他的であるなどの批判がみられ、アメリカの一部の町ではゲイティッド・コミュニティの設置を条例で禁じるなどの反動もみられる。

　こんにち、ゲイティッド・コミュニティに限らず、私的秩序を構築する動きが盛んであり、構成員は非構成員を排除して社会的に同質者だけのコミュニティを作り上げることによって、安全・安心を確保する社会が生まれている。このような社会が望ましいか否かは検討が必要であろう。

2　民間警備の発達

　われわれは日常的に家族の安全確保に専従できないことから、それを補うために、民間警備業者と契約を交わし、その安全を委ねることになる。あるいは、保険を介して犯罪被害リスクの低減に努める。こんにちの警備業の繁栄は時代的な必然現象といわなければならない。したがって、セキュリティ・安全の商品化も固有の秩序の構築を意味し、排他的空間が確保されることをめざす。

　現代社会において、民間警備産業は公的警備（警察）を上回る勢力・規模を誇っており、私的空間における警備員（ガードマン）の配置、CCTV（監視カメラ）の導入のほか、各家庭においてもホーム・セキュリティが採用されている。従来、逆に人権侵害を生み出したり、公的機関への信頼を失うとして、公的警察は、民間警備産業を勧迎せず、あるいは排除する機運がみられたが、今日では共存し、また警察自身も重大事件に集中して取組むこと

が可能なため、民間警備の重要性を認識し始めている。

　歴史的にみれば、人類社会はもともと私人や傭兵による警備から出発し、自らの安全を図ってきたのであり、それが国家の整備とともに公的警察にとって代わられたのであるが、今日では再び市民や国民の自衛化の流れの中で、私的警備が復活してきたともいえよう。

5　犯罪予防の課題

　犯罪を未然に予防することが現代刑事政策の課題であるが、事前予防がいかに効果的であるにしても、その成果として犯罪が起こらなかったことを証明するのは困難であるから、事前予防論の賛同者は少ない。しかし、環境犯罪学や状況的犯罪予防論が示すように、国民一人ひとりがわずかな予防策を講じれば、その総和は国家全体からみて大きな力となり、その力が潜在的犯罪者に及ぼす抑止力の影響は無視できないと思われる。少なくとも、これらの議論が犯罪は犯行者の意思・行動のみで生じるものではなく、社会のさまざまな物理的事物が犯罪の誘発要素あるいは抑止要素に目を転じることを示した点は大きい。あとは、個々人、組織、地域がそれを意識するか否かに犯罪予防の成否はかかっている。そして、少数の犯罪者が多数の犯罪を行い、少数の被害者が多数の被害を受けている状況は、刑事政策における予防のあり方に何らかの示唆を与えることは間違いなく、わが国でも、上記の考察に従い、国民に対し予防意識を働きかけて、国民が一人ひとり潜在的な被害者であるとして犯罪を減らす努力を行うべきであろう。

参考文献

・守山正・小林寿一編『ビギナーズ犯罪学』（2016 年、成文堂）
・守山正「犯罪予防の現代的意義」刑法雑誌 54 巻 3 号 406 頁以下（2015 年）
・守山正「少年非行に対する二つの予防」警察政策 6 巻 96 頁以下（2004 年）
・守山正「犯罪予防をめぐる「状況モデル」と「社会」モデル—欧米における展開」犯罪社会学研究 18 号 121 頁以下（1993 年）

（もりやま・ただし）

第 5 講◆刑事制裁（刑罰と処分）

キーワード

二元主義、保護処分、応報、威嚇、隔離、教育、損害回復、
損害賠償命令

1 司法的リアクションとしての刑事制裁

1 刑事制裁の意義

　「制裁」は、一定の法的効果を実現するために用いられる法的手段であり、
公権力の行使である。これには、出生届を所定期間内に届け出ない者に対す
る「過料」（戸籍法 49 条、135 条）のような行政上の制裁もあるが、ここで
は、司法的リアクションとしての刑事司法上の制裁、すなわち刑事制裁につ
いて説明する。国や自治体は、国民や市民に対して、その生命、身体、自
由、財産、名誉などの法益を保護し、また公的秩序を維持するために一定の
規範を示している。その違反を防止するとともに、その違反行為に対して
は、規定にしたがった必要最小限の制裁措置を講じて、法的非難の対象とす
る。これが刑事制裁であり、その目的は社会全体の利益に通じるものである
が、その効果は熾烈であり、違反した市民の権利を制限し、剥奪するという
権力の行使を伴うものである。いわば刑事制裁は副作用の強い「薬」のよう
なものである。使用しすぎてはならないし、刑事制裁以外の措置で足るので
あれば、それがのぞましい。刑事制裁は、刑法における「謙抑主義」や「責
任主義」、「罪刑法定主義」といった基本原理に制約され、法的解決のための
最後の手段でなければならない。

2 刑罰と処分（二元主義）

　刑事制裁には、「刑罰」と「処分」がある。「刑罰」は、法的非難の拠り所

としての「責任」を前提とする。ある者が、法によって禁じられた行為を選択して実行した場合、その選択判断の際の「自由な意思」を拠り所に、その者に責任を問うのである。もし責任が問えないのであれば、法的非難としての刑罰を科すことはできない。たとえば、精神の障害により、行為のときに自由な意思が認められず、是非善悪の判断能力が欠けていたりすれば、責任能力を否定され、刑罰は科されない（刑法 39 条）。また 14 歳に満たない者は、未成熟であるがゆえに法的非難の対象から除外され、刑罰の対象となることはない（刑法 41 条）。しかし、これらの者であっても、違法な行為に至ったものである以上、これに対する法的対応を講じる必要がある場合がある。これが「処分」である。精神の障害によって「責任」を問えなくても、その行為者が再び違法行為を繰り返す「危険性」があれば、原因となっている精神の障害や薬物濫用の状況を改善するため強制的に病院施設に収容するのが、治療処分や禁絶処分という名の「改善保安処分」である。わが国の刑事政策に大きな影響を与え、刑事法制上も重要な模範を示し続けてきたドイツの法制にその典型が認められる。ドイツでは「責任主義」を堅持するべく、「責任には刑罰を、危険性には処分を」という標語で示されるように、制裁の「二元主義」が採られている。わが国でも同様の問題があるが、これまで長い間、「危険性」に対する司法的評価は避けられ、刑事制裁としては刑罰のみで対応されてきた。これを「一元主義」という。刑事司法の場では、「危険性」だけを問題にすることは避けられ、精神の障害によって「自傷他害」のおそれがある者は、行政的措置としての知事命令（措置入院）により、精神病院への収容がなされてきたのである（精神福祉 29 条 1 項）。

　しかし平成 15 年、附属池田小学校事件（平成 13 年）を契機として成立した心神喪失者等医療観察法により、重大な犯罪行為（放火、強制わいせつ、強姦、殺人、傷害、強盗など）は、触法事件であっても一定の司法的評価が加えられ、司法精神病院への収容を可能とする道が開かれた。同法は平成 17 年 7 月 15 日に施行され、「指定入院医療機関」の整備と治療の拡充をはじめ、社会復帰のための調整など期待されている（詳しくは第 11 講参照）。これは、日本型「二元主義」の新たな出発である。

○コラム13　附属池田小事件

　2001年6月8日、大阪教育大学附属池田小学校に乱入し8人の児童を殺害し、13人の児童と2人の教員に傷害を負わせたという、悲劇的な無差別殺傷事件が発生した。犯人Tは、精神科に通院していた経歴があり、以前の犯行では不起訴処分とされていた。犯行時の責任能力が問題となったが、大阪地裁は責任を問い得るものと判断し、2003年8月28日、有罪、死刑の判決を言い渡した。Tは弁護団の控訴を取り下げ、死刑が確定。2004年9月14日、異例の速さで、大阪拘置所で死刑が執行された。

　この事件が契機となり、教育現場では小学校における児童の安全対策が急遽進めれたが、司法制度においても、危険な触法精神障害者への法制度の不備に対処すべく、「心神喪失者等医療観察法」を整備し、重大な触法精神障害事件について司法の責任を果たす制度を展開したところである。

3　保護処分

　他方、刑事責任年齢（14歳）に達しない子どもが違法行為を行った場合には触法少年として、少年法にもとづいて少年審判の対象にもなりうる（原則的には、児童福祉法上の要保護児童として児童相談所による行政的な措置がなされるが、殺人のように事案が重大な事件の場合には、児童相談所から家庭裁判所へ送致される）。また、犯罪にかかわった少年（20歳未満）は、家庭裁判所へ送致され少年審判の対象とされるが、その結果、保護処分の言い渡しをうける場合もある。この保護処分には、少年院送致、児童自立支援施設・児童養護施設送致、保護観察があり、対象者は一定の自由の拘束をうける。この保護処分も、刑事責任に対応する刑罰とは異なる。その根拠は、「要保護性」であり、少年の立ち直りのために必要な措置として課されるものである。

2　刑罰の本質と目的（役割）

　このように刑罰は、福祉的・医療的な行政措置（触法精神障害者の措置入院、触法少年に対する児童福祉法上の措置）とは、その本質および役割において全く異なるものである。司法的リアクションとしては同類であっても、少

年の健全育成や保護目的を内容とする少年法の保護処分ともその性格に開き
がある。

1　刑罰の本質

　では刑罰の本質とは何であろうか。またその役割（目的）とは何であろう
か。刑罰の歴史をみれば、その答えがおぼろげながら浮かびあがってくる。
洋の東西を問わず、また国家や社会の仕組みを問わず、刑罰は存在してき
た。古代、中世、近世の歴史の中で、それは極めて過酷なものとして描かれ
ている。この「国家」と「過酷さ」とが、実は刑罰を刑罰たらしめてきたも
のである。刑罰は、個人による仕返しではなく、国家が個人に対してその国
家の仕組みや社会秩序を維持するため、あるときは王権の確保と正当化のた
めに行使されてきた。国家（たとえそれが議会制民主主義によって支えられる
ものであっても）によって策定された法規範を維持するために、これに対す
る侵害には、厳しい制裁でもって対処された。近代化によって刑罰の内容は
合理化され、人道的かつソフトな制裁も登場してきたが、刑罰が国家によっ
て基礎づけられるという本質は変わらない。また、わが国の刑罰制度にもあ
る死刑や拘禁刑という刑罰に代表されるように、それは苛酷さの歴史をなお
受け継いでいる。刑罰はまた一定の法的身分（資格）制限を予定しているよ
うに、国家が市民に平等に保障する職業選択の自由などを制約する。これも
また刑罰の苛酷さの一面を物語っている。

　刑罰は、法に対する侵害（個人に対する侵害ではない）を前提にして違反者
に科されるものである。応報とは、侵害行為に対する当然の報復（リアクシ
ョン）として認識されるが、これも法侵害に対する国家の報復であり、結果
として、市民の報復感情を代行するように機能することがあるとはいえ、応
報感情は国家による処罰感情を意味するものである。国家は報復することに
よって、正義を維持し、実現することができるのである。それゆえにこそ、
この国家による正義の実現のための手続には「適正さ」が要求される。市民
的自由を擁護するための原理であるデュープロセスも、国家の刑罰権の正当
化において意味づけが可能である。私刑（リンチ）が排除されるのは、デュ
ープロセスの保障の観点からであるばかりでなく、国家の刑罰権の確保の観

点からでもある。

2　刑罰の目的・役割

1)　応報から予防目的へ

　刑罰の本質が正義の実現としての応報にあるにせよ、社会の実情に応じて刑罰をより正当化してゆくためには、その目的ないしは役割が正当でなければならない。それはその目的が合理的であるかどうかにもよる。古来、刑罰に付随してきた役割は、刑罰による威嚇であり、潜在的犯罪者（一般市民）に対して、犯罪は自らに無益であるだけでなく損失にもなることを宣言することによって（刑事立法の制定）、法規範に従った行動を選択させようというものである。これは、いわゆる一般予防目的を意味するが、この一般予防は、近年は法規範侵害（犯罪）を避けさせること以上に、市民としてのあるべき姿（規範適合性）を求め、規範意識の形成に役立ち得るような「積極的一般予防目的」をもたせるという意味でも理解されている。

　応報にしても威嚇にしても、刑罰の効果として犯罪者を社会から遠ざけ、「無害化」するという役割をあわせもつ。それは、犯罪者をたとえば刑事施設内に隔離することで少なくとも当該犯罪者の再犯を防止するという目的を実現できる。いわゆる「社会防衛」の立場から見れば、刑罰にはこのような目的があることも見逃せない。

　さらに、産業革命期以後の時代における刑罰観は、受刑者を有用な労働力として活用するという目的をもって刑罰の執行を行ってきた。なお社会的に受容でき、社会復帰が可能な受刑者については、その労働力を社会的に活用することが、より合理的なものと解されたのである。ここでは、刑罰目的は「改善更生」にあり、刑罰はまさにそのための「教育」とみなされた。改善更生の効果が認められ社会に復帰することができれば、それは再犯の防止につながる。これは受刑者個人に向けられた犯罪予防であり、「特別予防」といわれている。

2)　被害回復の視点

　以上のように刑罰の本質とその目的は「応報」、「威嚇」、「隔離」、「教育」の4つのワードで語られてきた。しかし、それは国家と犯罪者との間で語ら

れる刑罰の機能である。そこには、近年重視されている被害者の視点はない。国家は被害者のために被害者に成り代わって犯罪者を処罰するのではない。前述のように国家自身の秩序維持と正義のために刑罰を科してきたのである。しかし被害者にとっては、刑罰への期待は大きい。被害者の「処罰感情」に、国民も共感し、被害者の思いに応えることこそが刑罰を正当化する根拠のようにも捉えられがちである。その視点から強調される刑罰の目的は、被害者の金銭的損害を賠償させ、犯罪によって引き起こされた心理的不安を除去し、トラウマからの立ち直りをすすめることにある。すなわち被害（者）の回復である。今日の刑罰目的を語るとき、この「回復」の視点を無視することはできない。国家は、被害者の損害を回復する手段として犯罪者に刑罰を科すという視点を、近時の新たな刑事手続（被害者の刑事裁判への参加）や、刑事裁判後に続く損害賠償額の決定手続など、たとえば米国の「損害賠償命令」のような新たな制度をもたらしている。

○コラム14　損害賠償命令（restitution）

　損害賠償命令は、イギリスやアメリカにおいて発展した制度で、刑事処分（刑罰）のひとつの形態である。もともとは、軽微な事件にかかる少年へのダイバージョンとして展開され、プロベーションやパロールに付加する形をとるものが多い。損害賠償命令によって言渡された賠償金の受取人は、当然、被害者であるが、被害者がこれを拒否する場合もある。その場合には被害者が所属する地域団体がこれを受け取る場合もある。ここでは、損害賠償の支払いは、コミュニティーに向けてなされるものであり、地域作業（社会奉仕）と同様に、「地域刑」としての性格もある。犯罪者が地域の一員であることを再認識させるための刑罰としても機能しており、被害者の実質的な損害回復の一部にもなりうることから、米英では好意的に運用されている。

　比較的軽微な事件の処理としては魅力的な制度であるが、わが国での採用をめぐる議論にあっては、特に被害者団体から、「賠償額がさほど期待できるものでもなく、賠償金を支払えば罪が免除されるということにはならない」との声もあり、また、「階級司法」（金持ちに有利な司法的運用）に陥るという批判から、導入に慎重な姿勢が示されている。

3　刑罰の種類と課題

1　刑罰の種類

　刑罰には、その種別として「生命刑」、「身体刑」、「自由刑」、「労働刑」、「財産刑」、「名誉刑」、「身分刑」、「追放刑」などがある。刑罰の歴史をひもとけば、実に多くの種類の刑罰が行使されてきたことを理解することができる。時代の流れとともに、刑罰は人道的観点から改革され、人間の尊厳を脅かす刑罰は次第に姿を消してきた。もはや、市場や大通りなどのように大勢の人の集まる場所で、かつての欧州における「首かせ」や、わが国の「市中引き回し」などの屈辱的な姿をさらすような刑罰（名誉刑）は、文明国を標榜する国にあっては存在しないし、「奴隷」や「非人」といった身分に置かれるような刑罰（身分刑）も消え去った（ただし、前者は犯罪者の肖像や氏名等の報道などを通じて刑罰以外の社会的非難という形が残存しているし、後者についても一定の「資格制限」が身分的制約に通ずるところもある。公職選挙法 11 条 1 項により、受刑者の選挙権行使も制限される。）。

　わが国の拘禁刑は、自由を拘束して一定の役務（労働）を科すもので、いわば自由刑と労働刑の性格をあわせもった刑罰である。しかし欧米の国の中には、労働刑を排除し、強制労働をともなわない、もっぱら自由の拘束だけを目的とした「拘禁刑」をとる国が多い。

　「追放刑」は、流刑（島流し）や「所払い」のように、犯罪者を市民社会から遠ざける刑罰であり、社会参加の方法を一定期間奪うものである。赦免（恩赦）が与えられない限り、半永久的に社会復帰の機会を得られない。社会的な隔離を意味する「追放刑」は、今日の社会では、国際環境や地理的環境の変化、さらにまた交通手段の発達などによって、もはや意味をもたなくなっている。

　「身体刑」は、身体に対して直接的な害を与える刑罰であり、古来、耳そぎや鼻そぎといったおぞましい刑罰や、イスラム圏特有の「手首の切断」、わが国の流刑者に付加された入墨、軽い刑罰とされた「たたき」があった。これらは、人道的に好ましくなく、宗教的理由から残される地域は別にし

て、欧米社会とその影響を受けた国々からは消失した。

　「生命刑」はもちろん生命を奪う刑罰、すなわち「死刑」を意味するものであるが、時代をさかのぼれば死刑の方法も多様にあり、磔（はりつけ）、鋸（のこぎり）引き、串刺し、車裂き、火焙り、釜ゆで、斬首といったようにいかにも残虐な処刑がなされていた。20世紀の死刑執行方法は、死刑存置国の間でも異なるが、絞首刑（ハンギング）、銃殺刑などが一般的であったが、21世紀の今日、米国では、ガス室、電気椅子、ハンギング、銃殺刑などから、薬物注射による処刑へと変化した。死刑を存置する立場に立つとしても、今後の課題は処刑の確実性と痛ましさ（処刑される者とこれに立ち会う者の両者にとって）を和らげる工夫であろう。このように、死刑は時代とともに比較的「人道的な」方法に移行してきている。

2　現行の刑罰制度

　わが国の刑罰は、刑法9条によって「死刑、拘禁刑、禁錮、罰金、拘留、科料」の6種が規定されている（ただし、2022年の刑法一部改正により、懲役と禁錮は新たな「拘禁刑」に一本化されており、2025年6月までに施行されることになっている。この間、施行に向けた作業と指導の矯正処遇の整備が進められるが、それまでは現行法の規定が用いられるので、現行規定にしたがって記述する。）。これらを「主刑」といい、規定されている順序で重い刑とされる（刑法10条1項）。また「付加刑」として、「没収」が科されることもある（刑法9条）。

　最も重い刑罰は、したがって死刑である。死刑は刑事施設内において絞首して執行される（刑法11条1項。その手続きについては、刑事訴訟法475条以下に規定されている。なお第8講を参照のこと）。

　わが国の「自由刑」には、拘禁刑（拘留刑は、2022年の改正で、「改善更生を図るため、必要な作業を行わせ、又は必要な指導を行うことができる」ことが追加されている（16条2項）。）がある。拘禁刑は、無期および有期（1月以上20年以下）からなる。拘留は、1日以上30日未満の刑事施設内での自由拘束であり（刑法16条）、侮辱罪（刑法231条）など比較的軽微な犯罪に対して適用されている。懲役と禁錮の違いは、刑事施設内で所定の作業（刑務作

業）を行う義務を負うか（懲役）、負わないか（禁錮）の違いである（刑法 12
条 2 項、13 条 2 項）。過失犯や政治犯に向けられる禁錮は、刑事施設内に終
日拘置されるが、殺人や窃盗などのいわゆる「破廉恥犯罪（道義的非難の強
い犯罪）」に比べて、犯罪者の人格を重んじるとの配慮から労働刑が科され
ず、純然たる自由刑として位置づけているのであるが、今日その意味がある
のかどうか疑問が呈されている（自由刑の単一化論）。実際、禁錮受刑者の多
くは施設長が指定する作業を希望することを申し出て、懲役受刑者と同様の
作業に従事しているのであるから（かつては、これを「申出作業」と称した）、
現実的にも両者を区分する必要性はない。むしろ、犯罪者処遇の重要性が認
識されてきている今日、非難としての労働刑を維持するのではなく、自由刑
を懲役から拘禁刑へという形に見直し、刑務作業を労働習慣を確立させ、就
労意欲の向上を通して社会復帰の一助とすべく再構成する時期にきているの
ではなかろうか（第 9 講参照）。改善処遇重視の観点から、自由刑を拘禁刑に
一本化し、処遇の内容として改善指導と並んで刑務作業を位置づける新たな
自由刑が待たれていたのである。

　「財産刑」として罰金と科料があるが、前者は 1 万円以上（刑法 15 条）、
後者は 1,000 円以上 1 万円未満（刑法 17 条）を法定刑とする（第 10 講参照）。
罰金は、刑法各本条において「○○万円以下の罰金」というように上限を示
す法定刑が規定されるが、科料にはそのような規定はない（たとえば刑法
175 条（わいせつ物頒布罪）では「250 万円以下の罰金もしくは科料」という
規定になっている）。罰金を完納できない場合には 1 日以上 2 年以下の「労
役場留置」となるが、科料の場合は 1 日以上 30 日以下となっている（刑法
18 条 1 項、2 項）。それぞれの併科の場合にはその期間は前者が 3 年以下、後
者が 60 日以下とされる（刑法 18 条 3 項）。

3　新たな刑罰制度の検討

　わが国の現行の刑罰制度は、明治時代から受け継いできたものである。懲
役刑などの執行においては、近年いわゆる行刑改革の進捗により、明治期以
来の監獄法が改正され、新法である「受刑者処遇法」（平成 17 年成立）とそ
の改正法である「刑事収容施設法」（平成 18 年成立）に基づき、新しい時代

に適合した行刑を展開する気運が高まっている。いまや、世界の刑罰制度は、社会と刑罰思想の変遷に伴って、近代において形成された刑罰制度から、新しい刑罰観に則した刑罰が生み出されてきている。象徴的な動きは、地域内作業（コミュニティ・サービスなど）のように、刑の執行を地域に還元し、受刑者をして地域社会の一員であることの認識をもたせるものである。これはさらに地域ぐるみで犯罪者の更生を見守り、地域防犯へと連動するもので、「社会奉仕命令」として、わが国にも1980年代から紹介されてきた制度である。これをひろく地域刑（コミュニテイ・センテンス）のうちに位置づけて、凶悪な犯罪とされる重大事件以外の犯罪について活用する方策を、わが国でも検討するべき時期にあるように思う。

　また、被害者の損害・損失を回復し、被害者との関係修復の道を拓いてゆくための刑罰が求められてもいる。具体的には金銭的被害回復を命じる「損害賠償命令」や、被害者との関係修復を前提とした猶予制度の導入である。前者は、2007年の「改正被害者保護法」（権利利益の保護を図るための刑事手続に付随する措置に関する法律）23条以下に示されるとおり、被害者の申立てによって、刑事裁判の事実認定を前提にこれに続く迅速な期日設定のもとで、被害者への損害賠償を命じる制度が導入されている。後者は、実務上すでに、示談が警察段階の微罪処分や検察段階の起訴猶予処分の要件に組み込まれているし、裁判でも執行猶予を付けるための前提として、被害者への謝罪などが一定の効果を発揮している。ただし、被害者との関係修復は、刑事司法制度の正面に据えられた形の制度にまではなっていない。検討を要する課題である。

　さらに、社会内処遇として重要な保護観察制度についても、これを独立した刑罰の中に組み込む必要性が意識され始めている。少年事件については、家庭裁判所による審判の結果、保護処分として保護観察を言渡し、一定期間、社会的立ち直りを指導し、支援してゆく制度がある。しかし刑事裁判では、執行猶予者に例外的に付される保護観察を除けば、刑務所から仮釈放してきた受刑者を、残余刑期の間だけ保護観察を付す制度しかない。刑の一部執行猶予制度は、保護観察期間を確保するのに役立つが十分とは言いがたい。たとえば、少年の保護観察処分と同様に、刑罰としての「保護観察」を

講じる手立てを検討することも重要だろう。「刑罰」の枠に入れるべきかどうかはともかく、刑事制裁（「処分」を含め）として検討する意義は大いにあるものと思われる。

4　司法統計に見る刑罰の現状

　全事件確定人員を見るに、平成27年における死刑確定者は、2人であった（平成28年版犯罪白書38頁）。これは平成16年から21年までの死刑確定者の多さに比べ減少しており、平成11年から15年までの状況にもどりつつあることを示している。平成16年以降の増加の背景には何があるのだろうか。死刑罪種の事件が激増したわけではない。この時期、死刑の求刑や言渡しをやむを得ないとする検察官・裁判官の判断が多くなったのであろうが、それはなぜなのか。凶悪事件に対するメディアの執拗な報道と裁判員制度の導入に伴い、刑事裁判への社会的関心が高まり、被害者の処罰感情への共感などによって生じた意識の変化によって、量刑の水準がいくぶん上昇したようにも思われる。平成16年の刑法一部改正（法定刑の引上げ、すなわち重罰化）も犯罪への厳しい目線を強めるものであった。この死刑確定者の急増はこれを象徴するものであろう。拘禁されている死刑確定者（死刑囚）数は、平成3年から15年まで55人前後を維持してきた。しかし平成27年までには、その数は130人に達するものになっている。

　同様に、懲役確定者も平成17年前後まで増加傾向を示し、無期懲役の場合には、平成18年で135人に達していた。しかし、その後平成27年までには、27人へと激減した。有期懲役においても、平成10年代に増加傾向を示していたが、たとえば、平成19年までの厳罰処理はややトーンダウンしたように見える。平成18年には8万802人であった確定人員が平成27年には5万3,710人へと減少しているのである。また、厳罰化の傾向は執行猶予率にも反映しており、60％を超えていたものが（平成11年には62.7％）、平成25年には55.9％にまで落ち込んでいる。平成27年にはいくぶんかは持ち直したが（58.9％）、60％への回復はなお遠い。裁判確定人員の減少傾向が認められるなかで、再犯受刑者の状況が目立ってきていることの証しでもある。

表 5-1　全事件裁判確定人員

（平成 11 年〜27 年）

年次	総数	有罪											無罪	その他
		死刑	無期懲役	有期懲役			有期禁錮			罰金	拘留	科料		
					執行猶予	執行猶予率		執行猶予	執行猶予率					
11	1,090,701	4	48	67,067	42,039	62.7	2,613	2,464	94.3	1,016,822	81	3,514	59	493
12	986,914	6	59	73,184	45,117	61.6	2,887	2,708	93.8	906,947	81	3,141	46	563
13	967,138	5	68	75,582	46,523	61.6	3,003	2,805	93.4	884,088	71	3,713	44	564
14	924,374	3	82	80,201	49,250	61.4	3,510	3,277	93.4	837,144	77	2,752	73	532
15	877,070	2	117	84,900	52,772	62.2	4,017	3,763	93.7	784,515	38	2,774	80	627
16	837,528	14	115	85,815	52,856	61.6	4,215	4,001	94.9	743,553	51	3,014	94	657
17	782,471	11	131	85,020	51,446	60.5	3,904	3,655	93.6	689,972	26	2,829	66	509
18	738,240	21	135	80,802	47,085	58.3	3,696	3,459	93.6	650,141	21	2,868	82	474
19	615,387	23	91	74,395	43,271	58.2	3,547	3,336	94.1	533,949	13	2,842	117	410
20	530,293	10	57	70,830	41,213	58.2	3,367	3,179	94.4	453,065	7	2,507	84	366
21	503,245	17	88	68,543	39,776	58.0	3,362	3,169	94.3	427,600	16	3,086	75	458
22	473,226	9	49	64,865	37,242	57.4	3,351	3,203	95.6	401,382	6	3,067	86	411
23	432,051	22	46	59,852	33,845	56.5	3,229	3,111	96.3	365,474	8	2,964	77	379
24	408,936	10	38	58,215	32,855	56.4	3,227	3,122	96.7	344,121	5	2,868	82	370
25	365,291	8	38	52,725	29,463	55.9	3,174	3,058	96.3	306,316	4	2,559	122	345
26	337,794	7	28	52,557	30,155	57.4	3,124	3,051	97.7	279,221	4	2,417	116	320
27	333,755	2	27	53,710	31,620	58.9	3,141	3,068	97.7	274,199	5	2,247	88	336

出典：平成 22 年版犯罪白書 49 頁及び平成 28 年版犯罪白書 38 頁

表 5-2　全事件裁判確定人員

（平成 28 年〜令和 3 年）

年次	総数	有罪											無罪
		死刑	無期懲役	有期懲役			有期禁錮		罰金	拘留	科料		
				一部執行猶予	全部執行猶予	全部執行猶予率	全部執行猶予	全部執行猶予率					
28年	320,488	7	15	51,825	855	30,837	59.5	3,193	3,137	98.2	263,099	6	1,962	104
29	299,320	2	18	49,168	1,525	29,266	59.5	3,065	2,997	97.8	244,701	5	1,919	130
30	275,901	2	25	47,607	1,567	28,831	60.6	3,159	3,099	98.1	222,841	1	1,834	123
元	245,537	5	16	46,086	1,452	28,044	60.9	3,076	3,021	98.2	194,404	3	1,556	96
2	221,057	2	19	44,232	1,298	27,163	61.4	2,738	2,691	98.3	172,326	5	1,366	76
3	213,315	4	18	43,556	1,015	26,905	61.8	2,670	2,624	98.3	165,276	5	1,390	94

注　1　検察統計年報による。
　　2　「総数」は、免訴、公訴棄却、管轄違い及び刑の免除を含む。
　　3　平成 28 年の「一部執行猶予」は、同年 6 月から 12 月までに一部執行猶予付判決が確定した人員である。

出典：令和 4 年版犯罪白書 40 頁

このように平成17年前後には受刑者人口が急激に増加し、刑務所の過剰化を導くことにもなっていたのであるが、平成27年までには刑務所の過剰収容問題は、落ち着きを取り戻しつつある。

禁錮確定者については、やや増加傾向にあったものの（平成16年に4,000人を超える）、平成27年には3,141人に減少した。執行猶予率は高水準で推移しており、平成27年で97.7％である。また拘留確定者は、減少の一途をたどり、平成11年に81人であった数字も平成27年にはわずか5人となっている。

罰金確定者も、著しく減少した。平成11年までは100万人を超えていたが、平成21年には42万7,600人にまで半減し、さらに平成27年には27万4,199人となっている。同じ財産刑である科料確定者も3,514人（平成11年）から3,086人（平成21年）、そして2,247人（平成27年）へと減少してきている。

このように、平成21年当時までは、重大事件に対して、刑の量定の場面での重罰化傾向が残る一方、軽微な事件への対応としてソフトな刑の対応で補完されてもいる。その後の5年間を見ると、過剰な処罰傾向は鎮まってきたように見える。こうした落ち着いた状況の中で、厳しい対応とソフトな対応という「刑事政策の二極分化」を合理的かつ適正に推進することが可能になるものと思われる。

さらには、平成25（2013）年6月の刑法等の一部改正によって、社会内処遇を拡幅するための施策である刑の一部執行猶予制度と社会貢献活動の促進が図られた（第14講参照）。前者は、刑の言渡しとともにその一部の執行を猶予する制度である（刑法27条の2第1項）。3年の刑の言渡しを受けたとすると、たとえばこのうちの1年を2年の刑の執行を（仮釈放を含め）終えたのち猶予するものとし、その際猶予期間（5年までの期間を定めることが可能）内で保護観察に付すことができるものである（刑法27条の3第1項）。この猶予期間中の保護観察は、とくに薬物依存者の薬物からの離脱を誘惑の多い社会内において進めるという狙いもあり、薬物事犯者に対しては必要的に付加されている（薬物使用者刑の一部執行猶予法4条1項）。この制度は平成28年6月から施行され、令和3年までに7,000人以上が対象となっている（表

5-2 参照)。後者は、保護観察対象者に対する特別遵守事項の類型に社会貢献活動に従事することが加えられたものである（更生保護法 51 条 2 項 6 号）。

参考文献

・森炎『刑罰はどのように決まるか――市民感覚との乖離、不公平の原因』（2016 年、筑摩書房)」
・G. ヤコブス（飯島暢＝川口浩一訳）『国家刑罰――その意義と目的』（2013 年、関西大学出版部）
・W. ハッセマー（堀内捷三監訳）『刑罰はなぜ必要か』（2012 年、中央大学出版部）
・加藤久雄『人格障害犯罪者に対する刑事制裁論』（2010 年、慶應義塾大学出版会）
・佐伯仁志『制裁論』（2009 年、有斐閣）
・「〈特集〉今、刑罰を考える」『法の理論 28』（2009 年、成文堂）
・日本犯罪社会学会『グローバル化する厳罰化とポピュリズム』（2009 年、現代人文社）
・大越義久『刑罰論序説』（2008 年、有斐閣）
・吉田敏雄『法的平和の恢復――応報・威嚇刑法から修復的正義指向の犯罪法へ――』（2005 年、成文堂）

（あべ・てつお）

第 6 講◆刑事司法・少年司法機関の役割

キーワード

> 警察、微罪処分、検察官、起訴猶予、条件付起訴猶予、検察審査会、裁判員、全部執行猶予、一部執行猶予、刑事施設、保護観察、保護司、更生保護施設、家庭裁判所、全件送致主義、簡易送致、少年院、児童自立支援施設

1 警 察

1 役割・責務

警察は、個人の生命、身体及び財産の保護に任じ、犯罪の予防、鎮圧及び捜査、被疑者の逮捕、交通の取締その他公共の安全と秩序の維持に当たることを責務とする行政機関であり（警察2条1項）、その活動は、犯罪の予防や交通の取締その他公共の安全と維持に関わる行政警察活動と、犯罪の捜査に関わる司法警察活動に大別される。もっとも、わが国の場合、警邏（パトロール）中の職務質問によって刑事事件を認知し、検挙することが警察自身による刑事事件の認知の端緒として最も多く、行政警察活動が司法警察活動に直結しやすい。

また、1996年に警察庁が被害者対策要綱（現在は2021年の警察庁犯罪被害者支援基本計画）を策定して以来、警察は犯罪被害者の支援を積極的に進めており、2001年の犯罪被害者等給付金支給法の改正により、犯罪被害等の早期の軽減に資するための措置として警察が被害者等に対し情報の提供、助言及び指導、警察職員の派遣その他の必要な援助を行う努力義務が明文化されている（犯罪被害給付第22条）。

2 組　織

　中央には国家機関である警察庁が置かれ、警察の制度や活動に関する企画立案、調整、都道府県警察の監督等を所掌事務としているが、警察の業務を直接的に担うのは都道府県という広域自治体の機関である都道府県警察である。このように、我が国の警察制度は地方分権のシステムをとり、一国全体を管轄とする国家警察の制度を採用していないのが特徴である。しかし、都道府県警察は相互に協力義務を負い、他の都道府県警察に対して援助の要求ができるほか、犯罪の広域化や組織化に対応すべく、管轄区域の境界周辺や管轄区域外に権限を及ぼすこともできる（警察59条乃至61条の3）。

　また、戦前戦中の反省を踏まえ、警察がその権限を濫用するなど不適切な権限行使や公務運営を行うことがないよう、警察庁と各都道府県警察の上にそれぞれ国家公安委員会と都道府県公安委員会が置かれ、警察の運営を監督している。国家公安委員会の委員長は国務大臣であるが、国家公安委員及び都道府県公安委員は民間の有識者が委嘱されており、民間人が警察運営の管理監督を行うシビリアン・コントロールの仕組みが採用されている。

　都道府県警察には警察本部の下に警察署（2022年4月1日現在1,149署）が置かれているが、2022年4月1日現在、警察署の下にさらに6,250か所の交番と6,105か所の駐在所が置かれている。交番と駐在所は、地域の安全に関わる防犯や捜査活動を担う点では同じであるが、交番は都市部に、駐在所は都市部以外の地域に置かれることが多く、交番は原則として3人以上の地域警察官が交代で勤務するのに対し、駐在所は1人の警察官が家族とともに居住しながら勤務している。

　警察官は、一般司法警察職員として司法警察活動、即ち犯罪の捜査を行うものとされており、一般司法警察職員のうち巡査部長以上は司法警察員、巡査は司法巡査とされ、強制捜査の令状請求や事件の送致などは司法警察員（令状請求は警部以上）にのみ権限が与えられている。2022年度における全国の警察職員の定員は29万6,194名であり、このうち8,021名が警察庁の定員で、残りが都道府県警察の定員である。

3 微罪処分

　警察官（司法警察員）は、犯罪の捜査をしたときは、速やかに事件を検察官に送致しなければならない（刑訴246条本文）。しかし、軽微な事案まで全て通常の送致手続をとることは、警察官や検察官に多大な負担をかけ、重要な事件に対する事件処理の時間や労力を奪うことになる。また、事案が軽微で、再犯の可能性の少ない初犯者に対する刑事手続を早期に事実上打ち切ることでラベリング（烙印付け）を回避し、早期の社会復帰により再犯の防止に資する場合がある。そこで、わが国では、犯罪事実が極めて軽微であり、かつ、検察官から送致の手続をとる必要がないとあらかじめ指定された事件については、検察官に対し一月毎に一括して報告することで事件の処理を終えることが認められており、これが微罪処分と呼ばれる（刑訴246条但書、捜査規範198条乃至200条）。

　このように犯罪者に対する終局処分としての制裁を科すことなく、司法手続の過程から外すことをダイバージョンと呼ぶ。この概念は犯罪少年には司法手続とは異なる地域内での代替プログラムを創設するよう求めた1967年のアメリカ大統領委員会の報告書の中で初めて公式に用いられたが、その背景にはラベリング理論の発展がある。しかし、わが国の微罪処分は、こうしたアメリカの動きよりはるか以前の明治時代に導入された微罪不検挙を前身とし、既に長い実務の歴史がある。

　微罪処分の適用には、窃盗、盗品等の罪、詐欺、遺失物横領、単純賭博、暴行など罪種による限定があるほか、被害金額からの制限もある。また、被疑者が暴力団員や少年でないこと、初犯者であることなど、被疑者の特性による限定や、否認事件でないこと、告訴・告発がないことなど事件の性質による制限もある。実務では、刑法犯検挙人員の3割弱が微罪処分によって処理されており、その約3分の2が窃盗であり、従来は、これに遺失物横領が続いていたが、近年、暴行に対する微罪処分が大幅に増加し、遺失物横領への適用は激減している。

　微罪処分に対しては、警察という行政機関による恣意的な裁量や運用が行われる危険性があり、さらにそうした事態に対する法的統制の方法がないとの批判がある。しかし、微罪処分に際しては訓戒や説諭などの処置をとるも

のとされており、単にラベリング回避という消極的側面だけでなく、被疑者の更生及び再犯防止のための積極的処遇としての側面を有していることは重要である。海外には、イギリスの条件附警告制度など、修復的司法の潮流の中で、一定の（修復的）措置を行ったうえで事件をダイバージョンに付する制度も見られる（第7講1の2参照）。日本では、深刻な社会問題となりつつある高齢万引犯の多くが微罪処分となっているが、その後、再犯に至る者も多く見られることから、微罪処分に一定の再犯防止措置を付加させることも考えられる。しかし、我が国では、行政機関が強制力をもった措置を行うことに対しては否定的な見解が根強い。

○コラム15　110番と携帯電話

　警察が犯罪を認知する端緒の90%以上は市民からの届出等となっており、被害者を含めた市民からの通報は刑事事件の解決にとって極めて重要である。そうした市民からの通報の一形態が110番通報であるが、近年、この110番通報件数が大幅に増加している。1995年に570万件であった110番通報が2021年には867万件となっている。しかも、携帯電話からの110番通報が全体の77%にまで達している。これは主に携帯電話の加入契約数の増加と一般加入電話契約数の減少によるものであるが、携帯電話の普及が110番通報の件数を更に押し上げていることは確かであろう。また、携帯電話により事件発生や犯罪の発見から通報までの所要時間も短縮されていると考えられ、これも事件の捜査や犯人検挙にとって有利な状況となっている。昔では考えられなかったような、犯人追跡中の被害者や市民から110番通報が入ることすらある。さらに、携帯電話は、警察や自治体から市民に対する防犯関連情報の提供にも役立っており、近年は、携帯電話のGPS機能を利用した子ども向けの防犯器具も普及している。しかし、その一方で、携帯電話は、犯罪組織の違法な取引に悪用されることがあるほか、SNSや出会い系サイトで少年が犯罪被害に巻き込まれる事件が増えており、通信情報機器の発達が犯罪や捜査に対し陰に陽に影響を与えている。

2 検 察 官 97

2 検 察 官

1 役割・責務

　検察官は、刑事について、公訴を行い、裁判所に法の正当な適用を請求し、且つ、裁判の執行を監督する職務を有し、またいかなる犯罪についても捜査をすることができるなど（検察4条・6条）、捜査から、公訴提起、公判の維持（犯罪の立証）、裁判の執行に至るまで刑事手続のあらゆる段階に関与する官庁である。

　捜査について、一次捜査権は警察が有するものの、検察官は警察から送致された事件について補充捜査を行うほか、独自に捜査を行うこともできる。特に、経済犯罪や汚職事件など高度な立証が求められる事件では、検察官が特捜班を組織して捜査を行い、また東京、大阪、名古屋の地方検察庁には特別捜査部が置かれている。

　わが国では、原則として検察官のみが犯罪者の訴追を行うことができる国家訴追主義と起訴独占主義が採られており、ドイツや台湾に見られるような被害者による私人訴追は認められておらず、またアメリカの連邦や州の大陪審のように市民の代表が検察官の提出する証拠に基づき正式起訴を行うかどうかの判断を行う仕組みもない。但し、後述するように、2009年からは検察審査会の起訴議決に基づき、検事たる検察官の関与無しに起訴が提起される起訴強制の制度が導入されている。

　裁判の執行も検察官の役割であり、死刑執行の立会い、刑の執行順序の変更、自由刑の執行停止、罰金や没収など財産刑の執行、労役場留置の執行などを担っている。

2 組 織

　検察官には、検事総長、次長検事、検事長、検事及び副検事の種類があり、最高検察庁、高等検察庁、地方検察庁、区検察庁のいずれかに属して職務を行う。検察官は、他の公務員と異なり、検察官は一人一人が官庁としてその権限や職務を行使する独任の官庁であるが、その一方で、個々の事件処

理において上司の決裁を受けることで検察権行使の統一性・公平性を確保しており、これを検察官一体の原則という。

3 起訴猶予

　我が国では、「犯人の性格、年齢及び境遇、犯罪の軽重及び情状並びに犯罪後の情況により訴追を必要としないときは、公訴を提起しないことができる」（刑訴248条）として起訴便宜主義（又は起訴裁量主義）が採用されており、実務でも、検察官の裁量に基づき広範な起訴猶予が行われている。これに対し、ドイツでは起訴法定主義が採用されているとされるが、その意味するところは、訴追が可能で、十分な事実的根拠がある場合、検察官は必ず起訴を提起しなければならないということではなく、どのような場合に起訴や起訴の打ち切り（起訴猶予）ができるかが法律で規定されているということである。ドイツでも、軽罪の場合には、裁判所の同意を得て（必要ない場合もある）、公訴を提起しないことが法律で認められており、実務でも、こうした訴追の打ち切りがかなりの件数に上っている。

　しかし、起訴猶予に対しては、適切な権限行使のための規制のあり方と、再犯防止の効果が問題となりうる。

　まず、検察官の訴追裁量が適正に行使されないと、公訴提起すべきものを起訴猶予や不起訴にしたり、不起訴にすべきものを公訴するという公訴権濫用の問題も生じうるから、検察官の訴追裁量に対する法的規制が必要となる。私人訴追や大陪審の制度をもたないわが国は、戦後、公訴権の実行に関し民意を反映させその適正を図るため、検察審査会の制度を導入した。検察審査会は、市民の中から無作為に選ばれた11人の検察審査員から成り、犯罪被害者等からの申立又は職権により、検察官の不起訴処分の当否を審査する独立の機関であり、全国に165か所設置されている。

　審査の結果、検察審査会は、起訴相当（起訴すべきであるとする議決）、不起訴不当（少なくとも再捜査を行うべきであるとする議決）、不起訴相当の議決を行うことができる。かつて、これらの議決には法的拘束力がなかったため、起訴相当や不起訴不当の議決がなされても、検察には起訴を提起する義務はなく、起訴相当や不起訴不当議決後の起訴率も2割から3割台程度であ

った。この数値は決して検察審査会の機能不全を意味するものではなかった
が、裁判員裁判の導入により国民の司法参加の機会ができたことから、裁判
の前段階である訴追の段階においても民意をより直接的に反映させ、検察権
行使の適正化を図るために、2004 年に検察審査会法が改正され、2009 年か
ら施行されている。

　新しい検察審査会法の下では、検察審査会の起訴相当議決に対し、検察官
が公訴を提起しない処分を行った場合又は法定期間内に処分を行わなかった
場合、検察審査会が改めて審査を行い、11 人中 8 人以上の多数により起訴
をすべき旨の議決（起訴議決）をした場合、裁判所が弁護士を指定し、指定
弁護士が公訴の提起及びその維持に当たる。

　改正検察審査会法の施行以来、2021 年末までに 32 件において二度目の審
査が開始され、うち 15 件で起訴議決がなされている。その中には、明石歩
道橋明石署副署長業務上過失致死傷事件、JR 福知山線元 3 社長業務上過失
致死傷事件、国会議員政治資金規正法違反事件、東京電力元会長業務上過失
致死傷事件など社会の耳目を集めた事件も含まれている。しかし、無罪判決
や免訴判決が相次いだことから、検察審査会や起訴議決制度について見直し
を求める声もある。なお、高裁レベルの裁判例ではあるが、起訴強制制度が
合憲である旨の判断がなされている（高松高判平成 26 年 2 月 12 日）。

　一方、起訴猶予にはダイバージョンとしての意義が認められるが、果たし
て再犯防止の効果が十分かという問題がある。実際に、起訴猶予処分を受け
た後に再犯に至る犯罪者も少なくない。海外には、起訴猶予や訴追の打ち切
りに付随的な措置や処分を条件として課し、違反があった場合には起訴猶予
を取り消して公訴を提起する条件付起訴猶予を有する国がある。ドイツで
は、軽罪事件の公訴提起を猶予して、被害者への損害賠償、公益団体への寄
付、社会奉仕、被害者との和解、処遇プログラムの受講等を条件として課す
ことができるし、韓国では、保護観察官による社会内処遇を条件として起訴
を猶予する保護観察所善導条件付起訴猶予や、2007 年の改正少年法により
少年に対する善導条件付起訴猶予が制度化されているほか、DV、薬物依存、
校内暴力など犯罪類型に応じた様々なプログラムを起訴猶予の条件として課
すことができる。

わが国でも、1961年から横浜地方検察庁等において、原則として25歳未満の成人被疑者本人からの更生緊急保護の申出の形をとって、対象者を起訴猶予処分に付し、6か月以内の期間、保護観察官と保護司の補導に服させ、その経過を見て、最終的な終局処分を確定させる更生保護措置付の起訴猶予が行われていたが、しばらくの運用の後、予算的な問題等から行われなくなった。

そうしたところ、2012年から、被疑者・被告人のうち高齢者や障がい者の事情や支援の必要性を地域生活定着支援センター内外に設置された調査支援委員会が調査し、起訴猶予や執行猶予につなげる試みが長崎や滋賀など一部の地域で行われるようになっている。2009年から導入された特別調整や地域生活定着促進事業が刑事施設からの出所者を福祉的支援につなげる「出口支援」であるの対し、これらは、一定の軽微な犯罪を犯した要保護犯罪者を刑事施設への入所前に福祉に繋げることから「入口支援」と呼ばれる。検察庁も、再犯防止対策の一環として、2015年より、検察官の処分決定に先立ち、勾留中の被疑者の更生緊急保護の必要性について保護観察所が調整を行い、起訴猶予の裁定後に更生緊急保護の申出を受けて更生保護施設や自立準備ホームに入所させ、その後、福祉施設に繋ぐ「更生緊急保護の重点実施」を試行している。2016年からは最高検に刑事政策推進室を、また各地の検察庁に再犯防止の施策や関係機関との連携を行う社会復帰支援室や再犯防止対策室を設置したほか、社会福祉士を採用し、福祉的支援に関する助言や福祉機関との連携を担当させるようになっている。さらに、高齢者の万引事案において起訴猶予前に一定期間面談を行ったり、児童虐待事案において、被疑者のリスク・アセスメントを児童相談所その他の関係機関と共同で行い、児童相談所と連携しながら被疑者の指導を行った上で最終的に起訴猶予とする取組みなどが各地の検察庁で進められている。

さらに、2017年から始まった少年法の適用年齢の引下げと犯罪者処遇制度の見直しを行う法制審議会の部会において、検察官が、起訴猶予相当事案において必要があると認めるときは、被疑者が守るべき事項を設定し、一定の期間、指導や監督といった再犯防止の措置を取る制度の検討が行われたが、検察官のそうした権限行使に対する批判もあり、当部会の案としては採

用されないこととなった。

3 裁 判 所

1 役割・責務

刑事事件について、裁判所は、検察官が公訴提起した被告事件の犯罪事実の認定を行うとともに、有罪の場合には刑の量定を行うことを主たる任務とする。わが国では、異なる3つの審級で裁判所の審理を受けることができる三審制を採用しており、第1審の裁判に不服の場合には、上級の第2審裁判所へ控訴し、第2審の裁判にも不服の場合で一定の上告理由に該当する場合には終審裁判所たる最高裁判所へ上告することが認められている。

2 組 織

日本国憲法は、「すべて司法権は、最高裁判所及び法律の定めるところにより設置する下級裁判所に属する」（76条1項）と定め、この憲法規定を受けて裁判所法は、下級裁判所として高等裁判所、地方裁判所、家庭裁判所及び簡易裁判所を置いている（2条1項）。

裁判官は特別職の国家公務員であり、最高裁判所の裁判官として最高裁判所長官（1名）と最高裁判所判事（14名）が、また下級裁判所の裁判官として、高等裁判所長官（8名）、判事、判事補、簡易裁判所判事の種別がある。

3 裁判員裁判

アメリカやイギリスでは、刑事裁判の事実認定（と一定の場合には量刑）を市民から無作為に選ばれた陪審員が行う陪審制が採用され、ドイツやフランスでは、職業裁判官と素人裁判官たる参審員が合議体で行う参審制が採られている。わが国でも、かつて陪審法に基づいて、一定の国民から選ばれた陪審員が答申（のみ）を行う陪審制度が行われていたことがあったが、制度や運用上の問題に加え、当時の政局から停止されるに至った。しかし、国民の司法参加に対する関心の高まりのなかで、2004年に裁判員の参加する刑事裁判に関する法律の制定と刑事訴訟法の一部改正が実現し、2009年から、

死刑又は無期の懲役・禁錮（2025 年からは拘禁刑）に当たる罪の事件と、法
定合議事件であって、故意の犯罪行為により被害者を死亡させたもののうち
一定の事件については、国民から無作為に選ばれた裁判員 6 名と裁判官 3 名
の合議体（一定の場合には裁判員 4 名と裁判官 1 名）が、事実の認定のみなら
ず、法令の適用や刑の量定を行い、刑の言渡しや無罪の判決を行う裁判員制
度が施行されている。

　裁判員制度は、「一般の国民が、裁判の過程に参加し、裁判内容に国民の
健全な社会常識がより反映されるようになることによって、国民の司法に対
する理解・支持が深まり、司法はより強固な国民的基盤を得ることができる
ようになる」（司法制度改革審議会意見書— 21 世紀の日本を支える司法制度
(2001)）ことが最大の眼目であるが、集中審理による迅速裁判の実現にも寄
与するものである。しかし、制度施行後、争点や証拠の整理を公判に先立っ
て行う公判前整理手続が少しずつ長期化しており、裁判員の出席率も諸外国
の陪審制度に比べて高いとされるが、これも僅かながら低下傾向にある。量
刑については、傷害致死、強姦・強制性交等致死傷、強制わいせつ致死傷及
び強盗致傷でやや重くなる傾向にあるが、他方、殺人既遂や現住建造物放火
では裁判官裁判と殆ど量刑に違いがない。しかし、執行猶予に保護観察を付
する割合は 55％を超えており、裁判官による裁判より著しく高い。死刑は、
2020 年末までで 41 件の言渡しが行われており、少年事件でも死刑が確定し
たケースが出ている（宮城県石巻市の殺人傷害被告事件）。また、裁判員裁判
で死刑が確定した者に対する死刑執行も既に行われており、裁判員に対する
心理的負担が問題となっている。

4 宣告猶予

　宣告猶予は、もともとイギリスの司法慣行として行われていたが、19 世
紀に法律上の制度となり、後にイギリスやアメリカでは社会内処遇と結び付
く形でプロベーションとして発達し、ヨーロッパでもフランスなど執行猶予
と並んで宣告猶予の制度を採用している国がある。

　宣告猶予には、有罪の認定をしないで訴訟手続を停止し有罪判決の宣告を
猶予するもの、有罪の認定と刑の量定を行った上で判決の宣告を猶予するも

の（判決の宣告猶予）、有罪の宣告のみ行い、刑の量定はしないで刑の宣告を
猶予するもの（刑の宣告猶予）などがある。我が国には宣告猶予の制度はな
いが、大正時代から昭和50年代にかけて行われた一連の刑法全面改正作業
においては、執行猶予と並んで、宣告猶予制度の導入を巡る議論が行われ
た。1963年に始まる法制審議会刑事法特別部会における審議の過程では、
刑事処分の多様化により犯罪者の改善更生の効果を高めるという刑事政策的
目的とともに、犯情の軽い犯罪者に対して相応しい処分を適用するという趣
旨から、有罪の認定と刑の量定を行った上で判決の宣告を猶予する判決の宣
告猶予と、有罪の認定は行うが、刑の量定は行わないで宣告を猶予し、宣告
猶予を取り消すときに刑の量定を行って宣告する刑の宣告猶予の制度が検討
されたが、最終的に法制審議会の総会では宣告猶予の制度は設けないことと
された。その理由は、起訴猶予や執行猶予を活用すれば宣告猶予の目的は達
せられること、起訴猶予相当の被告事案に対する救済は、本来、公訴棄却等
の形式裁判によって行うべきものであるというものであった。また、2017
年からの法制審議会の部会においても宣告猶予（判決の宣告猶予）が再び検
討されたが、起訴猶予や全部執行猶予が多用されている日本で宣告猶予の対
象が明らかでないなどの理由で採用されなかった。

5 全部執行猶予

　執行猶予は、言い渡した刑の執行を一定期間猶予し、当該期間、再犯がな
く、あるいは遵守事項に違反しなかった場合に刑罰権を消滅させたり（条件
附有罪判決）、刑の執行を免除する（条件附執行免除）制度である。その目的
は、刑罰の執行、特に自由刑の執行に伴う弊害を回避し、犯罪者の仕事や家
庭といった社会生活を維持させつつ、執行猶予の取消しによって刑の執行が
可能であるという威嚇力によって犯罪者に自律的な更生を図らせることであ
るが、さらに全部執行猶予中、保護観察に付すことで、犯罪者のより積極的
な改善更生を促すことが期待できる。大陸法を継受した我が国も執行猶予制
度を有しており、刑の一部執行猶予導入以後は、それと区別するため、全部
執行猶予と称されている。

　現行刑法上、本件たる全部執行猶予の判決言渡し前に拘禁刑（2025年から

は拘禁刑。以下、同じ。）以上の刑に処せられたことがないか、判決言渡し前に拘禁刑以上の刑に処せられたことがあっても、その執行を終わった日またはその執行の免除を受けた日から5年以内に拘禁刑以上の刑に処せられたことがない場合、3年以下の拘禁刑または50万円以下の罰金を宣告するとき、情状により、裁判確定日から1年以上5年以下で一定の期間を定めて、その刑の全部の執行を猶予することができる（刑法25条1項）。さらに、1953年の刑法改正により、拘禁刑以上の刑の全部執行猶予中（保護観察付でない場合）であっても、再び全部執行猶予を付することができるようになったが、その場合には、1年以下の拘禁刑の宣告をするときで、しかも情状に特に酌量すべきものがあるときという、初回よりも厳しい要件が課せられている（刑25条2項）。

　しかし、再度の全部執行猶予については、2022年の刑法等一部改正により、保護観察付の全部執行猶予中の再犯の場合や2年以下の拘禁刑の言渡しを受ける場合にまで拡大されることとなった。

　初度の全部執行猶予の場合は、猶予の期間中、裁量的に保護観察に付すことができるのに対し、全部執行猶予中に再度全部執行猶予に付す場合には必要的に保護観察に付すことになる（刑25条の2第1項）。もっとも、実務では、拘禁刑のうち約6割弱が全部執行猶予となっているにもかかわらず、保護観察が付されるのは7％に過ぎない。わが国の場合、判決前調査制度がないため、被告人の特性や環境を十分に考慮した処分選択が難しいという事情もあるが、予防ないしはケースワーク的発想より、行為責任を中心とした量刑の発想が強いことが主たる原因である。但し、裁判員裁判においては、全部執行猶予に保護観察が付く割合が50％を上回っており（同種事件の裁判官による裁判では35％）、犯罪者の更生や再犯防止に対する市民（裁判員）の関心の表れであると思われる。

　全部執行猶予に付される保護観察（4号観察）は、かつて、制度の歴史的経緯から、仮釈放や仮退院に伴う保護観察と異なり、犯罪者予防更生法ではなく、執行猶予者保護観察法という法律が規定していたが、2007年、犯罪者予防更生法と統合し、特別遵守事項を始め大幅な改正を加えた更生保護法が成立し、翌年より施行されている。

全部執行猶予の言渡しが取り消されることなく猶予期間が経過したとき
は、刑の言い渡しは効力を失うが（刑27条）、刑の言い渡しがあった事実ま
でが消滅するわけではなく、既に発生した法律効果の効力にも影響を及ぼさ
ない。これに対し、全部執行猶予期間中に一定の事由がある場合には、全部
執行猶予を取消すか、又は取消すことができ、現行刑法は、必要的取消事由
（刑26条1号乃至3号）と裁量的取消事由（刑法26条の2第1号乃至3号）を
定める。しかし、改正の経緯もあって文言上解釈の余地を多分に残す規定と
なっているのに加え、一部の取消事由が憲法39条後段の二重処罰禁止に当
たるのではないかとの疑問も呈されている（判例は合憲とする）。

全部執行猶予の取消率は、単純全部執行猶予で10％台（但し、みかけ上の
取消率）、保護観察付全部執行猶予で24％強である。その多くは対象者の再
犯であり、保護観察付全部執行猶予の重大な遵守事項違反による裁量的取消
し（刑法26条の2第2号）も、殆どが再犯の有罪確定を待っていては執行猶
予期間が経過し、刑の言渡しが失効してしまうため、再犯を善行保持義務違
反として取り消す場合である。

なお、執行猶予期間中に再犯を行ったにもかかわらず、猶予期間の経過に
よって刑の言渡しが失効してしまう不合理な事態を解消するため、2022年
の刑法等一部改正により、猶予期間中に再犯に対し公訴が提起されれば、猶
予期間が経過した後でも全部執行猶予の言渡しがされているものとみなし、
その間（効力継続期間）に再犯に対し拘禁刑の実刑に処せられた場合には、
全部執行猶予の言渡しを取り消さなければならないものと改められた。

6 刑の一部執行猶予

2013年6月に「刑法等の一部を改正する法律」と「薬物使用等の罪を犯
した者に対する刑の一部の執行猶予に関する法律」（以下「薬物使用者等一部
執行猶予法」という。）が成立し、2016年6月から「刑の一部執行猶予制度」
が施行されている。刑の一部執行猶予とは、裁判所が、3年以下の拘禁刑
（2025年からは拘禁刑。以下、同じ。）を言い渡す場合において（宣告刑）、そ
の刑の一部（猶予刑）の執行を1年以上5年以下の間の一定期間猶予し（猶
予期間）、猶予を取り消されずに猶予期間が経過した場合に、猶予されなか

った刑（実刑部分）を刑期とする刑に減軽するという刑罰である。刑法第25条が定める従来の執行猶予は、言い渡す刑の全部の執行を猶予することができる「全部執行猶予」であるのに対し、一部執行猶予は刑の最後の一部についての執行猶予を認めるものである。刑法典では刑の執行猶予について定めた第1編第4章に規定が置かれ、全部執行猶予と類似した要件が法定されているが、一部執行猶予は一部に実刑部分を有する実刑の一種であることに注意する必要がある。

　この制度は、施設内処遇と社会内処遇の有機的な連携を図るところに最大の眼目がある。つまり、満期釈放者には社会内処遇を行うことができず、また残刑期間主義を取る我が国の仮釈放制度では再犯リスクの高い釈放後3年から5年まで保護観察を行うことできないため、実刑部分の執行に続く猶予期間や保護観察を予め裁判において言渡しておくことで、釈放後の社会内処遇を確実に確保することが制度の目的である。

　刑の一部執行猶予は、宣告刑（3年以下の拘禁刑）、前科、必要性、相当性（予防面での相当性と犯情面での相当性）の要件を満たす場合に、これを科すことができる（刑法27条の2）。特に、前科については、初入者（前に禁錮（2025年から拘禁刑。以下、同じ。）以上の刑に処せられたことがない者）、全部執行猶予者（前に拘禁刑以上の刑に処せられたことがあっても、その刑の全部の執行を猶予された者）、準初入者（前に拘禁刑以上の刑に処せられたことがあっても、その執行を終わった日又はその執行の免除を得た日から5年以内に拘禁刑以上の刑に処せられたことがない者）という、厳しい要件が課されている。但し、薬物使用等の罪に前科要件を課すと、同種前科が多いというこの種の犯罪者の性質上、殆どが刑の一部執行猶予の対象外となってしまい、施設内処遇と社会内処遇の連携を図るという刑の一部執行猶予の機能を発揮することができない。そこで、刑法の例外法たる（特別法ではないことに注意）薬物使用者等一部執行猶予法を制定して、前科要件を排除することとした。

　宣告刑に占める猶予刑の割合については、法律上制限がないが、極端に予刑を短くしたり、猶予刑の占める割合を高くする量刑は問題が大きい。猶予期間は、1年以上5年以下である。保護観察については、刑法上の刑の一部執行猶予の場合は、裁判所の裁量により付けることができるのに対し、薬

物使用者等一部執行猶予法の場合は、必要的に保護観察を付けなければならない。薬物依存のある者については、一部執行猶予が取り消され、刑事施設に再収監されるという心理強制だけでは薬物依存を克服することが難しく、より積極的な処遇や治療が必要だからである。刑の一部執行猶予が取り消されないまま猶予期間が経過すると、猶予刑の部分が将来に向かって失効し、実刑部分を刑期とする刑に減軽される。反対に、刑の一部執行猶予の言渡し後に再犯を犯したり、保護観察の遵守事項に違反すると、取消の対象となる。取消事由には、必要的取消事由（27条の4）と裁量的取消事由（27条の5）がある。刑の一部執行猶予の保護観察中の遵守事項については、全部執行猶予の場合と異なり、「その情状が重いとき」という要件は課せられていない。

　刑の一部執行猶予も、実刑の一種であり、仮釈放の適用がある。仮釈放の形式的要件である刑期の3分の1の基準となるのは実刑部分の期間ではなく、宣告刑全体の刑期である。仮釈放が認められると、実刑部分の残期間、仮釈放に伴う保護観察が行われ、残期間の経過により、保護観察は終了する。もし刑の一部執行猶予に保護観察が付されていれば、仮釈放の保護観察から刑の一部執行猶予の保護観察に資格異動となる。

　2016年6月から刑の一部執行猶予制度が施行されたが、、適用事件の殆どが薬物所持や自己使用事案であり、今後、刑法犯やその他の特別法犯に適用が拡大されていくことが望まれる。

4　矯正保護機関

1　矯正機関—刑事施設

　刑事施設とは、拘禁刑（2025年からは拘禁刑も。）、拘留の受刑者や死刑確定者、被勾留者、被留置者等を収容し、これらの者に対し必要な処遇を行う施設であり、法務省設置法上は、刑務所、少年刑務所、拘置所の区別がある（8条）。廃止された監獄法では監獄と称されていたが、2006年から施行された刑事施設及び受刑者の処遇等に関する法律で「刑事施設」の名称に改められ、2007年6月から施行された刑事収容施設及び被収容者等の処遇に関す

る法律に引き継がれている（刑事収容施設 3 条）。なお、刑事施設、留置施設、海上保安留置施設を併せて刑事収容施設という（同 1 条）。また、刑事施設には、罰金不完納者を留置して、労役に従事させる労役場と、法廷等の秩序維持に関する法律（昭和 27 年法律第 286 号）2 条により監置に処せられた者を留置する監置場が附置されている。

　刑事施設は、2021 年 4 月現在、全国に 67 施設（社会復帰促進センター4 施設を含む）と刑務支所が 8 施設設置されている（拘置所・拘置支所を除く）。2020 年末時点での既決の収容定員は 6 万 9,928 名であるが、これに対する収容人員は 4 万 355 名である。収容定員に対する収容人員の比率を収容率と言い、施設の収容状況を示す指数として用いられているが、既決受刑者の収容率は、2004 年末に 118％と最大になった後、2020 年には 57.7％にまで低下している。拘禁率（人口 10 万人当たりの被収容者数）で見ると、我が国は、近年、未決拘禁者を含めても 36 であり、500 のアメリカや 300 のロシアよりははるかに低く、イングランドやドイツなどよりもまだ低い。

　2000 年頃から見られた過剰収容は、刑務所の新設や舎房の増設、入所人員の減少などで、一部の女子施設を除き、ほぼ解消されている。こうした過剰収容の緩和にも一役買ったのが、PFI 方式（コラム 16 参照）に基づく官民協働の刑事施設である社会復帰促進センターである。2007 年に美祢（山口県）、喜連川（栃木県）、播磨（兵庫県）の 3 つの社会復帰促進センターが運営を開始し、翌年からは島根あさひ（島根県）が加わっている。

　少年刑務所は、2022 年現在、函館、盛岡、川越、松本、姫路、佐賀の 6 施設が設置されている。しかし、我が国の少年司法制度が保護優先主義をとる関係で、犯罪少年の殆どは保護処分となり、家庭裁判所から検察官に送致されて（逆送）、起訴される少年は極めて少なく、少年の入所受刑者は毎年 20 名以下である。そのため、これらの少年刑務所にも、受刑者属性に基づく処遇指標での J 指標に当たる少年受刑者はごく僅かしか収容されておらず、被収容者の殆どは Y 指標受刑者（可塑性に期待した矯正処遇を重点的に行うことが相当と認められる 26 歳未満の成人）や A 指標（犯罪傾向が進んでいない者）・B 指標受刑者（犯罪傾向が進んでいる者）である。

　さらに特殊な収容環境として、一部の少年院のなかに少年受刑者を収容す

る区画が設けられている。これは、2000 年の少年法改正において、14 歳と
15 歳の少年についても検察官送致が可能となり（少 20 条）、拘禁刑（2025 年
からは拘禁刑）などの自由刑を科すことができるようになる一方、拘禁刑を
受けた 16 歳未満の少年に対しては、刑法第 12 条第 2 項や第 13 条第 2 項の
規定にかかわらず、16 歳に達するまでの間、少年院においてその刑を執行
することができ、この場合において、その少年には矯正教育を授けるという
規定（少 56 条 3 項）が設けられたことを受けて設置されたものである。これ
ら少年院への収容を必要とする 16 歳未満の少年は Jt という処遇指標に編成
され、少年院法上は受刑在院者とされるが、現在、久里浜、奈良（以上、
Jt）、榛名、交野（以上、JtW。女子少年受刑者）、関東医療、京都医療（以上、
JtP と JtM。身体上または精神上の疾病や障害を有し、医療を主として行う必要が
ある少年受刑者）の計 6 箇所が Jt 指標の受刑者を収容する少年院となってい
る。もっとも、2022 年末までの時点で少年院に収容された少年受刑者は一
人もいない。なお、2014 年の新少年院法により、少年院において刑の執行
を受ける少年を収容する少年院の種類は第 4 種とされることとなった。

○コラム16 PFI 刑務所

　PFI（Private Finance Initiative）方式とは公共施設や公共事業に民間の資本
と技術を導入する手法を言う。1999年に制定された「民間資金等の活用によ
る公共施設等の整備等の促進に関する法律」が基本方針や実施方針を定め
る。海外では、1970年代より、過剰収容の緩和やコスト削減の要請から刑務
所の設計から管理運営までを民間企業に委託する民営化の動きが進んでいる
が、我が国でも、2000年頃からの過剰収容や刑務官の負担増などを受け、
PFI 手法を用いた刑事施設の整備と維持運営が進められている。もっとも、
アメリカやイギリスでは刑事施設等の建設や運営を全て民間企業に委託して
しまう民営方式であるのに対し、我が国の PFI 方式は、自由刑の執行という
国の作用のうち面会の許否、信書の発受の禁止、戒具・武器の使用、仮釈放
の申出といった権限行為や、処遇要領の作成や刑務作業の指定といった処遇
のうち基本部分は国が行い、その他の分野で民間企業との協働体制をとる点
で異なる。また、2010年から、「競争の導入による公共サービスの改革に関
する法律」に基づき、各地の刑務所において、総務、警備、教育、作業、分

類、給食など、部分的な民間委託が行われている。

2 更生保護機関

(1) 保護観察所

保護観察所は、保護観察、犯罪予防活動及び法令によりその権限に属させられた事項を処理する法務省（保護局）の地方支分部局であり（更生保護29条）、2022年末現在、全国に50庁と支部3箇所、駐在官事務所29箇所が設置されている。

保護観察は、少年法24条1項1号及び64条1項1号、2号の保護観察処分を受けた少年（1号観察）、少年院から仮退院を許された少年（2号観察）、仮釈放を許された受刑者（3号観察）、刑法25条の2第1項により保護観察に付された執行猶予者（4号観察）及び刑法27条の3第1項により保護観察に付された刑の一部執行猶予者に対して行われる社会内処遇であり、保護観察所の保護観察官と非常勤国家公務員の保護司が行う。

保護観察所の所掌事務には、このほか生活環境調整、更生緊急保護、心神喪失者等医療観察法に基づく精神保健観察や生活環境調整などがある。生活環境調整は、保護観察所の長が、刑事施設又は少年院に収容されている者の社会復帰を円滑にするため必要があると認めるときに、保護観察官又は保護司に、その者の家族その他の関係人を訪問して協力を求めることその他の方法により、釈放後の住居、就職先その他の生活環境の調整を行い、又は執行猶予に保護観察を付する旨の言渡しを受け、その裁判が確定するまでの者について、保護観察の開始を円滑ならしめるため必要があると認めるとき、その者の同意を得て、同様の方法により、その者の住居、就業先その他の生活環境の調整を行うものである。（更生保護82条・83条）。実際には、対象者の帰住先となる保護観察所の保護観察官又は保護司が行うが、近年、経済不況や対象者の高齢化などにより、生活環境調整に困難を伴うケースが増えている。

更生緊急保護は、刑の執行終了者、単純執行猶予者、起訴猶予者、少年院退院者等が、親族からの援助や公共機関からの保護を受けることができないか、それだけでは改善更生することができないとき、緊急に必要な援護を行

うものであり、保護観察所の長が自ら行う場合と、更生保護事業者等に委託して行う場合がある（更生保護85条）。検察庁による再犯防止の一環として、検察官の処分決定に先立ち、勾留中の被疑者の更生緊急保護の必要性について保護観察所が調整を行い、起訴猶予の裁定後に更生緊急保護の申出を受けて更生保護施設や自立準備ホームに入所させ、その後、福祉施設に繋いでいく更生緊急保護の重点実施が2015年から全国で試行されている。これとの関連で、2022年の更生保護法改正により、起訴猶予の裁定前でも検察官が直ちに訴追を必要としないと認めた者も更生緊急保護の対象に含められることとなった。

　また、2003年に成立し、2005年から施行された「心神喪失等の状態で重大な他害行為を行った者の医療及び観察等に関する法律」により、心神喪失等の状態で重大な他害行為を行った者に対し司法処分による入院や通院の制度が導入された。保護観察所は、入院決定を受けた者の社会復帰の促進を図るため、その者及びその家族の相談に応じ、退院後の生活環境の調整を行うほか（医療観察101条）、通院の決定を受けた者や指定入院医療機関からの退院の決定を受けた者に対し、指定通院医療機関による医療期間中、本人の生活の状況を見守ると同時に、継続的な医療を受けさせるために必要な指導その他の措置を講ずる精神保健観察などを実施するものとされている（同106条）。

(2)　地方更生保護委員会

　地方更生保護委員会は、仮釈放や仮出場の許可、仮釈放の取消し、仮退院と退院の許可、戻し収容の決定、不定期刑の終了処分、保護観察所の事務の監督などの事務を司る法務省の部局たる行政委員会である（更生保護16条）。全国に8つの委員会が設置され、各委員会は3人以上の委員で構成されている（更生保護17条）。

　地方更生保護委員会は、決定をもってなすべき処分に関しては、委員3人で構成する合議体でその権限を行使することになっている（更生保護21条・23条）。仮釈放や仮退院については、施設毎に担当の合議部と委員が決められているので、主査委員が調査や本人との面接を行ったうえで合議部にて決定を行う。

　これまで地方更生保護委員会の委員の多くは、キャリアの長い年長の保護観察官から任命されているのが現状である。しかし、こうした更生保護内部の公務員を中心とした委員による仮釈放などの判断は、社会内処遇の長い経験に裏付けられた的確な判断が期待できる反面、特定の分野に限られた経験に基づく判断となる危険性もある。そこで、保護観察対象者による重大再犯事件を契機として2005年に設置された「更生保護のあり方を考える有識者会議」の報告書「更生保護制度改革の提言―安全・安心の国づくり、地域づくりを目指して―」においても、民間出身者など更生保護関係者以外の委員の登用や、精神医学、社会福祉、法律学などの専門的知見を活用すべきことが提言され、近年は、他官庁の職員OBや教育、福祉、マスコミ関係者など外部の者が多く委員に任命されている。

　このほか、中央には、恩赦について法務大臣に申出を行い、地方更生保護委員会による仮釈放取消しなどの決定について行政不服審査や裁決を行うなどの権限と事務を司る中央更生保護委員会が設置され、委員長と4人の委員が任命されている。

(3) 保護観察官

　保護観察官は、保護観察所や地方更生保護委員会事務局において、保護観察や更生緊急保護、生活環境調整などの業務に当たる国家公務員である。保護観察官は、医学、心理学、教育学、社会学その他の更生保護に関する専門的知識に基づき、保護観察、調査、生活環境の調整その他犯罪をした者及び非行のある少年の更生保護並びに犯罪の予防に関する事務に従事する（更生保護31条2項）。保護観察官採用試験等と研修を経て任命される。全国の保護観察所に約1,200名（保護観察官以外の職員は除く）、地方更生保護委員会に150名弱の保護観察官（委員長や委員、事務局長は除く）が配置されている。この人数で2020年には2万7,000名の新規保護観察対象者に対し保護観察を行っている。しかも、保護観察においては、保護観察所内の担当地区を1名ないし2名の保護観察官が担当する地区担当制を採っているため、保護観察対象者が多かったときは1人当たりの受け持ち保護観察対象者数が東京や大阪といった大都市では時には100人前後に及ぶこともあった。そのため、保護観察官は、問題の多い対象者には何度も面接をしたり、必要な補導

援護を行うものの、実際にはボランティアたる保護司の活動に拠るところが大きい。

(4)　保　護　司

保護司は、社会奉仕の精神をもって、犯罪をした者の改善及び更生を助けるとともに、犯罪の予防のため世論の啓発に努め、もって地域社会の浄化をはかり、個人及び公共の福祉に寄与することを、その使命とする非常勤の国家公務員である（保護司1条）。その定数、委嘱条件、職務などは、保護司法が定めている。保護司の定数は5万2,500名を超えないものとされ、2021年1月1日の現員は4万6,358名である。保護司の委嘱手続は、保護区から推薦された者などを保護観察所長が、保護観察所毎に設置され、司法関係者等が委員となっている保護司選考会に諮問し、その答申を得て、法務大臣に推薦する方法で行う。任期は2年で、再任が可能である。委嘱後には新任研修が行われるほか、種々の研修や勉強会が行われている。保護司の自治組織として、保護区毎に保護司会が、都道府県毎に都道府県保護司連合会が置かれ、中央に更生保護法人全国保護司連盟が設置されている。

保護司は、全国に886ある保護区（2021年4月1日現在）の区域内で保護観察官（主任官）を補佐する形で保護観察や生活環境調整などの職務を行い、特に保護観察については、通常、1名の保護司が1名ないし2名の対象者を担当している。しかし、保護司の業務負担や社会の変化などから、保護司の新規委嘱が難しくなりつつあり、特に若年層や中年層から保護司になる者が少ないため、保護司の高齢化が進み、2021年の平均年齢は65.0歳となっている。さらに、近年、保護司の減少が進み、2004年から保護司の定年制（再任時76歳未満）が本格実施となったこともあって（但し、2021年から特例再任保護司の制度あり）、保護司の定員充足率が低下している。保護司の確保が喫緊の課題である。

(5)　社会復帰調整官

2003年に成立した心神喪失者等医療観察法により、裁判所（裁判官と精神科医たる精神保健審判員）が、心神喪失等の状態で重大な他害行為を行った者に対する指定入院医療機関への入院決定のほか、指定通院医療機関への通院決定をすることができるようになったが、この指定通院医療機関への通

決定および指定入院医療機関からの退院許可決定を受けた場合の入院によらない医療を行う間、社会において対象者の精神保健観察を担当するのが国家公務員たる社会復帰調整官である。精神保健観察は、社会復帰調整官が対象者と面接等を通じて適当な接触を保ち、指定通院機関の管理者並びに都道府県知事及び市町村長から報告を求めるなどして、決定を受けた者が必要な医療を受けているか否か及びその生活の状況を見守ると同時に、継続的な治療を受けさせるために必要な指導その他の措置を講ずるものである。

社会復帰調整官は、心神喪失者等医療観察法により新たに設けられた国家公務員職で、精神保健福祉士その他の精神障害者の保健及び福祉に関する専門的知識を有する者として政令で定めるものでなければならず、実際にも精神保健福祉士など精神福祉の専門家から採用された者が多い。全国の保護観察所に約 200 名強が配置されている。社会復帰調整官は、精神保健観察の他、心神喪失者等医療観察法に基づき、裁判所での審判過程における対象者の生活環境の調査、入院決定があった場合の退院後の生活環境の調整、関係機関相互間の連携確保などの業務も司っている。

(6) 更生保護施設

更生保護施設は、保護観察所からの委託により、保護観察対象者に対する応急の救護（更生保護 62 条）、補導援護（更生保護 61 条 2 項）又は更生緊急保護（更生保護 5 章）として、対象者に宿泊場所や食事を提供しつつ、職業補導や生活指導などを行う民間施設である。

更生保護事業は、明治の出獄人保護や昭和の司法保護事業以来の長い歴史を有し、現在は、1995 年に制定された更生保護事業法が事業の内容や運営主体を定めている。旧法たる更生緊急保護法下では更生保護会と呼ばれ、組織も財団法人や社団法人であったが、更生保護事業法により、更生保護法人という新しい法人格が設けられ、宿泊型保護事業を行う更生保護施設の大半は更生保護法人となっている。しかし、高齢者や障害者に対する更生保護事業の展開や就労支援の促進等のため、2009 年からは新たに社会福祉法人や社団法人、NPO 法人も更生保護施設の認可を受け、運営を行うようになっている。2021 年 4 月 1 日現在、全国で 103 の更生保護施設が運営されており、このうち女性専用の施設が 7 施設、男女用の施設が 8 施設あり、残りが

男性専用施設となっているが、少年専用施設は 2 施設しかない。なお、国立の更生保護施設として、2007 年 10 月には北海道沼田町に農業を通じて少年（仮退院した 2 号観察対象者）の更生を図る就業支援センターが設置されたほか、2009 年と 2010 年には北九州と福島に自立更生促進センターが、また水戸には厚生労働省や農林水産省と連携しながら農業に関する職業訓練を行う就業支援センターが設置されている。

　さらに、保護を必要とする保護観察対象者の増加や刑の一部執行猶予制度を見据え、2012 年から、NPO 法人や社会福祉法人等が管理する施設の一部や空きベッドを「自立準備ホーム」として予め保護観察所に登録し、宿泊場所や食事の提供と共に毎日の生活指導等を委託する「緊急的住居確保・自立支援対策」が実施されている。いわば、「サテライト型更生保護施設」である。2021 年 3 月末までに 447 の事業者が登録されている。その多くは、ホームレス等の生活困窮者支援を行う NPO 法人所有のアパート、社会福祉法人等が運営する障害者のグループホーム、宗教法人や薬物依存者の自助グループが管理する施設、更生保護法人が賃貸するアパートである。

　処遇の面では、近年、更生保護施設を積極的な処遇施設へと発展させる施策が進められており、薬物離脱指導や SST（社会技能訓練）などの専門的処遇や集団処遇を実施する施設も多くなっている。さらに、自宅等から更生保護施設へ通所して処遇を行う通所処遇施設としての機能を強化する計画が進められている。

　そうした更生保護施設における処遇機能の充実を前提として、2022 年の更生保護法及び更生保護事業法の改正により、保護観察における指導監督として更生保護事業を営む者（更生保護施設）その他適当な者が行う特定の犯罪的傾向を改善するための専門的な援助を受けるよう必要な指示その他の措置をとることができるようになり（更生保護 57 条 1 項 4 号）、保護観察対象者の改善更生のために特に必要と認められる場合、そうした更生保護施設等が行う専門的援助を受けることを特別遵守事項に設定することができるようになった（同 51 条 2 項 7 号）。それに対応し、更生保護事業法においても、更生保護施設等が行う更生保護事業としての宿泊型保護事業（継続保護事業から改正）、通所・訪問型保護事業（一時保護事業より改正）及び地域連携・

助成事業（連絡助成事業より改正）においても特定の犯罪的傾向を改善する
ための専門的な援助が含められることとなった（2条）。

5　少年司法機関

1　家庭裁判所・少年鑑別所

(1)　対象と理念

　家庭裁判所は、昭和 23 年の現行少年法とともに設置された裁判所であり
（裁判所法 31 条の 2）、家事事件以外では、少年保護事件を扱う。家庭裁判所
は、少年（処分時に 20 歳未満である者）のうち、刑事責任年齢である 14 歳以
上（20 歳未満）で罪を犯した犯罪少年、14 歳に満たないで刑罰法令に触れ
る行為をした触法少年、(イ)保護者の正当な監督に服しない性癖のあること、
(ロ)正当の理由がなく家庭に寄り附かないこと、(ハ)犯罪性のある人若しくは不
道徳な人と交際し、又はいかがわしい場所に出入りすること、(ニ)自己又は他
人の徳性を害する行為をする性癖のあること、のうちいずれかの事由（虞犯
事由）があって、その性格又は環境に照らして、将来、罪を犯し、又は刑罰
法令に触れる行為をする虞（虞犯性）のある虞犯少年を調査・審判の対象と
する（少 3 条 1 項）。但し、触法少年と 14 歳未満の虞犯少年については、福
祉先議・優先主義が採られ、児童相談所長等の児童福祉機関から家庭裁判所
に送致があった場合に初めて家庭裁判所の調査・審判の対象となる。

　アメリカで発展した国親思想に基づいて制定された少年法は、保護優先主
義、家裁先議主義を採用し、警察（司法警察員）等が犯罪少年を検挙した場
合、検察官に送致するか、罰金以下の刑に当たる犯罪の場合は直接家庭裁判
所に送致しなければならず（直送事件）、さらに検察官も家庭裁判所へ送致
することが義務づけられている。これが全件送致主義と呼ばれるもので、大
正時代の旧少年法のような、検察官が少年事件を選別し、不送致にしたりす
るような検察官先議主義は採られていない。

(2)　調査と審判

　家庭裁判所は、少年事件の送致を受け、又は通告や報告により審判に付す
べき少年があると思料するときは事件の調査を行わなければならず、捜査機

関からの事件記録に基づいて非行事実などについて法的な調査を行うとともに、家庭裁判所調査官に命じて、少年の家庭や学校などの環境について社会調査を行わせることができる。また、家庭裁判所は、少年の身柄を収容し、医学、心理学、教育学、社会学その他の専門的知識に基づいて少年の心理状態や性格など少年の資質鑑別を行うため、少年を観護措置に付し、法務省所管の少年鑑別所に送致することもできる。

　調査の結果、審判に付することができず、又は審判に付するのが相当でないと認めるときは、審判不開始決定をして事件を終局させ、審判を開始するのが相当であると認めるときは、審判開始の決定をする。審判は、少年に対する教育的配慮から非公開とされ、懇切を旨として、和やかに行うとともに、非行のある少年に対し自己の非行について内省を促すものとしなければならない。審判は単独の裁判官が行うが、2000年の少年法改正により、非行事実の的確な認定のため、必要な場合、合議体での審判も行うことができるようになった。審判には、少年と保護者のほか、必要に応じて家庭裁判所調査官などが出席し、少年及び保護者は弁護士などを付添人として選任することができる。さらに、従前、検察官は少年審判に出席して立証活動を行うことはできなかったが、同年の法改正により、一定の重大事件の場合、事実認定のため必要があるときは、家庭裁判所の決定により検察官を出席させることができるようになり、検察官は審判手続に立ち会い、少年や証人などに発問したり、意見を述べたりすることができるものとされた。その場合、少年に弁護士の付添人がいない場合は、弁護士たる国選付添人を付さなければならない。

　なお、2008年の少年法改正により、被害者等による少年審判傍聴制度が導入された。これは、少年が故意の犯罪行為や自動車運転過失致死傷等により、被害者を死亡させたり、傷害させ、被害者の生命に重大な危険を生じさせた事件において、被害者等から審判の傍聴の申出があり、少年の年齢及び心身の状態、事件の性質、審判の状況その他の事情を考慮して、少年の健全な育成を妨げるおそれがなく相当と認めるときは傍聴を許すことができるものである。これは、審判が非公開とされている少年審判において事件の詳細を直接的な形で知りたいという被害者の要望に応える形で導入されたもので

ある。当初は、被害者等の傍聴により、少年が殊更に萎縮し、要保護性の認定や更には事実認定に悪影響が出ることを懸念する向きもあったが、実務では適切な運用がなされ、大きな問題は生じていない。

(3) **試 験 観 察**

家庭裁判所は、少年の保護処分を決定するにあたって必要があると認めるときは、終局処分を一時留保して、一種の中間処分として少年を家裁調査官の観察に付し、遵守事項を定めて履行を命じたり、適当な施設や団体又は個人に補導を委託することができる（補導委託）。これが試験観察と呼ばれるもので、試験観察中の少年に社会奉仕活動をさせたりすることも行われている。

また、少年の保護者の中には養育能力や態度に問題がある者が少なくなく、家庭裁判所における調査・審判過程から保護者への働きかけが重要であることから、2000年の少年法改正時に、家庭裁判所又は家庭裁判所の命令により調査官が、保護者に対し少年の監護に関する責任を自覚させ、その非行を防止するため、訓戒、指導その他の適当な措置をとることができるとの規定が盛り込まれ（少25条の2）、近時、調査官による保護者会など少年の保護者への指導が積極的に行われている。

(4) **保護処分・不処分**

調査又は審判の結果、家庭裁判所が取ることのできる終局決定には、不処分、保護処分、検察官送致、児童相談所長等への送致がある。不処分は、非行事実がないときのほか、非行事実が認められても、別件で保護中であったり、家庭裁判所での調査・審判過程における保護的措置が行われたため、保護処分に付すほどの要保護性がない場合に行うものである。保護処分は、非行事実と要保護性が共に認められる場合になされる決定で、少年院送致、保護観察、児童自立支援設又は養護施設送致の3つがある。全件送致主義がとられ、非行事実と要保護性の小さい事件が多く家庭裁判所に送致されていることもあり、審判不開始と不処分で終局処分の67%（自動車運転過失致死傷、危険運転致死傷、道路交通保護事件、ぐ犯を除いた一般保護事件中の数値）を占めており、保護処分も保護観察処分が多く、少年院送致は7%弱となっている。

　また、2021 年の少年法改正（2022 年施行）により、18 歳、19 歳が特定少年とされ、特定少年に対して保護処分を課す場合、侵害原理を取り入れ、犯罪の軽重を考慮して相当な限度を超えない範囲で、少年院送致（3 年以内）、6 月の保護観察（不良措置なし）、2 年の保護観察（重い遵守事項違反があるときに 1 年以内で少年院に収容できる期間を保護処分の決定時に定めておく）の何れかの保護処分を課すものとされた。

(5)　検察官送致

　一方、家庭裁判所は、死刑、懲役又は禁錮に当たる罪の事件について、調査の結果、その罪質及び情状に照らして刑事処分が相当と認めるときは事件を検察官に送致しなければならず（逆送）、この場合、犯罪の嫌疑がある以上、検察官は原則として公訴を提起しなければならない。少年による重大犯罪が社会問題として大きく取り上げられた結果、議員立法による 2000 年の少年法改正によって、従来の 16 歳以上という検察官送致年齢の制限が撤廃され、14 歳と 15 歳の犯罪少年についても検察官送致が可能となったほか、故意の犯罪行為により被害者を死亡させた罪の事件で、犯行時 16 歳以上の少年については、原則として検察官送致をしなければならないという原則逆送の制度が導入された。しかし、16 歳未満で検察官送致となるケースは極めて少ない。

　原則逆送に該当する対象事件のうち実際に検察官に逆送された少年は 5 割程度であり、依然として残り半分は保護処分となっている。そのため、一般保護事件のうち、刑事処分を相当とする検察官送致は 0.4％と少なく、最終的に自由刑を宣告され、刑事施設に収容される少年は毎年 20 名以下である。

　さらに、2022 年から、18 歳以上の特定少年については、従来の原則逆送対象事件に加えて、18 歳以上の少年のとき犯した死刑、無期又は短期（法定刑の下限）1 年以上の懲役・禁錮に当たる罪の事件も原則逆送の対象に加わることとなった。

(6)　少年法改正の動向

　このほか、2000 年の少年法改正では、上記改正のほか、少年審判の事実認定の強化と適正化の一環として、抗告受理申立制度、観護措置期間の延長、保護処分終了後の保護処分取消し制度が設けられ、また少年事件の被害

者への配慮の充実化を図るものとして、被害者等からの意見の聴取、被害者通知、被害者等による記録の閲覧・謄写の制度が導入されている。

　また、2007 年にも少年法が改正され、触法少年に対する事件の調査と送致に関する手続や一定の重大事件において少年鑑別所に収容する観護措置がとられている場合の弁護士たる国選付添人の選任についての規定が整備されたほか、保護観察処分中の少年に対する不良措置として保護観察所長の申請により家庭裁判所が少年院送致等の処分を行うことができるとする改正や、少年院の対象年齢を従来の 14 歳以上から「おおむね 12 歳以上」とする少年院法の改正が行われている。

　さらに、憲法改正国民投票法及び公職選挙法の改正（2014 年と 2015 年）により投票権年齢及び選挙年齢が 18 歳以上に引き下げられ、民法の改正（2018 年）によって成年年齢が 18 歳に引き下げられたことが契機となって、少年法の適用年齢（20 歳未満）の 18 歳への引き下げと非行少年を含む犯罪者の処遇を一層充実させるための法整備について政府から諮問がなされ、法制審議会で検討が行われた。しかし、最終的に、少年の年齢は引き下げないことになったものの、18 歳と 19 歳は「特定少年」とされ、原則逆送の対象が拡大されたほか、特定少年に対する保護処分としては少年院送致、6 月の保護観察、2 年の保護観察の何れかを課し、逆送後、公訴提起された場合には、推知報道の禁止が解除され、不定期刑や仮釈放の特例など刑罰の特例が適用されないこととする少年法改正が行われ、2022 年 4 月 1 日から施行されている。

2　簡易送致

　少年被疑者に対しては微罪処分が認められていない。それは、非行少年は、非行事実が軽微であっても、要保護性が高い場合もあるため、非行少年の健全な育成のためには、全ての少年事件を専門機関たる家庭裁判所に送致させ、非行少年に対し最も適切な対応を決定するべきであるという全件送致主義と保護優先主義が採用されているからである。しかし、極めて軽微な事件まで全て家庭裁判所に送致するとなれば、少年の「保護善導上」必ずしもよい効果があるとは言えず、警察の「事件送致意欲」を低下させるとして、

最高裁判所、最高検察庁、警察庁の協議に基づき、少年法が施行された翌1950年から簡易な方式に基づく少年事件の送致が導入され、簡易送致と呼ばれている。

　簡易送致の対象は、犯罪事実が極めて軽微であり、犯罪の原因及び動機、当該少年の性格、行状、家庭の状況及び環境等からみて再犯のおそれがなく、刑事処分又は保護処分を必要としないと明らかに認められる事件のうち、罪種、被害等の程度、事件の性質に応じた一定範囲の事件のうち家庭裁判所が予め指定したものとされている。2005年の最高裁家庭局長通達により、恐喝と傷害が対象から除外され、被害額が5,000円以下から概ね1万円以下に上げられるなど、簡易送致基準が改正されている。もっとも、簡易送致基準に適合すれば必ず簡易送致となるわけではなく、警察署の生活安全課少年係の幹部が少年事件選別主任官に指定されており、その意見を踏まえたうえで、通常送致か簡易送致かの選別が行われている。現在、警察の少年刑法犯検挙人員（自動車運転過失致傷を除く）の20％が簡易送致となっており、その大半が窃盗と遺失物横領である。

　簡易送致も送致の一形態であり、家庭裁判所が調査や審判を行うことはできるが、実務上、簡易送致事件については調査を行わず、審判不開始で終局している。そのため、従来、簡易送致については、少年ごとに少年事件簡易送致書という簡易な送致書を作成し、一ヶ月毎に一括して検察官（直送事件の場合は、家庭裁判所）へ送致するものとされていたが、2005年の制度改正時に犯罪捜査規範が改正され、家庭裁判所における要保護性判断に資するため、従来作成してこなかった身上調査表を作成し、これを添付するだけでなく、捜査報告書についても添付しなければならなくなった。

　しかしながら、こうした簡易送致の運用に対して、簡易送致の判断が非行事実の軽重を中心とした形式的判断に流れているのではないかといった批判や、簡易送致された事件が家裁で調査も行われず、審判不開始で事件が終局していることから、そもそも簡易送致が全件送致主義の理念にそぐわないといった批判がなされている。2005年の制度改正で、簡易送致の場合でも少年の身上調査表や捜査関係書類が添付されることとなったが、調査官を経由せずに裁判所書記官が簡易送致の形式的基準を確認するだけで、裁判官も記

録の内容をどの程度審査しているか明らかでない現状に鑑みると、十分な審査が行われているとは言えない。

3　少 年 院

　少年院は、家庭裁判所により送致されたおおむね 12 歳以上の非行少年を収容して、矯正教育を実施する法務省（矯正局）所管の施設である。非行少年の減少に伴い、少年院の廃庁が相次ぎ、2022 年 4 月の時点で少年院は 47 庁（分院 6 庁を含む）となっている。従来、1948 年に制定された少年院法に基づいて在院者の処遇が行われてきたが、2014 年に新たな少年院法が制定され、2015 年 6 月から施行されている。少年院の種類も、従来は初等少年院、中等少年院、特別少年院、医療少年院であったが、新法下では第 1 種、第 2 種、第 3 種、第 4 種に改められている。第 1 種が心身に著しい障害がないおおむね 12 歳以上 23 歳未満の少年、第 2 種が心身に著しい障害がない犯罪的傾向が進んだ、おおむね 16 歳以上 23 歳未満の少年、第 3 種が心身に著しい障害があるおおむね 12 歳以上 26 歳未満の少年、第 4 種が少年院において刑の執行を受ける少年をそれぞれ収容する。少年院は、かつて 14 歳以上の少年を収容対象とし、触法少年については、保護処分に付す場合でも、児童自立支援施設などの福祉施設へ送致するなど福祉的な対応を取っていたが、小学生による殺人事件等を契機として、2007 年の少年院法の改正時に、おおむね 12 歳以上の少年を少年院に収容することが可能となり、新法にも受け継がれている。

　少年院での処遇も、旧法下では、一般短期処遇（原則 6 箇月以内）、特修短期処遇（原則 4 箇月以内）、長期処遇（原則 2 年以内）の処遇区分があり、さらに一般短期処遇と長期処遇については処遇課程が設けられていたが、新法では、在院者の年齢、心身の障害の内容、犯罪傾向、少年の能力などに応じて矯正教育の重点的な内容と標準的な期間を定めた矯正教育課程が設けられることとなった。

　これらの少年院の種類は家庭裁判所が少年院送致決定の際に指定し、さらに短期の処遇が相当の場合にはその旨の処遇勧告を家庭裁判所が行う。少年院での矯正教育課程は、家庭裁判所及び少年鑑別所の意見を踏まえ、少年院

の長が指定する。

　少年院では、矯正教育課程に応じて、生活指導、職業指導、教科指導、体育指導および特別活動指導が行われる。少年院での教育は個別処遇を旨とし、少年毎に個人別矯正教育計画を策定して行われる。少年の改善更生の状況に応じた矯正教育その他の処遇を行うため、成績評価に応じて、入院時の3級から2級を経て1級へと移行し、仮退院に結びつける段階処遇が採用されている。少年毎に担当教官が教育を行う個別担任制を採る。

　少年院からの出院には、20歳に達するか、期間が満了した場合の退院と、少年の改善更生の度合いが高く、社会内での保護観察に付すことが本人の改善更生に相当な場合などに、地方更生保護委員会の許可を得て行う仮退院があるが、殆どの少年が仮退院で出院している。一定の場合には、家庭裁判所の決定により、23歳または26歳までの収容継続が可能である。仮退院した少年は、20歳に達するまで（例外的に26歳まで）保護観察（2号観察）に付されるが、更生の度合いが高いときは、その前に地方更生保護委員会に退院の申請を行うことができる。

　新法では、在院者の円滑な社会復帰を図るため、出院後に自立した生活を営む上での困難を有する在院者に対して、居住場所の確保や修学・就業の援助、医療及び療養の援助といった社会復帰支援を行うという規定を置いたほか（少院44条）、退院や仮退院後の元在院者やその保護者などから健全な社会生活を営む上での問題について相談を求められた場合に少年院の職員がこれに応じることができるものとされた（少院146条）。

　また、2022年の少年院法の改正により、矯正教育やその一つとしての生活指導を行うに当たっては、被害者等からの被害に関する心情、被害者等の置かれている状況及び被害者等から聴取した心情等を考慮するものという原則が定められた。

4　児童自立支援施設

　児童自立支援施設は、不良行為をなし、又はなすおそれのある児童（18歳未満）及び家庭環境その他の環境上の理由により生活指導等を要する児童を入所させ、又は保護者の下から通わせて、個々の児童の状況に応じて必要な

指導を行い、その自立を支援し、あわせて退所した者について相談その他の援助を行うことを目的とする児童福祉法に基づく福祉施設である。都道府県や政令指定都市が設置する公立の施設が大半を占めるが（54施設）、国立（2施設）や私立（2施設）もある。

　都道府県知事（実際には児童相談所長）が一般（学校など）からの通告や警察官または家庭裁判所からの送致などを受けて入所措置をとる場合と、家庭裁判所が保護処分として送致決定を行い、これに基づいて都道府県知事が入所措置をとる場合がある。入所の対象は要保護児童であるが、その多くに犯罪や触法行為などの非行があり、同時に被虐待経験を有する児童が大半である。特に重大な罪を犯した児童について、たまたま児童の行動の自由を制限し、又はその自由を奪う必要がある場合には、家庭裁判所の強制的措置の許可を得たうえで、閉鎖式の施設に収容することもできるが、現在、こうした施設は国立の武蔵野学院（男子）ときぬ川学院（女子）に限られている。

　施設では、敷地内の寮に児童が起居しながら、同じ敷地内にある学校に通って学校教育や生活指導などを受ける。かつての感化院や教護院時代からの伝統として夫婦職員が小規模な寮に入所児童と共に住み込んで指導を行う夫婦小舎制が一般的であったが、近年は、通勤と当直の職員による交替制をとる施設が7割に及んでいる。原則として在所は18歳に達するまでであるが、20歳までは在所を継続させることができる。かつては中学卒業を目途として親元に帰住したり、就職して自立をさせていたが、近年は、中学卒業後も施設に止まり、施設から外部の高校に通うなどの年長児が増えている。

　児童自立支援設は、家庭的な暖かみをもった開放的な施設で要保護児童（非行少年をふくむ）の指導を行い、その自立を支援するのが特色であるが、無断外泊も多く、退所後の再非行で家裁係属になる事案が少なくない。

参考文献

・目黒由幸＝千田早苗「仙台地検における入口支援―地域社会と協働する司法と福祉」法律のひろば67巻12号（2014年）13頁以下。

・太田達也『刑の一部執行猶予―犯罪者の改善更生と再犯防止』（2014年、慶應義塾大学出版会2014年）

・「〈特集〉少年法・少年院法の改正」刑事法ジャーナル41号（2014年）

・太田達也「福祉的支援とダイバージョン─保護観察付執行猶予・条件付起訴猶予・微罪処分─」研修 782 号（2013 年）3 頁以下

・市原久幸「東京地方検察庁における「入口支援」〜検察から福祉へのアプローチ〜」罪と罰 51 巻 1 号（2013 年）100 頁以下

・呉柏蒼「起訴猶予と犯罪被害者─台湾における緩起訴制度を中心に」法学政治学論究 99 号（2013 年）69 頁以下

・法務総合研究所研究部『法務総合研究所研究部報告 42 ─再犯防止に関する総合的研究─』（2009 年、法務省・法務総合研究所）

・特集「改正少年法の成立と課題」刑事法ジャーナル 10 号（2008 年）

・「〈特集〉少年法改正」ジュリスト 1341 号（2007 年）

・「〈特集〉平成 19 年改正少年法」法律のひろば 60 巻 10 号（2007 年）

・「〈特集〉刑事司法制度改革関連法の成立」現代刑事法 6 巻 11 号（2004 年）

・小林英義＝小木曽宏編著『児童自立支援施設の可能性』ミネルヴァ書房（2004 年）。

・大塚仁＝河上和雄＝佐藤文哉＝古田佑紀編『大コンメンタール刑法［第 2 版］第 1 巻』（2004 年、青林書院）

・「〈特集〉改正少年法の運用の現状」現代刑事法 5 巻 8 号（2003 年）

・中野陽子＝染田惠「保護観察付き執行猶予者の成り行きに関する研究」法務総合研究所研究部『法務総合研究所研究部報告 17』（2002 年、法務省・法務総合研究所）265 頁以下

・最高裁判所事務総局「裁判員制度 10 年の総括報告書」（2019）

・玉本将之＝北原直樹「『少年法等の一部を改正する法律』について」法曹時報 74 巻 1 号（2022）

・川出敏裕「改正少年法について」法律時報 94 巻 2 号（2022）

・川出敏裕「宣告猶予制度について」法学新報 125 巻 11・12 号（2019）

・「〈特集〉改正少年法と今後の課題」現代刑事法 3 巻 4 号（2001 年）。

・原田豊＝鈴木真悟「簡易送致された非行少年の再非行状況の分析」科学警察研究所報告防犯少年編 35 巻 1 号（1994 年）58 頁以下

・服部朗「『軽微な』非行の取扱い─簡易送致の運用をめぐって」法律時報 63 巻 12 号（1991 年）60 頁以下

・荒川雅行「ディヴァージョンと刑法に関する一考察─警察における微罪処分を中心として─」法と政治 38 巻 3 号（1987 年）421 頁以下

・百瀬武雄「戦後（現行刑訴施行後）における起訴猶予制度運用の実態と起訴猶予者の再犯」法務総合研究所研究部紀要 29 号（1986 年）1 頁以下。

・正木亮「刑の執行猶予とその過去・現在および将来」『刑法と刑事政策［増訂版］』（1968 年、有斐閣）117-144 頁

・井手昭正 = 井手昭正 = 米田昭 = 佐藤寧子 = 岩井宜子『執行猶予に付された者の成行に
　関する研究』法務総合研究所研究部紀要 1968 第 1 分冊（1968 年）1-23 頁
・小野清一郎『刑の執行猶予と有罪判決の宣告猶予及び其の他』（1931 年、有斐閣）
・各年度版『犯罪白書』（法務省・法務総合研究所）
・各年度版『警察白書』（警察庁）

（おおた・たつや）

第 **7** 講 ● 犯罪被害者の支援と法的地位

キーワード

被害者学、被害者化、PTSD、二次被害、被害者補償、損害賠
償命令、被害者通知制度、被害者参加、意見陳述、修復的司法

1 被害者学の発展と被害者支援の歴史的経緯

　第二次世界大戦後、ベンジャミン・メンデルソーン（B. Mendelsohn）、ハンス・フォン・ヘンティッヒ（H. v. Hentig）、アンリ・エレンベルガー（H. Ellenberger）が、犯罪被害に遭いやすい特性（被害受容性）や犯罪発生過程における被害者の関与形態（犯罪の二重奏構造、被害者有責性）に関する理論を提唱し、メンデルソーンがこれを被害者学（victimology）と命名して以来、犯罪被害者に関する研究が盛んに行われるようになった。その結果、犯罪被害者が重大な被害を被りながら、政府から何らの支援も受けられず、「忘れ去られた人」となっていることが認識されるようになり、1960 年代以降、犯罪被害者に対し政府や民間団体による支援が行われるようになった。

　まず、1960 年代から欧米で犯罪被害者に政府が公的な給付を行う犯罪被害者補償制度が創設されるようになり、続く 1970 年代には女性被害者を始め犯罪被害者に対し相談や直接的支援を行う NOVA や VS といった民間団体が各国で設立されている。さらに、1985 年にイタリアのミラノで開催された第 7 回国連犯罪防止会議において「犯罪及び権力濫用の被害者のための司法の基本原則に関する宣言」（通称、被害者人権宣言）が採択され、同年の国連総会で承認されたことが、各国の被害者運動を加速させることとなった。さらに 1990 年代以降は、犯罪被害者に刑事手続上一定の地位や権利を認める立法や制度改革が行われている。

　他方、犯罪の増加による刑務所の過剰収容、ラベリング理論やダイバージ

ョン思想の発展に加え、被害者支援の動きも相まって、1970 年代から北米で刑事調停や刑事和解のプログラムが導入され、更には先住民社会の紛争解決の仕組みに示唆を得たカンファレンスやサークルといった制度がニュージーランドやカナダで採用されると、1980 年代以降、世界各国で修復的司法の理念に基づく制度が導入されている。

　学術活動としても、国際被害者学シンポジウムが 1973 年の第 1 回大会（イスラエル）以降 3 年おきに開催されており、1979 年には世界被害者学会が設立されている。

2　犯罪被害の実態

　人は犯罪によって様々な被害を被る。被害者学は、犯罪被害に遭うプロセスやその影響を意味する「被害者化」（victimization）という概念を新たに設けたうえで、被害者化には、第 1 次被害者化、第 2 次被害者化、第 3 次被害者化という 3 つのレベルがあることを提唱し、犯罪被害者に対する支援を考えるうえで極めて重要な視座を提供することとなった。

　第 1 次被害者化とは、犯罪によって受けた被害そのものを意味し、身体的被害、財産的被害、精神的被害に大別される。身体的被害には、死亡や負傷・疾患、後遺症、障害のほか、性犯罪被害による妊娠も含まれる。財産的被害は、財産犯による財産的被害や、身体犯による死亡や負傷の結果生じた出費や逸失利益などである。精神的被害としては、犯罪による精神的なショックのほか、重大な犯罪被害の場合、PTSD（心的外傷後ストレス障害）を発症する場合もある。PTSD は、犯罪被害のほか、災害や戦争など、心の傷（心的外傷）を生じるような出来事（トラウマティック・イベント）を体験した結果、反復的で侵入的な苦痛のある想起、当該出来事が再び起こっているように感じ、或いは行動する再体験（フラッシュ・バックなど）、犯罪被害に関連する刺激の持続的回避、出来事の重要な場面の想起不能（解離性健忘）、出来事と関連した過度の警戒や驚愕反応といった症状が 1 か月以上続くときに診断がされる心の障害である。世界で用いられている PTSD の診断基準にアメリカ精神医学会が編纂した DSM-5（精神障害診断・統計マニュアル第 5 版）

がある。

　これに対し第 2 次被害者化とは、第 1 次被害者化に対して適切な対応を取らないか、不適切な対応を取ることで被害者が更に深い精神的被害を被ることを意味する。第 2 次被害者化の原因としては、刑事手続における被害者の協力や参加或いはその過程における刑事司法関係者の不適切な対応、マスメディアによる不適切な取材（メディアスクラム）や報道（プライバシーの公表や虚偽の報道）、地域住民・友人・知人・家族等による不適切な言動などがある。第 2 次被害者化は、2 次被害とも言われ、日本犯罪被害者学会が行った日本初の犯罪被害者調査で実態の一部が明らかにされ、刑事手続の過程における 2 次被害防止のための様々な制度や施策につながることとなった（本章第 4 節 2）。

　被害者学は、さらに第 3 次被害者化という概念も提唱している。第 2 次被害者化に比べ認知度は低いが、極めて重要な概念である。それは、第 1 次被害者化や第 2 次被害者化に対し適切な対応を取らず、あるいは不適切な対応が取られたまま放置されることで、被害者の人格形成に重大な障害を生じさせたり、被害者の精神状態に極めて重篤な影響を与えることを意味する。現代の社会問題に当てはめた場合、例えば、いじめ（殆どが犯罪行為に当たる）に対し学校その他の関係機関が適切な対応を取らないまま被害者が放置されることで、ひきこもりや更にはうつ病となる場合、長期間の児童虐待の結果、被害児童が解離性同一障害やうつ病になる場合等がこれに当たる。

　他方、こうした犯罪被害（特に第 1 次被害者化）にも広がりがあることに留意する必要がある。一般的な用語ではないが、筆者は直接的被害と間接的被害という概念を用いて説明することにしている。直接的被害とは、殴られて負傷したとか、物を盗まれたといった犯罪被害そのものを指すが、その直接的被害にもかなりの広がりがあるということである。例えば、腹部をナイフで刺され、その傷自体は小さいものの、内臓を僅かに損傷しているため開腹手術を行ったことも被害者にとってみれば当然に犯罪被害の一部であるし、500 円の本を万引きされた書店にとって、被害の大きさは単に 500 円ではなく、盗まれた本の原価分を他の本の売り上げによる純利益で埋めなければならないことから、更に何十冊分も売らなければ損失を埋められないほど

の被害である。一方、間接的被害とは、直接的被害の結果、例えば、被害者
が失職したり、退学せざるを得ないことになったりすることや、家庭が崩壊
したといったように、犯罪被害が被害者の他の生活の部分に波及し重大な支
障が生じることである。犯罪被害にはこうした広がりがあるのであり、被害
者に対する支援は勿論、犯罪者に対する処遇も、こうした「被害の全体像」
を踏まえたうえで行うことが極めて重要である。

3　被害者に対する経済的支援

1　被害者補償制度

　被害者は、犯罪により大きな経済的損害を被りながら、犯罪者に賠償能力
がないだけでなく、賠償意思そのものもないことが多いため、損害賠償を受
けられないことが多い。そこで、政府が公的な財源を用いて犯罪被害者やそ
の遺族に対し金銭的給付を行うという被害者補償制度が創設されている。ニ
ュージーランドが1963年に世界に先駆けて導入し、以来、経済先進国を中
心に多くの国で制度化が図られてきている。

　我が国でも、1980年に犯罪被害者等給付金支給法（2008年の改正により、
犯罪被害者等給付金の支給等による犯罪被害者等の支援に関する法律となる。以
下、犯給法という。）が成立し、翌年から施行されている。我が国の犯罪被害
者等給付金支給制度は、当初、「社会連帯共助の精神に基づく一種の見舞金
的な性格」を有するものとされたが、現在は、「犯罪被害等を早期に軽減す
るとともに、これらの者が再び平穏な生活を営むことができるよう支援する
ため」の自立支援金に位置付けられている。海外には、アメリカやフランス
など犯罪被害を原因とする支出や逸失利益の一部を補填する損失補填型の被
害者補償制度を採用するところもあれば、日本や韓国のように被害の程度に
応じて自立支援金を支給する国や、イギリスのように両者を組み合わせた方
式を採用する国もある。但し、日本の重傷病給付金だけは支出補填型の給付
金である。

　我が国の制度は、故意の犯罪行為により死亡した者の遺族や、一定の障害
が残るか、一定の加療を要した被害者本人に対し、それぞれ遺族給付金、障

害給付金、重傷病給付金を支給するものである。犯罪行為（過失犯は除く）の被害であれば支給の対象となり、犯罪者の刑事責任や検挙の有無とは関係がないが、被害者と加害者の間に親族関係がある場合や被害者が犯罪行為を誘発した場合のように不支給や減額となる事由が定められている。裁定機関は各都道府県の公安委員会であり、警察を窓口として申請を行う。財源は国（警察庁）の一般予算を用いているが、アメリカやカナダのように犯罪者から一定の特別賦課金を徴収し、被害者支援の基金に組み込んだり、韓国のように罰金の一部を基金に組み込む例もある。

　2022年現在、遺族給付金と障害給付金の最高給付額がそれぞれ2,964.5万円と3,974.4万円であり、重傷病給付金は医療費の自己負担相当額（3年を限度）となっている。日本の犯給制度は、支出補填型の重傷病給付金を除き、被害者の被害当時の日収を基にした基礎額に、被害の程度に応じた倍数を掛けた額を支給額とする方式を採用しているところに特色がある（韓国も2010年に類似の制度に改正）。そのため、被害の程度が大きくても、被害者の収入によっては支給額が必ずしも高くならない場合がある。

　なお、障害給付金は、身体障害に限らず、精神障害も支給対象となるが、障害の程度がかなり重くなければならないなどの制約がある。また重傷病給付金も健康保険の対象となる治療の場合にしか適用がないため、心理カウンセリングを受ける被害者の費用負担の軽減という課題が残されていたが、2015年の警察庁に設置された有識者会議の提言に基づき、医師や臨床心理士によるカウンセリング費用を警察が負担する公的負担制度が導入されている。

　また、犯給法は日本国内で発生した犯罪被害にしか適用がないという制限があるため、グアムやアルジェリアでの日本人殺傷事件を受け、犯給法の適用拡大ではなく、2016年6月に国外犯罪被害弔慰金等の支給に関する法律（平成28年6月7日法律第73号）を制定し、国外犯罪行為の被害者やその遺族に対し見舞金や弔慰金を支給する制度を導入することとしたが、支給額は固定額で僅少である。

　一方、犯給法施行前の被害者を支援する目的もあって、全国の警察官からの浄財を基に犯罪被害救援基金が1981年に設置され、犯罪被害者の子弟に

対する奨学金や犯給法等公的給付の対象外となった犯罪被害者等に対する支援金を支給する活動等を行っている。また、1999年以降、地方自治体が犯罪被害者に支援金を支給する犯罪被害者等支援条例を制定する自治体が増えており、東京都杉並区（2005年）や神奈川県（2009年）等犯罪被害者への貸付制度を導入する自治体や、札幌市、明石市等様々な細目の費用（ホームヘルパー等）を支給する自治体も出てきている。

●コラム17　被害者に対する非難（victim-blaming）

　犯罪行為の責めを負うべきは犯罪者自身であり、被害者に対しては必要且つ適切な支援がなされなければならないはずが、逆に、被害者に対し非難の矛先が向けられることがある。男性の家で性犯罪の被害に遭った女性に対し「男性の家までのこのこ出掛けて行く方が悪い」と、被害を受けた経緯に非難が向けられる場合もあれば、ハラスメントの被害者が被害を申告したり、訴えを提起しようとすると、「そのような大人気無いことをして」などと正当な手続をとることに対して批判が向けられる場合もある。非難者は、マスコミや近隣など被害者や事件と何等関係のない者の場合だけでなく、被害者の家族や友人、さらに本来、被害者の支援者でなければならない刑事司法関係者である場合もある。DVの被害者が、我慢に我慢を重ねたうえ、ついに意を決して実家に避難したところ、実の親から「堪え性がない」などと最後に頼るべき者からも突き放される場合さえあり、被害者の受ける精神的ダメージはさらに大きいものとなる。こうした被害者に対する非難は、犯罪被害や被害者の実情に関する無知や事実無根の俗説に加え、人の痛みに対する鈍感さが原因となっている。犯罪被害者等基本法第6条が「国民は、犯罪被害者等の名誉又は生活の平穏を害することのないよう十分配慮する」と国民の責務を定めているのは、こうした無知や無神経から被害者を非難し、被害者を更に苦しめることのないようにするためでもある。

2　犯罪者による損害回復

　刑事裁判は犯罪者の刑事責任を追及することを目的とし、被害者が犯罪により被った損害の回復は犯罪者との交渉（調停や仲裁など）や民事裁判を通じて行われるものであるが、海外には犯罪者による被害者への損害回復を刑

事手続の過程で支援する制度が見られる。

　附帯私訴は、フランスやドイツなど主に大陸法系の国において古くより採用されているもので、被害者が刑事裁判所に対し損害賠償の訴えを提起すると、刑事裁判の証拠や事実認定に基づいて損害賠償の裁判を行い、有罪判決の言渡しと同時に損害賠償の民事判決を言渡すものである。民事訴訟と異なり、被害者に不法行為の立証責任はなく、また私訴原告として裁判手続に一定の形で関与することもできる。しかし、ドイツでは附帯私訴は余り用いられておらず、フランスでも刑事裁判の遅延や検察官の訴追裁量への影響などの問題が指摘されている。

　一方、イギリスでは、1972 年の刑事司法法により、刑事裁判において刑罰や処分と共に、又はそれに代えて損害賠償を命ずる損害賠償命令の制度が導入された。現在は、2000 年の刑事裁判所権限（量刑）法が損害賠償命令を定めている。アメリカの連邦では、1982 年の被害者証人保護法と 1984 年の量刑改革法、1996 年の必要的損害賠償命令法、2004 年の全ての者のための正義法により損害賠償命令が導入されているほか、18 の州で被害者の賠償を受ける権利を憲法上の権利として定め、州法で損害賠償命令の制度を設けている。刑事判決と共に民事判決を出す附帯私訴と異なり、損害賠償命令は刑罰（又はその付随処分）であり、附帯私訴よりは納付率が高いとも言われるが、自由刑と併科される場合など、支払が困難になる場合も多い。

　我が国も、フランス法を継受した治罪法から旧刑事訴訟法までは附帯私訴制度を有していたが、現行刑事訴訟法制定の際に、公訴制度の複雑化、当事者主義の採用、刑事裁判官への負担、民刑分離の原則などの理由により廃止された。しかし、2005 年に成立した犯罪被害者等基本法において「損害賠償の請求についてその被害に係る刑事に関する手続との有機的な連携を図るための制度の拡充等必要な施策を講ずる」（12 条）とされたことから、2007 年、「犯罪被害者等の保護を図るための刑事手続に付随する措置に関する法律」（いわゆる犯罪被害者等保護法）が名称も新たに「犯罪被害者等の権利利益の保護を図るための刑事手続に付随する措置に関する法律」に改正され、故意の犯罪行為により人を死傷させた罪や性犯罪の被害者等が、刑事被告事件の係属する裁判所に対し、被告人に損害の賠償を命ずる旨の申立をするこ

とができるものとし、裁判所は、当該被告人について有罪の言渡しをした場合に、原則として 4 回以内の期日において審理を行い、当該損害賠償命令の申立てについての決定を行うという損害賠償命令制度が導入された。

　同制度は、刑事被告事件を審理した裁判所が刑事裁判の認定を利用して不法行為に基づく損害賠償請求の申立の審理と裁判を行う点は附帯私訴と同様であるが、損害賠償請求の申立の審理と裁判は刑事被告事件の終局裁判の告知があるまでは行わない点、過失犯や財産犯は対象から除外され、一定の重大事件に限定している点、損害賠償命令の決定に対し異議が申し立てられた場合や 4 回以内の審理期日で審理を終結することが困難であると認めるときなどは民事訴訟手続に移行する点で附帯私訴と異なる。制度施行後、申立がなされた殆どの事案において損害賠償が認められ、賠償額が非常に高額な決定も多く出ているが、実際に賠償が支払われたケースは極めて少ないと言われている。

　また、犯罪者には損害賠償能力がないため、近時、国が被害者に損害賠償を立替払いし、後に国が犯罪者に求償すべしとする意見が被害者団体等から示されている。スウェーデンや台湾など被害者補償金を支給した事案において、加害者に政府が積極的に求償している例もあるが、必ずしも成果は上がっていない。アメリカには、犯罪者が自らの犯罪に関連した出版やメディア出演から得た収入等を州政府が被害者の損害賠償のために凍結したり、差押えたりする制度があり、ある殺人犯の呼び名から「サムの息子法」と呼ばれている。ニューヨーク州が 1977 年に初めて立法化したが、1991 年の連邦最高裁で違憲とされた後、多くの州で法改正がなされ、現在も施行されている。しかし、同州では犯罪に関連したメディアからの報酬に限らず、あらゆる収入や資産に対象が拡大されている。

　我が国では、兵庫県明石市が、2013 年の犯罪被害者等の支援に関する条例改正により、死亡事件や重障害事件を起こした加害者に対する損害賠償請求権に係る債務名義を取得した被害者等から当該損害賠償請求権の譲渡を受けることを条件として、300 万円を限度に損害賠償額と同額の立替支援金を犯罪被害者等に支給する制度を導入している。しかし、国や自治体が犯罪者に求償し続けるとなれば、犯罪者が雲隠れしたりするなど犯罪者の社会生活

にも支障が出ることが考えられる。

　一方、我が国では、犯罪者による直接的な損害回復ではないが、巨額ヤミ金融事件を契機として、2006 年から、犯罪が組織的に行われた場合や被害財産の隠匿などいわゆるマネーロンダリング（資金洗浄）が行われた場合には、一定の財産犯により犯人が被害者から得た財産等を没収・追徴できるようにするとともに、当該犯罪被害財産の換価や取立により得られた財産などを給付資金として、検察官が公告と裁定の手続を通じて、当該犯罪の被害者等に対し支給する被害回復給付金支給制度が施行されている。

4　被害者の法的地位

1　被害者への情報提供

　被害者は、従来、参考人や証人として刑事手続に必要な情報を刑事司法機関に提供することを求められることはあっても、事件や刑事手続の進捗状況について十分な情報提供を得ることはできず、これが被害者の立ち直りを阻害し、国や司法制度に対して不信感を募らせることさえあったことから、被害者に対し事件の詳細や刑事手続の進捗状況について情報提供を行う制度が創設されている。

　被害者連絡制度は、1996 年に警察庁が策定した被害者対策要綱（2011 年の犯罪被害者支援要綱を経て、現在は 2021 年の警察庁犯罪被害者支援基本計画）に基づき、一定の重大犯罪の被害者に対し、捜査状況や被疑者検挙の事実、被疑者の身上、処分状況（送致先検察庁等）などを連絡する制度で、警察署毎に被害者連絡担当係を指定している。

　検察庁においても、1999 年から全国統一の基準による被害者等通知制度を設け、被害者等に対し、起訴・不起訴などの事件の処理結果、公判日程、裁判結果、2001 年からは自由刑の執行終了予定時期及び釈放の年月日などを通知している。さらに、元犯罪者による元被害者への報復殺人事件が発生したこともあり、2001 年に警察庁により新たな再被害防止制度が施行され、それに伴い、再被害の危険性が認められる場合には、検察官が仮釈放を含めた受刑者の釈放予定及び予定時期や、さらには指定帰住地又は帰住予定地な

どを被害者に対し事前に通知することができるようになった。

　しかし、再被害の危険性はなくとも、犯罪者の釈放を含めた刑や保護処分の執行状況を知りたいという被害者の要望が強く、こうした情報提供が被害者の立ち直りや支援に資することがようやく認識されると共に、当時、仮釈放や仮退院に関する意見聴取制度が導入されることになったこともあり、2007 年 12 月、検察庁の犯罪被害者等通知制度が改正・拡大され、刑事施設や少年院さらには保護観察における犯罪者（少年を含む）の処遇状況並びに、仮釈放や仮退院の申出・審理や決定についても犯罪被害者等に通知することが可能となった。

　また、2000 年に成立した、いわゆる犯罪被害者等保護法（2007 年に犯罪被害者等権利利益保護法に改正）による公判中の公判記録の閲覧・謄写の制度や、同年の少年法一部改正による保護事件記録の閲覧・謄写の制度を通じて、被害者がより早い段階で事件記録にアクセスできるようになっている。

　2018 年からは、心神喪失者等医療観察法の対象事件の被害者に加害者の氏名や処遇状況を通知する制度が、また、2020 年からは、死刑の執行事実、執行日、執行場所を通知する制度が導入されている。

2　2 次被害の防止

　犯罪被害者が刑事手続の過程や日常生活において司法関係者や第三者から配慮を欠いた対応を受けたり、適切な対応を受けないことにより更に精神的被害を受けることを被害者学上、第 2 次被害者化、または単に 2 次被害というが、特に刑事手続の過程で被害者が 2 次被害を被ることがないよう防止するための制度や工夫が必要となる。

　警察では、1996 年の被害者対策要綱の策定以来、事情聴取における被害者への対応改善や被害者専用の事情聴取室の導入を始め、性犯罪捜査指導官や指導係の配置、被害者への支援業務を行う指定被害者支援要員制度などが実施されている。法令上も、1999 年、犯罪捜査規範に被害者等に対する配慮や保護の規定が追加され（10 条の 2 乃至 11 条）、また 2001 年の犯給法改正の折に被害者に対する警察の援助努力義務が明記されている（22 条）。

　公判でも、被害者が被告人や傍聴人の前で証言をしたり、弁護人からの反

対尋問を受けたりすることで大きな精神的負担を被ることがある。従来より、被告人の退席や公判期日外の証人尋問などの規定が刑事訴訟法に置かれているが、これらの措置の適用は極めて限られており、被害者の2次被害の防止には不十分であった。海外では、それ以前より、被告人側関係者との接触を防ぐため裁判所に証人専用の待合い室を設けたり、別室にいる証人をビデオリンクで中継しながら証人尋問を行う制度が実施されたりしていた。このうち、ビデオリンク証言は、立法過程において反対尋問権の制約に繋がるとの懸念が表明されたものの、我が国でも2000年の刑事訴訟法一部改正により、証人と被告人又は傍聴席との間の遮へい措置とともに、導入されるに至った。証人尋問の際の付添人も制度化されたが、公判での反対尋問に対し異議申立てや質問を行ったりすることはできない。

また、2007年の刑事訴訟法改正により、性犯罪被害者のほか一定の被害者等について、その名誉やプライバシー、身体や財産などを保護するため、裁判所が、起訴状や証拠書類の朗読など公開の法廷で被害者を特定させることになる事項を明らかにしない旨の決定をすることができることとなった（刑訴290条の2、291条2項、305条3項、295条3項）。更に、2016年の刑事訴訟法改正により、証人等についても特定事項を公開の法廷で明らかにしない旨の決定ができるようになったほか（刑訴290条の3、291条3項、295条4項、305条4項）、証拠開示において、証人等の氏名等を被告人に知らせてはならない旨の条件を付して弁護人に開示するなどの措置を取ることができるようになっている（刑訴299条の4乃至7）。

3 被害者の手続関与

(1) 訴追・公判への関与

大陸法系に属するドイツや台湾では、私人訴追の制度が採用されており、被害者が犯罪者を直接裁判所に刑事訴追でき、またドイツでは検察官が起訴した被告事件においても被害者が公訴参加人として公判に参加する公訴参加制度があるなど、被害者が直接、訴追や公判に関与することが認められている。

わが国では、国家訴追主義・起訴独占主義の下、検察官のみに訴追権限が

与えられている上、起訴便宜主義を採用し、起訴猶予を含めた起訴・不起訴に関する広範な訴追裁量権が検察官に認められているため、被害者が検察官の不起訴処分に不満をもつ場合が少なくない。そこで、無作為に選ばれた11 名の市民が検察官の不起訴処分の相当性を判断する検察審査会の制度が戦後創設され、さらに 2004 年、起訴相当議決の後、同じ検察審査会が改めて起訴議決を行ったときには、裁判所が指定した弁護士が公訴提起と維持に当たるとの検察審査会法の改正が実現し、2009 年から施行されている（本書第 6 講 2 の 3 参照）。しかし、この制度改正は被害者支援のためというより、裁判員裁判と並ぶ国民の司法参加を促す制度として実現したものである。施行後の運用を見ると、起訴強制となった事案も少なく、無罪や免訴の判決も多い。

　さらに、2007 年に刑事訴訟法が改正され、被害者参加制度が導入されることとなった。これは、故意の犯罪行為により人を死傷させた罪や性犯罪、業務上過失致死傷、自動車運転過失致死傷などの被害者等又はその委託を受けた弁護士から申出がある場合、被告人等又は弁護人の意見を聴き、犯罪の性質、被告人との関係その他の事情を考慮し、相当と認めるときは当該被害者等の被告手続への参加を許すもので、参加を許された被害者等（被害者参加人という）は、公判期日に出席することができるほか、被告事件についての検察官の権限行使に関する検察官への意見表明、情状に関する事項（犯罪事実に関するものは除く）についての証人の供述の証明力を争うために必要な事項についての証人尋問、意見陳述に必要があると認められる場合の被告人質問、訴因の範囲内での事実又は法律の適用についての意見の陳述（論告・求刑）などの権限を有する。従来、証言か意見陳述でしか関与できなかった犯罪被害者にとって、一定の範囲にせよ積極的な形で公判に関与できるようになったことは大きく、また被害者ならではの視点から証人尋問や被告人質問がなされることで、より適正な裁判を実現することにもつながる。被害者参加のケースも多く、概ね良好に運用されているが、被害者参加人に余計な精神的負担がかかる場合もあることや、公判前整理手続への参加を求めることはできないという問題もある（裁判員制度については第 6 講参照）。

　なお、被害者は、被害者参加制度を適切且つ効果的に利用するため、証人

尋問や被告人質問などの行為を弁護士に委託することができる。資力が一定の基準額に満たない被害者参加人は、日本司法支援センター（法テラス）を経由して、裁判所に被害者参加弁護士の選定を請求することができ、その費用を国が負担する制度が2008年から導入されている。

(2) 意見陳述・意見聴取・心情伝達制度

アメリカやイギリスなどでは、量刑手続（イギリスでは警察での供述の際）において被害者が犯罪の影響に関する陳述書を提出したり、陳述することができ、被害者衝撃陳述書（VIS：Victim Impact Statement）等と呼ばれている。韓国のように、憲法を改正し、被害者の公判陳述権を憲法上の権利として定めている国もある（大韓民国憲法27条5項）。

日本でも、2000年の刑事訴訟法改正により、公判における被害者の意見陳述制度が導入された（292条の2）。これは被害者等が被害に関する心情その他の被告事件に関する意見を陳述し、又は意見書を提出するものであって、犯罪事実の立証のために行う証人尋問ではなく、従って被害者が反対尋問に服することもない（質問を受けることはある）。この被害者意見陳述制度は、被害者に被害の影響や心情を吐露する機会を設けることでその立ち直りに資すると同時に、被害の心情を踏まえた公正な裁判を実現することに主たる目的がある。陳述や意見書を事実認定のための証拠とすることが禁じられていることの反対解釈として、陳述等を量刑で考慮することは可能であるが、被害者感情を量刑上どのように考慮すべきであるかについては議論がある。2000年の少年法改正により家庭裁判所での少年保護手続においても意見聴取制度が導入されている。

さらに、アメリカやカナダでは、こうした被害者衝撃陳述や陳述書の提出をパロール（仮釈放に相当）審理で行うことも認められている。日本でも、仮釈放の一要件たる「改悛の状」（刑法第28条）の一判断基準たる「社会感情」において被害者感情を考慮するものとされてきており、そのため仮釈放調査の一環として一定の重大事案の受刑者については被害者を対象に被害者等調査（従来は被害者感情調査と呼ばれていた）が行われてきた。しかし、その手続や方法には不合理な面が多く、被害者はあくまで「調査の対象」であって、被害者が主体的に関与することができるものではなかった。

　そうしたところ、2004 年に犯罪被害者等基本法が成立し、刑事に関する手続への参加の機会を拡充するための制度の整備等を講ずるものとされたことから（18 条）、仮釈放手続についても、2007 年の犯罪者予防更生法改正により、被害者等の申出に基づいて仮釈放又は仮退院に関する意見及び被害に関する心情を聴取する仮釈放意見聴取制度が導入され（30 条の 2）、2008 年から施行された更生保護法に引き継がれている（38 条・42 条）。毎年、300 件程度の申出があるが、その殆どが仮釈放に反対する内容のものである一方、仮釈放を許可しない割合は 8 ％前後であることから（取下げを含む。）、仮釈放の許否だけを見た場合、被害者の意思にそぐわない結果となっている。そもそも、仮釈放は受刑者の更生（再犯防止）を目的とするものであり、被害者感情とは矛盾する側面を有しているところに本質的な問題がある。仮釈放の許否そのものより、仮釈放対象者の帰住地や保護観察上の遵守事項について被害者が意見を述べる機会として捉えるべきであり、2022 年の更生保護法の改正によりその趣旨をより明確にした規定に改められた（38 条 1 項）。

　また、2007 年の犯罪者予防更生法と執行猶予者保護観察法の改正により、保護観察対象者について，その被害者から申出があるとき，保護観察所長（実際には保護観察官）が，被害に関する心情や被害者の置かれている状況又は保護観察対象者の生活若しくは行動に関する意見を被害者から聴取し，保護観察対象者に伝達する被害者心情伝達制度も導入されている（更生保護 65 条 1 項）。被害者が犯罪によって被った被害の現実や犯罪者に対する要望を保護観察対象者に伝えることで、被害者の心情充足を図ると共に、保護観察対象者の更生や再犯防止に資することを目的とするものであるが、仮釈放者の場合、事件や裁判から既に相当期間が経過し、保護観察期間も短いことから、心情伝達の効果や保護観察への反映という点で難しさを含んでいる。特に、心情伝達を希望する被害者の心情や意見には厳しいものが多いことから、保護観察対象者を絶望させたり、やけを起こさせないようにしつつ、その更生を如何に図っていくかが課題である。なお、この被害者心情伝達や仮釈放等意見聴取を実施するため、保護観察所に保護観察官たる被害者担当官と被害者担当保護司が配置されている。

　前述の問題を克服するとともに、刑事施設や少年院における被害者の視点を取り入れた教育等の処遇をより効果的なものとし、被害者への具体的な贖罪に向けた指導を行うため、刑事施設や少年院に収容中、被害者から心情を聴取し、被害者から申出があるときは受刑者や少年院在院者に伝達する刑又は保護処分の執行段階における被害者心情聴取・伝達制度が2022年の刑事収容施設法及び少年院法の改正で導入され、2023年から施行される予定である。

5　被害者に対する直接的支援

　被害者は犯罪により深い精神的ダメージを被ることが多く、被害者支援の内容や刑事手続についても不案内なことが多いため、被害直後の段階から相談、カウンセリング、情報提供、警察・病院・裁判所などへの付添い（エスコート・サービス）といった直接的支援が必要となる。

　海外では、1970年代から犯罪被害者に直接的支援を行う民間団体が数多く設立されるようになり、アメリカの全国被害者援助機構（NOVA、1975年設立）、イギリスの被害者援助機構（VS、1973年）、ドイツ等の白い環（Weißer Ring、ドイツ1976年）など全国規模で組織化されている団体や機構もある。

　日本でも、古くより遺族の会やレイプ・クライシスセンター等の自助グループや支援団体が発足していたが、1995年にいばらき被害者支援センター（当時は水戸被害者援助センター）が設立され、また1992年に東京医科歯科大学に開設された犯罪被害者相談室を前身とする被害者支援都民センターが2000年に設立されてからは、全国各地に被害者支援センターが設置されている。1998年にはこれらのセンターが全国被害者支援ネットワークを組織し、翌年には被害者人権宣言を策定・公表している。

　さらに、2001年の犯給法改正により、組織や活動内容等一定の厳しい要件を満たす民間被害者支援団体を犯罪被害者等早期援助団体に指定する制度が導入された。これは、支援内容の質の向上を図るとともに、被害者の個人情報を警察から第三者たる被害者支援団体に提供することで（被害者の同意は必要）、被害直後の早期の段階から支援を行うことができるようにするこ

とに目的がある。現在、全国被害者支援ネットワークに加盟する全ての被害者支援センターが犯罪被害者等早期援助団体に指定されている。近年は、相談や付添いに止まらず、被害者の生活支援を行っている団体も多いが、経済的基盤が弱いのが課題である。

6　犯罪被害者等基本法と犯罪被害者等基本計画

　日本には、従来、犯罪被害者の支援に関する基本法規がなく、個別の法規で関連施策を規定していたが、相次ぐ重大事件の発生や被害者支援に対する社会的関心の高まりのなかで、2004 年、議員立法により犯罪被害者等基本法が制定されるに至った。

　同法は、犯罪被害者の法的地位や支援制度を個々具体的に定めるものではないが、対象を「犯罪及びこれに準ずる心身に有害な影響を及ぼす行為」の被害者と広く取ったうえで、犯罪被害者の個人の尊厳の尊重、尊厳に相応しい処遇を保障される権利、被害者の事情に応じた適切で継続的な被害者施策を基本理念として定め、国のみならず、地方公共団体や国民に対しても被害者支援を責務として定めている。特に、刑事手続における被害者の地位や支援の拡充と整備、被害者の損害回復の促進を目的とした損害賠償請求の支援や刑事手続との連携に関する制度の整備のほか、保健医療・福祉・居住・雇用といった被害者の立ち直りに不可欠な施策を国及び地方公共団体に義務づけていることは重要である。

　さらに、同法に基づき、内閣府に設置された犯罪被害者等施策推進会議によって、2005 年、犯罪被害者等基本計画が策定され、損害回復・経済的支援等への取組、精神的・身体的被害の回復・防止への取組、刑事手続への関与拡充への取組、支援等のための体制整備への取組、国民の理解の増進と配慮・協力の確保への取組の 5 つの重点課題毎に、順次立法や制度化が進められている。5 年おきに基本計画が策定され、2021 年 3 月には第 4 次犯罪被害者等基本計画が閣議決定されている。

7　修復的司法

1　意　　義

　修復的司法（restorative justice）は、国家による犯罪者の適正な処罰と再犯の防止を国家と犯罪者の二者間で行う伝統的な刑事司法と異なり、被害者を含む事件の当事者を関与させながら犯罪者が被害者やコミュニティに与えた損害を犯罪者に修復させることを通じて、犯罪という「紛争」の解決を図ることを刑事司法上の理念とするものである。修復的司法は刑事司法に損害回復の要素をもちこむことから、被害者の立ち直りに資する一方、犯罪者は単なる（消極的な）受刑や処分ではなく、損害回復に向けた真摯な努力が求められ、それが犯罪者の再犯防止にもつながることが期待されている。

　なお、修復的司法が、「修復」とあることから、犯罪者と被害者の「関係修復」や「仲直り」を目的とするかのような主張があるが、妥当でなく、あくまで犯罪者が惹起した「損害の修復」を意味することに注意しなければならない。勿論、損害の修復の過程や結果を通じて、当事者同士が自らの意思で関係修復に至ることを否定するものではないが、修復的司法が犯罪者と被害者の関係修復や犯罪者を赦すためのものであるかのような主張によって、日本の多くの被害者が修復的司法に対し否定的な立場を取ることになっている現実があることに留意すべきである。また、損害回復とは、金銭的な損害賠償だけでなく、被害者の立ち直りとそれに必要な作用全てを指すことにも注意が必要である。

2　種類・態様

　修復的司法には刑事調停・刑事和解、カンファレンス、サークルなど様々な形態があり、さらに対象事件の範囲（軽重）、適用される刑事手続の段階、刑事手続に対する法的効果、関与する調停・仲介機関の違いにより多様なバリエーションが存在するが、犯罪者が事実関係を争わない場合に限って適用される点と、犯罪者、被害者ともに参加は任意であるという点はいずれの制度にも共通である。犯罪者が修復的司法のプログラムを希望しない場合、通

常の刑事手続が進められるため、犯罪者には心理的な強制力が働いていると考えられるが、そのために任意性を欠くという捉え方はされていない。

刑事調停（Victim-Offender Mediation, VOM）又は刑事和解プログラム（Victim-Offender Reconciliation Program, VORP）は、1974 年にカナダで始まった制度が北米からヨーロッパに普及したもので、訴追前の段階（又は公判の段階）で調停機関等に委託し、仲介者を介して犯罪者と被害者を対話させ、両者で合意が成立し、それを犯罪者が履行した場合には事件を終局させたり、その事実を処分選択に反映させたりするものである。

カンファレンスの代表的な制度である家族集団協議（Family Group Conferencing）は、ニュージーランドにおけるマオリ族の伝統的紛争解決の文化を基に、同国の 1989 年少年・青年・家族法（The Children, Young Persons and Their Families Act 1989）で最初に導入されたものである。国やプログラムにより内容に違いはあるものの、おおよそ、犯罪少年を警察や少年裁判所等から担当機関に送致し、仲介者の下、犯罪少年とその保護者、被害者、その他地域の関係者などが一堂に会した上で、事件やその影響について各自が語り、最終的に損害回復と少年の更生のあり方を模索し、出席者で合意が成立した場合、少年自身による合意内容の履行確認を行うというものである。少年に事件の責任（刑事責任ではなく、修復的責任）を自覚させるとともに、被害者や地域に与えた損害の回復と少年や保護者に対する働きかけを通じて、少年の更生を図るとともに、被害者の立ち直りにも資することが期待されている。刑罰や処分を通じて少年にマイナスのレッテルを貼る（ラベリング）のではなく、事前の調整、カンファレンス、合意事項の履行、アフターケアという一連の過程による「再統合的な恥の付与」（reintegrative shaming）が少年の再犯を予防するという恥の付与理論（shaming theory）（コラム 18 参照）に基づいている。

量刑サークルは、1980 年代以降、ユーコン州を始め、カナダの先住インディアンの多い州で発達したものである。カンファレンス同様、犯罪者やその家族、被害者が出席するが、異なるのは、裁判官、検察官、弁護士などの刑事司法関係者だけでなく、地域の代表者も出席し、刑事処分のあり方を含め、事件の最適な解決方法について話し合い、その結果を裁判所に報告し

て、終局処分を決める点である。サークルでの対話の際、発言する者が先住インディアンの象徴である羽根をもつといった象徴的な進め方を行う所もある。

　こうした修復的司法は、実務レベルでの運用としてだけでなく、立法により法制度化している国も多く、ドイツでも刑法及び刑事訴訟法が改正され、行為者＝被害者和解（TOA：Täter＝Opfer Ausgleich）が正式に導入されているし、韓国でも犯罪被害者保護法に基づき検察段階での刑事調停制度が法制度化されている。しかし、こうした修復的司法に基づく制度が犯罪者の再犯防止や更生に効果があるのかどうかということと、被害者にとって真の利益となっているかどうかが重要であり、現在、各国で検証が進められている。

3　日本の状況

　日本では、弁護士や研究者等により犯罪被害者と加害者の対話を行う民間団体が幾つか設立されているほか、弁護士会が設置している仲裁センターの中には積極的に犯罪被害者と加害者の仲裁を行っているところもあるが、これらは、刑事司法や少年司法手続と連動した海外の制度とは異なる。

　一方、2年間に亘る全国での試験実施を経て、2007年末、警察により、軽微事犯の少年を対象としたカンファレンスとしての少年対話会が導入されている。これは、家庭裁判所で審判不開始や不処分とするのが相当な、非行事実が軽微で要保護性も低い少年を検察官に送致する前に、少年とその保護者及び被害者の同意を得て、警察の外部機関たる少年サポートセンターにおいて、少年、保護者、被害者などが一堂に会して話し合いを行うもので、被害者の心情や要望を少年や保護者に理解させると同時に、被害者への贖罪や少年の更生のあり方を少年自身や保護者に考えさせ、決意事項を決めるという家裁送致前の一種の中間的な措置である。しかし、日本の少年司法手続では全件送致主義が採られている関係上、少年対話会を実施した後、海外のカンファレンスのように手続を打ち切ることが法的にできず、少年対話会の結果を家裁に送付することも認められなかったため、少年や保護者に対話会への動機付けがなく、極めて軽微な非行のみを対象とする結果、被害者にも参加の意欲がわかないという構造的な制約が制度設計の段階から予想されてい

た。実施したケースについては良好な成果が出たものの、実施件数が少なく、最終的に 2007 年に制度を導入する通達が発出されたものの、実務では全く実施されていない。

　海外では、修復的司法の一環として刑務所の中で被害者と受刑者が対話するプログラムも行われているが、日本にはこうした制度はない。ただ、被害者と犯罪者が直接対話することだけが修復的司法の制度ではなく、受刑者に対する情報提供や被害者に配慮した処遇も、その前提として重要である。日本では、犯罪者の処遇に被害者の視点を取り入れることは応報的な行刑や処遇を招くとして批判が多かったが、海外の刑事施設における被害者衝撃クラス（victim impact class 又は panel）などの試みに触発され、2001 年以降、刑事施設や少年院で、被害者をゲスト・スピーカーとして招いたり、役割交換書簡法を用いた教育を行うなど被害者の視点を取り入れた処遇が実施されるようになり、2005 年に（二段階で）成立した刑事収容施設及び被収容者等の処遇に関する法律により「被害者の視点を取り入れた教育」（R4）が特別改善指導の一つとして導入されるに至っている（103 条 2 項 3 号）。また、2014 年に成立した少年院法でも、それまで行われてきた「被害者の視点を取り入れた教育」が特定生活指導として根拠規定が置かれることとなった（24 条 3 項 1 号）。

　さらに、2007 年に犯罪者予防更生法と執行猶予者保護観察法が改正され、保護観察を受けている者について、被害者等から申出があった場合、被害者等から被害に関する心情、その置かれている状況又は保護観察対象者の生活若しくは行動に関する意見を聴取し、それを対象者に伝達する制度が導入されるに至り、2008 年から施行された更生保護法に引き継がれている（更生保護法 65 条）（本章第 4 節 3（2）参照）。更に、2022 年の刑事収容施設法及び少年院法の改正により、被害者から心情を聴取し、被害者から申出があるときは刑事施設や少年院に収容中の受刑者や少年院在院者に伝達する刑又は保護処分の執行段階における被害者心情聴取・伝達制度が導入されている。心情伝達の結果は被害者にフィードバックされるが、法律上、複数回の心情伝達は禁止されておらず、保護観察中の制度では複数回の心情伝達を行った例があることから、こうした犯罪者と被害者のやりとりが行われることが間接的

な対話となって、修復的司法「的」な機能を果たすことも不可能ではない。

○コラム18 再統合的な恥の付与理論（reintegrative shaming theory）
　オーストラリアのジョン・ブレイスウェイト教授が提唱した理論で、社会的不承認ないし社会的非難としての恥の付与には、犯罪者を地域社会に再統合し、再犯を抑制する機能があるとするものである。かつて、フランク・タンネンバウムやエドウィン・レマートの理論を基礎にハワード・ベッカー等が発展させたラベリング理論では、犯罪者が刑事司法の過程で犯罪者としてのスティグマを貼られることで（ラベリング、烙印付け）、却って次の犯罪（第二次逸脱行動）を生むことになるとされたが、ブレイスウェイト教授の再統合的な恥の付与理論は、スティグマ貼り（stigmatization）には間接的な犯罪促進作用があるが、謝罪や損害回復あるいは逸脱者としての烙印を消すような手続を通じて犯罪者を地域社会に再統合しようとする取組みに裏打ちされた社会的非難としての恥の付与（reintegrative shaming）には犯罪を抑制する作用をもつとする。再統合的な恥の付与理論から見れば、かつてのラベリング理論におけるスティグマ貼りは、いわば「非」統合的な恥の付与であって、犯罪者を却って社会から阻害し、新たな犯罪行為を生む作用を意味することになる。ラベリング理論は、犯罪者に対する余計な烙印付けの回避を説き、1960年代以降のダイバージョン政策の理論的支柱となったが、再統合的な恥の付与理論は、刑事手続の過程で犯罪者に対し被害者や地域社会への損害の「修復」を通じて、再統合的な働きかけをする修復的司法の理論的裏付けとなり、家族集団協議など修復的司法に基づく制度の発展に貢献している。

参考文献
・朴元奎＝太田達也編『リーディングス刑事政策』（2016年、法律文化社）
・伊藤冨士江「更生保護における犯罪被害者等施策・心情等伝達制度の現状と課題—全国の被害者担当官・被害者担当保護司を対象にした調査をもとに」被害者学研究26号（2016年）
・内閣府犯罪被害者等施策推進室「平成23年度諸外国における犯罪被害者等に対する経済的支援に関わる制度等に関する調査」（2011年）
・太田達也「矯正における被害者支援と犯罪者処遇の両立」法学研究95巻12号（2022年）

・高橋則夫「少年対話会」の意義と限界―修復的司法の可能性―」早稲田大学社会安全政策研究所紀要 2 号（2010 年）
・「特集 刑事裁判における犯罪被害者の保護」法律のひろば 63 巻第 3 号（2010 年）
・「〈特集〉被害者参加制度の導入と刑事弁護の変容」刑事弁護 61 号（2010 年）
・「〈特集〉被害者参加と裁判員裁判」刑事法ジャーナル 16 号（2009 年）
・「〈特集〉犯罪被害者と刑事裁判」ジュリスト 1338 号（2007 年）
・「〈特集〉犯罪被害者と裁判の新たな関係」法律のひろば 11 月号（2007 年）
・番敦子＝佐藤文彦＝武内大徳『犯罪被害者等基本計画の解説』（2006 年、ぎょうせい）
・細井洋子＝西村春夫＝樫村志郎＝辰野文理編著『修復的司法の総合的研究―刑罰を超え新たな正義を求めて―』（2006 年、風間書房）
・小西聖子『犯罪被害者の心の傷（増補新版）』（2006 年、白水社）
・髙井康行＝番敦子『犯罪被害者保護法制解説』（2005 年、三省堂）
・「〈特集〉犯罪被害者のための施策の総合的検討」ジュリスト 1302 号（2005 年）
・呉柏蒼「台湾における犯罪被害者補償制度の特徴と近年の改革」被害者学研究 25 号（2015）
・尾﨑万帆子「市区町村における被害者支援条例制定の必要性」罪と罰 55 巻 3 号（2018）
・川本哲郎「犯罪被害者支援の新たな動き―特化条例を中心にして」同志社法学 73 巻 4 号（2021）
・齋藤実「犯罪被害者支援条例と経済的支援」獨協法学 114 号（2021）
・太田達也「警察における修復的司法としての家族集団協議（Family Group Conferencing）の理念と可能性」警察政策 7 巻（2005 年）
・「〈警察政策フォーラム〉第 4 次犯罪被害者等基本計画を踏まえた犯罪被害者等支援施策の推進について」警察学論集 75 巻 9 号（2005 年）
・太田達也「犯罪被害者補償制度の研究（2・完）―改正・犯罪被害者等給付金支給制度の課題―」法学研究 74 巻 6 号（2022 年）
・松尾浩也編『逐条解説犯罪被害者保護二法』（2001 年、有斐閣）
・宮澤浩一＝國松孝次監修『講座被害者支援 1〜5』（2000 年、東京法令出版）
・「〈特集〉犯罪被害者保護関連二法の成立と展望」現代刑事法 2 巻 11 号（2000 年）
・「〈シンポジウム〉犯罪者処遇における犯罪者の更生と被害者の回復」被害者学研究 28 号（2018 年）
・「〈特集〉犯罪被害者の保護と救済」ジュリスト 1163 号（1999 年）
・諸澤英道『被害者学』（2016 年、成文堂）。
・宮澤浩一＝田口守一＝高橋則夫編『犯罪被害者の研究』（1996 年、成文堂）
・宮澤浩一『被害者学の基礎理論』（1965 年、世界書院）
・各年度版『犯罪被害者白書』（警察庁〈元は、内閣府〉）

（おおた・たつや）

第 8 講 ◆ 死　　刑

生命刑、廃止論、死刑執行延期制度、死刑執行停止法案

1　死刑の意義

1　死刑の意義

　死刑は長い歴史を有する刑罰である。文字通り、死刑は犯罪者の死を意味し、国家が強制的にその生命を剥奪する刑罰である。したがって、「生命刑」とも称される。人類の歴史の中で、死刑が長く維持されてきたのは、おそらく罪を犯した者は死をもって償うという自然な感情が人々の中にあったためであろう。死刑が刑罰のなかで社会復帰的視点を有しない唯一の刑罰であることは、まさにこの応報的作用が端的に示されていることを示し、この点が人々に理解されやすいためと思われる。しかしながら、刑罰制度の歴史的展開において、人道主義に基づき身体刑・流刑など残虐な刑罰は相次いで廃止されてきた状況から、かつて正木亮が死刑を「最後の野蛮」と形容したように、こんにちにおいて個人の生命を極度に重視する世界的風潮に従う点からは、はたして死刑は必要なのか、再検討する動きがみられる。もっとも、わが国の世論では近年、厳罰的な応報思想が強まって、死刑廃止への抵抗も強い。

2　死刑の機能

　従来、死刑の機能をめぐってはさまざまな議論がなされ、これらが最終的には存廃論の論点となってきた。第1に、応報（復讐）機能である。現代の法治国家では被害者や一般市民からの犯罪者に対する非公的な攻撃、復讐は禁じられており、したがって国家はこれらの感情を代替、満足させる代理的

役割を演じている。死刑にはそれらの趣旨が反映されているとする見方（応報刑論）である。社会契約論も同様に考え、市民は国家に対して犯罪を行えば生命を奪われることを予め約束しているという前提をとる。第2に、見せしめ機能である。これは犯罪を行った者に対して死刑を科すことにより、一般の人々に見せしめを示して、抑止を図る考え方（一般抑止論）である。過去の歴史の中には、死刑の執行が多くの公衆の面前で行われたとする記録が多数残されている。しかし、近年では死刑の執行はこのように公開されておらず、公開されても一部の者に限る方向にある。第3に、社会防衛的機能である。いうまでもなく犯罪を行った者を抹殺すれば、少なくともこの者からの攻撃を社会は将来回避することができる。言い換えれば、最も確実な再犯防止である。しかし、社会防衛機能を営む刑罰は死刑に限られず、他の刑罰でも代替可能であり、再犯防止のために死刑を活用するという積極的な議論は多くはない。

3　わが国の死刑制度の歴史

　わが国の死刑に関する法制として明治時代以前のはるか昔、飛鳥時代に中国の唐の律令制を参考にして作られた大宝律令（701年）、鎌倉時代に武家政権によって作成された御成敗式目（1232年）、江戸時代に徳川吉宗によって作られた御定書百ケ条（1742年）などが存在する。これらは死刑（死罪）を規定していたが、平安時代の818年に嵯峨天皇が死刑を廃止して以降347年間、わが国において死刑が廃止されていた時期が存在するとされる。明治時代に入ると、新律綱領（1870年）における死刑の種類は斬と絞、梟示（いわゆる「さらし首」）の3種類、死刑を規定する罪種は56種であった。改定律令（1873年）では、死刑の種類に変更はなかったが、死刑犯罪は31種に削減された。さらに、いわゆる旧刑法（1880年）において、死刑の種類は絞首の1種、死刑犯罪は22種になり、死刑の執行が旧来の公開制から非公開になった。この理由として考えられるのは、死刑執行の過酷さが近代の人道主義に合わないこと、他の刑罰との均衡として行刑密行思想からの配慮が働いたためであろう。そして、刑法（現行）（1907年）では死刑の執行方法に変更はなかったが、死刑犯罪が16種に削減された。第二次大戦後、皇室に対

表 8 - 1　わが国の死刑犯罪

法令名	条項	罪名
刑法典	77 条 1 項	内乱首謀
	81 条	外患誘致
	82 条	外患援助
	108 条	現住建造物等放火
	117 条 1 項	爆発物破裂
	119 条	現住建造物等浸害
	126 条 3 項	汽車転覆等致死
	127 条	往来危険による汽車転覆等致死
	146 条	水道毒物等混入致死
	199 条	殺人
	240 条	強盗致死
	241 条	強盗強制性交等致死
爆発物取締罰則	1 条	爆発物使用
決闘罪に関する件	3 条	決闘殺人
航空機の強取等の処罰に関する法律	2 条	航空機強取等致死
航空の危険を生じさせる行為等の処罰に関する法律	2 条 3 項	航空機墜落等致死
人質による強要行為等の処罰に関する法律	4 条	人質殺害
組織的な犯罪の処罰及び犯罪収益の規制等に関する法律	3 条 1 項 7 号	組織的な殺人罪
海賊行為の処罰及び海賊行為への対処に関する法律	4 条	海賊行為等致死

する罪（刑 73 条、75 条）、利敵行為に関する罪（刑 83 条）、さらには尊属殺人罪（刑 200 条）が削除されたため、刑法典における死刑規定犯罪は表 8-1 のように 12 種に限定されている（これに加えて特別法で 7 種がある）。このように、わが国の死刑は、歴史的にみると、残虐な執行方法から人道的な執行

方法へ、多様な罪種から限定的な罪種へ、公開主義から密行主義へと移行している。

2　わが国の死刑制度

1　死刑犯罪

　このように、現在、わが国において死刑は、刑法で12種の犯罪、特別刑法で7種、計19種の犯罪に規定されている（表8-1参照）。これらの犯罪に共通する点は、いずれも被害者の生命を侵害する要素を含んでいることである。なお、外患誘致罪に関しては、刑罰は死刑のみが規定されており、いわゆる絶対的死刑犯罪にあたる。その他の犯罪については、懲役刑や禁錮刑など別の刑罰が規定されており、死刑は選択刑になる。

　もっとも、これらの犯罪を行ったとしても、行為時に18歳未満であった少年の場合、死刑が科されることはなく無期刑を科される（少51条1項）。また、そもそも14歳未満の者は、刑事未成年ゆえに死刑だけでなく刑罰そのものが科されない（刑法41条）。さらに、死刑の言渡を受けた者が心神喪失状態にあるとき、あるいは死刑の言渡を受けた女子が懐胎しているときは、法務大臣の命令で執行が停止される（刑訴479条1項、2項）。

2　執行方法

　死刑の執行方法は、「刑事施設内において、絞首して執行する」（刑11条1項、刑事収容178条）と規定されている。もっとも、絞首と規定されているが、法医学上は縊首である（掘割式で首を絞めるのではなく、首が絞まるため）。死刑の執行は、法務大臣の命令によってなされる（刑訴475条1項）。なお、この命令は、原則として、判決確定の日から6ヶ月以内に発しなければならない（刑訴475条2項）。ただし、これは訓示規定であるとされ、さらには上訴権回復請求、再審請求、非常上告ないし恩赦の出願・申出のいずれかがなされた場合、その手続が終了するまでの期間は6ヶ月の期間に算入されない。また、共同被告人がいる場合、その者に対する判決が確定するまでの期間も同様である（刑訴475条2項）。これらの事情から、死刑判決確定後

図 8 - 1　死刑判決確定後、執行までの流れ図

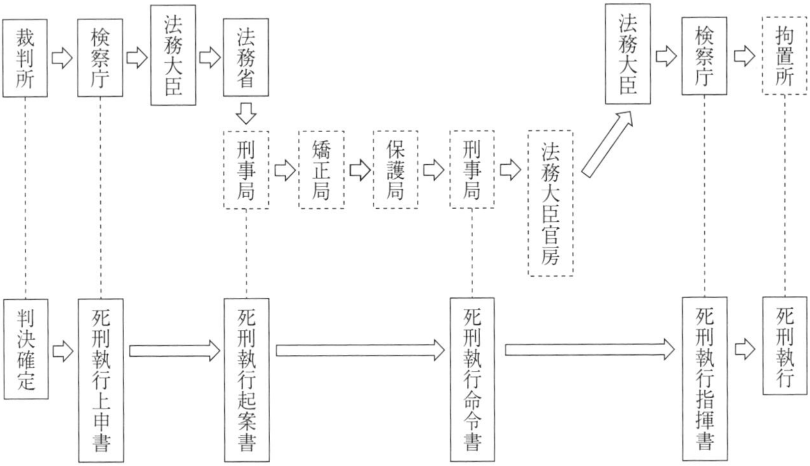

出典：勢藤修三『死刑の考現学』、毎日新聞 2012 年 6 月 1 日朝刊、朝日新聞 2013 年 1 月 11 日をもとに作成した。

　ただちに法務大臣は死刑執行命令を発することはほとんどなく、実際の多くは刑の確定から執行まで平均 7〜8 年かかる。
　死刑執行の手続きをみると、まず、1 審で死刑判決が確定した場合には対応する地方検察庁、2 審以上の場合は 2 審裁判所に対応する高等検察庁に判決謄本と公判記録が送付される。書類を送付された対応検察庁の長は、死刑執行に関する上申書を法務大臣に提出する。この上申書によって、法務省刑事局は当該検察庁から裁判の確定記録を取り寄せる。その後、法務省刑事局付の検事 1 名が審査を命ぜられ、死刑執行停止・再審・非常上告の理由があるかどうかなどを考慮しつつ、判決に何らかの誤りがないかどうかを審査する。審査後、担当検察官は死刑執行起案書を起草する。この執行起案書は、担当検事から刑事局参事官、総務課長、刑事局長の順に回付され、その後、法務省矯正局の参事官、保安課長、総務課長、矯正局長の順に回付され、さらに、法務省保護局の参事官、恩赦課長、総務課長、保護局長の順に回付される。各決裁官は、死刑執行起案書を精読したのち決裁を行う。これらの決裁が終了後、死刑執行起案書は、再び刑事局に送付され、刑事局長がすべての決裁を確認する。その後、死刑執行起案書は、死刑執行命令書に名称を変

更され、法務大臣官房に送付される。法務大臣官房では、秘書課付検事、秘
書課長、官房長、法務事務次官の順に死刑執行命令書が回付され、各決裁官
が精読したうえで決裁を行う。すべての決裁が終了した後、死刑執行命令書
は法務大臣に提出される。そして、法務大臣が死刑執行命令を発すると5日
以内に死刑は執行されることになるが（刑訴476条）、死刑執行に関する上申
書を提出した検察庁の長に命令が伝達され、担当検事長が執行指揮書を作成
する。この執行指揮書の指示に従って、死刑が執行されるのである（勢藤，
1983年）。なお、判決確定後、死刑執行までの実際の手続については情報開
示が不十分であり、実態が完全には明らかになっていない点に注意を要す
る。

　死刑は、絞首刑の設備を有する拘置所の刑場において非公開で執行される
（いわゆる密行主義）。死刑執行には、検察官、検察事務官、刑事施設の長な
いしその代理人が立ち会わなければならない（刑訴477条1項）。刑場には、
検察官又は刑事施設の長の許可を受けた者でなければ入ることはできない
（刑訴477条2項）。死刑執行後、執行に立ち会った検察事務官は、執行始末
書を作り、検察官及び刑事施設の長又はその代理人とともに、これに署名押
印しなければならない（刑訴478条）。

　なお、死刑判決確定から死刑執行までの期間、死刑の言い渡しを受けた者
は刑事施設に拘置される（刑法11条2項、刑事収容3条4号）。刑事施設内で
は、単独室が与えられ、特別な理由がある場合を除き、基本的に居室内で処
遇が行われる（刑事収容36条）。

3　適用・執行状況

　1947（昭和22）年から2015（平成27）年までの死刑確定人員の推移をみる
と、1949（昭和24）年の77人を頂点とした後、若干の増減はあるが右肩下
がりに推移し、1968（昭和43）年以降は、1988（昭和63）年の12人を除き、
基本的に一桁台で推移してきた（図8-2参照）。ところが、2004（平成16）
年に14人、2005（平成17）年には11人と2年続けて二桁台に死刑確定人員
は増加し、2007（平成19）年には23人に達した。その後、増減を繰り返し
2011（平成23）年に22人に達した後、2013年（平成25）年以降は1桁台で

図 8‐2　死刑確定人員・執行人員の推移

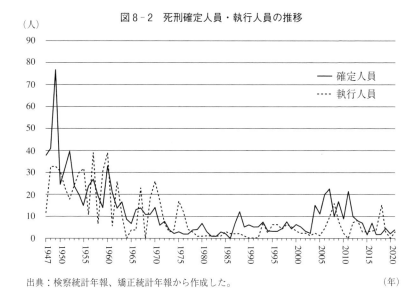

出典：検察統計年報、矯正統計年報から作成した。　　　　　　　　　　（年）

推移している。

　前記のとおり、死刑を規定している犯罪は刑法犯・特別刑法犯を併せて
19 種類あるが、通常第一審における罪名別死刑言渡人員をみると、1995 年
以降、死刑の言渡は殺人罪と強盗致死罪の 2 種に実質的には限定されてお
り、他の 17 罪種には適用されていない。

　2021（令和 3）年末現在、わが国には 107 人の死刑確定囚がおり、死刑場
の設備を有する拘置所に分散して収容されている。そして、1947 年から
2021 年までの 74 年間で、死刑確定者数は合計 878 人であり、死刑執行者数
は合計 698 人である。もっとも、1989 年から 93 年までの約 3 年 4 ヶ月間、
死刑執行ゼロを記録している。これは 1989 年の国連死刑廃止条約の影響に
加え（ただし、日本は未批准）、僧籍にあった法務大臣が就任したことなどが
その理由として考えられる。その後死刑が再開されてからは、ほぼ毎年執行
されている（2011 年と 2020 年は執行 0 であった）。

3　死刑をめぐる存廃論

　死刑の存廃の議論は古くから行われており、論点は出尽くした感がある。そして、とくに廃止論側の運動論ともあいまって、現在では理論的論争というよりも信条論が中心である。以下には、簡潔に、存廃論の主張を記述するにとどめる。

1　死刑存廃論の論拠

(1)　廃　止　論

　死刑廃止論の主な論点は、第1に、殺人を禁止している国家が自ら殺人を犯してはならない、あるいは、生命は付与することができないから、国家は付与できない生命を奪うことは許されないとする法哲学的論点、第2に、死刑には犯罪に対する一般抑止力、特に一般予防機能は存在しないとする刑事政策的論点、第3に、死刑は憲法第36条で規定されている「残虐な刑罰」に該当し違憲であるとする憲法的論点、第4に、死刑判決が言渡された事件で誤判が生じた場合、回復不可能であると指摘する適正手続上の論点などがあげられている。

(2)　存　置　論

　これに対して、死刑存置論の主な論点は、第1に、他人の生命を奪った者は、その罪を自らの生命をもって償うのが当然であるとする応報的観点、第2に、死刑はあらゆる刑罰の中で最大の威嚇力を有しており、死刑を廃止すれば殺人などの凶悪犯罪が増加し社会秩序が乱れるとする一般予防的観点、第3に、犯罪者を死刑に処すことで再犯可能性を完全になくすことができるとする完全無害化的観点、第4に、世論調査に従って死刑は存置すべき、ないし死刑廃止は時期尚早とする消極的観点などが主張されている。

　なお、表8-2はいずれも政府が行った世論調査の結果であるが、調査の時期（たとえば凶悪事件の直後とか）、質問形式（予断を与えるような文章を混入させるとか、）等には問題があるといった批判もみられる。2014（平成26）年に実施された「基本的法制度に関する世論調査」では、「仮釈放のない「終

表 8-2 死刑に関する世論調査

年	（どんな場合でも）死刑を廃止すべきである	（場合によっては）死刑もやむを得ない	わからない・一概に言えない
1994	13.6	73.8	12.6
1999	8.8	79.3	11.9
2004	6	81.4	12.5
2009	5.7	85.6	8.6
2014	9.7	80.3	9.9
2019	9.0	80.8	10.2

出典：「「基本的法制度に関する世論調査」の概要」平成27年1月及び令和2年1月を基に表を作成した。
※平成26年調査から「どんな場合でも」「場合によっては」という表現が削除された。
　（死刑制度に関する世論調査についての検討会第3回会議（平成26年10月14日）「取りまとめ報告書」http://www.moj.go.jp/content/001130719.pdf）

身刑」が新たに導入されるならば，死刑を廃止する方がよいと思うか，それとも，終身刑が導入されても，死刑を廃止しない方がよいと思うか」という新しい質問項目が設けられた。この質問に対して、2019（令和元）年調査では「死刑を廃止する方がよい」と答えた者の割合が35.1％、「死刑を廃止しない方がよい」52.0％、「わからない・一概には言えない」12.8％となっている。表8-2に示される「死刑を廃止すべきである」9.0％と比較すると、絶対的終身刑が導入されるならば死刑を廃止する方がよいと回答した者の割合は26.1ポイント高くなる。

2　死刑に関する判例の立場

　死刑が憲法36条にいう「残虐な刑罰」にあたるかどうかが争われた事件において、最高裁判所は、「1人の生命は全地球よりも重い」としながらも「死刑は、残虐な刑罰にあたらない」と判示した（最大昭和23年3月12日）。ただし、この判決には4人の裁判官の補足意見が付され、その主張としては、憲法は永久に死刑を是認したものとは考えられず、「ある刑罰が残虐であるかどうかの判断は国民感情によって定まる問題である。而して国民感情は、時代とともに変遷することを免れないのであるから、（中略）公共の福

祉のために死刑の威嚇による犯罪の予防を必要と感じない時代に達したなら
ば、死刑もまた残虐な刑罰として国民感情により否定されるに違いない」と
した。なお、大阪此花区パチンコ店放火殺人事件の第1審において裁判員裁
判では初めて「死刑の違憲性」が争われた。大阪地裁は、「残虐な刑罰に当
たるとはいえず、憲法36条に反するものではない。」と判示したが、「絞首
刑は、多くの場合、意識喪失までに最低でも5ないし8秒、首の締まり方に
よっては、それが2分あるいはそれ以上かかるものとなり、その間、受刑者
が苦痛を感じ続ける可能性がある。しかも、場合によっては、頭部離断、特
に頸部内部組織の離断を伴うことがある。絞首刑には、受刑者が死亡するま
での経過を完全には予測できないといった問題点がある。」として絞首刑の
問題性についても言及した（大阪地判平成23年10月31日http://www.courts.
go.jp/app/files/hanrei_jp/916/081916_hanrei.pdf）。

　連続射殺魔事件（いわゆる永山則夫事件）の判決において、最高裁判所は、
「死刑の選択は、犯行の罪質、動機、態様ことに殺害の手段方法の執拗性、
結果の重大性ことに殺害された被害者の数、遺族の被害感情、社会的影響、
犯人の年齢、前科、犯行後の情状等各般の情状を併せ考察し、その罪責が重
大で、罪刑の均衡の見地からも、一般予防の見地からも極刑がやむをえない
と認められる場合に許される」とし、死刑の適用基準を示した（最判昭和58
年7月8日）。一般に「被害者の数」が死刑と無期懲役の分水嶺となってい
るように思われるが、この基準に拘泥せず、「犯行の計画性」や「共犯関係
における主導的役割」も重視される傾向にあり、被害者複数が絶対的条件と
はなっていないという主張もある（日高義博「死刑の適用基準について」現代
刑事法3巻5号37頁参照）。

　また、死刑の時効につき争われた帝銀事件人身保護請求事件において、最
高裁判所は、「死刑の確定裁判を受けた者が刑法11条2項に基づき監獄に継
続して拘置されている場合には死刑の時効は進行しない。死刑が執行されな
いまま刑法11条2項所定の拘置が長期にわたっていても憲法36条にいう残
虐な刑罰に当たらない」と判示した（最決昭和60年7月19日訴務月報）。

　なお、1999年4月に発生した山口県光市母子殺害事件において、第一審
山口地裁（2000年1月）、続いて第二審の広島高裁（2002年3月）いずれも

「被告人には更生の可能性がある」として無期懲役を言渡したが、2006 年 6 月最高裁は高裁の無期懲役判決を破棄し、審理を高裁に差し戻した。したがって、死刑か無期刑かの境界例にある犯罪少年に対する死刑適用基準が新たに示される可能性があり、差戻審の動向が注目された。

　2008 年 4 月 22 日差戻し審で広島高等裁判所は、「死刑の選択を回避するに足りる特段に酌量すべき事情」は認められなかったとして、犯行時 18 歳 1 ヶ月の被告に対して死刑を言い渡した。同判決は、犯行時少年であることが死刑判決の障害にならないことを示し、死刑適用基準を示した 1983 年の永山判決を修正したものと評された。もっとも、「光市事件の判断は永山基準から逸脱した例外的なもの」であり「永山事件で確立された死刑の基準の構造は今もなお維持されている」（永田、2016 年）という指摘もある。

4　世界における死刑存廃状況

　世界的にみて、死刑廃止の流れが加速するのは、20 世紀に入ってからである。特に、ヨーロッパ諸国を初めとして、全世界的に波及していった。たとえば、ヨーロッパにおいて、スウェーデン（1921 年）、スイス（1942 年）、イタリア（1947 年）、ドイツ（1949 年）、オーストリア（1950 年）、イギリス（65 年の試験的廃止を経て 1969 年に永久的廃止）、フランス（1981 年）などがあり、現在、EU 加盟国は全て死刑を廃止している。なお、新たな加盟希望国に対しても、死刑廃止が EU 加盟の条件の 1 つとなっている。

　国連の活動としては、先に見たように 1989 年、国連総会において「市民的及び政治的権利に関する国際人権規約（自由権規約）」の「第二議定書（死刑廃止条約）」が採択され、1991 年に発効した。もっとも、わが国は自由権規約については批准しているものの、第二議定書は批准していない。しかし、「規約第 40 条に基づき締約国より提出された報告審査：自由権規約委員会の最終見解」（2008 年）において、自由権規約委員会は、「世論調査の結果如何にかかわらず、締約国は、死刑廃止を前向きに考慮し、公衆に対して、必要があれば、廃止が望ましいことを伝えるべきである。」という見解を示した。2007 年、国連は、第 62 回国際連合総会において「死刑の廃止を視野

表 8-3 死刑存置国・廃止国の推移

年	死刑存置国	死刑廃止国
1980	128	37
1990	96	80
2000	87	108
2010	58	139
2015	58	140
2020	55	144

出典：アムネスティ・インターナショナル「死刑廃止国・存置国＜ 2020
年 12 月 31 日現在＞」ほか。
※死刑廃止国には、通常犯罪のみ廃止 8 カ国、事実上廃止 28 カ国を含む。

に入れた死刑執行の停止（moratorium on the use of the death penalty)」を採択し
た。その後、同決議は、2020 年までに 8 回にわたって採択された。同決議
の賛成国は、国連加盟国 193 か国中、2007 年には 104 か国だったが 2020 年
には 120 か国に増加した。

　アムネスティ・インターナショナルの調査によると、2020 年 12 月 31 日
現在、199 カ国のうち、死刑存置国は 55 カ国、死刑廃止国は 144 カ国であ
る。死刑廃止国のうち、すべての犯罪について死刑を廃止している国は 108
カ国、過去 10 年以上死刑を執行していない事実上の廃止国が 28 カ国、軍法
による犯罪など一部の例外を除き通常犯罪について死刑を廃止している国が
8 カ国である。

　G7（アメリカ、イギリス、イタリア、カナダ、ドイツ、日本、フランス）中、
死刑存置国は、アメリカと日本のみである。

　アメリカの場合、第二次大戦前では死刑が多用されたが、戦後は大幅に減
少し、世論の動きや司法判断が明瞭に死刑廃止や違憲論に傾くと、1960 年
末には全米で死刑執行停止（モラトリアム）が一気に加速した。1972 年には
連邦最高裁判所がファーマン事件などに違憲判決を下した。ところが、1976
年になると一転して連邦最高裁は各州の死刑制度を合憲とし、翌年には全米
で 10 年ぶりに死刑執行が復活した。もっとも、執行方法は従来の電気椅子
やガス殺から注射殺が主流となり、今日に至っている。また、1990 年代の

クリントン政権やブッシュ政権は世論の後押しもあって死刑に積極的であるが、冤罪可能性などを理由に依然反対論も根強く、存廃論は揺れ動いている。2007 年 9 月、アメリカ連邦最高裁判所は、死刑の執行方法が憲法修正第 8 で禁じられている「残虐で異常な刑罰」に該当するかどうかの審理に入ったが、2015 年 5 月 29 日、連邦最高裁は薬物注射による死刑執行について合憲判決をくだした。2022 年末現在、死刑存置州（24 州）と廃止州（23 州）、執行停止州（3 州）が混在している。全米で 2,934 人（2016 年 1 月 1 日現在）の死刑確定者がいるとされる（NGO 死刑情報センター（DPIC）調べ）。2021 年 7 月、バイデン政権は連邦レベルにおける死刑執行を停止した。

　アジア地域では、中国が死刑の言渡し数、執行数ともに群を抜いており死刑大国である。もっとも、中国には死刑執行猶予制度という独特の制度が存在しており、死刑を言い渡された者全てが死刑を執行されるわけではない。本制度は、死刑の言渡し時に 2 年間の執行猶予期間を宣告し、その 2 年間で死刑確定囚が善行の保持などの一定の条件を満たすと死刑が無期懲役か有期懲役に減刑されるものである。また、アジア地域は死刑存置国が大半を占めるが、隣国の韓国は、1997 年 12 月以降死刑を執行せず、2007 年 12 月にアムネスティ・インターナショナルによって事実上の廃止国に認定された。

　2007 年 12 月には、死刑執行の一時停止、死刑適用の漸次削減、死刑に直面する者の人権尊重などを主な内容とする死刑の執行停止を求める決議が国連で採択された。同内容の決議案は、1994 年、2000 年にも提出されたが否決されている。表 8-3 からも理解されるように、世界的にみると、死刑制度は廃止される方向にある（表 8-3 参照）。

○コラム19　イギリスの死刑廃止

　イギリスでは、1950年代から60年代にかけて誤判事件、犯人に同情すべき事件が連続して発生した。とくに1961年に発生したハンラッティ事件（強盗殺人）では、被告人が死刑執行されたのちに、同事件の第一被疑者が記者会見を開きこの事件の犯行を自白したため、ハンラッティ（James Hanratty）の無実が濃厚となった。その結果、世論やメディアからの裁判批判が巻き起こり、1964年、5 年間の期限付き死刑廃止法案が議会を通過した。その後、1969年に王室犯罪、軍事犯罪を除外して、正式に廃止された。さらに、2000

年には王室犯罪、軍事犯罪も廃止され、イギリスは完全廃止国となった。したがって、現在イギリスでは凶悪犯罪に対しては不定期刑で対処している。

5　死刑制度の代替策・改善策

1　代　替　策

死刑を廃止する場合、代替刑として仮釈放を認めない絶対的終身刑、仮釈放を認める相対的終身刑の2種類がある。絶対的終身刑の場合、無害化の観点からは死刑と同等の効果がある。もっとも、終身刑受刑者が精神障害になりやすいこと、刑務官の指示に従わず自暴自棄な態度をとるなど処遇困難者となりやすいことが指摘されている。実際、ドイツでは、1949年のボン基本法（憲法）における死刑廃止の際に、死刑の代替刑として仮釈放を伴わない終身自由刑を刑法に規定したが、収容者の精神障害や自殺などの問題が発生したことから、1981年に絶対的終身刑を廃止した。現在、ドイツでは収容15年以降に仮釈放が可能な無期自由刑が実施されている。

なお、わが国においては、2003年に、超党派で構成される「死刑廃止を推進する議員連盟」が発表した「重無期刑の創設及び死刑制度調査会の設置に関する法律案」では、死刑の代替策として仮釈放を伴わない重無期刑の創設が企図されている。

2　改　善　策

死刑制度が存置されている以上、廃止論者から提起されている問題点について可能な限り議論されるべきである。特に、誤判を防止する制度的保障が必要であろう。そこで、死刑制度の改善策として、第1に、市民参加による刑の量定、第2に、適正公平な量刑のために、事実認定後に被告人の情状資料を調査する判決前調査制度、第3に、死刑判決が下された場合に強制的に上訴が行われる必要的上訴制度、第4に、死刑判決を言渡す際には裁判官全員一致を要件とする裁判官一致制（裁判員裁判の場合には、裁判官裁判員全員一致）、第5に、適用罪種の制限ないし削減、第6に、死刑判決後の猶予期

間中に改善されれば減刑される死刑の執行猶予制度、第7に、死刑判決後の一定期間内に執行が行われない場合には無期刑に減刑される制度、などが提案されている。なお、2004年に「裁判員の参加する刑事裁判に関する法律」が成立し裁判員制度の導入が決定され、特に殺人や強盗致死傷、傷害致死などの重大事件を対象とするため、同制度によって市民参加による刑の量定は一部実現する。

6 近年のわが国の動向

　前述の「死刑廃止を推進する議員連盟」(1994年発足、略称、死刑廃止議連)は、2002年に、欧州評議会と合同で司法人権セミナーを開催し死刑廃止に関して討論を行い、①重無期刑の新設、②死刑制度調査会の設置、③死刑の執行停止を求めた。そして、死刑廃止議連は、これら3点を内容とする「重無期刑の創設及び死刑制度調査会の設置等に関する法律案」を2003年にとりまとめ、第156回通常国会への提出を目指したが、各党における議論がまとまらず、提出には至らなかった。その後、同議連は、2008年に「重無期刑の創設及び第一審における死刑に処する裁判の評決の特例に係る刑法等の一部を改正する法律案」を公表し、同法案は、上記3点に加えて、死刑に処する裁判の評決の特例(いわゆる裁判官・裁判員全員一致性)を盛り込んだが、2009年、本法案も国会への提出が見送られた。2008年、「量刑制度を考える超党派の会」(略称、量刑議連)という新たな議員連盟が発足した。量刑議連は、死刑と無期の間に仮釈放なしの終身刑の導入を目指すものであり、死刑廃止派と存置派の双方から議員が参加する。同議連は、終身刑を規定する「刑法等の一部を改正する法律案」を作成はしたが、これも国会に提出されなかった。その後、量刑議連は所属議員の引退や落選などにより休眠状態となっていたが、2018年に「日本の死刑制度の今後を考える議員の会」が超党派の議員によって結成された。

　他方、日弁連も活発な死刑廃止運動を展開している。2004年、日弁連の人権擁護大会で初めて「21世紀日本に死刑は必要か−死刑執行停止法の制定と死刑制度の未来をめぐって」というテーマでシンポジウムが開催され

た。なお、本大会で政府に以下の施策を実施することを求める決議が採択された。すなわち、①死刑確定者に対する死刑の執行を停止する旨の時限立法（死刑執行停止法）を制定すること、②死刑執行の基準、手続、方法など死刑制度に関する情報を広く公開すること、③死刑制度の問題点の改善と死刑制度の存廃について国民的な議論を行うため、検討機関として衆参両院に死刑問題に関する調査会を設置することである（日弁連「21 世紀　日本に死刑は必要か？（第 5 版）」19 頁）。さらに、日弁連は、2011 年に「罪を犯した人の社会復帰のための施策の確立を求め、死刑廃止についての全社会的議論を呼びかける宣言」を採択し、2013 年に「死刑と無期刑の間：終身刑の導入と死刑廃止について考える」（大阪弁護士会との共催）、2014 年に「最高刑シンポジウム：死刑に代わる最高刑として仮釈放のない終身刑についても議論を」と題したシンポジウムを開催し、死刑廃止に関する議論を行った。そして、2016 年、日弁連は人権擁護大会で、2020 年までに死刑制度の廃止を含む刑罰制度全体の改革を求める宣言を賛成多数で可決した。その後も、日弁連は、死刑廃止に関するシンポジウムを定期的に開催したり、2022 年には「死刑制度の廃止に伴う代替刑の制度設計に関する提言」を内閣総理大臣、法務大臣、衆議院議長及び参議院議長宛てに提出したりするなどの活動を行なっている。

　このように、死刑廃止運動は依然活発であるが、他方で、被害者運動などを背景に、一般世論の応報化、厳罰化の動きもみられ、わが国で直ちに死刑廃止が実現する可能性は少ないように思われる。現実には凶悪事件は減少傾向が続いているにもかかわらず、第 1 審判決での死刑が増加しており、このような応報化、厳罰化が判決に影響しているとみることができよう。これは、死刑に関する情報が少ないことにも起因している。しかし、存置論、廃止論、あるいは改善論が十分にからみあった議論が少ない恨みがあり、今後、こうした議論の場がさらに必要であろう。とくに、上述したように、裁判員制度においては死刑事件も扱われることから、市民の裁判員が感情に流されないためにも、政府は死刑の制度・実態について十分広報する必要がある。

参考文献

・「特集―死刑の論点」法学セミナー732 号（2016 年）12-51 頁
・永田憲史「死刑の基準：永山基準は葬り去られたのか」法学セミナー732 号（2016 年）22-27 頁
・松宮孝明「生命刑（死刑）」法律時報 87 巻 7 号（2015 年）8-15 頁
・小早川義則『デュー・プロセスと合衆国最高裁Ⅲ　弁護人依頼権、スーパー・デュー・プロセス』（2013 年、成文堂）
・読売新聞社会部『死刑―究極の罰の真実』（2013 年、中央公論社）1-10 頁
・朝日新聞「死刑まで法相ら 13 人決裁、命令から 2〜4 日で執行」（2013 年 1 月 11 日）
・毎日新聞「死刑順位　基準は闇」（2012 年 6 月 1 日）
・間柴泰治「死刑をめぐる論点」調査と情報第 651 号（2009 年）
・自由権規約委員会「規約第 40 条に基づき締約国より提出された報告審査」（2008 年）5-6 頁
・衆議院調査局法務調査室「死刑制度に関する資料」（2008 年）
　http://www.mofa.go.jp/mofaj/gaiko/kiyaku/pdfs/jiyu_kenkai.pdf
・年報・死刑廃止編集委員会『年報・死刑廃止 2007』（2007 年、インパクト出版会）
・日本弁護士連合会「21 世紀　日本に死刑は必要か？［第 5 版］」（2006 年）
・日本弁護士連合会編『死刑執行停止を求める』（2005 年、日本評論社）
・王雲海『死刑の比較研究―中国、米国、日本―』（2005 年、成文堂）
・日髙義博「死刑の適用基準について」現代刑事法 3 巻 5 号（2001 年）
・団藤重光『死刑廃止論［第 6 版］』（2000 年、有斐閣）
・芦部信喜ほか編『憲法判例百選Ⅱ［第 4 版］』（有斐閣、2000 年）
・大谷實『刑事政策講義［第 4 版］』（1996 年、弘文堂）
・澤登俊雄ほか編著『新・刑事政策』（1993 年、日本評論社）
・勢藤修三『死刑の考現学』（1983 年、三省堂）
・辻本義男編著『史料　日本の死刑廃止論』（1983 年、成文堂）
・斉藤静敬『新版　死刑再考論』（1980 年、成文堂）
・死刑廃止 info!　アムネスティ・インターナショナル日本　死刑廃止ネットワークセンター　http://homepage2.nifty.com/shihai/
・大阪地方裁判所判決平成 23 年 10 月 31 日
　http://www.courts.go.jp/app/files/hanrei_jp/916/081916_hanrei.pdf
・Amnesty International（2016）Death Sentences and Executions 2015, Amnesty International Global Report.
・NPO　死刑情報センター（Death Penalty Information Center（DPIC）), http://www.deathpenaltyinfo.org/

・A quarterly report by the Criminal Justice Project of the NAACP Legal Defense and Educational Fund, Inc.

http://www.naacpldf.org/files/publications/DRUSA_Winter_2016.pdf

（わたなべ・やすひろ）

第 **9** 講◆自 由 刑

キーワード

自由刑の意義、歴史、単一刑・不定期刑・短期刑

　自由刑とは、犯罪の重大性により異なる期間の自由を剥奪する刑罰を意味する。閉鎖施設である刑務所に収容し、作業に服させる懲役が典型であるが、刑務所に収容しながら作業を義務づけない禁錮など、様々な形態で執行される。

　近時、旧来の監獄法が廃止され、それに「刑事収容施設及び被収容者等の処遇に関する法律」（2005 年 5 月 25 日成立、2006 年 5 月 24 日施行、改正法が、2006 年 6 月 2 日成立、2007 年 6 月 1 日に施行された。）が代わった。同法は、未決拘禁者・受刑者の権利義務や職員の権限の明確化と受刑者の社会復帰に向けた処遇の充実を強調している。

　他方、刑罰の上限を引き上げる立法が相次いで成立した。たとえば、2004 年 12 月成立・2006 年 1 月 1 日施行の刑法一部改正により、有期刑の上限が 15 年から 20 年に、強姦罪の刑の下限を 2 年以上の懲役刑から 3 年以上のそれに、殺人罪の刑の下限を 3 年以上の懲役から 5 年以上に引き上げられた。法定刑が 4 年以上の有期懲役の集団強姦罪、および法定刑が無期または 6 年以上の有期懲役の集団強姦致死傷罪が新設された。さらに、2013 年 11 月 27 日公布、平成 26 年（2014 年）5 月 21 日施行の、自動車運転死傷行為処罰法により、刑法 208 条の 2 の危険運転致死傷罪と、同 211 条 2 項の自動車運転過失致死傷罪が刑法から削除され、自動車運転死傷行為処罰法に移されるとともに、危険運転致死傷罪で罰せられる類型を増やし、新たな犯罪類型として発覚免脱罪［アルコール等の影響による過失運転致死傷行為の発覚を免れる罪］が設けられ、また、同法のすべての類型［第 2 条の死亡の場合を除く］に、無免許による場合を加重事由とした。

　また、これらの重罰化の法改正に加えて、従来の裁判所の量刑相場が変わ

り、より執行猶予の付かない自由刑を、更により長期の自由刑を裁判所が選択するようになった結果、2004 年ごろより実刑者数が増大し、定員を超える収容者数が続いた。2004 年には 117.6％に達した。

　そこで、PFI（Private Finance Initiative）手法、すなわち、公共施設等の建設、維持管理、運営等を民間の資金、経営能力及び技術的能力を活用して行う手法による刑務所建設が始まり、すでに美祢（山口県）、島根あさひ、喜連川（栃木県）、播磨（兵庫県）などの各センターが運用されている。（第 6 講参照）。その効果もあって、2006 頃より、収容率は低下し続け、2014 年には、77.4％まで低下した。しかし、普通に処遇できるのは収容率が 70％から 80％までと言われており、現在でも余裕はない。また、女子刑務所は、2014 年に 96.1％と、現在でも過剰収容に近い状態が続いている。

　このように、現在、自由刑の運用が激動し、一方における受刑者の権利義務や社会復帰のための処遇の強調と、他方における法定刑の引き上げなどの厳罰化という、相矛盾する方向が見られる。そこで、自由刑の目指すべき方向を考えるために、自由刑の歴史から検討する。

1　自由刑の意義・歴史

　自由刑は、近代になって身体刑に代わって刑罰の中心についた。しかし、それは野蛮から人道化へ、非理性的なものから理性的なものへの転換という図式ではとらえきれない転換であった。

1　刑務所の誕生

(1)　近代以前の刑罰

　近代以前の刑罰は、見世物としての側面をもっていた。民集の面前での身体刑が中心であった。死刑は、公開処刑であり、それ以外にも公衆の面前で謝罪させることを内容とする加辱刑、晒し台にかける刑、街路での強制土木工事に従事させる刑などがあった。

　もっとも、自由剥奪という処分は、市民革命前にも存在していた。従っ

て、監獄も存在した。しかし、その処分の主たる目的は、裁判が確定するまでの未決拘禁であり、あるいは行政目的での拘禁（犯罪行為を前提としないから、監獄には権力の濫用というしるしを帯びているように思われていた。フランス革命がバスティーユ監獄への攻撃から始まったことはそれを表している。）であり、刑罰としての自由刑は存在していたが、その位置は非常に低かった。また、不徳性や不道徳行為を理由とした監獄以外の施設（施療院・懲治場・感化院）への拘禁刑も存在していたが、衛生状態の極端なひどさと悪風感染（犯罪傾向の進んでいなかった受刑者が犯罪傾向の進んだ受刑者に感化され、凶悪な犯罪者となってしまうこと）の目を被うばかりの蔓延（はびこ）りから、これらの拘禁刑は人々の怨嗟の的であった。

　したがって、革命期の刑事司法の改革を進めた法律家たちにとって監獄刑を中心刑とすることには大きな抵抗があった。ベッカリーアの刑罰構想にも監獄刑はなかったのである。

　それがどうしてまたたくまに、刑罰の中心的地位を占めるようになったのか。第1は、16世紀〜17世紀のヨーロッパ各地の懲治場の経験であり、第2は、18世紀における規律・訓練による社会の深部からの再編成の帰結であるといえる。

（a）　16世紀〜17世紀のヨーロッパ各地の懲治場の経験

　16世紀末から17世紀にかけて、イギリス、オランダ、イタリアなどヨーロッパ各地で懲治場がつくられた。それらは、当時進行していた農業技術の発展や商工業のぼっ興により発生していた大量の浮浪者や乞食に対する半警察的・半慈善的な施設であった。

　たとえば、ロンドンには、1557年にブライドル懲治場が、アムステルダムには、1596年に男子懲治場が、1597年に女子のための紡績場が、1603年に少年のための特別懲治場が設けられている。懲治場では、宗教教育と労働による収容者の改善が追求された。アムステルダムの女子懲治場の入口には、次の文字が刻まれていたという。「おそれるな。私は悪に報いようとしているのではない。むしろ善に導こうとするものである。私の手は厳しいけれど、私の心は愛に満ちている。」（本書26頁参照）

　このような懲治場の制度は、15世紀末から16世紀にかけて浮浪者に過酷

な死刑・身体刑（焼きごて）を科していたのに比べ、大きな変化であるとは言えるが、その後は犯罪とされないか、ごく軽微な犯罪とされたにすぎない放浪や乞食行為を理由に科されていた制度である点からは、刑罰の主流ではなかった。しかし、懲治場の「収容者の改善」の理念は、近代における自由刑の理念に受け継がれる。受け継がれた背景には次の事情がある。

（b） 18 世紀における規律・訓練による社会の深部からの再編成

18 世紀頃より、ヨーロッパでは規律・訓練により「従順な身体」を作ろうとする動きが社会の深部から起ってくる。それは、たとえば、兵営、学校、病院、工場などで現れてくる。その方法は、第 1 に、決まった場所・空間への各人を配置すること。すなわち、寄宿学校、兵営、大工場など閉じられた場所への閉じ込め。教室の座席のように各人に一定の場所を割り振ること。工場空間のように空間それぞれに特定の用途を割り振ること。成績の序列のように各人を置き換え可能な序列に置くこと。第 2 に、活動を規律すること。すなわち、軍隊、学校、工場などでの分・秒単位の時間割。同じ側の足を、同じ歩幅で、同じ速度で、同じ形で進める軍隊の行進のような動作の規律。有用な動作をするに適した身体を訓練により作り上げること。作業のマニュアル化。無為怠惰の時間を減らし時間を積極的に活用することなどである。第 3 に、進級制による養成の組織化である。たとえば、徒弟奉公ではなく職業学校で労働者を養成すること。第 4 に、個々人の違いを考慮した組み合わせを追及すること。たとえば、軍隊編成を多様な部品から成る一種の機械装置にすること。このようにこの時代、学校・軍隊・病院をふくむ「大いなる監獄連続体」が現れていて、これに以前の監獄が機能変化して、その連続体に収まったのである（ミシェル・フーコー「監獄の誕生」新潮社　1977年　119 頁）。

このような動きの中で、刑務所を、規律・訓練により「従順な身体」を作る場にする発想が生まれたといえよう。

2　「受刑者の改善・社会復帰」の追求の歴史

19 世紀に刑罰の中心になった自由刑は、まず、労働と、内省と、悪風感染の阻止と、により受刑者の改善を図ろうとした。それはまず、ハード的に

は一望監視方式の建築様式の刑務所として、ソフト的には、アメリカ合衆国
における2つの行刑システム、すなわちペンシルベニア・システムとオーバ
ン・システムの競争として現われ、次いで、累進処遇が、閉鎖施設から釈放
へ至る中間施設処遇が、様々な処遇の組み合わせからなるエルマイラ制が現
れた（以下の記述は、トーステン・エリクソン著　犯罪行動研究会訳「犯罪者処
遇の改革者たち」大成出版社　1980年を参考にしている）。

(1)　一望監視方式の建築様式（パノプティコン）

これは19世紀初頭の思想家ベンサム
の提案によるものである。ベンサムの元
来の提案では、中央に監視塔を、その周
りに円環状の建物を配し、その建物は独
房に分割され、その独房ひとつひとつに
は光取りの窓と監視塔に向かっている大
きな窓がつけられている。この構造によ
り、監視塔に一人の監視人を配置するだ
けで、受刑者を悪風感染の起こり得ない
独房に閉じ込め、内省を強制し監視する
ことができる。この提案は、独房用の建
物を円環状ではなく、放射状に配置する

図9-1　パノプティコン

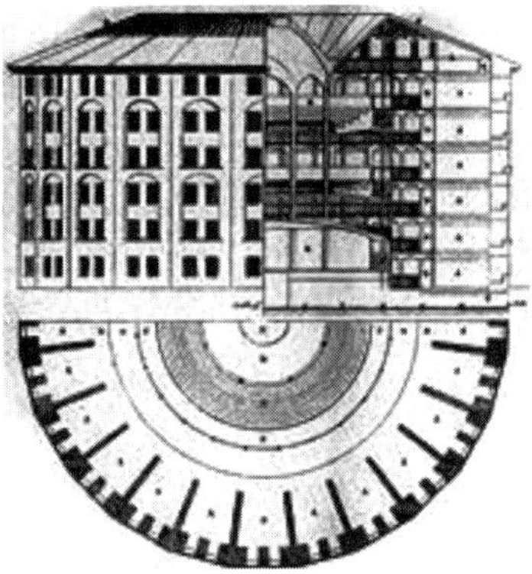

ように少し修正されて、刑務所の標準的な建築様式になる。

(2)　アメリカ合衆国における行刑改革

独立直後の18世紀末から19世紀前半にかけて、アメリカ合衆国の2つの
州の間で、刑務所改革の競争が行われ、その競争は、2つの行刑システム、
すなわちペンシルベニア制とオーバン制の実験をもたらした。

（a）　ペンシルベニア制

1776年に独立宣言が行われたとき、ペンシルベニア州フィラデルフィア
市は、ウォルナット街に刑務所を設けていたが、そこでは性別による分離も
行われておらず、また、獄吏が中で酒場を経営していた。収容者の間には恐
怖が支配していた（これらが通例の事柄であったことについては、ハワード著川
北稔・森本真美訳「十八世紀ヨーロッパ監獄事情」岩波文庫）。新しく収容され

た者は他の全収容者に酒をふるまうか、あるいは、着物を脱いで数切れのパンの代価を払うために売るか、どちらかを選択しなければならなかった。この選択は、「脱ぐか払うか（strip or pay）」として知られていた。当然のことながら、そこでは悪風感染が目を覆うばかりにはびこっていた。

　そこで、フィラデルフィアの監獄協会（正式には、「公立監獄の悲惨さを軽減するためのフィラデルフィア協会」）が、1788 年に、囚人改善のためには独居拘禁下での重労働と絶対禁酒が最も有効な手段であり、独居構造の施設の建設を求めるとの、建白書を出した。ペンシルベニア州は、この建白書を受け容れ、刑務所改革を進めてゆくことになる。

　まず、1792 年にウォルナット刑務所の処遇制度と建物の構造が改められる。その中に独居区画を設け最も改善困難な受刑者を収容し、他の受刑者から完全に隔離して重労働を科すこととしたが、それ以外の受刑者に関しては、独居房に収容し昼間は集団作業に従事させるとしたことにとどまり、なお悪風感染が続いた。

　そこで、1826 年、ペンシルベニア州は、アレゲニーに西部刑務所（Western Penitentiary）を建設した。それは、ベンサムの一望監視方式をかなり忠実に導入したもので、コントロール・タワーを中心に、その外側に半円形の帯状の獄舎を配置していた。獄舎は、背中合わせに置かれた 2 列の独居房 190 から構成されており、各独居房（9×7 フィート：1 フィート≒0.3m）は分割されたごく小さな庭（6×7 フィート）に面していた。

　受刑者は労働を科されることなくもっぱら独居に拘禁された。使用を開始してしばらくすると、独房があまりにも狭く暗く受刑者を苦しめるという欠陥が明らかとなった。

　そこで、1829 年に、東部刑務所（Eastern Penitentiary）、別名チェリー・ヒル刑務所を建設した。7 つの棟からなっているが、その配置は西部刑務所とは逆で、コントロール・タワーに対し放射線状におかれた。その独房は、かなり広く、受刑者が手仕事に従事できるほどのものだった。そこでは、沈黙が強制され、隔離が厳密に維持された。受刑者は目かくしされて独房まで連れてゆかれ、そこで靴づくりや紡績に従事した。受刑者は散歩のために彼らの個人用の庭に出ることができたが、その散歩時間は隣人と庭で出会うこと

ができないように定められていた。このような行刑システムがペンシルベニ
ア制と呼ばれるものである。

　この刑務所の設計者は、隔離、沈黙、労働により、受刑者の改善を追求し
たのであるが、現実には、完全かつ長期の隔離により精神異常となる受刑者
が後を断たなかった。

　（**b**）　オーバン制

　ニューヨーク州はオーバンにある刑務所に、1821 年、最も改善困難な囚
人に対して不就労完全相互隔離方式を導入した。収容者には作業も与えられ
ず、教誨牧師以外には誰とも会うことが許されなかった。結果は悲惨なもの
だった。多くが精神錯乱状態に陥り、衰弱死する者、自殺する者が続出し
た。

　そこで、1824 年ごろより、後にオーバン制と呼ばれる別のシステムを導
入した。それは、夜間独房に監禁し、昼間は完全な沈黙を守らせながら、作
業場や戸外で厳密に監督された小班編成のもとに作業させるというものであ
った。悪風感染は残ったものの、精神異常をきたす者は大幅に減少した。オ
ーバン制は、フィラデルフィア監獄協会のライバルであったボストン監獄規
律協会（Boston Prison Discipline Society）に支持された。

　以上の 2 つの制度の支持者の間で論争が起こり、アメリカ合衆国では多く
の州がオーバン制を採用した。その理由は、受刑者の作業として手仕事より
集団作業の方が収益性が高いという、経済的なものとされている。

　（3）　累進処遇の発達

　（**a**）　マコノキーの点数制

　累進処遇は、まず、イギリスの流刑地であったオーストラリアにおいて発
案されたものであるが、1840 年に、オーストラリアのシドニーの北東に位
置するノーフォーク島においてマコノキー（A. Maconochie 1787-1860）が、進
級方法として点数制を案出することによって進展した。マコノキーは、自由
刑の目的を、贖罪応報だけでなく、誠実で、有用で、信頼に値いする構成員
として社会に復帰することを受刑者に準備させる点にも求め、そのために、
次のようなシステムを小冊子にまとめ、1838 年に出版し提案する。その提
案は、英国政府の注目するところとなり、それまで海軍予備役軍人でロンド

ン大学の地理学教授という、監獄と無関係な職業についていたマコノキー
を、新設のノーフォーク島・流刑地の典獄に任命する。彼の提案が実際に試
みられることになったのである。これが累進処遇の実質的始まりである。

　マコノキーの点数制は次のようなものである。

　第1に、自由刑は、一定の確定期間として宣告されるのではなく、その性
質と量が明示されたなすべき労働として宣告される。その労働量は一定の点
数に数字化される。

　第2に、日々の労働の結果一定の点数が集まると処遇が段階的にゆるやか
となり、最後には釈放される。

　第3に、受刑者は、食物・衣類を無償で与えられるのではなく、労働の代
価として受けとる。労働で支払えなかった分は、借りとして記入される。

　第4に、受刑者は、与えられた点数をためる代りに、日常品の購入や、よ
りぜいたくな食事にあてることもできる。

　最後に、この点数制は、あらゆる不品行により減点されることにより、規
律の手段ともなる。

　より具体的にいえば、受刑者は、標準的な労働に従事することにより、1
日10点を得る。給食は、3段階に分かれ、最も粗末なものは3点、その次
は4点、最もぜいたくなものは5点を要する。重労働や超過労働には点数が
加算されるので、粗食に甘んずれば1日に8点や10点の割合で点数をため
ることも可能ということになる。

　マコノキーは、1840年3月から1844年2月までノーフォーク島でそのシ
ステムを、多くの中傷にもかかわらず実践し、大きな成功をおさめる。彼の
在任中に釈放された受刑者1,450名中、再犯者は3％に満たなかったと伝え
られている。この点数制の成功は、累進処遇という技術のみならず、その根
底にある、受刑者は見せしめのための存在ではなく、社会に復帰することが
期待される人間であるという哲学によるものでもあったといえるだろう。

　（**b**）　アイルランド累進処遇制

　オーストラリアでの累進処遇の成功に影響され、アイルランドの監獄局長
クロフトン卿（Sir Walter Frederick Crofton 1815-1897）は、1856年からアイル
ランドの各地の刑務所にアイルランド制と称せられる1種の新しい累進制度

を導入しはじめる。この制度は、刑期3年以上の受刑者にのみ適用され、次のような4段階から成り立っている。

第1段階は、独居拘禁で、その期間は8ないし9カ月で受刑者の行状によって決められる。最初の3カ月は、減食のうえ何の労働にも従事させない。3カ月たつとどんな受刑者でも何かしたいという気になるので、そこで充分な食事を与え、独房において簡単な仕事に従事させる。

第2段階に進級すると、他の受刑者と集団作業をするために、特別な監獄に収容される。ここではマコノキーの点数制が適用される。定められた点数をためると、次の第3段階へ進級する。

第3段階は、中間段階と呼ばれ、クロフトンのアイルランド制において最も注目された部分である。ここでは、受刑者は完全開放施設へ移される。この処遇の目的は、受刑者に社会復帰の準備をさせることと、近く出所する受刑者が社会に充分適応できることを社会に納得させることであったといわれる。たとえば、ダブリン郊外のラスクの施設は、約1メートルの土手で囲まれた敷地に、50名ずつ収容される2棟の小屋があり、その小屋は、一部に看守の仮眠用の仕切り間があるほかは、残りは受刑者の寝室兼居間として使用されていた。その他、作業場、炊事場と事務室からなる建物および数戸の看守用宿舎があった。開放施設にもかかわらず逃走する者はほとんどいなかった。この中間段階におかれた1,000名中、逃走したのはわずか2名といわれている。

最後の第4段階は、仮釈放であるが、その際、仮釈放受刑者の職場を出来る限り確保しようとした点が特徴的であるとされる。そのため専任の職員をおいて、雇用主を確保する努力を熱心に行なった。

（c） エルマイラ制

マコノキーの点数制、アイルランド制の成功は世界的に注目され、アメリカ合衆国において、両者と不定期刑を統合したエルマイラ制が確立した。エルマイラの名はその制度が1877年に最初に導入されたエルマイラ矯正院に由来している。

エルマイラ制は、①これまで刑務所収容の経験のない16歳から30歳の青少年を対象とすること、②不定期刑を受けた者を収容すること、③点数制に

基づく累進処遇を行うこと、④受刑者賃金制が導入されたことに特徴がある
とされる。

　そこでの累進処遇はつぎのようなものであった。第 1 級から第 3 級に至る
3 段階が設けられ、新入受刑者はこれを第 2 級に編入し、その者の作業、教
育、行状につき毎月各 3 点以下の点数を採点し、もし、54 点を得たときは、
これを第 1 級に進級させる。従って、毎月最高点を得た者は 6 ケ月で進級で
きることになる。第 1 級で 54 点を得た者には仮釈放が許される。仮釈放後、
6 ケ月の試験期間中条件違反がなければ残余の刑が免除される。第 3 級は不
良級であって、第 2 級受刑者の中の不良者が落ちてくる。このようにして、
級別が決められ、各階級によってその処遇を異にし、上級者ほど自由が与え
られるというものである。

　以上が、第二次大戦直前までの自由刑の展開である。アメリカは、この方
向が 1960 年代まで続く。他方、ヨーロッパでは全体主義の苦い経験から、
新社会防衛論に基づき自由刑の目的を社会復帰に置こうとする改革が行われ
る。その内容は、第 2 講「刑事政策の歴史」の項で述べている。

○コラム20　エルマイラ矯正院と留岡幸助の家庭学校

留岡幸助（1864～1934）

　わが国では以前から、留岡幸助
の家庭学校がアメリカのエルマイ
ラ矯正院の模倣であるといわれる
ことがある。古くは、戦前に、坪
井直彦が「[川越] 分監の懲治教育
は最も新しい試みであるとかで境
遇転換、個性啓発などと云うて牧
師留岡幸助氏などの注入せるアメ
リカのエルマイラ感化監獄の処遇
を模倣したもので [ある。]」（刑政
第50巻第 6 号1937年（昭12）80頁）
と書いている。最近では、重松一
義教授が「留岡幸助は、悲惨な少年囚の身上を知ることにより単身渡米、エ
ルマイラ少年感化監獄などの実情を学び、1899年（明治32）巣鴨に家庭学校

を創設した」と述べている（図説　世界監獄史事典　柏書房　2005年　231頁）。

　しかし、留岡幸助の家庭学校は、開放型の夫婦小舎制を本質とするものであり、エルマイラ矯正院の組織とはまったく別物である。エルマイラ矯正院は、①これまで刑務所収容の経験のない16歳から30歳の青少年を対象とすること、②不定期刑を受けた者を収容すること、③点数制に基づく累進処遇をおこなうこと、④受刑者賃金制が導入されたことに特徴がある施設で、その後のアメリカの成人の刑務所のモデルとなったものである。

　留岡幸助の1894年―1896年と1903年―1904年の二度の渡米は、アメリカの少年裁判所運動の隆盛期と重なっているが、彼が影響を受け、着想を得たのはエルマイラ矯正院の制度ではなく、1854年から始まり、1929年まで続いた、主に西部開拓農家への委託（チャールズ・ブレイスが中心となって創設された児童援助協会が進めた。15万人以上の要保護少年が委託されたといわれている。同協会は、児童移送 placing out と名付けていたが、19世紀末からは外部から孤児列車運動と呼ばれていた。）の精神がそのひとつではないかと筆者は考えている。西部開拓農家の体現する像は、農作業に従事する強い父親と家庭を守るやさしい母親像であり、家庭学校のイメージとぴったり重なる。留岡幸助が孤児列車運動に着目していたことについては、二井仁美「留岡幸助による欧米感化教育情報の収集」日本の教育史学47巻88頁以下、とくに96頁参照。

　ただし、留岡幸助の家庭学校、そして、その伝統を受継ぐ夫婦小舎制の児童自立支援施設は、ブレイスの児童移送運動と大きく異なる面があることに注意しなけばならない。それは、前者が実の親、とくに母親とのつながりを重視し、少年の育て直しの不可欠の要素としているのに対し、後者は、実の親との関係を断つことを前提とし、列車に乗る少年に実の親兄弟姉妹に関する情報を持たせなかった点である。児童移送運動は、1929年に終わるが、これは、児童援助協会が1890年代より本格的に進め出した実の親家庭への支援への移行の帰結であった。河本かおり、「『孤児』列車運動の開始、発展、止揚」大阪市立大学法学研究科修士論文・2015年［修論／0252 大阪市立大学学術情報センター］。

2　わが国の自由刑の現在

1　刑務所の過剰収容の問題

　本講の冒頭に述べたように、刑務所、とくに女子刑務所の過剰収容の問題は現在もなお続いており、様々な問題をひき起こしている。その解決はなお、緊急の課題である。

2　刑事収容施設法と更生保護法の制定

　これも冒頭にも述べたように、最近、旧来の監獄法が廃止され、それに刑事施設収容法が替わり、2007 年 6 月 1 日から正式施行されている。新法の制定直前の監獄法は、刑務所行政の根拠法令としての意義は弱く、多数の訓令・通達によって実際は規制されていた。1980 年代初頭より監獄法の現代化がはかられ、1982 年、87 年、99 年に刑事施設法案が国会に上程されたが、未決勾留者（被疑者・被告人）の勾留施設として従来の代用監獄（警察の留置場）の利用を残していたため、その存続は冤罪の温床を残すものであるとして強い反対があり、いずれも廃案となった。しかし、2006 年未決勾留者にかかわる部分も含めて（この部分は従来の構造を基本的に維持して）新法が制定され、2007 年 6 月 1 日から施行されている。新法の柱として、①行刑行政の透明性の確保、②被収容者の権利・義務、職員の権限の明確化、③受刑者に対する矯正処遇の充実、④被収容者の生活水準の保障、⑤外部交通の拡充、⑥不服申立制度の整備があげられている。その実効性については、後に検討する。

　また、従来の犯罪者予防更生法と執行猶予者保護観察法を統合した更生保護法が 2007 年 6 月 8 日に成立し、翌年 6 月 15 日から施行された。自由刑にかかわる範囲では、同法は刑務所を仮出所または満期出所した元受刑者の順調な社会復帰を図ることを主な目的として、仮出所者に対する監督権限を強化するとともに、社会復帰のための環境調整の強化を図っている。

3 現在の問題

懲役を廃止し、拘禁刑に統一すべきであるという単一刑の主張、不定期刑・短期刑の弊害の是正の主張は、海外において強い。日本においても主張されているが、それほど強力ではない。それは、次のような事情があると思われる。

単一刑の主張は、受刑者の尊厳が前提になっているが、犯罪者を同じ人間として、その尊厳を認めることを、残念ながら未だ日本国民の大多数は認めていない。

絶対的不定期刑は存在しない。

短期刑の弊害は、重大な問題とは認識されていない。軽微な犯罪が確定しても未決勾留日数が刑期に参入されて即釈放になることにより弊害は大きくなるが、日本では未決勾留日数の参入は裁判所の裁量に属しているので、有罪・即釈放はまれである。また、罰金刑・執行猶予も活用されている。

現在の問題は、以下の事柄であると思われる。

(1) 過剰収容

法務省も認めていることで、被収容者の生活水準を下げ、ストレスを上昇させ、新法のうたう矯正処遇を困難にしている。対処の方法としては、一方で、被収容者数を減らす方法がある。仮釈放の活用による減員、犯罪に対する法定刑として定められている懲役・禁錮の上限を思い切って下げる立法の制定（従来の量刑が法定刑の下限に集中していたのがそうでなくなっている裁判実務があるから）が考えられる。他方で、被収容者定員を増やす方法がある。具体的には、刑務所の増設ということになる。現在の政府は後者を採用している。

(2) 自由剥奪以外の自由の制限が多すぎること

刑務所への収容という自由剥奪以外の自由の制限が多すぎる。ほとんどの被収容者は懲役受刑者であり、刑務作業に従事しなければならず、怠業は懲罰の対象である。移動の際は隊列を組んで行進しなければならない。24 時間監視下に置かれている。

(3) 矯正処遇の不十分性

従来は分類処遇制度によって行われていた。2006 年から施行された新し

い処遇法は、「分類」という用語を追放し、処遇の個別化の原則をうたっている（84条、103条、104条）。改善更生の意欲を喚起し、社会生活に適応する能力の育成を図る目的で、各個の受刑者について計画的な個別処遇を行うとされる。個別処遇は、まず、調査センターでの処遇調査によりまず、受刑者の属性および犯罪傾向の進度を調べ、集団に編成して行うために適切なタイプの収容刑務所に送られる。刑務所内では、個別処遇は、個別の処遇要領を定めること（刑事施設及び被収容者の処遇に関する規則43条）と、従来の累進処遇に替わる、一定の期間ごとの受刑態度の評価に応じた優遇措置・制限措置を講ずることで行われることになっている（同規則53条）。しかし、矯正処遇を実施するに必要な職員数、専門職員は十分でないのが現状である。

(4) 被収容者の保健衛生および医療の不十分性

新法（刑事収容施設法）は、「身体、着衣及び所持品並びに居室その他日常的に使用する場所」を清潔に保つこと（58条）、「刑事施設における収容の開始後速やかに、及び毎年1回以上定期的に」健康診断を受けること（61条）を義務づけている。多くの施設には簡単な手術もできる設備がある。また、医療刑務所も存在している。しかし、必要なときに適切な治療が受けられないという声は、多くの元被収容者が証言している。医師、看護師など専門職員の十分な配置と、時宜を失わない適切な治療ができるような医師による診断機会の保障が必要であろう。

(5) 受刑者の不服申し立ての制度がなお不十分であること

新法により、刑事施設関係者以外の、弁護士会推薦の弁護士や地元医師会推薦の弁護士、地元自治体関係者も委員に含まれる刑事施設視察委員会が全国の刑事施設（刑務所・少年刑務所・拘置所）に設置された。同委員会に被収容者は面会できるが、一般的な問題を提起できるだけで、個々の不服を申し立てることはできない。新法により、監獄法で定められていた情願の制度が廃止され、新たに不服申し立ての制度が設けられた。新しい制度は、①審査の申請（受刑者に対する所長の措置に不服がある場合）、②事実の申告（職員から違法な有形力の行使または拘束を受けた場合など）、③苦情の申出（自分の受けた処遇の全般について法務大臣、監査官、所長に対して行う）の3種類に分けられる。このような整備は評価できるが、しかし、いずれも職員を通して行

わなければならず、中立的な第三者機関に申し立てられるようにしなければ
実効性に乏しい。

(6) 刑務所を出所した後のケアの不十分性

出所後の身元引受人のない者のうち、再犯の可能性の少ない者は、各地の
更生保護施設に入所し、3ヶ月は無料で食事と居室が提供され、その期間に
職に就き、自立の資金をためることができるが、入所できる人はごく一部で
あり、更生保護施設に入所できなかった残りには最近まで、何の公的援助も
なかった。持病があって生活保護などの公的扶助の網にかかればいいが、そ
うでなければ、野垂れ死にするか、再犯をして刑務所に戻るしかなかった。
2007年に施行された更生保護法も、出所者の社会復帰支援策が充分に盛り
込まれず、満期釈放者等に対する更生緊急保護について「……効率化に努め
て、その期間の短縮と費用の節約を図らなければならない」(85条5項)と、
逆に消極姿勢を示している。

ここ数年、満期釈放者の割合が50%超で推移し、そのうち出所の際に適
当な帰住先を持たない人、出所の際に帰住先を明らかにしない人等、適切な
帰住先がないまま釈放となっている人が多く、さらに、刑務所への再入者に
おける無職者の割合が高い。また、高齢者の仮釈放率は、出所受刑者全体と
比べて低く、高齢者に帰住先のない人が多いことがうかがえる。刑務所出所
者等の再犯については、仕事や住居や相談相手がない状況で引き起こされて
いるケースが多く、刑務所出所者等の仕事や住居等の生活基盤を整えて円滑
な社会生活への移行を促進することが社会復帰への鍵となる。

ただし、近時、この方向への政府の施策の転換の兆しが見られる。法務省
内部の「更生保護のあり方を考える有識者会議」の2006年の提言を嚆矢と
して、2012年(平成24年)7月の犯罪対策閣僚会議決定として出された「犯
罪防止に向けた総合対策」と、同じく、2014年(平成26年)12月16日に犯
罪対策閣僚会議決定として出された「宣言:犯罪に戻らない・戻さない～立
ち直りをみんなで支える明るい社会へ～」、は明確に、刑務所出所者の排除
によってではなく、「居場所」と「出番」を確保することを通した出所者の
社会への包摂によって、再犯を防止することをうたっている。この転換が定
着し、拡大することが必要であろう。

(7)　刑務所職員の権利と専門性が不十分であること

（a）　警備・保安や生活指導を職務とする職員が大多数で、医療・衛生・人格調査・職業教育指導・教科教育指導その他被収容者の処遇に関する専門的知識及び技能を持った職員が不足している。

（b）　2003 年 9 月 19 日の日弁連の「刑務所職員と刑務所新設に関する日弁連の提言」は、刑務官の団結権が法律上否定されているのが問題であると指摘している。団結権＝労働組合結成権を認めるべきである。職員の基本権が認められないと、受刑者を人間のくずと見る職員もなくならず、2001 年に名古屋刑務所で起こった刑務官による受刑者放水死事件のような事件もなくならないというのである。傾聴に値する指摘であると思う。

○コラム21　自由刑は失敗しているのか、成功しているのか。

わが国の刑務所に入所してきた者の約半数が再入受刑者である。たとえば2014年には、2 万1,866人の新受刑者（自由刑が裁判所で確定して入所してきた者）がいたが、そのうち、初めて刑務所に入所する人は40.7％で、再入者は59.3％である。この傾向は毎年のことである。刑務所を出所した者の半数以上が罪を犯して、刑務所に戻っているのである。2006年に従来の監獄法に代わって刑事収容施設法が施行されたが、そこで明文で強調されているのが受刑者の更生・社会復帰である。新法成立以前も処遇の目標とされていたことである。自由刑による受刑者の更生・社会復帰は成功してきたとはいえず、それが新法の制定の立法目的であった。しかし、フランスの思想家フーコーによれば、受刑者の更生・社会復帰の目標は、最近強調されてきたものではなく、近代的な刑務所が19世紀初頭に成立して以来、常に強調されてきたことであって、常に更生・社会復帰のための処遇改革が行われ、しかしことごとく失敗してきた。しかし、彼によれば、国家権力はその「失敗」によって実は成功しているという。受刑者の主な供給源である貧困層は、最も国家権力に対して批判的であるが、刑務所の「失敗」は、彼らが更生・社会復帰処遇を受けても効果のないことを示し、彼らが社会の中でどうしようもない存在、その主張に民衆が耳を傾ける必要のない存在であることを「証明」している。その意味で成功しているのだと。この強烈な皮肉は、ヨーロッパ各国の処遇改革に大きな影響を与えている。ミシェル・フーコー著・田村俶

訳「監獄の誕生」新潮社1977年　270頁以下。

参考文献

・小澤政治『行刑の近代化－刑事施設と受刑者処遇の変遷』（2014 年、日本評論社）

・ジョン・ハワード／川北稔・森本真理訳『十八世紀ヨーロッパ監獄事情』（1994 年、
　岩波文庫）

・トーステン・エリクソン／犯罪行動研究会訳『犯罪者処遇の改革者たち』（1980 年、
　大成出版社）

・ミシェル・フーコー／田村俶訳『監獄の誕生』（1977 年、新潮社）

・各年版『犯罪白書』（法務省・法務総合研究所）

（つねみつ・とおる）

第10講◆財 産 刑

キーワード

罰金、略式手続、労役場留置、法人処罰、不法収益の剥奪

1 財産刑とは何か

1 財産刑の種類

財産刑とは、犯罪者から金銭などの財産的利益を剥奪することで、犯罪を処理し、市民に法秩序を守らせることを目的とする刑罰である。古くは、加害者が被害者に支払う賠償金制度（贖罪金）から出発し、国家が加害者に対してこれを強制したものが、国家による制裁として国家への贖罪金の納付を命じる刑罰に発展したのである。財産刑には、一定の額を定めて言い渡す「罰金刑」と家屋敷などの資産を奪ってしまう「没収刑」とが存在し、封建制の時代にあっては、没収刑が財産刑の中心であった。近代市民社会が市民の経済活動によって誕生すると、私有財産の絶対不可侵の強調とともに資産に対する没収刑は後退し、法を犯した者に対して定額の財産刑、すなわち罰金刑が多用されるようになったのである。

現行刑法では、財産刑には、主刑としての罰金（刑15条）および科料（刑17条）と、付加刑としての没収（刑19条）および追徴（刑19条の2）とがある。罰金は1万円以上、科料は1,000円以上1万円未満の財産刑である。罰金の上限は原則としてはないが、刑法典では個々の各本条においてその法定刑として規定されている。最も高い上限は長らく250万円であったが（刑175条、198条など）、平成23年の刑法一部改正により、500万円となった（刑96条の5）。また特別法犯、とくに経済犯罪関連の法規においてその取締りの実効性を高めるため、法人に対して高額の上限（5億円以下）を定めているものもある（独禁95条1号、（旧）証取207条1号）。

2 罰 金

罰金は、刑法上では禁錮に次いで重い刑罰であるが、一定の自由刑よりも
法的非難は弱い（刑9条、10条）。罰金を科す場合でも、ほとんどの法定刑
は、「拘禁刑または罰金」という形の選択刑の規定形式をとっており、裁判
官は、行為者の責任が重くこれに対する非難が強い場合には拘禁刑を、比較
的弱い場合には罰金を選択することになる。平成18年の刑法一部改正は、
窃盗罪の法定刑を「10年以下の拘禁刑又は50万円以下の罰金」とし、罪状
の軽い場合には罰金を選択できるようにした（刑235条）。

しかし、より重い法的非難の可能性を残すため、拘禁刑に罰金を併科する
形式をとる法令もある。経済犯罪や租税犯罪など一定の行政目的を阻害する
犯罪の規制に多く見られるが、最近は、子どもの福祉を害する犯罪に対する
特別法にも併科規定が見受けられる（児童買春・ポルノ5条）。また刑法典上
においても、わいせつ物頒布罪（刑175条）などのほか、盗品の運搬や保管、
有償の譲受けについて、窃盗罪よりも重い「10年以下の拘禁刑及び50万円
以下の罰金」という法定刑がおかれている（刑256条2項）。併科して重く非
難するのは、たとえば、その後の窃盗を助長する行為を抑制せんとする刑事
政策的な配慮からのことであろう。

3 没 収

没収は、ある犯罪に対して拘禁刑などの主刑が言渡されるとき、付随的に
科される付加刑である。多くは任意的科刑であるが、贈収賄罪における賄賂
のように、一部に必要的没収もある（刑197条の5）。追徴は、没収対象とな
るものの全部または一部が没収できないときに、その価額を徴収するもので
ある。この没収・追徴は、犯罪によって得られた不法な利益を国庫に帰属さ
せることにより、「犯罪は得にはならない」ことを明示している。つまり没
収・追徴は、法的非難としての刑罰であることに違いはない。ただし、実質
的には、将来の犯罪への関与を予防するためという目的も兼ね備えており、
没収は「対物的保安処分」としての性格をあわせもっている。

刑法19条は、任意的没収の対象として、次の6種をあげている。

① 偽造通貨行使のように、犯罪行為を組成したもの（組成物件）

②　殺人に用いられたナイフのように、犯罪行為に使用されたもの（供用物件）

③　賭博により得た金銭のように、犯罪行為から取得したもの（取得物件）

④　文書偽造における偽造文書のように、犯罪によって作り出されたもの（生成物件）

⑤　殺人の依頼を受けたものがその報酬として得た金銭（報酬物件）

⑥　賄賂の品物を第三者に売り払って得た対価（対価物件）

2　財産刑の現状

1　財産刑の言渡し状況

　令和3年の全事件裁判確定人員は、総数21万3,315人であるが、このうち罰金が16万5,276人（77.5％）である（科料は、1,390人にすぎない）。これによると、罰金がいかに国家刑罰権の行使として活用されているか、明らかである。裁判所の役割も、数量としてみれば、罰金を言い渡す機関のように見える（表5-1、5-2参照）。もっとも、罰金刑の多くは、第一審の簡易裁判所の略式手続で言い渡されるのであり、簡易裁判所の通常手続と地方裁判所の言渡し人員を合わせても罰金刑全体の1％にも満たない。罰金刑は、国家にとって手軽で、事務処理の簡略な略式手続という方法で処理され、国民にとっても簡便な手続ゆえに、違反行為の清算として身近な存在になっているもののように思われる。

　この略式手続とは、簡易裁判所が検察官の請求によって「100万円以下の罰金又は科料」を法定刑とする犯罪について、公判前に略式命令を言い渡すものである（刑訴461条）。この手続には被疑者の同意が前提であり（刑訴461条の2）、また略式命令の内容に異議がある場合に、被疑者は14日以内に当該略式命令を発した裁判所に対し正式裁判を求めることができる（刑訴465条）。しかし、実際に正式裁判を求めるケースは少数である。略式手続による罰金刑は、道交法違反事件でそのほとんどを占めていることからも理解できるように、時間もかからず、手続も簡便で、被疑者の都合にもかなっているからであろう。

表 10-1　令和 3 年における略式手続による罰金刑の言渡し人員数

罪　　　名	総　数	罰							科料
		100万円	100万円未満	50万円未満	30万円未満	20万円未満	10万円未満	5万円未満	
総　　　　　　数	166,459	287	14,104	41,977	17,704	20,330	56,001	14,796	1,260
過 失 運 転 致 死 傷 等	34,816	85	6,482	12,819	6,899	8,514	8	9	…
道 　交 　違 　反	95,977	7	4,156	16,885	1,872	2,737	55,465	14,699	156
公 務 執 行 妨 害	485	—	26	322	117	19	1	—	…
窃 　　　　　　盗	5,201	—	471	2,019	2,486	220	3	2	…
そ　　の　　他	29,980	195	2,969	9,932	6,330	8,840	524	86	1,104

注 1　司法統計年報による。
　 2　「過失運転致死傷等」は、自動車運転死傷処罰法 4 条並びに 6 条 3 項及び 4 項に規定する罪を除く。

出典：令和 4 年版犯罪白書 44 頁

　罰金額については、こうした軽微な交通事犯への適用という事情もあり、
「50 万円未満」の額が多くを占める（表 10-1 参照）。また通常手続において
も、令和 3 年に簡易裁判所で罰金の言渡しをうけた者 589 人のうち、「50 万
円以上」は 68 人にすぎない。罰金の価額は総じて低く、「10 万円から 30 万
円」の罰金で半分ほどになっている（令和 3 年の司法統計年報（刑事編）52
頁）。それでも地方裁判所にあっては、「50 万円以上」の額の罰金は、言渡
人員 1,858 人のうち 334 人に科せられている。ただし、この中には 174 の法
人による税法違反や廃棄物処理法違反が含まれていることに注意したい。法
人には概して高額の罰金が言渡されている（以上は令和 3 年の司法統計年報
（刑事編）48 頁からの数字による）。

　拘禁刑と同様に、50 万円以下の罰金刑には、執行猶予が可能である（刑
25 条 1 項）。しかし、実際に罰金刑に執行猶予が付加されるケースは稀であ
る。罰金の徴収事務は検察庁法 32 条にもとづく「徴収事務規程」（法務省訓
令）に定められている。全額を納めることができない場合には、一部納付の
申し出（分納）を認める手続（16 条）や、納付延期の申し出（延納）を認め
る手続（17 条）、いわゆる分納・延納制度が準備されている。

2　労役場留置

　罰金または科料を完納することができない場合には、あらかじめ判決において付記された日数の労役場留置の措置を受けることになる（刑18条）。たとえば、実際の判決では「被告人を罰金○○円に処する。ただし、右罰金を完納することができないときは、金○○円を1日に換算した期間、被告人を労役場に留置する」というふうに言渡される。1日あたりの金額は、5,000円程度をもって当てられるが、実際の就労額に呼応するものではない。労役場留置は、実際、刑務所に収容して、拘禁刑受刑者と同様に作業を義務づけるものである。したがって罰金を納付できない者に対しては、拘禁刑への換刑措置が行われることを意味する。罰金の場合は、1日以上2年以下の期間内で（同条1項）、科料の場合は、1日以上30日以下の期間内で（同条2項）労役場に留置される。罰金を併科した場合、あるいは罰金と科料が併科される場合には、この期間は3年まで延ばすことができる（同条3項）。ただし、罰金を言渡された者が少年である場合にはこの換刑措置は行われない（少54条）。

　「労役場留置者」の数は、かつてはさほどの数字ではなかったが（平成3年の1日平均収容者は86人）、平成21年には1,176人に増大した。もっとも、このうちの30％ほどは、すでに収容されている懲役等受刑者に対して「労役場留置」の執行がなされたものである。これはいわゆる資格移動であり、受刑者にもともと支払意思が乏しく、労役場留置を懲役の服役期間の延長と考えて支払を逃れようとする者が比較的多いことを示している。令和3年には、582人にまで減少した（上記の数字は各年の矯正統計年報による）。

3　財産刑の刑事政策的意義と課題

1　財産刑の利点

　こうした罰金に代表される財産刑には、どのような意義があり、またどのような問題があるだろうか。まず利点として、以下のようなことが考えられる。

　①　国民の自由を奪わなくても、財産刑は法益侵害に対する制裁（法的非

難）として一定の機能を果たすことができる。とくに短い期間の自由剥
奪（短期自由刑）に見られる弊害の大きさ（たとえば、施設内への収容が
社会との絆を断ち切るだけでなく、「刑務所帰り」などのラベリングを招く）
に照らしてみると、罰金等はこれを回避することができ、犯罪者の社会
復帰を容易にする。

② 略式手続に象徴されるように、制裁処理にいたる時間が短くてすむ。

③ 執行手続が簡便である。他の刑罰に比べても執行コストは安い。

④ 罰金等は国庫に収納され、国の予算に組み込まれる。

⑤ 罰金等は犯行の内容や犯罪者の行状、資力などに応じて弾力的な対応
が可能である。

⑥ 金銭的な利得を目的とした経済犯罪などに対して、収益を相殺する罰
金等は効果的である。とくに、法人に対しての罰金は相当に重く受け止
められ、抑止効果も期待できる。

⑦ もし誤判であった場合に、他の刑罰に比べて回復可能性は高い。

2 財産刑の問題点

これに対して、財産刑には以下のような問題点があげられよう。

① 罰金刑等は、規範意識の鈍磨した者には制裁としての意味合いが弱い。

② 略式手続による執行は、犯罪抑止力を低下させ、刑罰の感銘力を損わ
せる。

③ 利得犯罪のように、あらかじめ罰金額を想定したうえでの違反行為に
対しては、罰金刑等は抑止力をもたない。

④ 罰金刑等は、一身専属的な刑罰ではなく、第三者が罰金を納付するこ
となどによって、刑罰による痛みが薄まることもある。

⑤ 罰金刑等は、ときに刑罰の不公平感を招く。

とくにこの罰金刑等の不公平感は、前述の「労役場留置」に関連して生じ
てくる。30万円の罰金であっても納付の難しい者もいれば、簡単に納付し
てしまう者もいる。納付できなければ、労役場留置という形で自らの自由を
引き換えにしなければならないのであるから、不公平感が残る。「金持ちは
罰金をポケットから支払い、貧乏人は自由を切り売りする」とよく揶揄され

るところである。「刑務所帰り」というレッテルを避けるという罰金刑の長
所は金持ちには言えても、金のない者にとっては、結局、このレッテルを避
けられずに社会復帰の困難なまま、犯罪を重ねてしまうこともある。

　それでは経済力のある犯罪者には、多額の罰金を科し、そうでない犯罪者
には少額の罰金を言渡せばよいのか、ということになるが、それは責任主義
の観点から認められない。なぜなら、故意であれ過失であれ、行った犯罪行
為の重さに応じて責任が求められ、その法的非難として罰金額が、法定刑の
枠内で定められるからである。行為者責任ではなく行為責任の考え方に立つ
以上、犯罪者の経済力は非難の対象にならないのである。

4　財産刑の改革

1　日数罰金制

　罰金刑の不公平さを解決するための方法として主にヨーロッパで制度化さ
れ、運用されているのが日数罰金制である。この制度は、罰金を日数でもっ
て言渡すもので、1日分の額については行為者の資力を考慮して判断する。
責任主義の要請は、行為者の行為に対する責任評価としての日数でもってこ
れに応え、経済的能力の差は1日分の額という評価でもって対応すること
で、その両者を調和し、財産刑に内在する不公平感を解決するものである。

　この制度は、スウェーデンのテュレーン（Thyren）によって考案され、ま
ずフィンランドで導入されたのちスウェーデン、デンマーク、ドイツ、オー
ストリー、フランスなどにおいて導入されている。このうちドイツの日数罰
金制は、1975年に施行された。言渡される日数は、原則として5日以上360
日以下である（ドイツ刑法40条1項）。1日分の額は、裁判所が行為者の人的
かつ経済的事情を勘案してこれを決定するが、その決定に際しては、原則と
して、行為者が平均して1日に得る実収入または得べかりし収入を基礎とす
るものである。また1日の価額は、最低1ユーロ、最高3万ユーロとされて
いる（同法40条2項）。この制度は、ドイツにあっては比較的円滑に今日ま
で運用されているようである。

　わが国も、刑法改正作業の中で、日数罰金制の導入について検討された

が、現行制度とかなりかけ離れた制度であって、分納や延納などの現行の実務措置でも対応しきれていること、行為者の経済力に関する調査は完璧を期すことが難しいことを理由に採用されるまでには至らなかった。このほか、日数罰金制への疑問として、①行為者の経済力調査が現実的に可能か、あるいは個人のプライヴァシーを否定することにならないか、②１日額と日数とを乗じた罰金額が高額になるおそれはないか、③その結果、納付ができない行為者に自由刑への代替措置を講じることになれば、罰金刑の自由刑化といわれる事態を招くことになるのではないか、④そもそも「○○日の罰金」という宣告は、自由刑の言渡しと同類ではないか、などと言われている。日数罰金制を導入しても、不支払者に対する労役場留置はなくならないので、むしろもっと合理的に労役場留置の換刑処分化が正当化される懸念も生じよう。ドイツでも、罰金の納付が難しい場合の代替自由刑が用意されている（同法 43 条）。

2 労役場留置の見直し

　わが国において財産刑の当面の課題は、労役場留置という制度の見直しである。貧富の差が罰金刑によって助長されるような制度は、不合理というべきである。労役場留置に替わる制度を検討すべきである。ノルウェーやスイスなどで実施されている「自由労働による償却」制度やイギリスをはじめとする英語圏あるいは他の欧州諸国におけるコミュニティ・サービス・オーダー（社会奉仕命令）も、身柄の拘束をうけないという意味で検討すべき案ではあるが、社会的に受け入れられるだけの受け皿と土壌があるか否か、これも慎重な検討が必要であろう。

　現行の制度の中で疑問なのは、罰金に対する執行猶予がほとんど活用されていないことである。少額の罰金が多いのであるから、執行猶予を活用することで改善更生への意欲を引き起こさせ、労役場に留置することなく社会復帰の道をあゆみやすくする手立てを講じてもよいように思われる。

　罰金額の法定刑は、社会経済の推移とともにつねに見直しが必要である。かつては罰金等臨時措置法でもって、刑法典上の価額を読み替えしていたこともあるが、平成 3 年の同法改正および刑法一部改正により、刑法各本条に

上限の定額が明記されることになった。消費者物価の変動にしたがって、随時、この定額は書き換えられてゆかねばならない。

　他方、平成18年に罰金刑の拡大に関する刑法等の一部改正が行われた。かねてより議論のあったところであるが、①窃盗（235条）、公務執行妨害罪（95条1項）について罰金刑を選択刑として導入し（ともに50万円以下）、②業務上過失致死傷罪の罰金額の上限を50万円から100万円に引き上げ（刑211条1項）、③「略式命令」によって科しうる罰金の上限を50万円から100万円に引き上げた（刑訴461条）。

○コラム22　罰金刑の価額の見直しと適用範囲の拡大

　罰金刑の価額の見直しは、戦後、罰金等臨時措置法（昭和23年12月18日法律251号）によって行われた。それは、明治期に記載された刑法典上の価額（法定刑）について経済事情を反映して、原則的に当時の法定刑の多額に50を倍するという手法により、法定刑としての罰金額を読み替えるものであった。その後、経済的変動に対応して昭和47年に改正されたが（4倍）、平成3年の罰金等臨時措置法および刑法の改正により、さらにそれまでの2.5倍に引き上げられた罰金額が、刑法典上に記載されるに至った。

　この平成3年の改正時に、衆参両議院における附帯決議のひとつに「罰金が選択刑として定められていない財産犯や公務執行妨害罪等についても罰金の導入を検討すること」があげられていた。法制審議会刑事法部会「財産刑検討小委員会」は「財産刑をめぐる基本問題について」と題する報告書をまとめ（平成5年）、多くの重要問題とともに、財産犯や公務執行妨害罪等についても罰金刑の適用について検討を行ったが統一的な見解をまとめるにはいたらなかった（賛否両説の併記）。

　しかし、罰金刑の適用範囲の拡大は、平成16年の刑法一部改正（法定刑の引き上げ）の附帯決議を受けて再燃し、平成17年10月、法制審議会への諮問第75号により、改めて検討されることになった。平成18年2月、これに対する答申がなされ、本文のように、公務執行妨害罪の法定刑に「50万円以下」の罰金、窃盗罪の法定刑に「50万円以下」の罰金をそれぞれ選択刑に加えるなどの刑法一部改正（平成18年5月8日法律36号）が行われたのである。

---

5 法人および組織犯罪の処罰

1 法 人 処 罰

　罰金刑の長所を生かしてよくその機能を発揮させうるのが、法人に対して科される罰金である。とくに経済犯罪の抑止と処理に関して、もっとも効果的な刑罰であるといえる。法人処罰の根拠は、いわゆる両罰規定にある。行政的取締りを目的とした法規に違反した企業の従業員が、当該違反行為について処罰されることはいうまでもないが、法人としての企業も法令を順守しない従業員の監督を怠ったという意味で、違反従業員ともども処罰される規定が両罰規定である（法人処罰については、第 15 講 (6) 財政経済犯罪も参照せよ）。すなわち、両罰規定とは、一般に「法人の代表者又は法人若しくは人の代理人、使用人その他の従業者が、その法人又は人の業務に関して前○○条の罪を犯したときは、行為者を罰するほか、その法人又は人に対しても各本条の罰金を科する」という形式でもって法人への処罰規定をおくものをいう（たとえば道交 123 条）。

　ただし、科刑の限度は、行為者に適用される罰則の上限である。問題は、大きな収益をあげている企業の犯罪に対しては、抑止効果と適切な処理が期待できないことである。これは、法人処罰が、行為者個人に対する責任の限度の縛りと連動していることから生じる問題である。とりわけ経済犯罪の領域においては、この罰則の連動は不適切である。こうした問題意識は、バブル経済がはじけた平成期に入ると切実なものとなり、平成 3 年の証券取引法の改正によって、違反従業員の罰金上限額と法人の上限額との連動が切り離され、違反従業員個人には 300 万円であるが、法人に対しては 3 億円の罰金を科すことを可能にした。証券取引法は、平成 18 年の改正により、「金融商品取引法」に名称変更されたが、有価証券届出書類等の虚偽記載について、違反従業員は「10 年以下の懲役若しくは 1,000 万円以下の罰金又はこれを併科する」（同法 197 条 1 項）のに対して、法人に対しては「7 億円以下の罰金」（同法 207 条 1 項 1 号）とされている。

　同様に、平成 4 年に独占禁止法が、平成 5 年に不正競争防止法が、法人の側に 1 億円以上の罰金を科す道を開いており、その後の改正によって上限額は、それぞれ 5 億円（独禁 95 条 1 項 1 号）、10 億円（不正競争 22 条 1 項）になっている。

2　組織犯罪の処罰

　いわゆる組織犯罪対策としても、不法収益収奪やマネーロンダリング規制と並んで、罰金刑は有用な働きをしている。組織犯罪への対策の鍵は「人・金・物」の取締りにある。「金」に対する規制が強化されれば、組織の活動を維持してゆくことも不可能になることから、罰金刑の活用も対策の一側面を担っている。たとえば組織的犯罪処罰法は、不法収益等による法人等の事業経営の支配を目的とする行為に対して、5 年以下の懲役と並んで 1,000 万円以下の罰金を選択的にではあるが併科する余地を与えている（同法 9 条 1 項）。また麻薬特例法には、業として行う麻薬等の不法輸入に対して「5 年以下の懲役及び 1,000 万円以下の罰金」（同法 5 条）という併科規定がおかれているほか、組織を処罰する両罰規定が見られる（同法 15 条）。

　犯罪組織がよりどころにする「金」に対する規制としてもっとも効果的な措置は不法収益の剥奪である。しかもこの措置は没収・追徴規定を独立に起動させることにより、その目的をかなり実現している。これに比べて、罰金刑の効果は微少かもしれないが、これを側面から援護するものとしての役割は果たしていると思われる。

○コラム23 「没収と没取・科料と過料・追徴と追徴金」

　「没収と没取」　没収は、本文中に説明したとおり刑罰であるが、没取は、身柄を保釈されて「保釈保証金」を預けた被告人が逃走することにより、その「保釈保証金」の所有権を奪う制度である（刑訴96条 2 項）。また家庭裁判所が少年に対して一定の決定を行う際して「刑罰法令に触れる行為を組成したもの」などを奪う手続きも「没取」と表示される（少24条の 2）。

　「科料と過料」　科料は、最も低い刑罰（1,000円以上 1 万円未満の財産刑）であるが、過料は、行政上の目的を遂行するために行政権限の行使とし

て認められた「行政罰」であり、刑事制裁としての「刑罰」ではない。たとえば、戸籍法では、子の出生に際して、その父母等が出生届を14日以内に提出すべき義務を課しているほか（同法49条）、同居の親族が死亡した際にもその親族等が死亡届を 7 日以内に提出すべき義務を課しているが（同法86条）、これらを正当な理由なく怠ると 3 万円の過料に処せられる。

　「**追徴と追徴金**」　追徴は、没収という刑罰を担保するための 2 次的刑罰であって、没収対象物の全部または一部を没収できない場合に残金あるいは相当価額を納付させる制度である（刑19条の 2 ）。没収とともに付加刑が原則であるが、特別規定がおかれることで独立して必要的に没収・追徴がなされる例もある（刑197条の 5 ）。これに対して、追徴金は、租税法に見られるように、所定の税金を納付しないことによって課される行政上の措置である。課徴金ともいわれる。

参考文献

・永田憲史『財産的刑事制裁の研究——主に罰金刑と被害弁償命令に焦点を当てて——』（2013 年、関西大学出版部）
・上野正雄「罰金刑の合理化」法律論叢 81 巻 4 = 5 号 35 頁以下（2009 年）
・久木元　伸「罰金刑の新設等のための刑事法の整備についての法制審議会答申」警察学論集 59 巻 3 号 148 頁以下（2006 年）
・川本哲郎「罰金刑の執行について」犯罪と非行 143 号 113 頁以下（2005 年）
・吉岡一男「財産刑の量刑」『松岡正章先生古稀祝賀・量刑法の総合的検討』113 頁以下（2005 年、成文堂）
・浅田和茂「財産刑の改正について」『森下忠先生古稀祝賀下巻・変動期の刑事政策』665 頁以下（1995 年、成文堂）
・井田　良「ドイツにおける日数罰金制」『森下忠先生古稀祝賀下巻・変動期の刑事政策』703 頁以下（1995 年、成文堂）

（あべ・てつお）

第11講 ◆ 保安処分をめぐる問題

キーワード

精神保健福祉法と心神喪失者医療観察法、刑法改正論議と保安処分

　保安処分とは、広義には、犯罪行為から社会を保護するために行われる一切の国家的強制処分である。しかし、近年わが国では、その内の、対人的治療・監護処分を中心に激しく議論されてきた。その際、精神医療における長期の強制入院の正当化根拠は、ポリス・パワーかパレンス・パトリエか、すなわち、社会防衛か患者本人の保護・治療か、という問題は、保安処分を考える上で基本的な論点のひとつである。

　激しい反対運動にもかかわらず、2003 年 7 月 16 日、「心神喪失等の状態で重大な他害行為を行った者の医療及び観察等に関する法律」（以下、心神喪失者等医療観察法と略称）が制定され、2005 年 7 月 16 日に施行されたが、反対派の論拠の一つが、精神医療におけるある程度長期の強制入院の正当化根拠は、パレンス・パトリエ、すなわち、患者本人の保護・治療しかありえないというものであった。ところで、この問題の立て方は、精神病者への社会の対応の歴史的発展を示している。中世の後期以前は明らかでないが、中世の後期から精神病者は社会からの隔離、閉じ込めの対象となった。当時のヨーロッパの施療院は、何の医療もせず閉じ込めておくだけであったし、わが国の座敷牢（江戸時代）や私宅監置（明治以降）もあからさまな閉じ込めの制度であって、すべて社会防衛でしか正当化できないものであった。近代になって、精神病院での「治療」が始まるが、それは、精神病院内での自由行動を許す（それも原則としてであり、保護室への拘束も時としてある）ものの、治療の目標は、医師に患者が従順に従う関係を作り出し、病院内で平穏に過ごさせることでしかなかった。本来の治療の目的に社会復帰を含んでいなければならないとしたら、治療の名に値しないものであった。1960 年代からの向精神薬の開発と開放治療の展開によって、ようやく精神医療におけるあ

る程度長期の強制入院の正当化根拠がパレンス・パトリエすなわち、患者本人の保護・治療しかありえないと主張することが可能になったのである。以下では、広義の保安処分について検討する。

1 保安処分の意義と歴史

1 保安処分の意義

　保安処分とは、犯罪行為から社会を保護するために行われる一切の国家的強制処分であると定義することができる。

　この定義よりするならば、保安処分は、有史以来、ほとんどの社会に存在する普遍的な制度であるようにみえる。けだし、古くよりほとんどの社会は、犯罪から社会を防衛するために何らかの強制措置をとってきたからである。しかしながら、保安処分の概念が実質的に登場したのは 19 世紀末から 20 世紀にかけて、それもドイツ・イタリア・フランスなどの大陸ヨーロッパにおいてのみであった。これは、18 世紀から 19 世紀にかけて、責任原則および犯罪と刑罰との均衡原則に基づく近代的な刑罰制度が成立したことと結びついている。すなわち、近代的な刑罰制度にあっては、いくら将来重大な犯罪を行う可能性があるようにみえても、責任無能力者であれば刑罰は科されないし、軽微な犯罪しか行っていなければ重い刑罰を科すことができない。保安処分の概念は、このような近代的刑罰制度の制約を前にして、刑罰のみでは社会を犯罪から保護することができないと考える人々によって生み出されたのである。したがって、保安処分概念は、近代的刑罰制度を生み出した社会（大陸ヨーロッパ諸国）およびそれを継受した社会（日本など）にのみ存在し、責任原則の確立していない英米には存在しない概念である。

　それ故、保安処分は近代的刑罰と対概念を成しているのであり、その根拠・目的・内容を刑罰と対比することは、保安処分の理解に役立つ。まず、正当化根拠に関していえば、刑罰のそれが責任非難であるのに対し、保安処分のそれは、処分対象の有する危険性からの社会防衛である。ついで、刑罰の目的が贖罪・応報、一般予防、そして再犯の防止と、多面的であるのに対し、保安処分の目的は、犯罪者の危険性の除去にある。さらに、刑罰が苦痛

の側面を本質的にもっているのに対し、保安処分にあっては、苦痛は必然的ではなく、危険性の除去に付随しうる不快さを甘受する必要があるのみである。

2 保安処分の史的展開

保安処分の名称は、スイスの刑法学者シュトースが19世紀末に考案したものであるといわれているが、保安処分の考え方それ自体は、それ以前の19世紀後半から、イタリア実証学派により提唱されている。保安処分の史的展開は、次の3段階に区分することができる。

(1) イタリア実証学派の保安処分一元論

現代の保安処分をめぐる議論の直接的淵源は、19世紀後半のロンブローゾ・ガロファロ・フェッリらのイタリア実証学派に求めることができる。彼らは、近代的刑罰制度［彼らは、当時の制度とそれを支える主たる理論を古典学派の理論および絶対的応報学派の理論と呼んだ］を批判し、社会的危険性に応じた刑事処分体系に置き換えることを提唱した。

彼らによれば、近代的刑罰制度は次のような欠陥をもっている。第1に、刑罰を科す根拠が意思自由に基づく道義的責任に求められているが、意思自由は現代の生理学・心理学と両立しない、相容れない幻想に過ぎない。人間の行動もすべて自然法則の支配下にあるからである。第2に、刑罰の重さが犯罪の重大性に比例しなければならないとされている、すなわち罪刑比例原則に基づかなければならないとされているが、犯罪の重大性の基準はあいまいである。さらに、この罪刑比例原則は、先の意思自由に基づく道義的責任とともに、個人を保護しようとするあまり、刑法を弱め、社会の犯罪からの保護を不十分にしている。第3に、これまで刑罰の機能として重視されてきた応報と一般予防は、刑法の機能として中心的に追求すべきものではないし、とくに一般予防は刑罰の第二次的機能でしかない。けだし、大多数の犯罪者は、生来の性質により罪を犯すのであって、犯罪の帰結＝刑罰を計算して行動することができない存在であるからである。

そこで、従来の刑罰制度を保安処分に置き換えることを実証学派は主張する。もっとも、彼らは新たな制度を保安処分とは呼ばず、従来の「刑罰」の

語をそのまま用いたり（ロンブローゾ）、「刑事処分」の語を用いたり（ガロ
ファロ）、「防衛処分」（フェッリ）と呼んだりしているが、その内容は、近代
的刑罰制度に代わる、社会的危険性に応じた刑事処分体系を構成する保安処
分である。その出発点は、①人間の行為を含むすべての事象は因果法則に支
配されているとする決定論、②社会環境より生物的因子を重視する犯罪原因
論、③個人の権利に対する社会の利益の優越の思想である。そこから、ま
ず、保安処分の果たすべき最も重要な機能は、犯罪者の改善・除去を内容と
する特別予防であることが導かれる。また、保安処分の正当化根拠は、「人
間は、社会において生活しているが故に、またその限りでのみ、彼の実行し
たすべての不法行為につき常に責任がある。」（フェッリ）という社会的責任
に求められる。そして、個々のケースに適用される保安処分の選択は、対象
の危険性の種類と程度を基準として行われる。ただし、その際、その前に反
社会的行為を前提としない予防措置がイタリア実証学派、とくにフェッリの
犯罪対策の重要な柱をなしていることは、注目すべきである。すなわち、反
社会的行為を前提としない予防措置として、貧困をなくすこと、自由貿易、
独占の廃止、労働者のための安価な住宅、公衆のための貯蓄銀行、産児制
限、結婚および離婚の自由、聖職者の結婚の許容、捨て子収容施設の確立、
公衆の娯楽のための設備などの犯罪原因に働きかけるものや、武器製造に対
する国家統制、夜間照明の増設および警官のパトロールの強化などの犯罪の
着手を妨げるものの整備を重視する。この反社会的行為を前提としない予防
措置の重要性は、イタリア実証学派の他の主張に反対する人々からも賛同を
得た。反社会的行為を前提として、次のように保安処分を選択する。①反社
会的行為が行為者の社会的危険性を示さない場合、損害賠償のみが課され
る。②反対に、反社会的行為が行為者の社会的危険性を示し、しかし、その
危険性が矯正可能なものである場合、行為者の年齢や危険性の種類に応じ、
刑務所・農業作業場・医療施設に期限を定めず送致し、社会にとって危険で
なくなったと判断されるまで矯正が加えられる。③最後に、矯正不能の社会
的危険性をもつ者に対しては、肉体的精神的に衰弱し、社会にとってもはや
危険でなくなるまで閉鎖施設に隔離し続ける（フェッリ）か、端的に死刑に
処す（ロンブローゾ・ガロファロ）とする。

(2)　刑罰と保安処分の二元主義の主張と保安処分の立法化

　この保安処分一元論に対し、当時の刑法学者の多くは、それに従わず、保安処分が責任原則に反するとして刑罰のみの一元主義に立つか、刑罰と保安処分の二元主義に与し、後者が優勢であった。ところで、この後者の二元主義の正当化に関し、19世紀末以来、相異なる2つの立場があることに留意しなければならない。

　その第1は、意思自由を肯定する立場からのものである。行為が自由意思にもとづく場合、道義的責任が問われ、刑罰が科されるのは当然であるが、精神障害などにより意思自由にもとづく行為と認められない場合にも、行為者に将来違法行為を行う危険性があれば社会的責任（人間は、社会において生活しているが故に、またその限りでのみ、彼の実行したすべての不法行為につき常に責任がある）を根拠に、保安処分を課すことが可能とするものである。

　その第2は、意思自由を否定する決定論の立場からのものである。主に、フランス社会環境学派が主張した。同学派は、同じく決定論に立ちながらも、生物的因子よりも社会環境を重視する犯罪原因論をとり、それと関連して刑罰の一般威嚇効を重視する点でイタリア実証学派と異なる。同学派のタルドやサレイユらは、刑罰と保安処分の二元制度こそ社会を犯罪から保護するのに適しているとする。すなわち、人が犯罪者になるのは、「意思的な選択」の結果であるが、その「意思的な選択」自体、自然法則に従っているのであって、自由意思によるものではない。しかし、その意思過程へ刑罰でもって働きかけることにより、換言すれば、犯罪行為を公に非難し［この「非難」は意思自由を前提にしないから非難の擬制でしかない］、犯罪行動様式の模倣意欲をなくすことにより、犯罪を予防できると考えるのである。したがって、責任非難により一般予防と再犯防止が期待できる行為に対しては、責任ありとして刑罰が科され、精神障害者の行為のように一般の模倣が予想されない行為に対しては、行為者に社会的危険がある場合にのみ、保安処分が課せられることになる。

　いずれにせよ、19世紀末から20世紀前半においては、刑罰と保安処分の二元主義の主張が刑法学者において優勢であり、各国の刑法改正作業も大勢はこの方向で進められることになる。まず、スイスの刑法学者シュトース

は、1893 年にスイス刑法予備草案を作成し、そこにおいて、定期の刑罰と
不定期の保安処分を規定した。彼の提案する保安処分には、①責任無能力
者・限定責任能力者に対する監置・治療処分、②累犯者に対する監置処分、
③労働嫌忌者に対する労働施設収容処分、④アルコール依存症犯罪者に対す
る飲酒者療養施設収容処分と酒店立入禁止処分などがある。このシュトース
草案は、その後の各国の改正作業に大きな影響を与えた。イタリア（1930
年）、デンマーク（1930 年）、ドイツ（1933 年）、スイス（1937 年）など、20
世紀前半に、多くの国が従来の刑罰とならんで保安処分を導入したのであ
る。

　以上のように、立法作業への影響という点では、一元主義より二元主義の
方が大きかったのであるが、20 世紀前半には、保安処分に一元化した刑法
典も誕生した。1926 年のソビエト・ロシア共和国刑法典と 1929 年のメキシ
コ刑法典である。しかし、それらの一元主義はいずれも短命に終った。1934
年にソビエト・ロシアにおいて刑罰概念が復活し、1931 年には 1929 年メキ
シコ刑法典が一元主義を否定する新たな刑法典に取って代わられたのであ
る。

(3)　新しい社会防衛の思想の台頭による刑罰と保安処分の接近

　第 3 段階は、第 2 次大戦後現在までの時期であり、第 2 段階に引き続き、
二元主義の優位がその基調であるが、保安処分濫用への批判と、刑罰と保安
処分の接近の 2 点において前段階と異なる。その背景には、従来の社会防衛
の考え方から新しい社会防衛の考え方への転換がある。それは、とくに西ヨ
ーロッパにおいて自覚的に行われた。新しい社会防衛の第一次的目標は、社
会を犯罪者から守ることではなく、犯罪者を社会から、彼を無視し、拒否す
る社会から守ることであるとする。すなわち、犯罪者の社会復帰を実現する
ことこそ社会防衛の目標であり、それを実現することにより、社会は副次的
に犯罪から防衛されるにすぎないと主張するのである（**1954 年採択の国際社
会防衛学会の最小限綱領**）。新しい社会防衛の考え方の具体化として次のこと
があげられる。

　まず、世界的な動きとして、第 2 次大戦までの保安処分の、とくに自由剥
奪的保安処分の濫用への批判がある。批判では、とりわけ、多重累犯者への

保安処分の非人道性と非有効性の指摘、労働嫌忌者への労働施設収容処分につき労働嫌忌を保安処分理由とすること自体への疑問提起が重要である。たとえば、フランスにおける多重累犯者に対する植民地流刑の制度は、実質的には保安処分であったが、戦後、国内で施行されるようになり、1970年に刑事後見とその名称を変え、1981年に廃止された。西ドイツ（当時）でも、1969年の改正により、累犯者に対する保安処分の要件が厳格化され、また、労働嫌忌者に対する労働施設収容処分が廃止された。保安処分の限界が理解されつつあるのである。その結果、精神障害者に対する保安処分が中心的地位を占めるようになる。そして、西ヨーロッパの新社会防衛論に主導された国々では、そこでの触法精神障害者への保安処分の正当化根拠も、従来の、犯罪からの社会防衛の必要性、すなわちいわゆるポリス・パワー思想（これは「人間は、社会において生活しているが故に、またその限りでのみ、彼の実行したすべての不法行為につき常に責任がある」というイタリア実証学派の「社会的責任」の考え方である）ではなく、治療による社会復帰を目標とすることになる。そして、2008年までフランスでは、いかなる治療が適切かを判断できるのは、裁判所ではなく医師であるとして、精神障害者に対する保安処分を設けず、医師の判断のみによる行政的措置入院一本であった（井上宜裕「保安監置及び精神障害を理由とする刑事無答責の宣告に関する2008年2月25日の法律（Lois no 2008-17について）」法政研究77巻4号831頁）。わが国も2005年7月までは、精神障害者に対する保安処分は存在しなかった。

　一方、刑罰制度も、第2次大戦後、その目的の中心に犯罪者の社会復帰を置くことが世界的すう勢となってきている。これは、刑罰目的の中心を特別予防＝社会復帰に置こうとするものであり、その点で特別予防をその目的とする保安処分に接近しつつあるといえる。また、刑罰が本質的にもっている受刑者への苦痛的側面をできるかぎり縮小してゆこうとする動きもみられる。たとえば、刑罰制度の中心にある自由刑のもつ苦痛は、身柄の拘束で充分であるという運動（自由刑の純化の運動）である。

2 保安処分の一般的構造

1 保安処分の種類

わが国の現行法制下の保安処分の種類ではなく、一般的にみた場合の種類は、実に多様であり、次のように分類することができる。

まず、冒頭に述べたように、保安処分は、最広義には、犯罪行為から社会を保護するために行われる一切の国家的強制処分であると定義することができる。この最広義の保安処分は、社会防衛の側面をもちながらも本質的には少年の健全な育成を目的とする福祉的処分である保護処分と、その他の処分に分類しうる。後者、すなわち最広義の保安処分から保護処分を除いたものが広義の保安処分と呼ばれる。

次に、広義の保安処分は、処分対象により、対物的保安処分と対人的保安処分に分類しうる。後者の対人的保安処分が、狭義の保安処分と呼ばれる。

最後に、対人的保安処分は、処分の形態により、身体的保安処分、自由制限をともなう保安処分、そして自由剥奪をともなう保安処分をさすことが多い。

以下では、先の分類における広義の保安処分につき、より詳しく検討することにする。

(1) 対物的保安処分

これには、没収、営業所・事業所の閉鎖、法人の解散などがある。

(a) 没 収

没収は、立法としては、保安処分としてより、刑罰として規定されていることが多い。しかし、立法形式はどうあれ、その所持・使用が犯罪を誘発するような物の没収は、実質的に保安処分の面をもっている。たとえば、武器・使用禁止の漁猟具、覚醒剤の没収がそうである。

(b) 営業所・事業所の閉鎖

営利売春あるいは麻薬の密売に使用され、今後も使用される危険のあるホテルの閉鎖処分などがこれにあたる。諸外国にはその例があるが、わが国にはこの種の保安処分は存在しない。ただ、行政処分として、公安委員会によ

る暴力団事務所の使用制限命令がある。

（c） 法人の解散

犯罪を行うことを目的として設立されたか、あるいは活動している法人を解散させる処分などがこれにあたる。わが国では、宗教法人法81条によりオウム真理教の解散命令が裁判所によってなされた例がある（東京地裁決定・平成7年10月30日、東京高裁決定・平成7年12月9日、最高裁決定・平成8年1月30日民集50巻1号119頁。昭和27年（1952年）7月21日に制定された破壊活動防止法7条も、将来繰り返し暴力主義的破壊活動を行うおそれがあると認められる場合には、行政処分としてではあるが、団体自体の解散を命じうるとしている。もっとも、これまで適用された例はない。オウム真理教で問題になったが、公安審査委員会は、その解散請求に対して、同教団が継続反復して将来さらに破壊活動を行う危険までは認められないとして、1997年（平成9年）2月に請求を棄却する決定を下している。

（2） **対人的保安処分**

（a） 身体的保安処分

身体的保安処分とは、身体に何らかの侵襲を加えることにより、行為者の危険性を除去しようとする処分である。生命剥奪、断種などがある。

（i） 生命剥奪処分

現行法に保安処分を導入している国であっても、そのほとんどが刑罰との二元主義を採用しているので、生命剥奪の刑事処分は、存置されているとしても、刑罰として規定されているのが普通である。しかし、イタリア実証学派（ただし、フェッリを除く）の保安処分一元論にあっては、矯正不能な犯罪人から最も確実に社会を防衛する手段として重視されていた。もっとも、第二次大戦後、犯罪者の社会復帰を実現することこそ社会防衛の目標であるとする、新社会防衛論が刑事政策の支配的基調となった西ヨーロッパにおいては、この処分はない。

（ii） 断　　種

犯罪傾向は遺伝するという考え方を基礎に、特定の凶悪犯罪者に断種手術を施すことにより、将来の犯罪者の発生を防止しようとする処分である。ナチス時代のドイツにおいて広範囲に用いられた。1934年だけで56000人以

上の犯罪者・アルコール中毒者・精神障害者に断種手術が実施されたといわれる。しかし、現在のドイツにおける凶悪犯罪者の発生率が他の諸国より低くはないという事実に端的に示されているように、犯罪傾向が遺伝するとの理論に科学的根拠がきわめて乏しいこと、また、その処分の非人道性などの問題がある。わが国も、優生保護法には、それが母体保護法に取って代わられるまで、顕著な犯罪傾向を理由に強制的断種を許す規定（同法 4 条および別表 3）があった。

（b）　自由制限をともなう保安処分

これには、以下のものがある。

（i）　国 外 追 放

特定の犯罪を犯し、その国にとって危険とみなされる外国人に対しなされる。

（ii）　保護観察（前述のように少年に対するそれは含まれない）・監視付き自由・行状監督

名称は様々であるが—わが国は保護観察の名称を採用し、成人に対し、保護観察付き執行猶予として存在している—、いずれも違反には施設収容を命じるという心理強制をともなった様々な条件（たとえば、薬物依存治療や職業訓練をうけること）を、対象者に課し、よって、社会復帰と再犯防止を実現しようとするものである。

（iii）　居 住 制 限

一定の地域・場所への立入りを禁止する処分である。

（iv）　職 業 禁 止

対象者の危険性に応じ、従事すれば犯罪行為を惹起しやすい職業活動を禁止するものである。

（v）　運転免許の停止・取消

酩酊運転や交通事故をひきおこし、車の運転に必要な身体的適性または知識を有していないと認められた者に課される。

（c）　自由剥奪をともなう保安処分

最狭義の保安処分である自由剥奪をともなう保安処分には次のような種類がある。

（i） 労 作 処 分

労働忌避者、浮浪者、乞食、売春婦などを労働作業所に収容し、労働作業を強制することにより、勤労と健全な市民生活の習慣を身につけさせることを目的とする処分である。16 世紀末に設置されたアムステルダム懲治場や、わが国に 18 世紀末に設けられた人足寄場への収容がこの労作処分的性格を有していることから明らかなように、労作処分は、自由剥奪をともなう保安処分のなかでも、最も古くから存在するもののひとつである。しかし、その非有効性、および、近時の道徳価値の多様化にともなうこの種の処分の必要性への疑問などから、現在ではほとんど用いられていない。

（ii） 保 安 拘 禁

危険な常習的犯罪者を拘禁することにより、社会を保護しようとする処分である。労作処分に次いで古く、18 世紀ごろから存在し、19 世紀後半から 20 世紀前半には、海外植民地のある国では植民地流刑という形をとって、保安処分の中核を占めていた。しかし、常習的犯罪者の危険性の認定基準の不明確性や、不定期の拘禁の非人道性から、近時は、その使用が激減している。

（iii） 禁 絶 処 分

アルコール、麻薬、覚醒剤その他の薬物に対する習癖をもつ者に対し、その習癖を除去し、社会復帰させることを目的とする施設収容処分である。現在、多くの国において、この禁絶処分は立法化されている。これは、禁絶処分が刑罰に代替するものとして制度化されることが一般的であること、および、薬物の禁断症状は比較的短期間におさまるものであるから人権侵害が小さいと考えられているという事情によるものであろう。もっとも、この種の習癖の除去は、施設収容によっては一時的なものにとどまり、社会内での本人の自覚的・自立的努力と社会のサポートなしには実現することが困難であることが、各地のダルク等の活動によって、近時よく知られるようになった。

（iv） 治療・監護処分

精神障害により将来重大な触法行為を行うことが予測される者を施設に収容し、治療することにより、あるいは隔離することにより（すなわち監護）、

社会を保護しようとする処分である。

第 2 次大戦後、この治療・監護処分は、保安処分の中核となり、多くの国で導入されている。しかし、その正当性・有効性などにつき重大な疑問が提起されており、導入を自覚的に拒否している国もある。

　(v)　社会治療処分

これは、西ドイツ（当時）の 1969 年の第 2 次刑法改正法律により採用された処分である。主として、従来、刑罰あるいは保安拘禁の対象とされてきた重い人格障害をともなった累犯者を施設収容し、集団精神療法を中心とした社会治療を施すことにより社会復帰をめざすものである。もっとも西ドイツ（当時）の本規定は、この制度に費用がかかりすぎることなどを理由に、1984 年 12 月に削除された。

○コラム24　身体的保安処分と犯罪学

　身体に何らかの侵襲を加えることにより、行為者の危険性を除去しようとする処分を、身体的保安処分と呼ぶ。生命剥奪、断種などがある。生命剥奪は、ナチスドイツにおいて行われた。断種は、ナチスドイツだけでなく、多くの国において行われた。わが国も、優生保護法には、それが母体保護法に取って代わられるまで、顕著な犯罪傾向を理由に強制的断種を許す規定（同法 4 条および別表 3 ）があったことを忘れてはならない。

　この身体的保安処分に学問的根拠を与えた犯罪学が優生学的方法の犯罪学である。優生学とは、イギリスのゴルトン（1822-1911）によって提唱されたもので、人間の能力は遺伝により生まれつき決まっており、そのことを前提にして人種や民族の改善を図る方策を研究しようとする学問である。具体的には、そのような犯罪学の理論として、イギリスの刑務所受刑者の詳細な研究を通して、犯罪が親から子へ遺伝することを主張したゴーリングのそれや、双生児の研究により犯罪遺伝子の存在が立証されたと考えたドイツ犯罪生物学派がある。

2　刑罰と不定期の適用関係

保安処分一元主義ではなく、刑罰と保安処分の二元主義を採用した場合、

限定責任能力者に対する刑罰と保安処分の適用関係が問題になる。なぜなら、限定責任能力者は、その行為の責任が問われうるかぎりにおいて、保安処分の対象となりうるからである。ところで、両者の適用関係につき、次の3つの考え方が存在する。

(1) 併科主義

まず第1の考え方は、刑罰と保安処分の両方を科すというもので、併科主義と呼ばれる。執行の順序は、刑罰を先にするものと、保安処分を先にするものの2つの可能性があるが、ほとんどの立法例が刑罰先行型となっている。

併科主義は、二元主義の純粋な帰結であるが、①保安処分も人権侵害的側面をもつから、両者を執行することは、個人の人権侵害を著しくすることになる、②刑罰目的の中心に近時、社会復帰がおかれ、一方、保安処分にも副次的にしろ刑罰的な一般威嚇力のあることから、両者は機能的に競合する面をもち、両者を執行するのは無駄である、という批判が加えられる。そこで、それらの批判に応えて登場するのが、次の代替主義である。

(2) 代替主義

第2の考え方は、刑罰と保安処分の両方を言い渡すが、執行の段階で、刑罰と保安処分のいずれか一方を執行し、それによって不必要となった限度で、他方の執行を免除するというもので、代替主義と呼ばれる。代替主義をとる場合、いずれを先に執行するかが重要となるが、この考え方をとる立法の多くは、保安処分先執行型をとっている。

代替主義は、形式的に二元主義を維持しながら、実質的に一元主義に近づくものである。事実、保安処分を先に執行する場合、刑罰より保安処分の方が期間の長いことが多いので、現実に保安処分執行後、刑罰を執行することはほとんどなくなる。そうであるならば、言い渡しの段階から、刑罰か保安処分かを選択する方が事実に即しているのではないかという考え方が生まれる。これが第3の考え方である。

(3) 択一主義

第3の考え方は、言い渡しの段階で、刑罰か保安処分かのいずれかを選択し、いずれか一方を選択した以上、他方は執行しないというもので、択一主

義と呼ばれる。理論的には、刑罰と保安処分のいずれも他方に代替しうるが、実際には、保安処分が選択され、刑罰に代替する方式が一般的である。

　択一主義は、代替主義より一層実質的に保安処分一元主義に近づいているものといえるであろう。

3　わが国における保安処分

　現在のわが国における保安処分の議論は、最狭義の保安処分である自由剥奪をともなう保安処分を対象としている。ここでも最狭義の保安処分に限定して検討を加える。

　この意味における保安処分として現行法に規定されているのは、売春防止法 17 条以下の補導処分と 2003 年 7 月 16 日に成立した心神喪失者等医療観察法の入院や通院による治療措置のみである。

　補導処分は、同法 5 条の客引勧誘等の行為の罪につき執行猶予付の拘禁刑の有罪判決をうけた成人の婦女子に対し、執行猶予に代えて、裁判所が言い渡すものである。「刑に代えて」ではなく、「執行猶予に代えて」となっているから、形式的には刑罰の執行形態であるが、実質的には労作処分に分類される保安処分である。補導期間は 6 ヶ月で、その間、婦人補導院において、生活指導・職業補導が行われる。ピーク時（1960 年）には年間の新収容者数が 400 名を超えたが、近年は 10 名を割っている（この数年では、2005 年に 1 名の入院があるのみである。）。

　2003 年まで、この補導処分を除いて、わが国の現行法制上、保安拘禁、禁絶処分、治療・看護処分、社会治療処分は存在しなかった。しかし、戦前からの刑法改正作業を経て、1972 年に発表された「改正刑法草案」には、治療・看護処分と禁絶処分が規定され、多くの議論を惹き起こした。また、2003 年 7 月 16 日には心神喪失者等医療観察法が成立した。同法は、治療を強調するが、紛れもない治療・看護処分を内容とする保安処分である。以下では、この改正刑法草案の保安処分規定に至る沿革とそれをめぐる論議、ならびにその延長線上に成立した心神喪失者等医療観察法につき、検討を加える。

1 沿　革

(1)　戦　前

　わが国において保安処分導入が刑法改正作業に登場してくるのは、大正
15 年（1926 年）の「刑法改正ノ綱領」からである。「綱領」は、保安処分と
して、労働嫌忌者、酒精中毒者、精神障礙者（せいしんしょうがいしゃ）に関
する規定を設けることを提案した。この「綱領」を受け、翌昭和 2 年（1927
年）に発表された「刑法改正予備草案」は、予防監置、酒癖矯正、労働留
置、予防拘禁の 4 種の保安処分を規定した。その後、10 数年にわたって継
続した刑法改正作業は、昭和 15 年（1940 年）に「改正刑法仮案」としてま
とめられた。「仮案」は、精神障礙者・瘖唖者に対する監護処分、酒精中毒
者に対する矯正処分、労働嫌忌者に対する労作処分とともに、常習犯罪者に
関して、常習累犯者に対する不定期刑と、釈放後再犯をなす危険のある者に
対する予防処分を規定している。これらのうち、予防処分は、翌昭和 16 年
（1941 年）の治安維持法の改正において予防拘禁として導入され、多くの
「思想犯」に適用された。

(2)　戦　後

　第 2 次大戦後、直後の司法改革により、治安維持法が廃止され、よって予
防拘禁も廃止された。一方で、刑法改正作業は再開され、昭和 36 年（1961
年）に、法務省内の刑法改正準備会が「改正刑法準備草案」を公表した。
「準備草案」は、戦前の「仮案」との連続性が指摘されている。保安処分に
関しても、労働嫌忌者に対する労作処分を削除したものの、精神障礙者・瘖
唖者に対する監護処分、酒精中毒者に対する矯正処分をそれぞれ精神障害者
に対する治療処分と酒癖薬物濫用者に対する禁絶処分という形で存続させ
た。常習犯罪者に関しても、仮案の予防処分は削除されたが、機能的に保安
処分に類似する常習累犯者に対する不定期刑を維持している。

　その後、この「準備草案」をもとに、法制審議会刑事法特別部会が審議を
開始し、昭和 49 年（1974 年）に、法制審議会総会において「改正刑法草案」
が決定された。「改正刑法草案」は、「準備草案」の治療処分、禁絶処分、お
よび常習累犯者に対する不定期刑をすべて維持した。

2　改正刑法草案の保安処分規定をめぐる論議

(1)　草案の保安処分規定の内容

(a)　治療処分

精神の障害により、行為の是非を弁別しまたはその弁別に従って行動する能力のない者または著しく低い者が、禁固［改正刑法草案では、禁錮ではなく禁固の用語が用いられている］以上の刑にあたる行為をした場合において、治療および監護を加えなければ将来再び禁固以上の刑にあたる行為をするおそれがあり、保安上必要があると認められるときに言い渡される処分である（改正刑法草案98条、以下草98条と表記。草案の他の条文も同様）。治療および監護のために必要な処置を行う（草99条）。期間は3年で、必要があれば2年毎に2回を限度として更新されるが、死刑、無期または短期2年以上の重大犯罪を犯すおそれの顕著な者については制限がない（草100条）。

(b)　禁絶処分

過度の飲酒または麻薬、覚醒剤その他の薬物の使用習癖のある者が、その習癖のため禁固以上の刑にあたる行為をした場合において、その習癖を除かなければ将来再び禁固以上の刑にあたる行為をするおそれがあり、保安上必要があると認められるときに言い渡される処分である（草101条）。やはり、保安施設に収容される（草102条）。期間は1年で、必要があれば2回に限り更新することができる（草103条）。

(c)　言渡手続

これらの保安処分は、有罪の裁判または無罪の裁判とともに言渡されるが、行為者に対して訴追がない場合でも、独立の手続で言渡すことができるものとされている（草97条2項）。

(d)　療護観察

期間中の仮退所者および期間経過後の退所者をさらに2年間の療護観察に付すことができる（草106条1項）。

(e)　刑罰と保安処分の適用関係

保安処分が有罪判決とともに言渡される場合の刑罰との適用関係につき、草案は、刑罰先執行型の併科主義を原則としている（草108条）。そして、例外的に、裁判所にその他の執行方法、すなわち保安処分の先執行、保安処

分による刑罰の代替などを行う裁量権を与えている（草108条但書、109条、110条）。

3　草案の保安処分規定に対する批判

　以上の保安処分規定のなかで中心的に論議されてきたのは、精神障害者に対する治療処分であった。ところで、わが国の現行法においては、精神障害「犯罪」者が責任能力なしとして刑罰を科されない場合、「精神保健及び精神障害者福祉に関する法律」（以下、精神保健福祉法と略す。）の措置入院が適用される可能性がある。すなわち、精神保健法によれば、精神障害者であり医療および保護のため入院させなければ自傷もしくは他害のおそれがあることを2人以上の精神鑑定医が一致して認めたとき、都道府県知事はその者を国または都道府県の指定した精神病院または指定病院に入院させることができるとされている（同法29条）。この措置入院の制度は、「本人の保護・治療」のための制度であって、再犯の危険性に対処するための、社会防衛のための制度ではないから、保安処分ではない。この制度に対してすら、適正手続、対象者の人権保障などの点で疑問が提起されてきた。

　さて、保安処分に対する批判は、「改正刑法草案」決定当時にはより治療的色彩の強い保安処分を主張する立場からのものが中心であったのに対し、昭和55年ごろを境に保安処分の新設自体を問題にする原則的批判が顕在化してくる。

(1)　「治療主義的」保安処分論からの批判

　改正刑法草案の審議の中で、後に草案として決定された内容のもの（A案と呼ばれる）に対し、B案と呼ばれる代案が提案された。B案の提案者は、A案を次の2点において批判した。①A案は、対象者を厚生省系統ではなく法務省系統の保安施設に収容することや、終身の収容を可能にするなど、治療より保安上の必要を重視している。しかし、治療・改善に重点をおかねばならない。②A案は、対象をとくに危険な精神障害者に限定しているが、治療処分は、従来責任ありとして刑罰が科されているいわゆる精神病質者をも対象にしなければならない。そして、彼らは、①厚生省（当時）系統の施設への収容を可能にすること、②非収容処分の追加、③期間の最大を7年に

限定すること、④いわゆる精神病質者をより広く治療処分の対象とすること
などを内容とする代案を提起したのである。

(2)　保安処分に対する原則的批判

　昭和55年（1980年）以降、精神科医療関係者の中からの批判を背景とし
て、「改正刑法草案」の保安処分のみならず、B案をも批判し、保安処分の
新設そのものをも疑問視する原則的批判が顕在化してくる。この立場は、
「改正刑法草案」の保安主義を批判し、治療主義を主張する点ではB案と共
通する。しかし、次の点でB案を批判する。①いくら治療主義を強調して
も、精神障害犯罪者の施設収容の判断を裁判所が行う限り、保安的観点が入
ることは否定できない。精神障害犯罪者の再犯防止は、治療を通じてのみ可
能になるのであり、保安的観点が治療と矛盾する以上、保安処分は否定され
なければならない。②B案は、いわゆる精神病質者にも治療処分を拡大す
ることを主張するが、同様の方向をねらった西ドイツ（当時）の社会治療処
分は、失敗に終わった。

　以上の批判からの帰結として、この第3の立場は、保安処分の新設に反対
し、現行の措置入院制度の充実・改善によって、治療を通して精神障害犯罪
者の再犯を防止することを主張した。そして、現行の措置入院制度において
特に問題となっている適正手続の保障のために、家庭裁判所によるその保
障、あるいは、裁判所とは別の何らかの「第三者機関」による事後審査を提
案した。さらに、いわゆる精神病質者を中心とする限定責任能力者に対して
は、刑罰の枠内で、医療刑務所の充実等により対処することを主張した。

4　心神喪失者等医療観察法の制定

　私立精神病院の団体である日本精神病院協会が1998年に厚生大臣に提出
した触法精神障害者に対する新たな対策を求める要望書を契機として、2003
年7月16日、「心神喪失等の状態で重大な他害行為を行った者の医療及び観
察等に関する法律」（以下、心神喪失者等医療観察法と略称）が制定され、
2005年7月16日に施行された。同法は、放火、強制わいせつ、強姦、殺
人・自殺関与、傷害、強盗、事後強盗、またはそれらの未遂を行った者が心
神喪失者として公訴を提起しない処分を受けたり無罪の確定判決を受けた場

合に、検察官が地方裁判所に審判を申し立て、裁判官1人と精神保健審判員（学識経験を有する医師の中から厚生労働大臣が任命する）1人の合議体の裁判所で入院や通院による治療を決定し、入院によらない治療を受ける者に対して保護観察所の精神保健観察に付する等の措置を定めている。

　同法は、最終的には対象となる人の社会復帰を促進することを目的とすると条文にうたっているが、1974年の刑法改正草案の保安処分規定の制定過程に現われ否決されたB案と呼ばれる保安処分代案の考え方に立っている。このことは、同法の制定過程において、先のB案を提案された平野龍一博士が同法案を全面的に支持されたことからも明らかである（「触法精神障害者の処遇」ジュリスト1233号102頁）。

　新しい社会防衛の考え方こそが日本でも自覚的に追求されなければならないとするならば、すなわち、犯罪者の社会復帰を実現することこそ社会防衛の目標であり、それを実現することにより、社会は副次的に犯罪から防衛されるにすぎないとするならば、心神喪失者等医療観察法の運用にあたっては、できる限りパレンス・パトリエの思想に立って、すなわち、患者本人の保護・治療に必要な場合・期間に限定することが必要である。また、同法の対象とならなかった触法精神障害者に対する、精神保健福祉法上の措置入院に関しても、患者本人の保護・治療に必要な場合・期間に限定することと適正手続の保障を追及しなければならないだろう。

○コラム25　触法心神喪失者と触法少年に対する社会的見方の差

　2003年制定の「心神喪失者等医療観察法」の国会審議での最大の修正点は、入退院の要件から「再犯のおそれ」を削除し、入院や治療の必要性に換えたことであった。この修正によって、同法の保安処分的性格は変わらないと思われる。「その必要性を判断する」とは、「再犯のおそれ」を判断することにほかならないからである。しかし、この修正は、触法精神障害者に対する社会の一種の寛容を示しているのではないか。それに対し、刑事責任年齢の制度や少年法は、被害者を犠牲にして加害少年を不当に保護するものとして、世間では評判が悪い。これは、普通の少年であれば11—12歳ごろになれば善悪の判断はでき、その行為に対し成人と同様の責任を問うべきであるとの考え方が強いからではないか。しかしそれは、明治13年の旧刑法の12歳以

上16歳未満の者は、犯行時に是非弁別力があったか否かで刑罰を科すかどう
かをきめる制度に逆戻りすることである。それが非人道的で、非科学的であ
ったから、現行刑法で廃止されたのである。この世間の見方と科学的知見を
如何に一致させるかが、実務家・研究者の課題であろう。

参考文献

・中山研一『心神喪失者等医療観察法案の国会審議─法務委員会の質疑の全容』（2005
年、成文堂）

・加藤久雄『人格障害犯罪者と社会治療』（2005 年、成文堂）

・町野朔編『精神医療と心神喪失者等医療観察法』〔ジュリスト増刊〕（2004 年）

・「特集・触法精神障害者問題の法的枠組み」法律時報 74 巻 2 号（2002 年）

・中山研一『刑法改正と保安処分』（1986 年、成文堂）

・「特集・保安処分の総合的検討」ジュリスト 772 号（1982 年）

・加藤久雄『治療・改善処分の研究』（1980 年、慶応通信）

・宮澤浩一＝中山研一＝西原春夫＝藤木英雄編『刑事政策講座 第 3 巻 保安処分』（1972
年、成文堂）年

（つねみつ・とおる）

第12講◆犯罪者の処遇

キーワード

医療モデル、公正モデル、国際準則、監獄法改正、
開放処遇、中間的処遇、外部通勤、刑事収容施設法

1 犯罪者処遇の意義

1 意義と目的

犯罪者の処遇は、近代社会の精神から生み出された「合理主義」と「人道
主義」の理念を具体的に実践するものである。受刑者を作業に従事させるこ
とは、その作業を通じた処遇が彼を改善更生させ、社会復帰させる道をひら
くものとなる。それは、その者の社会的再活用を果たすだけでなく、将来の
犯罪予防にも役立ちうるという意味をもつ。つまり、犯罪者を更生させるこ
とは、社会的にも「合理的」であり、また犯罪者にとっても、苦痛を与える
というだけの刑罰から解放され、社会的存在である人間として扱われるとい
う点で「人道的」である。

たしかに「行刑」が刑罰の執行である以上、これに市民的自由や権利の制
約が伴うことは当然である。一定の制裁として、不利益を科されることは刑
罰の本質でもある。古くは、刑罰といえば生命を奪うことを意味するか、あ
るいは獄舎につながれ隔離されることを意味していた。「過去に行われた犯
罪」に対する制裁として、たとえそれが苛酷であっても、正義にかなうもの
とされた時代もある。しかし今日、刑罰の目的には、刑罰を科すことによっ
て、「将来の犯罪を予防する」ことが加味されており、「行刑」がいわゆる
「教育刑」の内容をもつものとして構成されている。受刑者がふたたび罪を
犯さずに社会復帰の目的を達成できるよう、行刑施設の内外で、改善更生へ
の働きかけをすすめることこそが、犯罪者処遇の核心である。

2 医療モデル（medical model）から公正モデル（justice model）へ

したがって、受刑者をただ刑事施設に拘禁していればよいということではなく、改善更生へ向けた処遇が、必要になってくる。1960 年代の米国では、コストをかけた受刑者に対する改善更生プログラムが様々に展開されたものである。心理療法や行動療法、あるいは薬物治療といった様々なセラピーをもって、多くの治療者が、犯罪者処遇に積極的にかかわっていた。犯罪者の有している「負因」を取り除き、改善するプログラムに夢がもたれた時代といってもよい。それは「医療的処遇」を積極的に講じるもので、後に犯罪者処遇における「医療モデル」と称されるものであった。

しかし、コストをかけたわりに、受刑者の社会復帰がうまくゆかない状況が、次第に明らかにされてきた。1970 年代後半の米国では、「処遇悲観論」ともいうべき議論が沸き起こるようになる。社会復帰へ向けた積極的な処遇への懐疑が複数の論者によってもたらされたが、それは、マーチンソン（R. Martinson, What works? Questions and Answers about Prisons Reform, The Public Interest, vol.35, 1974 ; D. Lipton, R. Martinson, J. Wilks, The Effectiveness of Correctional Treatment, 1975）らが行った処遇効果に関する実証研究によって支えられていた。彼らは、過去の犯罪者処遇プログラムに関する 200 以上の研究を検証した結果、そのすべてに効果がない（nothing works）、と評したのである。処遇効果がないのであれば、受刑者の自由に対する必要以上の働きかけは、受刑者を不当に害するもので、その人権への抑制を正当化する根拠にはもはやなり得ない。過去の犯した犯罪に相応する「自由の制限」だけが許されるものとなる。いわゆる「公正モデル」の台頭である。

このように、米国では、（時代的に犯罪者処遇に過大なコストをかけること自体が認められなくなっていた状況が最も大きな要因と思われるが）処遇の「効率」ではなく「公正さ」が求められてゆくのである。その結果、処遇の現場で「不明瞭」かつ「恣意的」な運用を招き易い「不定期刑」や「パロール」の制度については消極視され、「医療モデル」の展開に積極的であったカリフォルニア州にあっても 1976 年「不定期刑」制度は廃止された。さらに、1975 年以降すでに各州で廃止されていた「パロール」制度についても、1984 年、連邦法は、「包括的犯罪統制法（Comprehensive Crime Control Act,

1984)」において、量刑ガイドラインを明確化するとともに、「パロール」制度を廃止するに至った。この 10 年の動きは、社会復帰へ向けた処遇思想の後退を象徴するものといえる。

　こうした動きは、受刑者の法的地位に関する議論を促進することに役立ったが、やがて犯罪不安が市民の間に高まると、受刑者の施設への封じ込め（無害化　incapacitation）を招き、受刑者人口はますます増加するものになった。それは、さらに 90 年代に登場してくる「三振法（Three Strikes Laws）」によって、常習累犯者の長期収容を可能にし、犯罪者の社会的隔離はいよいよ確実なものとなって行ったのである。

○コラム26　三　振　法

　90年代の米国において、犯罪者に厳しい政策（get-tough policy）が展開されたが、それは当時の米国政府のとった「民意を反映する」刑事政策論の一面であった。減少しない重大犯罪への市民の不安が増幅され、性犯罪者の情報開示を進める「メーガン法」や、死刑執行者数の増加もその現われと見て取れる。こうした状況下にあって、常習的犯罪者には、社会復帰の道を閉ざすという法律が各州で整備されてゆく。これは、過去に 2 回重罪を犯して有罪となった者が、3 回目に重罪を犯してしまった場合（3 回の空振りに相当する）、仮釈放を認めない長期の（終身に近い）拘禁刑を科す（アウトになる）という量刑法である。処遇思想が後退した米国において、市民が犯罪者に求めたものは、「無害化」であり、市民社会への復帰を認めない「隔離」であった。ワシントン州の「常習犯罪者責任法（Persistent Offender Accountability Act）」（1993年）では、過去重罪の有罪判決を 2 度受けた者が、殺人や暴行、児童に対する淫行など「極めて重大な犯罪」によって有罪判決を受ける場合に、仮釈放のない無期拘禁刑が言渡されるというものであり、1994年の連邦の「暴力犯罪統制および法執行法（Violent Crime Control and Law Enforcement Act of 1994）」においても導入されたものである。同年、カリフォルニア州では、25年間は仮釈放のない無期拘禁刑の言渡しを可能にしたほか、90年代後半までには多くの州が、期間や要件に差があるとはいえ、三振法を導入していった。（カリフォルニア州刑法1170・12条）

3 受刑者の法的地位

　米国で「処遇悲観論」と「公正モデル」が展開されていた時期、わが国においては、明治以来の監獄法を改正する論議が佳境を迎えていた。1976 年の法務大臣諮問に答える「監獄法改正の骨子となる要綱」（1980 年）では、①近代化、②国際化と並んで、③法律化が提示されている。これまでわが国の犯罪者処遇は、処遇にかかわる臨床的・実践的な視点を重視して、処遇担当者や施設管理者（所長）の権限を尊重してきたところであり、受刑者の地位や処遇に関しては、法務省令や通達で対応してきた。処遇の効率をあげるという視点からすれば、臨床的所見を尊重することで十分とされたかもしれない。受刑者がその市民的自由を制約される場合にも「特別権力関係」の枠組みで、当然のように制限されるものとみなされがちであった。例外的に、受刑者の人間としての尊厳が脅かされるとき、これを放置することは「人道主義」に反するという観点から、受刑者の地位の底上げが考慮されたにすぎない。

　監獄法改正論議の中で重視された「法律主義」は、受刑者処遇の現場に新たな風を送り込むものと期待されたが、実際、「閲読の自由」（知る権利）や「幸福追求権」（自己決定権）など個々の人権については、なおその議論は未熟なままであった。そもそも、受刑者は法的にいかなる地位に立ち（なにゆえに受刑者の権利が制約されるのか）、いかなる権利や自由が制限されることになるのか、根本的な議論は、「刑事収容施設法」が成立した今日にあっても、終結していない。もっとも、「刑事収容施設法」は、管理主義的との批判もあった「累進処遇」を解消させ、個別処遇の徹底を図ったほか、外部の「刑事施設視察委員会」によるチェックを可能にし（7 条）、受刑者の処遇原則を明示し（30 条）、自弁物品の拡大（41 条）や外部交通の拡大（111 条以下）などに見られるように、受刑者の法的地位を以前より高めるものになっている。

4 犯罪者処遇と国際準則

　「法律主義」の要請は、「国際化」が求めるところでもある。すでに 1955 年、第 1 回国連犯罪防止会議がジュネーブで開かれ「被拘禁者処遇最低基準

規則（Standard Minimum Rules for the Treatment of Prisoners）」が決議された
が、受刑者の社会復帰へ向けた行刑と受刑者の人権保障の確保のためにルールを整備するものであり、法的拘束力を有しないとはいえ、今日でも重要な指針である（最低基準規則は、半世紀を経て追加・修正が検討され、第13回国連犯罪防止刑事司法会議（ドーハ、2015年）において、少年・女性等の権利の尊重や、被拘禁者に対する医療・衛生上の配慮、懲罰手続の明確化等を盛り込んだ新基準（改正案）を承認した。ケープタウンで検討を進めた経緯から「マンデラ・ルール」といわれる。）。

　さらに1966年、国連総会は「市民的自由及び政治的権利に関する国連規約（International Covenant on Civil and Political Rights）を採択して、「世界人権宣言」（1948年）の人権保障をより具体的に条約締結国において拘束力をもたせるものとし、「拷問または残虐な、非人道的もしくは品位を傷つける扱いもしくは刑罰を受けない」こと（7条）、被拘禁者は「人道的にかつ人間の固有の尊厳を尊重して」取り扱われなければならないこと（10条1項）を言明して、犯罪者処遇の人道主義的要請を推進させるとともに、行刑は「被拘禁者の矯正及び社会復帰を基本的な目的」とするものであること（10条3項）を提示している。また、1990年には、第8回国連犯罪防止会議（ハバナ）の「被拘禁者処遇基本原則（Basic Principles for the Treatment of Prisoners）」が、改めて被拘禁者の処遇に関する立法および実務運営にかかわる指導理念を提示するほか、「非拘禁措置についての国連最低基準規則（Standard Minimum Rules for Non-Custodial Measures）を決議し、社会内処遇の重要性を認識したうえで、新たな非拘禁措置や保護観察の展開を推進すべきものとしている。

　他方、少年司法についても、1985年の第7回国連犯罪防止会議（ミラノ）において、「少年司法の運営に関する国連最低基準規則（Standard Minimum Rules for the Administration of Juvenile Justice）」が採択された。これは、地域間専門家会議の開催地である北京の名をとって「北京ルールズ」と称されるが、少年への「ダイバージョン」（司法前処理）を促進し施設内処遇を回避することや（規則18.1）、少年に対する施設内処遇の目的を、養護、保護、教育、職業訓練にあることを提示している（規則26）。

1989 年に国連総会で採択された「子どもの権利条約（Convention on the Right of the Child）」においても、「いかなる児童も、拷問又は他の残虐な、非人道的なもしくは品位を傷つける取扱いもしくは刑罰をうけないこと」（37 条 a 項）が強調され、「自由を奪われたすべての児童は、人道的に、人間の固有の尊厳を尊重して、かつその年齢の者の必要を考慮した方法で取り扱われること」（37 条 c 項）のほか、刑事法上の特別な取り扱いに関する規定が設けられている（40 条）。

このほか、1990 年の「自由を奪われた少年の保護に関する国連規則（UN Rules for the Protection of Juveniles Deprived of Their Liberty）」が第 8 回国連犯罪防止会議（ハバナ）で採択されたが、ここでは少年の特性に配慮して、少年司法制度が少年の権利と安全とを保護し、拘禁は最後の手段として用いられるべきことを基本原則としている（1 条）。そのうえで、矯正施設における少年の処遇については、健康的で人間の尊厳を尊重した施設環境（31 条〜37 条）、社会復帰のための教育等（38 条〜46 条）について規定を置いている。

わが国における犯罪者処遇は、これらの国際準則に照らして一歩もひけをとるものであってはならない。行刑法や少年法の改革においては、こうした国際的な動きと協働することが肝要であろう。

2　監獄法改正と犯罪者処遇の新展開

1　監獄法改正の経緯

わが国の「監獄法」は現行刑法が施行された 1908 年に制定された。以来、「監獄法」は「刑事施設及び受刑者の処遇等に関する法律（受刑者処遇法）」の成立した 2005 年まで、ほぼ 1 世紀にわたって存続してきた。わが国の行刑の実務水準が明治期から大正、昭和を経て向上しつつあったにもかかわらず、法律そのものは、その名称に象徴されるように時代錯誤的な施設管理法であった。それは、表記がカタカナの文語調であるのみならず、受刑者の権利義務関係や職員の権限について明瞭な規定が欠落しており、最も重要な受刑者処遇の目的や理念、国際準則に見られるような処遇原則など不十分であり、実務の現状との乖離の部分もあって、早急にその改正が望まれていた。

はからずも、名古屋刑務所の受刑者虐待死事件（2002 年）によって、行刑改革が現実的なものとなったが、監獄法改正に向けた準備作業は以前からあり、1980 年代に「刑事施設法案」が国会に 3 度にわたって上程されたところである。それ以前、さかのぼれば戦前の刑法全面改正作業のスタートしたときと同時期に監獄法の改正作業も開始されたものである。

(1)　戦前の改正作業

　戦前には、教育刑を理念とする新派刑法学は全盛を迎え、欧米の刑事政策思潮の影響の下、監獄法改正の灯はともされたのである。それは 1922 年の行刑制度調査委員会の設置に始まる（1921 年には、司法大臣が臨時法制審議会に対し、「伝統的醇風美俗」と「刑事政策の新方策」の観点からの刑法全面改正の可否を諮問した。1926 年、同審議会は、「常習累犯者への不定期刑の導入」や「保安処分の導入」を含む 40 項目にわたる「刑法改正の綱領」を答申している）。この「行刑制度調査委員会」の設置趣旨には、「各人に対し個別主義を行い、現代社会に適応する行刑の功績を挙げるには、行刑に関する法制並びにその実行上の施設につき根本的の改革を為す必要あり（原文はカタカナ表記）」とされている。その後、監獄法改正調査委員会（1923 年）、刑務法案調査委員会（1927 年）、刑法並監獄法改正調査委員会（1927 年）において内部的検討が進められた。法案上程にはならなかったものの、1933 年、わが国の行刑実務を導いてゆく「行刑累進処遇令」（省令）が整備されるに至った。これは、「受刑者の改悛を促しその発奮努力の程度に従いて処遇を緩和し、受刑者をして漸次社会生活に適応せしむるを以ってその目的とする（原文はカタカナ表記）」（1 条）とあるように、改善更生への契機を与えるものであり、近年にいたるまでわが国の行刑の基盤を支えるものとなった。

(2)　戦後の改正作業

　戦後は、日本国憲法のもとで人権尊重を掲げ、仮釈放審査請求権や作業賃金制の導入などを目的とした米国型の監獄法改正作業が一時期検討されたが、実現にはいたらなかった。それでも 1966 年には、監獄法施行規則の改正がなされ、「開放的処遇の拡大」や「新聞等の閲読規制の緩和」、「独居拘禁期間の短縮」など受刑者の地位と処遇に進展が見られた。その一方で 1972 年、「受刑者分類規程」が整備され、分類処遇と累進処遇とを駆使した

施設内処遇が行刑の中心を担うものとされた。

(3)　刑事施設法案の国会上程まで

　1980 年、法制審議会は、「近代化」、「法律化」、「国際化」をスローガンとして「監獄法改正の骨子となる要綱」を法務大臣諮問（1976 年）に対する答申を行った。そこでは、国際準則を尊重し、行刑の第三者機関として「刑事施設運営協議会」を設け、処遇における受刑者の主体性を尊重することなどが盛り込まれた。しかし、日弁連はこの要綱に対して、代用監獄制度の温存と国際準則を遵守することの不徹底を指摘して、難色を示していた。社会復帰を処遇目標におくことはともかくも、「人間の尊厳を尊重した行刑」をどこまで実質的に改正に盛り込むかが不鮮明であったからである。

　1982 年、「刑事施設法案」は国会に上程されたが、そこでは「刑事施設運営協議会」が先送りとなり、受刑者処遇の原則から受刑者の主体性を重んじる表現は消えて、処遇の現在を成文で捕捉するだけの法案に後退してしまっていた。それは、この年警察庁から提案された「留置施設法案」とあわせて「拘禁二法案」といわれたが、とくに被疑者の人権擁護の視点から日弁連等の強い批判にあって、この二法案は審議未了のまま廃案となるのである。

　さらに 1987 年、受刑者の主体性を尊重する内容を復活させた「第 2 次刑事施設法案」が国会上程されるが、いわゆる「担当制」を機軸にした「日本型行刑」の問題点を克服できずに再び廃案となった。その後も 1991 年に無修正のまま再度上程されるが、3 度目の廃案にさらされたのである。この間運動時間や健康管理、懲罰手続、不服申立など、受刑者の権利義務に関する法整備はなされないまま、実務上、一部の通達などで対応されてきたのであった。

2　「受刑者処遇法」の成立と「刑事収容施設法」への展開

　2002 年に明るみになった名古屋刑務所の事件は、行き詰まった監獄法改正作業を再び起動させる契機となった。思わぬ形とはいえ、法務省内に急遽設置された「行刑改革会議」は、従来の施設管理と規律重視の行刑から社会復帰へ向けた処遇を重視し、受刑者個人の意思を尊重した処遇への働きかけに意を注ぐものとなった。2003 年末にまとめられた「行刑改革会議」の提

言書は「国民に理解され、支えられる刑務所へ」とのサブタイトルに示されるように、昔ながらの「行刑密行主義」に終止符をうち、行刑の透明性をまずは打ち出そうとするものであった。行刑改革は、「受刑者の人間性を尊重し、真の改善更生および社会復帰を図る」という理念のもとに推進され、監獄法の全面改正を含む抜本的な行刑運営全般の見直しが促進されることになった。

　こうして2005年5月に成立したのが「刑事施設及び受刑者の処遇に関する法律（受刑者処遇法）」である。翌2006年5月24日に施行されたが、未決拘禁者等の収容等に関する規定の整備もあわせて、2006年6月に改正新法となる「刑事収容施設及び被収容者の処遇に関する法律（刑事収容施設法）」が成立する運びとなった。それは、民間人からなる第三者機関「刑事施設視察委員会」を設置し（7条）、「受刑者の処遇は、その者の資質及び環境に応じ、その自覚に訴え、改善更生の意欲の喚起及び社会生活に適応する能力の育成を図ることを旨として行う」（30条）という処遇原則を明示し、被収容者の宗教上の行為の保障（68条）をはじめ、書籍等の閲読の権利保障（69条）など、被収容者の権利義務に関する規定を置いている。また、矯正処遇としての作業（92条以下）だけではなく、外部通勤（96条）、改善指導（103条）や教科処遇（104条）も明文化され、外出や外泊（106条）、外部交通の範囲の拡大（111条）、電話による通信の容認（146条）など、処遇環境の飛躍的な変化を期待できる規定が盛り込まれた。また受刑者による苦情の申出（166条以下）と並んで、懲罰および手続に関する規定（151条以下）や不服申し立て規定（157条以下）も整備され、被収容者の権利保障に益するものとなっている（内容の詳細は第13講を参照されたい）。

　新たな行刑法の改革的展開は、すでに矯正現場の状況を一変させている。呼称が「独居房」・「雑居房」から「単独室」・「共同室」に、「作業賞与金」から「作業報奨金」へ変わっただけではなく、「4級」・「3級」などの区分もない。「A級」・「B級」は、処遇を示すための「A指標」・「B指標」に切り替わった。刑事施設内に響き渡った移動行進中の荒々しい「掛け声」も、聞こえなくなった。作業中や食事中の交談は制限されるとはいえ、余暇時間のおしゃべり（私語）も、厳格な規制の対象にはなっていない。私物の管理も

自室内で一定のケースに収納して、自己管理が原則となっている。自弁の図書や嗜好品もかなり自在に持ち込まれている。もはや昔の監獄や刑務所はそこには見られない。

　それでも、受刑者と刑務官との関係は、いわゆる「日本型行刑」の中核である「担当制」の維持のゆえに大きな変化はない。私見では、社会復帰処遇を推進するうえで、「担当制」というケースワーク的な陣容は、むしろ必要である。この「担当制」の重要性を理解してこそ受刑者の立場に立った処遇が推進されるものと思われる。

○コラム27　担　当　制

　明治以来の「日本型行刑」を特色づける要素のひとつに、「担当制」がある。「担当制」とは、各工場や居室（寮舎）をひとつの単位として、配置された刑務官が、作業指導や生活指導などを行う一方で、逃走防止や違反行為の規制という保安的職務を担うものである。いわば、保安職と処遇職員との二役が刑務官に期待されてきた。欧米ではそれらはそれぞれ専門の職員に分離されており、保安職員は警備業務に専従し、処遇にかかわることなどは想定されていない。これは、刑務職員の過剰な勤務を緩和するだけでなく、保安業務にかかわる職員が、専断的判断を要求される処遇担当者として振舞うことによって、受刑者の自由や権利を害する危険が高まることを懸念してのことである。しかしその反面、「担当制」は、個々の受刑者の社会復帰へ向けた悩みや不安を、日々の生活指導にかかわる刑務官に打ち明けたり、相談したりといったように、ある種の「信頼関係」の形成に大きな役割を果たしてきている。わが国の行刑から「担当制」を排除すれば、処遇環境は冷ややかなものになり、刑務官も「人間の社会的立ち直り」にかかわっているという「自負心」を損ねてしまうだろう。行刑改革会議提言においても、権限と責任が過度に担当職員個人に集中することは避けるとしても、「担当制」の利点を維持することが主張された。

3　処遇指標にもとづく処遇

「刑事収容施設法」は、社会復帰へ向けた受刑者処遇を充実強化するものである。効果的な処遇を推進するために、「集団編成」を活用するが、個々

の受刑者の特性を見極めるために、刑の執行開始時に処遇調査が行われ、受刑者ごとの「処遇要領」が策定される。さらに矯正管区に設置されている「調査センター」では、新受刑者のうち、①執行刑期が3月以上の16歳未満の少年、②初犯で、執行刑期1年以上の16歳以上20歳未満の男子（F指標を除く）、③初犯で、執行刑期1年6月以上の20歳以上26歳未満の男子（F指標および暴力団員を除く）、④特別改善指導の受講に当たり特に調査を必要とする者（性犯罪受刑者等）についてはさらに精密な調査がなされている。

　以前は、収容分類級と処遇分類級とを用いて集禁施設への収容を行うことで済まされていたが、今回の改正では、集団編成を行う際の個別の指標として、①属性（26歳未満の成人Y、少年院への収容をしない少年J、女子W、日本人と異なる処遇を必要とする外国人Fなど）、②犯罪傾向の進度（進んでいないものA、進んでいるものB）、③矯正処遇の種類（一般作業V0、職業訓練作業V1、一般改善指導R0、薬物依存離脱指導R1、暴力団離脱指導R2、性犯罪再犯防止指導R3、被害者の視点を取り入れた教育R4、交通安全指導R5、就労支援指導R6、補習教科指導E1、特別教科指導E2）へと編成替えされている。これらの処遇指標によって、収容される施設と受刑者自身に適した矯正処遇の重点方針が決定されることになる。細分化された矯正処遇の指標が、処遇の中間期に生かされる。釈放が近づくと、もちろん釈放前指導が用意されている。このように、施設内の犯罪者処遇は、新たな処遇指標を活用して社会復帰を目標に進められている。

3　社会復帰へ向けた犯罪者処遇

1　施設の社会化と処遇の社会化

　犯罪者の社会復帰へ向けた処遇は、当然ながら、復帰すべき社会とできるだけ同じか、もしくは同じ状況に近いところで行われるのが望ましい。半永久的に隔離することが目的であるのならば、人里離れた山奥か、砂漠や無人島のような場所に封じ込めればそれでよい。しかし拘禁された受刑者は、やがて社会に復帰するものである。そうであれば、施設内処遇であっても、可能な限り、社会に近い状況を設定しなければならない。

　刑務所という特殊な空間に順応して生活できていても、もどることになる社会に順応できなければ、そしてそこで生きてゆく力を身につけていなければ、たちまち刑務所に逆戻りしてしまう。再入受刑者の多くは、「社会化」に失敗した者たちである。

　「社会化」とは、もちろん施設そのものを社会に近い状況に整備することを意味するが、実際には簡単なことではない。刑の執行を受けているという立場から、施設内環境は、逃走を防止するため、あるいは所内秩序の維持管理のため、様々な制約がともなうだろう。一般社会では情報が過剰なほどに入手できるが、刑事施設内では必要な制約もある。一般社会と同じような職業や就学を選択することにも限界はある。外部交通のみならず、施設内の人間的交流ひとつとってみても所内秩序が優先されてしまいがちである。ましてや異性間交流などは、夢のような話である。欧米には「男女混合刑務所」といった「施設の社会化」が突き進んだ施設もあるが、なお特異なケースである。しかし、一般社会に近い状況を可能な限り整備することが検討されてもよいであろう。

　また社会内にあっては、自立した生活をし、自己責任を貫くことが要求される。施設内の処遇においても、社会的自立を促すような主体性や自律性を重んじる処遇が重要である。自立できない受刑者は再び施設に戻ってくるからである。命令と服従といった他律的な処遇関係ではなく、受刑者の社会的自立に役立つような「処遇の社会化」が求められるのである。

2　社会内処遇との接近（中間的処遇）

　この「処遇の社会化」は、釈放前指導など仮釈放を前にした段階で行われるのが通例であるが、受刑者の属性に応じて、保護観察を中心とした社会内処遇の場で対応すべきもの、休日拘禁や週末拘禁のように、社会内処遇を軸にして施設内処遇を活用するもの、外部通勤制度や夜間拘禁のように施設内処遇を軸にして開放的処遇を行うもの、施設内から社会内へ移行する段階で見られるような「開放施設」での処遇を行うものなど多様に考えられる。これらを「中間的処遇」と称するが、諸外国で様々な工夫が見られるところである。

　米国にみられる「ハーフウェイ・ハウス」は、釈放前の数ヶ月を街中の寮に類似した「居住施設」に起居させ、そこから職場に通わせるもので、社会での生活に自信をとりもどさせるのに有効に活用されている。わが国の「更生保護法人」が営む「保護施設」に、仮釈放者が受け入れられて自立の準備をしているのも、これに類したものがある。

　「週末拘禁」は、ドイツやオランダなどで採用されている制度である。文字通り、週末だけを施設内に拘禁して、それ以外は通常の社会生活が営めるというもので、短期自由刑の執行形式として生み出されたものである。社会との絆がもっとも重視される点で、社会内処遇の亜型ともいえる。これに対して「帰休制」は、一端、社会との絆を断ち切られた者が、新たに社会との関係を構成するために（たとえば、釈放後の帰住先や就職先との関係調整や、家族関係の調整のために）、施設内処遇における「処遇の社会化」の一面として行われるものである。模範的受刑者への「恩賞」として運用される懸念もあるが、仮釈放同様に処遇の一環として位置づけられなければならない。

　「外部通勤」は、わが国でもこれまで市原刑務所などで採用されてきている制度であるが、犯罪傾向が進んでいない受刑者に対して、社会復帰を容易にするためにとられている開放的処遇方式である。また構外作業を発展させた形で、網走刑務所付設の「二見ヶ岡農場」や松山刑務所付設の「大井造船作業場」などの「開放的処遇」を行う施設もある。これらの施設では、自律的に作業に従事することで、社会復帰への自発性や社会的責任を自覚させる効果をあげている。

　これらの「中間的処遇」は、施設内処遇から社会内処遇への移行段階において活用されることも多い。社会復帰を目指す行刑には、欠かすことのできない処遇形態である。理想としていえば、すべての施設内拘禁者が社会に戻る過渡的段階で、何らかの「中間的処遇」に移行し、社会復帰後も継続的な社会内支援を受けるべきであろう。

3　矯正と保護の連携
　ここで重要なのは、矯正と保護の協働関係である。矯正では処遇が進められるが、保護では管理しかできないというのでは、犯罪者処遇の成果は期待

できない。社会内処遇という言葉に示されるように、社会復帰へ向けた処遇
の仕上げは、社会内での保護的処遇が機能することによって成就するのであ
る。わが国での保護事業は、従来、民間の慈善事業として展開されてきた。
保護観察という国の活動は、あくまでも犯罪者の管理・監督としての意味合
いとして為されたものであった。この図式は、今日でもさほど変わっていな
いところがある。しかし保護観察の場面でも、施設内での犯罪者処遇に連動
する処遇プログラムが展開されなければならないように思われる。

　大都市圏の矯正施設には、保護観察官が施設に駐在する制度（施設駐在官
制度）があり、受刑者の釈放前指導にかかわって仮釈放後の帰住先の調整や
就労支援に力を発揮している。すべての刑事施設でこうした専門的なサポー
トが必要なことはいうまでもあるまい。保護的処遇が釈放前の時期から連続
して、釈放後の処遇に結びついてゆくことを期待したいものである。

　「罪を犯して服役した者の一人でも多くが、人間としての誇りや自信を取
り戻し、再犯に至ることなく健全な状態で社会復帰を遂げるよう矯正の実を
上げること」とは、「行刑改革会議」がその提言書の冒頭で掲げた目標であ
った（提言書 7 頁）。この目標は矯正の場面だけで達成できるわけではない。
それは、矯正と保護が連携してはじめて可能になるものであろう。新たな
「更生保護法」（2007 年）の目的規定においても「社会内において適切な処遇
を行うことにより、再び犯罪をすることを防ぎ」とある（1 条）。遵守事項を
守らせるための管理・監督に終始するのではなく、生活行動指針にそった指
示や特定の犯罪的傾向を改善するための専門的処遇（57 条 1 項 2 号、3 号）
を行うことが、保護の場面に強く求められている。刑務所は「人間としての
存在自体を否定しつづけられる屈辱（の場所）」（菊田幸一「日本の刑務所（第
9 刷）」203 頁（岩波新書、2010 年））から脱しつつあり、まさしく、受刑者の
社会復帰へ向けた大きな一歩を踏み出した。しかし、受刑者の社会復帰を成
功させる最後の、かつ最も重要な鍵は、復帰する地域との関係調整にある。
受刑者にとって、地域社会が「耐え難い屈辱的な場所」であり続ければ、社
会復帰の夢は瓦解してしまうだろう。被害者との関係修復も重要なかかわり
をもつところだが、帰住する地域での受け入れを進めて、生活指導等、犯罪
者の社会的自立を支えることが「保護」に求められる課題である。「犯罪者

を理解し、犯罪者を支える」地域社会の形成に「保護」が果たす役割と期待は大きい。

4　福祉型行刑の必要性

　社会復帰にとって何より重要なのは、福祉の充実化である。刑務所に収容される受刑者の高齢化が目立ち始めたのは 90 年代のことであるので、20 数年前からの傾向であった。時代が高齢化社会を迎えるとともに、犯罪現象にもそして受刑者にも高齢化の波は押し寄せてきた。平成 3 年版犯罪白書が「高齢化社会と犯罪」を特集し、行刑における高齢化問題を予見したが、尾道刑務支所などで高齢受刑者を集禁して犯罪者処遇の方途を模索するほかは刑事政策上の展開は出遅れていた。平成 20 年版犯罪白書が「高齢犯罪者の実態と処遇」をあらためて特集するほどに問題は深刻化している。いずれの行刑施設でも高齢受刑者の増加に悩み、80 歳を超える受刑者があたりまえのように収容されている状況にある。高齢者も、改善更生のために必要な作業を矯正処遇として科されることになる。身体上の問題がなければ通常の作業場で軽作業に従事するが、足腰の弱い高齢受刑者は「養護工場」と称する少人数の作業室で座しての作業を行っている。もっとも、8 時間の作業時間には無理がある。作業時間を短縮して、身体機能の維持や健康に配慮した対応をしている。また食事や入浴、運動、移動、投薬、医療などを含め、刑の執行面においても手間がかかる。高齢受刑者が多くなるにつれ、行刑環境も様変わりしてきている。とくに生活習慣病をはじめ、認知症など高齢者特有の問題にも対処しなければならない。しかし医師確保の問題はなおも解決されておらず、矯正医療の課題は早急に解決されなければならない（平成 27 年 8 月、「矯正医官特例法」が成立し、矯正医官の待遇面等に配慮が見られたが、なお多くの施設で欠員状況にある）。

　問題はそれだけではない。高齢受刑者には身元の引き受けや、就労支援が得にくい状況があることから、仮釈放ではなく満期釈放になりがちである。社会では彼らを待つ場所がない。いきおい再犯に結び付くことになり、再び刑務所に舞い戻ってくる。社会的資源である福祉の援助を受けるすべをもたないことに重要な問題があるのだが、受刑者自身の自覚だけでは福祉につな

ぐことは到底困難な状況にある。そこで、法務省は平成 21 年より厚生労働省と連携して、引き受け先がなく満期釈放される 65 歳以上の高齢受刑者と障害のある受刑者を対象に、保護観察所を通じ、釈放後速やかに福祉のサービスが受けられるよう「地域生活定着支援センター」が手配した福祉施設や更生保護施設に入所して、支援を現実のものにするための「特別調整」を実施してきている。

　本来、受刑者となる前に福祉の手が差し伸べられなければならないが、その手が届きにくい者や、それを避けてきた受刑者もいる。行刑は、ひとが人間らしく生存するための最後のセーフティネットでなければならない。行刑が福祉の視点でもって施設内から社会内へと連続する処遇を講じなければならないゆえんであろう。その意識は、今日の犯罪者処遇においてますます強まっている。

参考文献
・相谷登＝今福章二＝椿百合子編『刑事司法と福司』（2023 年、ミネルヴァ書房）
・松本勝 『更生保護法入門（第 6 版）』（2022 年、成文堂）
・名執雅子『矯正という仕事』（2021 年、小学館集英社プロダクション）
・齋藤充功『ルポ老人受刑者』（2020 年、中央公論新社）
・西日本新聞社会部『ルポ・罪と更生』（2014 年、法律文化社）
・長崎新聞社累犯障害者問題取材班『居場所を探して——累犯障害者たち』（2012 年、長崎新聞社）
・日本弁護士連合会刑事拘禁制度改革実現本部編『刑務所のいま——受刑者の処遇と更生』（2011 年、ぎょうせい）
・「〈特集〉刑事司法と社会福祉」犯罪と非行 167 号（2011 年）
・「〈特集〉法改正後の矯正と保護」犯罪と非行 165 号（2010 年）
・「〈特集〉刑事施設の現状と課題」犯罪と非行 155 号（2008 年）
・「〈特集〉刑事政策の新たな潮流」法律のひろば 60 巻 1 号（2007 年）
・刑事立法研究会「更生保護制度改革のゆくえ」（2007 年、現代人文社）
・菊田幸一＝海渡雄一編「刑務所改革」（2007 年、日本評論社）
・更生保護のあり方を考える有識者会議「更生保護制度改革の提言——安全・安心の国づくり、地域づくりを目指して」2006 年 6 月
・浜井浩一『刑務所の風景——社会を見つめる刑務所モノグラフ』（2006 年、日本評論社）

・行刑改革会議「行刑改革会議提言──国民に理解され、支えられる刑務所へ」2005年
　12月
・「〈特集〉受刑者処遇の新しい展開」法律のひろば58巻8号（2005年）
・刑事立法研究会「刑務所改革のゆくえ・監獄法改正をめぐって」（2005年、現代人文社）

　　　　　　　　　　　　　　　　　　　　　　　（あべ・てつお）

第13講◆施設内処遇

キーワード

刑事収容施設法、矯正処遇、外出・外泊、外部交通、
刑事施設視察委員会

1 施設内処遇の意味

　施設内処遇という用語は、通例、刑事施設に収容される被収容者の処遇を
意味するものとして用いられる。この刑事施設には、刑務所、少年刑務所及
び拘置所が含まれる。刑事施設という用語法は、元々は監獄法（明治41年法
律第28号）の改正法案として1982（昭和57）年に法務省によって立案され
た「刑事施設法案」に由来するが、2006（平成18）年5月24日の「刑事施
設及び受刑者の処遇等に関する法律」（平成17年法律第50号、以下「受刑者
処遇法」という）の施行に伴い、監獄法改正が受刑者の処遇の部分を中心と
して実現した結果、新しい法律名称にならって、それまで一般的に用いられ
ていた「監獄（行刑施設）」に代えて使用されるようになったものである（受
刑者処遇法2条、法務省設置法8条2項）。ちなみに、2006年6月2日に受刑
者処遇法は、未決拘禁者等の処遇の部分を整備するために一部改正され、
2007（平成19）年6月1日の同法一部改正法の施行によって、上記法令の名
称が「刑事収容施設及び被収容者等の処遇に関する法律」（以下「刑収法」と
いう。以下引用する条文もこれによる）と改められた。この刑収法では、刑事
施設、留置施設および海上保安留置施設を総称する名称として「刑事収容施
設」という用語が創設されている（法1条）。

　いずれにせよ、刑事施設のうち、刑務所および少年刑務所は、主として、
懲役、禁錮および拘留の刑に処せられた者を刑の執行のために収容し、これ
らの者に対して必要な処遇を行う刑事施設であり、拘置所は、主として、未

決拘禁者（勾留中の被告人及び被疑者をいう）を収容する刑事施設である（法3条）。2021（令和3）年4月1日現在、刑事施設（受刑者処遇法施行以前は実務上「行刑施設」と呼ばれていた）の数は、本所75（刑務所61（社会復帰促進センター4を含む）、少年刑務所6、拘置所8）、支所105（刑務支所8、拘置支所97）である（法務省法務総合研究所編『令和3年版犯罪白書——詐欺事犯者の実態と処遇——』49頁（日経印刷、2022））。

　以下本講では、犯罪者の処遇という観点から、刑事施設のうち主に刑務所における既決の被収容者（それも主として成人受刑者）に対する処遇の問題に限定して、旧監獄法（受刑者処遇法施行前の監獄法をいう。以下同じ）および従来の矯正実務の運用との相違点に焦点をあてながら、刑収法下における受刑者処遇（犯罪白書では「成人矯正」とも呼ばれる）の内容および基本的特色を概略説明する。

2　刑収法における施設内処遇の内容と基本的特色

1　「刑収法」（2007年6月施行）における受刑者処遇の基本原則

　刑収法においては、「受刑者の処遇は、その者の資質及び環境に応じ、その自覚に訴え、改善更生の意欲の喚起及び社会生活に適応する能力の育成を図ることを旨として行うものとする」との受刑者処遇の原則についての規定を置いている（法30条）。本規定は、旧監獄法では明確に規定されていなかった改善更生や円滑な社会復帰の実現といった受刑者処遇原則を法律上明確にしたものであり、「その者の資質及び環境に応じ」と規定することによって、受刑者の特性および環境的条件に応じて、その受刑者にとって最も適切な処遇を行うとする、いわゆる個別処遇の原則を採ることを明らかにした。これは、刑収法の目的規定（法1条）における「これらの者の状況に応じた適切な処遇を行うこと」に対応したものである。

2　受刑者処遇の充実強化

　刑収法における個別処遇を含む受刑者処遇の基本原則の明記により、これを実現するための処遇方法や受刑者処遇を充実させるための新たな制度を導

入したことが、刑収法での施設内処遇の重要な特色である。

(1)　矯正処遇の義務化

　刑収法では、受刑者処遇の中核として、矯正処遇という概念を新たに導入し（法 84 条 1 項）、「作業」（法 92 条ないし 102 条）、「改善指導」（法 103 条）、および「教科指導」（法 104 条）の三種類を矯正処遇として実施することになった。その上で、正当な理由なく、作業を怠ったり、改善指導や教科指導を拒んではならないことを遵守事項とすることにより（法 74 条 2 項 9 号）、これらを義務化し、遵守事項に反した場合は懲罰を科すことができるものとしている（法 150 条 1 項）。この点で、「懲役は、刑事施設に拘置して所定の作業を行わせる」とする刑法 12 条 2 項に基づいて、懲役受刑者に対する作業のみが義務とされていた旧監獄法（24 条）と大きく異なっている。旧監獄法下においては、作業以外の、生活指導としての処遇類型別指導（たとえば、覚醒剤乱用防止教育、暴力団離脱指導、酒害教育、交通事犯防止指導など）や教科教育などの教育的処遇は、法律上の根拠が明確ではなかったことから、受刑者に対して指導を受ける義務を負わせるものではなかった。すなわち、「基本的には希望者を募り、あるいは個別に働きかけて受講に応じた者に対して行うものであったため、当該指導が必要と認められる者に受講を命じることができなかったり、その結果、受講の人数が少数にとどまるという問題があった」（名執雅子「刑事施設・受刑者処遇法と矯正処遇の充実について」犯罪と非行 146 号 79 頁（2005））。したがって、刑収法による矯正処遇の義務化は、改善指導や教育指導への参加を積極的に働きかける上での法的な担保となるものであり、また従来の「刑務作業中心の処遇」から「矯正教育も重視した処遇」へと処遇体制をより充実強化させて行くものとして強く期待されている。

　しかし、一方で、矯正処遇の義務化に対しては、指導や教育というのは、受刑者本人の自発的意思を尊重することが極めて重要であるとして、そもそも、それを義務付けること自体に反対する意見や、義務付けには賛成しつつも、それに従わない場合には懲罰を科すべきではないとする意見もある（川出敏裕「監獄法改正の意義と今後の課題」ジュリスト 1298 号 28 頁（2005））。いずれにせよ、義務付けの規定があっても、本人に、改善更生への意思や矯正

処遇のプログラムを受けようとする自発的な気持ちがなければ、実効性は期待できない。実際のところ、「その気のない大人をいかにその気にさせ、処遇の実効を挙げていくにはどうしたらよいのか」という課題こそが、矯正処遇の実施に当たっての最大の難問であり、刑事施設特有の課題であるといわれている（名執・前掲79頁）。それだけに、矯正処遇の運用面においては、その対象者に対して矯正処遇の必要性、その義務付けの意義、および処遇内容や方法などについて十分に納得の行く説明を与えるとともに、指導を拒んだ場合でも機械的に懲罰を科すのではなく、根気強く指導を働きかけるなど、当該目的に沿った柔軟な運用などが望まれるところである。

(2)　矯正処遇実施のための基本的枠組み

　旧監獄法下における受刑者処遇は、分類処遇（受刑者分類規程、1972年）と累進処遇（行刑累進処遇令、1933年）という二つの制度を基本的枠組みとして実施されていた。しかし、刑収法は、個別処遇の原則を矯正処遇の実施において具体化するための方法として、一方では従来の分類処遇を見直して新たな分類制度を導入し、他方では累進処遇制度を廃止し、これに代わる制限の緩和と優遇措置の制度を新設している。

(a)　新たな分類制度の導入：処遇要領と集団処遇への改編

　従来の分類制度は、刑務所入所時における科学的な分類調査の結果に基づき、収容分類級（受刑者の性別、国籍、刑名、年齢、刑期、犯罪傾向の進度、心身の障害の有無などによりそれに応じて収容する施設を指定する）と処遇分類級（収容施設でどのような処遇を行うかということに関し、処遇の重点方針を区別する基準となる分類級をいう）の組合せによってなされていた。しかし、収容分類級については、それと行刑施設内における処遇との間に必ずしも有機的な関連性が認められないこと、また、処遇分類級については、大部分の受刑者が「生活指導を必要とする者（G級）」に分類され、実際にはその処遇内容は刑務作業に終始していることから、この処遇分類級も、個々人の必要性に応じた処遇を実施する上で十分に機能していない状況にあった。したがって、これまでの分類制度は、受刑者の改善更生および社会復帰の促進という矯正処遇目的を達成する上で、必ずしも有効に機能していたものと評価し得ず、「分類あって処遇なし」などという批判が加えられていた（行刑改革会議

『行刑改革会議提言～国民に理解され、支えられる刑務所～』12、13頁（法務省、2003））。

●コラム28　調査センター

　　分類処遇体制を充実する施策の1つとして、全国各矯正管区（高等裁判所、高等検察庁および地方更生保護委員会に対応して全国8ブロックにそれぞれ置かれている）ごとに特定の施設（札幌・宮城・名古屋・大阪・広島・高松・福岡の各刑務所および川越少年刑務所）が調査センターとして指定されている。調査センターでは、新たに確定した受刑者で、①初犯で、執行刑期1年以上の16歳以上20歳未満の男子（F指標を除く）、②初犯で、執行刑期1年6月以上の20歳以上26歳未満の男子（F指標及び暴力団員を除く）、③特別改善指導の受講に当たり特に調査を必要とする者（性犯罪受刑者等）について、約2ヶ月間収容して、精密な刑執行開始時処遇調査を行っている。

　　なお、16歳未満の受刑者のうち、執行刑期が3月以上の者については、すべて東京矯正管区の調査センターである川越少年刑務所に収容して、おおむね15日間で少年院への収容の必要性を判断し、その必要性が認められるものは、速やかに少年院に移送するとともに、それ以外の者は、同少年刑務所において引き続き40日間の調査を実施することになっている。

　そこで、刑収法は、以上のような批判に応える形で、次のような新しい分類制度を導入している。すなわち、個別処遇の原則に則り、刑事施設の長が個々の受刑者の資質および環境の調査（＝処遇調査）の結果に基づいて、また、必要に応じ、受刑者の希望を参酌した上で、その者に最も適当と認められる矯正処遇の目標並びにその基本的な内容および方法を定める処遇要領に基づき矯正処遇を行うものとしている（法84条2項ないし同条4項）。具体的には、刑執行開始時におおむね1ヶ月間（ただし、調査センターに収容する者については、おおむね2ヶ月間）、「受刑者の精神・身体状況、生育歴、犯罪歴、生活環境、職業・教育の適性や志向、将来の生活設計等につき、医学、心理学その他の専門的知識・技術に基づいて面接調査やテスト等の調査を実施し、必要に応じ、受刑者の希望を参酌した上で、その者が在所中に達成す

べき矯正処遇の目標、その達成のために受講させるべき作業、改善指導又は教科指導の別ごとに選定した具体的な内容及び方法、実施上の留意事項等を記載した個別の処遇要領票を作成し、これに基づいて、その者にふさわしい矯正処遇を実施していくことになる」のである（名執・前掲80、81頁）。

　図13-1は、刑執行開始時から釈放前までの受刑者処遇のプロセスを表したものであるが、矯正処遇（作業、改善指導、教科指導）を実施する上で、処遇要領の策定とそのための処遇調査が重要な位置を占めていることを示している。

　また、刑収法では、集団処遇の概念を設け、矯正処遇および刑執行開始時と釈放前の指導の効果的な実施を図るため、必要に応じ、受刑者を集団に編成してこれを行うものとしている（86条1項）。受刑者の処遇において、同じ類型に属する受刑者を適切な集団に編成し、集団で矯正処遇を実施することが、個別処遇原則を実現する上で有効な方法であり、かつ分類処遇の理念にも沿うからである。かくて、集団処遇（集団編成）を行うに際しては、従前の収容分類級および処遇分類級に代わり、受刑者個々に必要な矯正処遇の種類及び内容、受刑者の属性および犯罪傾向の進度を示した処遇指標の指定が行われ、それぞれの指標に該当する施設と本人にふさわしい矯正処遇の重点方針が決定されることとなった。

　表13-1は処遇指標の区分、符号および内容を示したものである。受刑者の個別性に応じた矯正処遇を実施するため、処遇指標は、従前の処遇分類級よりも細分化されている。

図13-1　受刑者処遇の流れ

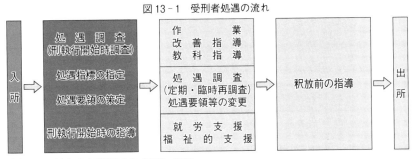

出典：2021（令和3）年版犯罪白書（2022）・55頁

表 13 - 1　処遇指標の区分及び符号

① 矯正処遇の種類及び内容

種　類	内　　　容		符　号
作業	一般作業		V 0
	職業訓練		V I
改善指導	一般改善指導		R 0
	特別改善指導	薬物依存離脱指導	R I
		暴力団離脱指導	R 2
		性犯罪再犯防止指導	R 3
		被害者の視点を取り入れた教育	R 4
		交通安全指導	R 5
		就労支援指導	R 6
教科指導	補習教科指導		E I
	特別教科指導		E 2

② 受刑者の属性

属　　性	符　号
拘留受刑者	D
少年院への収容を必要とする16歳未満の少年	J t
精神上の疾病又は障害を有するため医療を主として行う刑事施設等に収容する必要があると認められる者	M
身体上の疾病又は障害を有するため医療を主として行う刑事施設等に収容する必要があると認められる者	P
女子	W
日本人と異なる処遇を必要とする外国人	F
禁錮受刑者	I
少年院への収容を必要としない少年	J
執行すべき刑期が 8 年以上である場合	L
可塑性に期待した矯正処遇を重点的に行うことが相当と認められる26歳未満の成人	Y

③ 犯罪傾向の進度

犯罪傾向の進度	符　号
犯罪傾向が進んでいない者	A
犯罪傾向が進んでいる者	B

注　令和 3 年 4 月 1 日現在。
出典：法務省矯正局「矯正の現状」『法曹時報』74 巻 11 号（2022）・134 頁

果たしてこのような新しい分類処遇の枠組みがより効果的な矯正処遇をもたらすことができるのか。それは今後の運用次第ではあるが、その実効性を挙げていくための条件として、ひとつには、刑事施設の人的・物的資源の制約の中で、どの程度の規模で受刑者個々の資質や環境に応じた、多様で効果的な集団処遇を準備・提供できるかにかかっているといえよう。そして、もうひとつには、処遇要領において個別に定めた矯正処遇の目標の達成度を評価するとともに、その結果から同要領に定めた矯正処遇の内容および方法の妥当性を継続的にかつ厳密に検証していくことが不可欠であろう（名執雅子「刑事施設における改善指導の運用について－基本的な枠組みと処遇プログラムの策定」罪と罰 43 巻 3 号 23 頁（2006））。

（b）　累進処遇制度の廃止と制限の緩和・優遇措置の新設

　（i）　累進処遇制度の意義と問題点

旧監獄法下においては、受刑者の改悛を促し、自力で更生する意欲を持たせて、徐々に社会生活に適応させていく目的で、受刑者の処遇内容に 4 つの段階を設け、各段階ごとにそれぞれ異なる優遇と責任を付与し、受刑者の努力と成績に応じて、これを順次上位の段階に引き上げていく累進処遇制度が採用されていた。この累進処遇制度に対しては、入所当初、すべての受刑者を最下級の段階に位置付ける点、進級制度が仮釈放との結びつきを欠き、刑期を考慮して一定期間過ぎないと進級させないことになっている点で画一的な運用になっており、個別処遇の理念に反しているとの批判が加えられていた。また、施設内の生活水準の全般的な向上によって、上位級に認められている優遇の内容が改善更生の意欲を向上させるに足るものではなくなっており、施設環境への適応や迎合を促すものに過ぎないとの問題点が指摘されてきたところである（行刑改革会議・前掲 14 頁）。

　（ii）　制限の緩和・優遇措置

以上のような問題点をふまえて、従来から基本的には累進処遇廃止の方向で検討されていたところではあるが、2003（平成 15）年 12 月 22 日の『行刑改革会議提言』において、「現行の累進処遇制度は廃止し、真に受刑者の改善更生の意欲を喚起することが可能となる報奨制度を設けるべきである」との指摘がなされたことを受けて、受刑者処遇法によって累進処遇制度が廃止

されるに至ったのである。刑収法では、累進処遇制度の代わりに制限の緩和と優遇措置の制度が導入されている（法務省法務総合研究所編『平成 18 年版犯罪白書—刑事政策の新たな潮流—』229 頁（国立印刷局、2006））。

　制限の緩和とは、受刑者に自発性や自律性を身に付けさせるため、刑事施設の規律および秩序を維持するための受刑者の生活や行動に対する制限を、改善更生の意欲の喚起および社会生活に適応する能力の育成を図る見込みが高まるに従い、順次緩やかなものにしていく制度である（法 88 条 1 項）。改善更生や社会復帰の目的達成の見込みが特に高いと認められる受刑者については、開放的施設で処遇することもできるようになっている（法 88 条 2 項）。この制度の具体的な運用は法務省令にゆだねられており、受刑者の生活および行動に対する制限は第 1 種から第 4 種までの 4 段階に区分され、受刑者の改善更生の意欲、社会生活に適応する能力の程度などを審査し、刑事施設の長がその者にふさわしい制限区分を指定することになっている。第 4 種の受刑者（たとえば、工場に出役させて集団処遇を行うことが困難な者）は、生活や行動について厳しい制限を受け、制限区分が第 3 種、第 2 種と上位になるにつれて次第に制限が緩やかになり、第 1 種の受刑者（開放的施設での処遇が可能と認められる者）は、鍵のかからない居室で生活するなど、このような制限が最も緩やかになる。制限区分の指定は、定期およびその必要がある場合に随時見直しが行われるが、実務の運用上、多くの受刑者は刑執行開始時期を終えると、通常は第 3 種に指定区分されることになっている（富山聡「矯正処遇の実施等について（その 1）」刑政 117 巻 4 号 131 頁（2006）、松村憲一「刑事施設及び受刑者の処遇等に関する法律の施行に伴う実務上の影響について」罪と罰 43 巻 3 号 31～34 頁（2005））。

　一方、優遇措置とは、改善更生に向けた意欲を喚起するため、一定期間ごとの受刑態度の評価に応じて、まじめに受刑生活を送っている受刑者により良い待遇を与える制度である（法 89 条）。制限の緩和が受刑者の資質や環境、所内での行状などを総合的に評価するのに対し、優遇措置は短期的な期間における受刑態度を評価する点において違いがある。具体的な運用は、制限の緩和と同様に法務省令によって定められることになっているが、受刑態度を評価する期間は原則 6 ヵ月（毎年 4 月から 9 月までと 10 月から翌年 3 月ま

での6ヶ月ずつ）とし、その期間における受刑態度に応じて、第1類から第5類までの5段階に区分された優遇措置を指定し、指定してから約6ヵ月、その優遇区分に応じた処遇を行うこととなる。その優遇措置の内容としては、たとえば、自弁の物品を使用できる範囲を広げること、自弁の嗜好品の摂取回数を増やすこと、面会の回数を増やすあるいは面会時間を延長すること、信書の発信回数を増やすことなどの措置が設けられている。実務上、行状の良好な受刑者の多くは第3類（①室内装飾品及びサンダルについて、自弁のものの使用を許すこと、②嗜好品について、毎月1回、自弁のものの摂取を許すこと、③面会の回数を1月につき3回とすること、④発信の通数を1月につき5通とすること、⑤刑事施設の長が定める処遇。）の優遇措置に指定されることになっている（富山・前掲131、132頁、松村・前掲34、35頁）。

　この制限の緩和および優遇措置の制度に対しては、制定当初より、①従来の累進処遇と連動して行われていた生活や行動に対する制限の緩和とどのように異なるのかはっきりしていない、②優遇措置の制度も運用次第では、改善更生の意欲を喚起することにつながらず、単なる秩序維持のための手段となる危険性を有している、③制限の緩和と優遇措置とが要件（基準）や内容の面でどのような関係に立つのか明らかではない、といった問題点が指摘されている（太田達也「刑事施設・受刑者処遇法下における矯正の課題－矯正処遇を中心として」犯罪と非行146号20～24頁（2005））。いずれにせよ、この新制度が従来の累進処遇制度の弊害を解消し、受刑者の自発性・自立性をかん養し、改善更生・社会復帰の意欲を喚起するための有効な施策となりうるか、今後の実務の運用を慎重に見極めていかなければならないであろう。

(3) 矯正処遇プログラムの内容の充実

(a) 作　業

　作業とは、刑事施設において被収容者に行わせる労務をいう。刑法上「所定の作業」を行うことが義務とされている懲役受刑者の作業がその主なものである。このほか罰金又は科料を完納することができない労役場留置者の作業がある（刑法18条、法288条）。また、禁錮受刑者および拘留受刑者は、就業する義務はないが、申出により作業（従前は請願作業と呼ばれていた）に就くことができる（法93条）。なお、旧監獄法（26条）および「刑事施設ニ

於ケル刑事被告人ノ処遇等ニ関スル法律」(24 条 1 項) に基づき行われていた未決拘禁者の請願作業は廃止され、刑収法においては、自己契約作業（その者が刑事施設の外部の者との請負契約により行う物品の製作その他の作業をいう。旧監獄法では「自己労作（ろうさ）」と呼ばれていた。）として許されることになる（法 39 条）。

　所定の作業に服する受刑者の作業は、従来より現行制度上自由刑の内容をなす一つの強制であると同時に、矯正処遇の一環として①規律ある生活の維持、②共同生活への順応、③勤労意欲の養成、④職業的技能および知識の習得、⑤忍耐力・集中力のかん養などの観点から意義付けられている。刑収法は、作業の目的などに関して、「作業は、できる限り、受刑者の勤労意欲を高め、これに職業上有用な知識及び技能を習得させるように実施する」こと、および「受刑者に職業に関する免許若しくは資格を取得させ、又は職業に必要な知識及び技能を習得させる必要がある場合において、相当と認めるときは、これらの目的とする訓練を作業として実施する」と規定している（法 94 条）。作業の形態は、その性質・目的から、生産作業（木工、印刷、洋裁、金属等）、職業訓練、自営作業（炊事、清掃、その他の刑務所等の自営に必要な作業及び刑務所の改修等の直営工事に必要な作業がある）、および社会貢献作業（公園等の除草作業など賃金の収支を伴わないボランティア的な労務提供作業であって、社会に貢献していることを実感することにより、その改善更生及び円滑な社会復帰に資すると認められる作業。2011（平成 23）年 6 月から導入された。）に分かれており、受刑者は、適性に応じて、それぞれの職種を指定されている。現在、作業は全国の 73 の刑事施設において実施されており、2020（令和 2）年度における作業の一日平均就業人員は、3 万 8,864 人であり、作業による歳入額は約 28 億円であった（令和 3 年版犯罪白書・57-58 頁）。

　就業者の作業時間は、原則として、1 日につき 8 時間、1 週間につき 40 時間で、週休 2 日制が採用されているが、これまでの受刑者処遇における刑務作業への依存を緩和し、個々の受刑者の資質や環境に応じた矯正処遇を充実させるために、実務の運用面において、2005（平成 17）年 4 月から、全国の刑務所で、例えば、月に 2 日の免業日を設けるという方法で、刑務作業時間

を短縮し、その時間を活用して教育的な処遇が展開されている。刑収法でも、刑事施設の長が、法務省令で定める基準に従い、1日の作業時間および作業を行わない日を定めるとの規定をおき（法95条1項）、当該刑事施設における各種指導や運動の時間等に応じて作業時間を弾力的に決めることができるように改正された。

　作業による収入は、すべて国の収入となるが（法97条）、作業に従事した受刑者に対しては、刑収法では、従来の作業賞与金に代わり、作業報奨金が支給されることになっている（法98条）。この報奨金の性格は、賞与金の場合と同様に、就労の対価としての賃金ではなくて、恩恵的、奨励的なもので、原則として釈放時に給与されるが、在所中に家族にあてて送金し、又は所内生活で用いる物品の購入等に使用することも許されている。ちなみに、2020（令和2）年度（会計年度）における作業報奨金の1人当たりの平均月額は4,320円であった（令和3年版犯罪白書・58頁）。作業報奨金に関しては、低額に過ぎ作業奨励の意味もない旨の批判が強く、さらに、学説上、賃金制の主張（自由刑純化論の立場から、受刑者は、労働力まで剥奪されるわけではないから、作業に対する報酬として賃金を受け取る権利を有するという主張）もある。しかしながら、理論上はともかく、実務上、受刑者の作業能力の低さや有用作業の確保および生産性の問題等を根拠に、刑収法の対応を含めて、現段階での賃金制の導入の採用には、消極的な姿勢が目立つ（藤本哲也『刑事政策概論』258頁（青林書院、全訂第七版、2015）、大田・前掲32、33頁）。ただ、賃金制の賛否を問わず、受刑者の勤労意欲を高め、出所後の生活資金、家族への送金、犯罪被害者への弁償という意味でも、現行の作業報奨金の基準額を大幅に増額することの必要性については、多くの論者が認めており、今後の改善が強く望まれるところである。

　作業に関して、刑務所内での作業のみではなく、従来より構外作業として刑事施設の管理する構外作業場において実施されているが、刑収法では、それを刑事施設外作業（法87条）として実施するとともに、さらに加えて外部通勤作業という形態の作業が新しく導入されている。これは、民間企業の協力を得て、刑事施設の職員の同行なしに、受刑者を刑事施設の外の事業所に通勤させて作業を行わせるものである（法96条）。「外部通勤作業は、受

刑者に自律心と責任感に基づく自主的行動規制を行わせることにより、円滑
な社会復帰を図る制度であり、一般社会の中で、正しい人間関係を築く方法
を学ばせる効果があるほか、刑事施設内における作業に就くことによっては
取得できない技能等を取得させることができる点においても受刑者の円滑な
社会復帰に有効な処遇方法であると考えられている」(名取俊也「刑事施設及
び受刑者の処遇等に関する法律について」法曹時報 58 巻 4 号 23、24 頁 (2006))。
その要件は、仮釈放を許すことができる期間を経過していること、受刑者の
円滑な社会復帰を図るために必要があることに加え、開放的施設において処
遇を受けていることその他の法務省令で定める事由(仮釈放の釈放前処遇を
受けていること又は制限区分が第 1 種又は第 2 種であることが予定されている)
に該当することとされている (法 96 条 1 項)。

(b)　改善指導

　改善指導とは、受刑者に対し、犯罪の責任を自覚させ、健康な心身を培わ
せ、社会生活に適応するのに必要な知識及び生活態度を習得させるために行
う指導をいい、一般改善指導と特別改善指導がある (名執・前掲・24〜27 頁、
平成 18 年版犯罪白書・66 頁、228 頁)。一般改善指導は、おおむね刑収法 103
条 1 項に掲げる事項に対応する内容について、特に計画して行うものとし、
ほぼ全受刑者を対象として実施される改善指導をいう。一般改善指導には、
講話、体育、行事、面接、相談助言その他の方法により、被害者およびその
遺族等の感情を理解させ、罪しょう感を養うための被害者感情理解指導、犯
罪に対する意識、態度および行動面の問題に対して行う行動適正化指導等が
ある。一方、特別改善指導は、刑収法 103 条 2 項に掲げる事情 (薬物依存が
あること、暴力団員であることその他法務省令で定める事情) により、改善更生
および円滑な社会復帰に支障が認められる受刑者に対し、その事情の改善に
資するよう特に配慮した指導をいう。特別改善指導では、「薬物依存離脱指
導」、「暴力団離脱指導」、「性犯罪再犯防止指導」、「被害者の視点を取り入れ
た教育」、「交通安全指導」及び「就労支援指導」の 6 つの特別な類型を設け
て実施される。これらの指導については、標準的プログラムが示され、実施
指定施設においては、それに基づき、対象受刑者の特性、地域性、活用可能
な社会資源等の状況等を考慮した実践的なプログラムを策定した上で、具体

的な指導を行うこととしている。

　刑収法で新しく導入された改善指導について、それを効果的なものとするためには、各刑事施設が改善指導における工夫と実践、研究の積み重ねをしていくことが大切であるとともに、今後とも、種々の必要性の認められる受刑者に対し、適切なプログラムが実施できるよう、プログラムの内容と実施施設、実施体制等を順次充実させていくことが必要である。

　（c）　教科指導

　教科指導とは、社会生活の基礎となる学力を欠くことにより改善更生及び円滑な社会復帰に支障があると認められる受刑者のほか、学力の向上を図ることが円滑な社会復帰に特に資すると認められる受刑者に対し、「学校教育法による学校教育の内容に準ずる内容の指導」を行うことをいう（法104条）。教科指導の内容は、義務教育に限定するものではなく、受刑者の学力の状況によっては、高等学校の学科又は教科に準ずる内容の教科指導を行うことができることとなっている。このことは、旧監獄法の下においても、教科教育として義務教育未修了者及び修了はしたが学力の低い者に対し、国語、数学、社会その他の必要な科目の履修又は補習が行なわれ、また向学心のある者について高等学校の通信制教育などを受けさせるなどの指導がなされてきたことと、教育指導の義務化を除けば、基本的には同じ内容である。

　（4）　その他の新たな受刑者処遇上の取組み

　（a）　外出および外泊の導入

　外出および外泊は、刑収法によって初めて導入された処遇制度である。この制度は、仮釈放を許すために必要な期間を経過していること、開放的施設において処遇を受けていることなど一定の要件を備えた受刑者が、円滑な社会復帰を図るため、一定の用務等を行う必要がある場合に、刑事施設の職員の同行なしに、一時的に刑事施設の外に出ることを許可する制度である（法106条。なお、外出および外泊の要件については、その趣旨は外部通勤作業におけるものと同様である）。外出は日帰り、外泊は7日以内とされている。一定の用務には、釈放後の住居又は就業先の確保、家族関係の維持・調整のために外部の者と時間をかけて話合いをしたりする必要がある場合、保護司その他の更生保護に関係する者を訪問する必要がある場合等が想定されている（平

成 18 年版犯罪白書・228、229 頁）。

　旧監獄法の下では、実務の運用上、通常、釈放間近になると、おおむね 1
週間ないし 2 週間程度の釈放前指導および援助（たとえば、更生保護、職業安
定、社会保障などの制度やその利用手続に関する知識の付与）を行い、その期間
中、必要に応じ、職員が付き添って保護観察所、職業安定所などを訪問させ
たり、社会見学や買物などを実際に経験させることが行われていた。刑収法
は、これまでの釈放前指導・援助をさらに充実強化する特別の措置として
（法 85 条 2 項）、職員の同行なしの外出・外泊の制度を新たに導入したもので
あり、これにより、受刑者が、社会の実情を把握し、家族との関係を維持す
るとともに、出所後の生活設計のための活動を行うことを可能にするという
点で、その社会復帰に資することが期待されている。

　（**b**）　外部交通の拡大

　外部交通とは、刑事施設に収容されている受刑者が面会や信書などによっ
て外部社会と交通（接触・連絡）することを意味する。受刑者はいずれ社会
復帰する存在であり、受刑者の外部交通は、良好な家族的、社会的諸関係を
維持させ、よって出所後の円滑な社会復帰を促進する上で極めて重要な手段
である。旧監獄法では、施設拘禁の本質が受刑者の完全な社会からの隔離に
あることを前提として、受刑者の面会（旧監獄法上「接見」という用語が用い
られる）および信書の発受は、もっぱら恩恵的かつ制限的に認められていた
にすぎなかったが、刑収法では適正な外部交通が受刑者の改善更生および円
滑な社会復帰に資するものであることに留意すべきとの認識を明らかにした
上で（法 110 条）、外部交通の範囲を拡大している。

　具体的には、面会・信書の発受につき、面会については月 2 回、発信につ
いては月 4 通という最低保障回数を、従来よりも拡大する形で規定するとと
もに（法 114 条 2 項、130 条 2 項）、面会の相手方は、旧監獄法（45 条 2 項）で
は原則として親族であったが、刑収法では、親族以外に、婚姻関係の調整な
どの重大な利害に係る用務処理のため面会が必要な者や面会が改善更生に資
すると認められる者については面会を許すものとし、さらに、これ以外の者
であっても、交友関係の維持等のため必要であり、矯正処遇の実施に支障が
生ずるおそれがないときは面会を許すことができるものとして、友人等との

面会の機会を拡大した（法111条）。また、信書の発受については、旧監獄法（46条2項）では、原則として親族との間のものが予定されていたが、刑収法では（法126条、128条）、犯罪性のある者その他信書を発受することにより、刑事施設の規律および秩序を害するおそれがある者などを除き、相手方の制限はない、ということになった（名取・前掲26、27頁）。さらにまた、旧監獄法では、受刑者との面会の立会いは原則として行い、信書の検査は必ず行うこととされていたが、刑収法では面会への立会い原則および信書の全面検閲が撤廃された。すなわち、受刑者が受けた措置や処遇に関し弁護士などと面会し、または信書の発受をする場合には、「刑事施設の規律及び秩序を害する結果を生ずるおそれがあると認めるべき特別の事情がある場合を除き、」原則として、職員の立会い（録音・録画を含む）はできないこととし（法112条ただし書）、信書の検査は、そのような信書であることを確認する限度において行うこととしている（法127条2項）。

　また、電話による外部交通については、通話の内容を規制するのが困難であるところから、通信手段としては旧監獄法では認められていなかったが、刑収法では開放的施設において処遇を受けている場合等であって、電話をかけさせることがその者の改善更生又は円滑な社会復帰に資すると認めるときその他相当と認めるときは、許すことができることとされた（法146条）。

3　刑事施設運営の透明性の確保

(1)　刑事施設視察委員会の設置

　わが国の刑事施設では、その任務の性質上、受刑者の社会からの隔離、施設内秩序維持、被収容者のプライバシー保護の観点等から、伝統的に「行刑密行主義」が採られてきたが、いたずらに外部に対し門戸を閉ざすと、刑事施設の運営が独善に陥り、その改善向上は期待し難くなることから、以前から閉鎖的になりがちな刑事施設を外部からチェックする仕組みが必要であると指摘されていた。長年の懸案の事項に対して、いわゆる名古屋刑務所事件を契機として、『行刑改革会議提言』は、「国民に理解され、支えられる行刑施設を作り、また、職員の暴行事案等の再発を防ぐには、行刑運営の実情を市民の目に触れさせ、職員にも市民の目を意識させることが重要である」と

の考えを示し、各刑事施設ごとに、地域の市民および専門家からなる刑事施設視察委員会を創設することが適切であるとの提言を答申した（行刑改革会議・前掲 27 頁）。視察委員会は、この提言を受けて、受刑者処遇法によって新設されることになった。刑収法 7 条は、刑事施設に、刑事施設視察委員会（以下「委員会」という）を置き、委員会は、その置かれた刑事施設を視察し、その運営に関し、刑事施設の長に対して意見を述べるものとすると規定している。

○コラム29　行刑改革会議

　2002年から2003年にかけて名古屋刑務所において刑務官による受刑者暴行致死傷事件が発覚したのを契機として、2003年 3 月31日、刑務所運営の全般的見直しのために、法務大臣の諮問機関として民間有識者からなる「行刑改革会議」が発足した。同会議には、宮澤弘元法務大臣を座長に、学者、医師、マスコミ関係者、ジャーナリストなどの15名の委員が選任された。行刑改革会議は、短期間にもかかわらず、海外調査も含めて、精力的な活動をし、同年12月22日『行刑改革会議提言～国民に理解され、支えられる刑務所へ～』を提出した。

　この提言の内容は、大きく分けて、①受刑者の人間性を尊重し、真の改善更生及び社会復帰を図るための諸改革、②刑務官の過重な負担を軽減するための諸改革、③国民に開かれた行刑を実現するための諸改革の、三つの柱から成っている。この提言は、わが国の従来型行刑への厳しい批判に立ち、その抜本的改革を求めるものであり、2005年 5 月に成立した監獄法改正、すなわち受刑者処遇法の制定に大きな影響を及ぼした。なお、同会議および提言の詳細については、法務省の Web サイト（http://www.moj.go.jp）からアクセス可能である。

　委員会設置の意義は、①外部の目を施設運営に入れるという意味での「透明性」を継続的に確保することができるということ、②外部の目が直接施設内に入ることにより、職員・施設はそれを意識するようになり、自浄能力向上にも大きく貢献することができること、③委員会が、刑事施設の長に対して刑事施設の運営に関して、国民の常識を反映した意見を述べることによっ

て、刑事施設の運営の改善向上に資すること、④地域の市民を始めとした委員が継続的に刑事施設との関わりを持つことによって、刑事施設と地域社会との連携を深めることができるということである。

(2)　委員会の構成

この委員会は、全国の刑事施設ごとに、法務大臣が任命する、人格識見が高く、かつ刑事施設の運営の改善向上に熱意を有する委員（地域の市民のほか、弁護士、医師、地方公共団体の職員その他の有識者）10 人以内で構成される（法 8 条）。委員会は、その職務として刑事施設の運営全般について協議し、刑事施設の長に対し意見を述べることができる。委員はいつでも委員会の議を経て施設を視察し、被収容者と面会できる。被収容者が施設運営の改善に役立つ意見・提案を自由に述べることができるように、メールボックス（提案箱）を設置したり、委員会の要請があれば職員の立会いなく委員が被収容者に面接できる。刑事施設の長は、委員会に対し刑事施設の運営について情報を提供するとともに、委員会の行う視察および面接について必要な協力をしなければならないこととしている（法 9 条）。また、法務大臣は、委員会が刑事施設の長に対して述べた意見およびこれを受けて刑事施設の長が講じた措置を取りまとめ、その概要を公表することになっている（法 10 条）。

(3)　問　題　点

わが国の視察委員会制度は、イギリスで長く定着している「訪問者委員会」（Board of Visitors、2003 年 4 月より「独立監視委員会」（Independent Monitoring Boards）と改称）、ドイツにおける「施設審議会」（Anstaltsbeirate）、フランスの「監視委員会」（Commission de Surveillance）、オランダの「刑務所監督委員会」などを参考にした刑務所運営についての市民参加組織にならったものである。本委員会の設置によって、わが国も、行刑の社会化及び国際化という観点から、第三者委員会の設置を義務づけている国連被拘禁者処遇最低基準規則（1955 年）やヨーロッパ理事会のヨーロッパ刑事施設規則（1987 年）の水準に一歩前進したと評価できよう。しかし、そうとはいえ、視察委員会に対しては、その権限の内容が必ずしも明確でないことのほか、あくまで刑事施設の全般的な運営に関して意見を述べるものであり、

個々の受刑者の不服申立を処理する権限を有していないことへの批判もある（川出・前掲34頁、土井政和「受刑者処遇法にみる行刑改革の到達点と課題」自由と正義56巻9号29、30頁（2005））。本委員会組織は、わが国においてこれまでにはまったくなかった新しい制度であるだけに、どの程度の視察が可能なのか、調査権限はどこまで及ぶのか、新たな不服申立制度との関係はどうあるべきかなどの問題については、今後の運用の積み重ねの中で、一定の明確な基準を見出していくことになろう。そして、この制度が形骸化することなく、「市民参加による社会に開かれれた刑務所」になるために有効な制度として定着させていくためには、さまざまな試行錯誤があると思われるが、少なくともその目的実現に向けた刑事施設側の十分な理解と伝統的な密行主義からの脱却という意識改革が必要とされるであろう。

3　今後の課題と展望

1　施設内処遇全般

今後さらに検討すべき課題として、以下のようなものが残されている。まず第1に、受刑者と刑事施設職員（刑務官）の法的地位の問題である。受刑者の法的地位の問題は、行刑の法律化の観点から、受刑者の権利義務（刑務所内での生活条件の保障又は制限）を明確化するための古くて新しい問題である。一方、刑収法では矯正の担い手である刑事施設職員の質的向上に向けた取組みと職員の職務権限に関する規定を置いているが、その具体的な運用が問題となる。矯正職員をめぐる問題は、従来のわが国の刑事政策ではほとんど取り上げられることのなかったテーマであるだけに、今後の研究の展開が望まれるところである。

第2に、刑事施設の規律と懲罰のあり方をめぐる問題である。刑収法では、規律・秩序維持のための措置に関する詳細な規定を置いているが、どこまでが適正な管理運営・規律維持といえるのか、受刑者の人権保障、改善更生・社会復帰との関連性に留意しつつ検討する必要がある。また、刑収法における懲罰規定の整備についても、旧監獄法と比較すると、その懲罰の種

類、懲罰事由、懲罰手続など法文上格段に明確化されている。よって、具体的な規定の解釈運用について検討するとともに、受刑者の人権保障の観点から、どこまで適正手続保障が担保されうるかを今後検討する必要があろう。

　第3に、刑収法では、受刑者の権利保障を実質化するものとして、受刑者の人権救済をすすめる観点から新たな不服申立制度が整備されている。その具体的な制度の内容と効果的な運用のあり方について検討することが今後必要とされるであろう。

　第4に、施設内処遇を論ずる場合、受刑者の改善更生・円滑な社会復帰は、刑務所における矯正処遇だけで達成できるものではなく、受刑者も刑に服した後には地域社会に再度戻っていく存在である以上、地域社会の受け入れ側との連携が必要不可欠である。よって、「施設内処遇と社会内処遇の連携」という視点から犯罪者処遇のあり方を検討することが要請されている。この問題については、次講において検討されるであろう。

　最後に、刑収法は、旧監獄法を100年ぶりに全面改正した画期的なものであり、受刑者処遇の面で様々な新しい処遇制度を導入している。21世紀のわが国のあるべき犯罪者処遇法として、刑収法が果たして犯罪者の改善・更生および円滑な社会復帰を図る上で効果的なものとなるかどうか、刑事政策全体の枠組みの中で慎重にその処遇効果を検証していく作業が、刑事政策の研究者および実務家に対して課せられた最大の課題であるといえよう。

2　拘禁刑創設による施設内処遇

　2022（令和4）年6月に刑法の一部改正法が成立し、刑事施設における受刑者の一層の改善更生と再犯防止を図る目的から、懲役及び禁錮を廃止し、これらに代えて「拘禁刑」が創設された（改正法の施行日は公布の日から3年後の2025年以内とされている。）。なお、法務省によれば、新しい刑の名称を「拘禁刑」としたのは、「刑の内容を適切に反映した名称であり、刑罰の性格、目的に照らしてふさわしいものであること、そして簡潔かつ平易な名称であること、また他の法令上の用語との関係で問題を生じないこと」などを考慮して決定されたとされる（川原隆二法務省刑事局長答弁　第208回参議院法務委員会会議録　第14号19頁2022（令和4）年5月24日）。現行刑法が懲役刑

の受刑者に対し、「所定の作業」(改正前の刑法 12 条 2 項)を義務づけしていたのに対し、改正刑法では拘禁刑の受刑者に対して「改善更生を図る」ことを目的とし、必要な作業のみならず「必要な指導」を行うことができることを明記している(改正刑法第 12 条第 3 項)。その趣旨は、受刑者の改善更生や再犯防止の重要性に対する認識の高まり等を踏まえ、刑事施設内での処遇の充実を図るためには、懲役刑のように刑務作業を一律に行わせるのではなく、個々の受刑者の特性に応じ、その改善更生及び再犯防止を図るために、必要な作業と指導をベストミックスしたより柔軟な処遇の実施を可能にしようとすることにある(川原・前掲会議録 8 頁)。

　これは、刑収法上、そして矯正実務においても、作業は指導と並ぶ矯正処遇として位置づけられていることに照応するように、刑法においても「懲らしめ」として作業を強制することから脱し、拘禁刑においては作業とともに指導を受刑者の改善更生という目的を達成する手段・方法として位置づけることで刑収法と刑法の両法において足並みをそろえようとしたものといえよう。もっとも、改正刑法 12 条 3 項において、作業と指導が明記されたことが、拘禁刑の「刑罰の内容」としてなのか、拘禁刑の「刑の執行方法」を示す規定であるのかについては、議論のあるところである(詳しくは、赤池一将「拘禁刑をめぐる素朴な問いの覚え書き」赤池一将他編集『刑事司法と社会的援助の交錯』(現代人文社、2022)、本庄武「拘禁刑の創設——「懲罰」から「更生」につながるか」法学セミナー816 号 27-28 頁(2022)参照)。この点について、改正法立案に関与した法務省当局も明確な態度を示していないので、今後も本規定の解釈をめぐって論争は続くと思われる。拘禁刑の意義及び内容については、本書「第 9 講◇自由刑」及び「第 12 講◇犯罪者の処遇」において議論されるであろう。

　拘禁刑の下での各受刑者の特性に応じた矯正処遇のイメージ例としては、①基礎的な学力の不足により社会生活に支障がある者など教科指導などを十分に行うべき若年の受刑者に対しては、作業を大幅に減らし、または作業を全くさせず改善指導、教科指導を行うなど学力向上のための指導を中心とした処遇を実施すること。この点につき、若年受刑者に対する教科指導を中心とした処遇の先進的な取組が、2022(令和 4)年 9 月から川越少年刑務所

（男子受刑者）と美祢社会復帰促進センター（女子受刑者）において「ユニット型処遇」として実践されている。新設された「U指標受刑者」（若年受刑者ユニット型処遇対象者）に対する矯正処遇において、平日の午前中は専ら教科指導と改善指導に割り当てられ、指導時間数が大幅に増やされている。一方、平日の午後の時間帯には作業として職業訓練が積極的に導入されている（ユニットによっては午前の部と午後の部が入れ替わることもある。）。詳しくは、西田篤史「若年受刑者の処遇の充実について〜若年受刑者ユニット型処遇を中心に〜」刑政133巻9号18-26頁（2022）。②高齢又は障害により受刑中の認知機能や身体機能の低下が懸念される受刑者には、当該機能の維持向上に資する作業（訓練）、出所後の社会適応に必要な知識、能力を付与する改善指導あるいは福祉支援等の社会復帰支援を個々の受刑者の特性に応じバランスよく実施すること。③依存症などの問題性を抱える受刑者に対しては、依存症などの問題性に着目した改善指導と出所後の就労を見据えての作業をバランスよく実施すること、などこれまで以上に柔軟に作業と処遇を組み合わせて実施することが可能となる（佐伯紀男法務省矯正局長答弁 第208回参議院法務委員会会議録3頁2022（令和4）年5月24日；法務省矯正局「矯正処遇等の在り方に関する検討会報告書」3-4頁2022（令和4）年7月8日）。

　もし上記のイメージ例のような処遇の在り方が実現すれば、作業と指導の実施率や両者の比率は大きく変化するはずである。刑務作業が矯正処遇の大部分を占めている現状（原則「1日につき8時間、1週間につき40時間」の作業の確保と月2回の改善指導・教科指導のための矯正指導日の実施）において、再犯防止に向けた教育プログラムや指導を受ける時間は限られ、指導には十分な時間があてられてこなかったこれまでの弊害が解消されることが期待される。刑収法における作業と指導をともに義務づけている矯正処遇の基本的枠組は維持されたままであるが、作業や指導の内容・運用・体制を大胆に見直すことで、受刑者の改善更生と円滑な社会復帰に向けた矯正処遇の理想へと大きく転換しうるチャンスとなるであろう。

　拘禁刑創設に伴う改正刑収法における作業の見直しについていえば、たとえば、作業を実施するにあたっては単純作業ではなく、個別の受刑者のニーズや特性に応じてより教育的な観点から出所後の就労の確保に資することを

目的にした可能な限り有用な作業や職業訓練を整備・拡充することが要請されるであろう。また、刑収法上、例外的な運用ではあるが、「作業を行わせることが相当でないと認めるときは」作業をまったく行わせないことも可能となった（改正刑収法第 93 条ただし書）。

　さらに、作業と指導の義務づけとその義務違反に対する懲罰賦課の運用についても、作業拒否に対する厳格な懲罰賦科に対して、指導拒否には懲罰を科さないという実務の現状において、法改正後は、「作業についても、指導についても、本人の改善更生を図る上、いわば教育的観点がより強くなってくるわけでございますので、<u>本人の全くの不同意の状態で強制すること</u>で効果的に実施できるというふうには私どもも考えてございません」との考えを法務省幹部は表明している（佐伯紀男矯正局長答弁、第 208 回国会衆議院法務委員会議事録 第 13 号 2022（令和 4）年 4 月 27 日）（下線部は筆者による強調。）。要するに、指導拒否の場合の慎重な運用と同様に、作業拒否の場合においても、現状のように施設内の規律秩序の維持の観点から厳格かつ機械的に懲罰を科すのではなく、受刑者の同意を可能な限り得るために、受刑者に対して処遇の必要性、その義務付けの意義、処遇内容についての納得のいく説明と根気強い指導を働きかけていくという方向でその運用を見直していくものと思われる。今後の実務の変化に期待したい。

　さらにまた、現在の刑務作業の実態に関する問題点として、「受刑者は、軍隊さながらの集団生活の中で、強制的に出勤させられ、刑務作業中は無言で作業に従事し、何か問題があっても自分たちで問題解決を図らず、ひたすら我慢するように指示されている。このような環境に長くいれば、当然、自律的な生活習慣もコミュニケーション能力も失われてしまう。ある意味、現在の刑務作業のあり方は、社会復帰後の就労につながらないだけでなく、阻害要因になっている可能性すらある。」との批判が指摘されている（浜井浩一「刑罰をどう考えるか」世界 2022 年 11 月号 187 頁；同「新たに創設された『拘禁刑』と刑務所の課題」季刊刑事弁護 112 号 150 頁（2022））。このような批判に真摯に向き合いつつ、刑務作業の刑事政策的意義を踏まえ、矯正局でも、今後は、「出所後の社会生活を見据えた作業・職業訓練等の推進」の観点から、出所後就労により生計を維持すべき受刑者に対しては、「作業の実

践の場を通じて、感情をコントロールした意思疎通、相手を尊重しながら自己表現を行うといったコミュニケーション能力、作業工程や製品の改善を考えさせることで進んで課題を解決していく能力など、必要な環境を整えた上で、社会人に求められる基礎的能力を図っていく。」という方針であるとされており、こうした方向への改革が期待されるところである（法務省矯正局「矯正処遇等の在り方に関する検討委員会報告書」11 頁 2022（令和 4）年 7 月 8 日）。

　新設される拘禁刑の下で、刑事施設における受刑者の処遇の一層の充実を図る前提として、刑収法においてすでに導入されている受刑者に対する「処遇調査」及びその結果を踏まえて作成される「処遇要領」について、より一層充実したものなるように法改正が行われた。ひとつは、刑事施設における処遇調査において、年齢その他の特性を踏まえ、必要に応じて少年鑑別所の専門的な調査機能を活用できるよう、刑事施設の長の依頼に基づく少年鑑別所による鑑別の対象者が 20 歳以上の受刑者にも拡大された（改正少年鑑別法 17 条 1 項 3 項）。このほか、「処遇要領は、できる限り速やかに定めるものとし、矯正処遇の目標並びに作業及び指導ごとの内容及び方法をできる限り具体的に記載するものとする」（改正刑収法 84 条 3 項）などの改正も行われた（栗木傑・中野浩一「『刑法等の一部を改正する法律』の概要」法律のひろば　75 巻 9 号 58 頁（2022））。

　二つ目は、刑事施設における受刑者の「社会復帰支援」の取組をより一層推進するため、刑収法において、刑事施設の長の責務として、「釈放後に自立した生活を営む上での困難を有する受刑者に対しては、その意向を尊重しつつ」、出所後の就労や帰住先の支援など当該受刑者が健全な社会生活を営むために必要な援助を実施することを明記した（改正刑収法 106 条 1 項各号）。また、社会復帰支援が改正刑収法第 106 条として明文化されたことに伴い、それまで同条において規定されていた「外出及び外泊」は改正刑収法「第 106 条の 2」とされた。

　最後に、現在、矯正処遇においては、被害者等の心情等を踏まえた犯罪者処遇の推進という観点から、被害者等の心情を理解させるために、特別改善指導の一つの類型として「被害者の視点を取り入れた教育」と一般改善指導

の一種類として「被害者感情理解指導」が実施されているが、その観点をより一層効果的に充実化する方針の下に、今回の法改正において、被害者等の心情等を刑事施設において聴取する仕組みを設けるとともに、刑事施設の長は、処遇要領の策定及び矯正処遇の実施に当たって、被害者等自身から聴取したものを含め被害者等の心情等を考慮することとされたほか、被害者等が希望する場合には、受刑者に聴取した心情等を伝達する仕組みが設けられた（改正刑収法第 84 条の 2 第 2 項、第 103 条 3 項）。その趣旨は、受刑者の改善更生を効果的に図るためには、受刑者に対して被害者等の心情や状況等により、直接的な形で触れさせることが重要であり、また矯正処遇の場面においても被害者等との関係を深めていくことにある、とされている（佐伯紀男法務省矯正局長答弁 第 208 回参議院法務委員会議録 第 14 号 9 頁 2022（令和 4）年 5 月 24 日）。本制度を円滑に進めていくためには、「被害者の視点を取り入れた教育」や「被害者感情理解指導」との連動性を高められるよう、その人的・物的体制の整備を着実に推進し、新たな取組に対応しうる刑務官の研修の充実を図ることも重要であると思われる。なお、上記で述べた①受刑者の処遇調査・処遇要領をより充実させるための少年鑑別所法および刑収法の改正、②受刑者に対する社会復帰支援の取組に関する刑収法の改正、③被害者等の心情等の聴取・伝達制度に関する刑収法の改正については、公布の日から 1 年 6 月以内に段階的に施行するものとされている。

　今回の一連の法改正を受けて、改正法施行までに検討すべき課題も見えてくる。その最大の課題は、法改正の主眼である個々の受刑者の特性に応じたベストミックスな処遇を行うためには処遇調査・処遇要領をより一層充実化しなければならない。そのためには、今後は、心理学、社会学などの専門的知識をもった調査専門官を増員していくことが望まれる。加えて、現在矯正の現場において懸案となっている高齢の受刑者や障害を有する受刑者の処遇については、施設内において介護、福祉、医療などの専門性をもった人材を今以上に確保する必要がある。さらには、今回の法改正の趣旨を踏まえて、個々の刑務官の能力向上が一層求められていることから、「何よりも拘禁刑という新たな矯正処遇を担う刑務官の研修の充実は不可欠である」（安部哲夫「拘禁刑と犯罪者処遇」犯罪学雑誌 88 巻 4 号 101 頁（2022））。

　次の課題としては、拘禁刑の施行に向けて、今後、出所後の就労を見据え
た新たな職業訓練の整備・拡充や一般改善指導と特別改善指導の充実化に向
けた各種教育的処遇の見直し・再編などに取組むことが要請されるであろ
う。そのための具体的な計画立案を実現するためには、相当の人的・物的・
財政的資源を必要とするだろう。とりわけ、今回の拘禁刑創設及び施設内処
遇の変革の成否は、法務省・矯正当局の財政的基盤、すなわち法改正のため
の予算的措置をどの程度確保することができるのかにかかっているといって
よいであろう。

　最後に、中長期的な課題としては、改正刑収法の内容及び運用が、受刑者
処遇の国際的なスタンダードである「改訂国連被拘禁者処遇最低基準（「マ
ンデラ・ルールズ」)」（2015 年）に適合しうるように、日本の矯正処遇が「国
際化」されていくよう不断の努力をしていくことであろう（本庄武・武内謙
治編『刑罰制度改革の前に考えておくべきこと』213-231 頁（日本評論社、
2017))。

参考文献

・林眞琴・北村篤・名取俊也『逐条解説 刑事収容施設法 改訂版』（2013 年、有斐閣）
・「〈特集〉受刑者処遇の現状」法律のひろば 65 巻 8 号 4 頁以下（2012 年）
・瀬川晃「犯罪者に対する施設内処遇の現在」同志社法学 63 巻 1 号 87 頁以下（2011 年）
・「〈特集〉行刑の現状と課題——刑事収容施設法施行後の検証」法律時報 80 巻 9 号 4
頁以下（2008 年）
・「〈特集〉刑事施設の現状と課題」犯罪と非行 155 号 5 頁以下（2008 年）
・「〈特集〉新受刑者処遇法の諸問題」刑法雑誌 46 巻 3 号 361 頁以下（2007 年）
・菊田幸一・海渡雄一編『刑務所改革——刑務所システム再構築への指針』（2007 年、
日本評論社）
・刑事立法研究会編『刑務所改革のゆくえ——監獄法改正をめぐって』（2005 年、現代
人文社）

（ぱく・うぉんきゅ）

第14講◆社会内処遇

キーワード

保護観察、仮釈放、更生保護、コミュニティ・サービス、電子監視

1 意義と展開

1 社会内処遇の意義

　社会内処遇とは、犯罪者を刑務所などの一定の施設に拘禁するのではなく、むしろ自由な社会生活の場である地域社会のなかで犯罪者に一般人と同様の生活を送らせながら、処遇を行う者が指導や援助を行って、その社会復帰、改善更生をめざす処遇である。したがって、刑務所等の施設を用いる処遇、いわゆる施設内処遇とは対照的な概念である。すなわち、一般に、施設内処遇の弊害を認識し、それを回避する手段として用いられる。従来の犯罪者処遇の特徴は、「施設内処遇から社会内処遇へ」という標語で示され、社会内処遇に対して大きな期待が寄せられてきた。

　わが国の社会内処遇の制度としては、保護観察、仮釈放、更生保護などを指すが、世界にはさらに、コミュニティ・サービス、電子監視、在宅拘禁（コラム 32 参照）など多様な制度が含まれる。あるいは、同様に、施設内処遇回避として、施設と社会の中間的場所における、しばしば中間処遇と呼ばれる犯罪者処遇形態も、社会内処遇の一部として理解されることがある。また、近年、欧米では施設内処遇の回避策・代替策ではなく、後述するように、積極的に、地域社会における独立の刑罰の執行（たとえば、イギリスの「地域刑（community sentence）」）として、あるいは「犯罪者管理」として位置づける動きがみられ、社会内処遇の性格は大きく変容しようとしている。すなわち、社会内処遇においても処遇的色彩が薄まり、管理処罰的色彩が強まりつつある。

　このような動きはわが国にも及んでおり、2007 年 6 月には、社会内処遇の在り方を規定する更生保護法が成立した。

○コラム30　更生保護法の成立

　平成19年 6 月第166回国会において成立した更生保護に関する基本法である。主要な部分は、懸案であった犯罪者予防更生法と執行猶予者保護観察法の整理・統合を果たし、新たな 1 つの法令として整備した点であるが、加えて種々の新規の事項も盛り込まれている。立法の契機となったのは、2004年から2005年にかけて保護観察中ないし、その終了後の者による再犯事件が相次いで発生し、更生保護の実効性、再犯防止に対する批判が生まれたことから、法務省は「更生保護のあり方を考える有識者会議」を設置し、更生保護制度の全般的な検討や見直しを行った結果、2006年 6 月に同会議の最終報告書が発表された。そして、それに基づいて生まれたのが更生保護法である。しかし、同法は社会感情を重視するあまり、犯罪者に対する指導・監督が強調されすぎて、監視的機能が強まり、従来の保護観察のケース・ワーク的機能を阻害するとの批判もみられる。

2　社会内処遇の展開

　刑罰の歴史は大まかに言って、最初に死刑が多用され、その後、近代啓蒙思想の発達により人道主義が台頭して、死刑に代わり、自由刑や流刑が発展した（刑罰の歴史については第 3 講参照）。しかし、自由刑、すなわち施設内処遇においては種々の弊害が指摘され、次第に、施設内処遇の代わりに財産刑や社会内処遇が注目されるようになった。施設内処遇では犯罪者に対するラベリングが強烈であり、また収容者が受刑生活に適応し、逆に一般生活から乖離する、いわゆる「刑務所化（prisonization）」が指摘されるなど、社会復帰をむしろ困難にするという認識が広まり、その回避・代替策が模索された。つまり、犯罪者を処遇する場合、なるべく閉鎖的な施設を用いず、一般社会内で行うことが望ましいという認識である。このようにして、特に第 2 次世界大戦後は社会内処遇の発達をみた。「施設内処遇から社会内処遇へ」と言われる所以である。

　しかしながら、近年、社会内処遇を受けていた犯罪者による凶悪事件の発

生や被害者運動の強まりから、一般国民の社会内処遇に対する信頼感が揺らぎ始め、社会内処遇の在り方を見直す機運が世界的に高まっている。

2　社会内処遇の種類

1　わが国における制度

先に述べたように、わが国の保護観察制度は大きく変わろうとしており、法制度の各種改革が行われている。このため、現在、対象者ごとに適用法令が異なるなど複雑であるが、以下では一応、更生保護法が施行された場合の法令名・条文を掲げる。

(1)　保 護 観 察

わが国の社会内処遇の中心は保護観察である。英米では、施設内処遇を経ないで行われるものをプロベーション（probation）、経たあとに行われるものをパロール（parole）と呼んでいるが、わが国では総称して保護観察と呼んでいる。保護観察は、対象者（犯罪者）に対して処遇者（わが国では、保護観察官および保護司が該当する）が種々の扱いを行うものである。その方法として、更生保護法（平成 19 年）は指導監督（57 条）と補導援護（58 条）を定める。指導監督とは、対象者があらかじめ定められた遵守事項に従って生活を送っているかをチェックするもので、監視的機能が強い。すなわち、処遇者は、a 適当な方法により対象者と接触を保ち、その行状を把握すること、b 対象者が遵守事項を遵守し指針に即して生活し行動するよう、必要な指示を与えること、c 犯罪的傾向を改善するための処遇を実施すること、などである（同法 57 条）。他方、補導援助とは、対象者に本来自助の責任があることを自覚させて処遇を行うものであり、ケース・ワーク的機能を果たす。すなわち、a 宿所を得ることを助けること、b 医療および保養を受けることを助けること、c 職業を補導し、就職を助けること、d 教養訓練の手段を助けること、e 生活環境を改善し、調整すること、f 社会生活に適応させるための生活指導を行うこと、g そのほか対象者が健全な生活を営むために必要な措置を講じること、などである（同法 58 条）。このように、保護観察の方法は、監視機能と援助機能の双方が定められており、同じ処遇者が双方の機能

を担うのは相矛盾するダブル・ロールともいえ、実際には困難な場面が多い。また、近年の動向としては、監視機能を強化する傾向がみられる。

保護観察の種類として、わが国では、対象者のそれぞれの法的地位によって区分され、制度の創設順に、次の1号から5号の保護観察がある。

①　1号観察　保護処分として保護観察を受けた少年に対するもの（少年法24条1項1号、更生保護法48条1号）

②　2号観察　少年院を仮退院した者に対するもの（更生保護法48条2号）

③　3号観察　仮釈放者に対するもの（更生保護法48条3号）

④　4号観察　執行猶予者及び刑の一部執行猶予者に対するもの（刑法25条の2・1項、27条の3・1項、薬物法4条1項更生保護法法48条4号）

⑤　5号観察　婦人補導院を仮退院した者に対するもの（売春防止法26条1項）

これらのうち、①は終局処分であり、また①、④は施設内処遇を経ないのでプロベーションに近く、②、③、⑤は何らかの施設内処遇を経験しており、したがってパロールと解されている。さらに、⑤は今日、ほとんど使用されておらず（平成24年に2人、26年に1人が記録されている）、実質的には保護観察はそれ以外の4種であると考えてよい。

近年、保護観察における処遇の充実が強調されており、実際、対象者の処遇として、分類処遇制度と類型別処遇制度が実施され、前者は処遇の困難度に応じてA・B分類がなされ、資質・環境に問題が多い処遇が困難なA分類対象者には保護観察官が重点的に対応している。類型別とはいわば問題別であり、薬物、飲酒、暴力団、性犯罪、精神障害、高齢などの問題性に応じて処遇を変えるもので、とくに薬物犯罪者に対する種々の処遇が進められている。

(2)　仮　釈　放

仮釈放とは、拘禁中の受刑者を期間満了前に一定の条件を付して仮に釈放し、刑期の残期間において保護観察（パロール）を実施して、犯罪者の円滑な社会復帰を図る制度である。施設内処遇の弊害回避、あるいは刑務所の過剰拘禁の緩和などの理由による場合が一般である。通常、刑務所からの拘禁

刑の仮釈放を指すが、拘留刑に対する仮出場、少年院・婦人補導院からの仮退院なども含めた総称としても用いられる。

　拘禁刑に対する仮釈放については刑法28条に規定があり、「拘禁刑に処せられた者に改悛の状があるときは、有期刑についてはその刑期の三分の一を、無期刑については10年を経過した後、行政官庁の処分によって仮に釈放することができる。」この「改悛の状」としては、悔悟の情、更生の意欲、再犯のおそれのないこと、社会感情等を総合的に判断して許可される（昭和49年4月1日法務省令第24号「仮釈放及び保護観察等に関する規則」32条参照）。もっとも実際には、近年とみに、被害者を含む社会感情が重視される結果、仮釈放の時期が遅れる傾向がみられる。実際、更生保護法の成立によって、仮釈放の許否に関する審理に当たり、被害者等の意見を聴取することが規定され、今後さらに仮釈放率が低下し、あるいは仮釈放の時期が遅れる傾向にある（もっとも、図14-1によると近年若干仮釈放率が上昇している）。

　わが国において、仮釈放を審査する機関は地方更生保護委員会である。仮釈放の手続は、まず刑務所などの矯正施設の長が応当日を経過した受刑者の中から対象者を選択し、これを申請することから始まる。地方更生保護委員会は、この申請に基づき、委員が対象者に面接を行ったり、帰住先の環境調整、被害者の意向聴取などを行って審査を行い、許可または棄却の決定を行う。

　(3)　中間処遇

　中間処遇とは、一般に、施設内処遇と社会内処遇の中間に位置する処遇をいう。諸外国には多様な形態があるが、古くは19世紀中葉、アイルランドにおける仮釈放前の中間刑務所で行われた累進処遇制度が著名である。この中間刑務所では収容者は作業に従事し、成績が良好な者は最上級者として外部の私企業に仮釈放として雇用されたという。しかし、この制度は当時のアイルランドの人口減少と労働力不足を補うための発案であった。

　理念的には、犯罪者の社会生活の足慣らしとして施設内処遇から中間処遇、そして社会内処遇へとスルー・ケアが重視されるものをいう。その点では、欧米のハーフウェイ・ハウス（half-way house、イギリスではホステル）などにおける処遇がこれに当たる。さらに、どのような処遇が有効であるか分

からない犯罪者にとりあえず中間処遇を施し、その成果によって施設内処遇か社会内処遇かに移す方式もあり、前者がハーフウェイ・イン方式、後者はハーフウェイ・アウトと呼ばれる。

わが国では、法務省が「中間処遇」と称している形態がみられるが、上記のいずれにも当たらない。基本的には、無期刑ないし長期刑の受刑者に対する保護観察の一態様で、更生保護施設を帰住先にすることを条件に実施されている。しかし、年間 150 人程度に止まり、その成果も十分に示されていない。

(4) 満期釈放者への対応

平成 27 年において、仮釈放率は 57.7 %（13,570 人）であり、釈放者の42.3 %（9,953 人）が満期で釈放されている。一般に、満期釈放者は再犯可能性が高いと判断された者であり、実際、仮釈放者に比べ再犯率は高い。ところが、比較的予後の良好な仮釈放者には保護観察（パロール）が必ず付されて、保護司や保護観察官の指導監督・補導援護がなされ、社会内において対象者と処遇者との何らかの人間的接触がある一方で、満期釈放者にはそのような措置が全くなされず、放置された状態である。つまり、保護や監督の必要な者が社会的に放任されており、何らかの対応が必要であるのではないかというのが近年の論争である。

もっとも、満期釈放者は仮釈放者と異なり、刑期を終え刑事手続から離れた者であって、国の強制力は及ばない。わが国は残刑期間主義を採用するから、満期釈放者に強制力の伴う保護観察を付することはできないのである。そこで考査期間主義を取り入れ、再犯の危険性が残存する期間は国が強制力を執行できるとするという意見もあるが、これは責任主義に反する恐れがある。従来、このような弊害を回避するために、刑の執行が一定期間を過ぎた者には必ず仮釈放を行う必要的仮釈放制度の導入などが議論されてきた。つまり、刑務所に収容されている者を全員、仮釈放で出所させ、これに保護観察を課すのである。あるいは、イギリスの制度にみられるような、裁判所の判決でもって前半を拘禁刑、後半を保護観察（地域刑）というように、刑を分割して判決の際に保護観察を予め言い渡す方法もある（2003 年刑事司法法 (The Criminal Justice Act 2003) で導入された「拘禁プラス (custody plus)」。但し、

未施行)。いずれせよ、危険性だけを考慮するのではなく、対象者の人権保障や責任主義をクリアできる方策の検討が必要とされてきた。

　そこで、このようなイギリスの制度と類似するのが、後述の刑の一部執行猶予制度である（279頁以下参照）。この制度も、刑期の前半を刑務所収容、後半の刑期を猶予して、保護観察も可能としている。したがって、従来では満期釈放となる可能性のあった者にも、後半に執行猶予して保護観察を行うことも可能で、短期刑受刑者に限るとはいえ、若干の改善は期待できるものと思われる。

(5)　更生保護

　保護観察と類似した用語に「更生保護」がある。この語は上述の犯罪者予防更生法で初めて用いられたが、法律上の定義はなく、概念的にも必ずしも明確ではないが、保護観察よりも広義に理解されている。つまり、犯罪者が社会において通常の社会人として改善更生できるように指導・援助するとともに、一般社会の犯罪予防活動を促進することによって、犯罪から社会を守り、かつ個人および公共の福祉を増進することを目的とする施策である。まさしく「更生」、つまり、犯罪者を甦（よみがえ）させる趣旨である。更生保護は内容的には、仮釈放の決定、保護観察の実施、刑事手続・保護手続から拘束を解かれた者に対する更生緊急保護、恩赦、犯罪予防活動などを含み、このような趣旨に基づき、上述のとおり、2007年には犯罪者予防更生法と執行猶予者保護観察法が統合され、「更生保護法」が成立した。

2　外国の制度

　外国には社会内処遇として多様な制度があり、保護観察、仮釈放はもちろん、施設内処遇と社会内処遇の中間に位置する中間処遇などがある。もともと保護観察（プロベーション〈probation〉）は、アメリカでは19世紀中頃、靴屋の職人ジョン・オーガスタス（1785-1859）が常習酩酊犯の男をもらい下げて職を与えるなどの支援を行い、イギリスでは裁判官マシュー・ダベンポートヒルが犯罪者の釈放に契約保証金を創設してこれを支援したことに始まる。なお、その他の社会内処遇として、わが国にはみられない下記のような形態もみられる。

(1) コミュニティ・サービス

コミュニティ・サービス（community service）は1972年にイギリスで開始された刑罰の一つで、当時の刑務所の過剰収容回避策として導入された。これは、有罪判決を受けた犯罪者に拘禁刑かコミュニティ・サービスかを選択させ、後者を選択した場合、裁判所の命令として一定時間、地域社会で無給の作業に従事させるものである。わが国では、しばしば「社会奉仕」と訳される場合があるが、奉仕は本人の積極的な意思によって従事するものであるか

J・オーガスタス

ら、刑罰の一環としてのコミュニティ・サービスのような強制を意味する語には適当ではない。しいて言えば「地域作業」が妥当である。なお、イギリスでは近年の改正で、保護観察などを含め、「地域刑（community sentense）」という語で統合され、用語としても「無給作業（unpaid work）」に変わっている。

わが国でもこれに類似する実務として、非行少年に対する試験観察や保護観察の場で、あるいは警察における交通違反者に対する行政処分の一環として試験的に実施されてきた。たとえば、公共場所の清掃、福祉施設の介護補助などが行われているが、さらに後述のように、刑の一部執行猶予制度の導入に伴い、保護観察における特別遵守事項に「地域社会の利益の増進に寄与する社会的活動」が規定されたことにより、犯罪者の社会貢献活動が法的制度に高められ、今後、一段と発展することが予想される。但し、他の国の例にみられるように、犯罪者が一般社会において「さらし者」にされないような実務の工夫が必要であろう。

○コラム31 「コミュニティ・サービス」は「社会奉仕」か

わが国では、刑務所の過剰拘禁状況を改善するために、被収容者人員の適正化が法制審議会などで議論されており、その中で一定の犯罪者に対して

「社会奉仕」を義務づける制度が検討されている。おそらく、「社会奉仕」とはイギリスの「コミュニティ・サービス（community service）」を訳したものと思われるが（イギリスでは、2003年以降この名称は使われておらず、現在「無給作業（unpaidwork）」と呼ばれている）、「サービス」を「奉仕」と訳するのは問題と思われる。なぜなら、そもそも強制力によって地域に役立つ作業を犯罪者に行わせるものだからである。「奉仕」はあくまでも本人が任意（ボランタリー）で心から地域に役立ちたいと考える精神に依拠するものであり、この場合の「サービス」とは兵役（ミリタリー・サービス）などと同列の義務を伴うニュアンスと考えられる（守山正「非行少年に対するコミュニティ・サービスの意義」犯罪と非行103号〈1995年〉42頁以下）。以前この議論が行われた際に、わが国でも一部のボランティア団体が異議を唱えたのは当然であると思われる。また、地域内で犯罪者は衆人環視の中、刑の執行を行う姿をさらすのであるから、制服を着たり、ゼッケンを付けたりすれば、かつての「恥辱刑」を彷彿させるであろう。

(2) 電子監視

電子監視（electronic monitoring）制度は、アメリカのニューメキシコ州で保護観察対象者に対して 1983 年に初めて使用され、その後、多くの国で実施されている。すなわち、保護観察、在宅拘禁、性犯罪者管理などの際に、犯罪者の現在の位置・場所を確認するため、犯罪者の身体に送信機を装着して監視する方法である。送信機（GPS）の形状はさまざまで、足首・手首に取り付けるブレスレット状のものや最近では外観では分からないように皮下に埋め込む形状まで多様である。

○コラム32　在宅拘禁（house arrest）

文字通り、犯罪者の住宅などを刑務所の代わりに使用する制度である。一般には、刑務所の過剰拘禁の回避手段として利用されている。犯罪者は刑務所に収容されない代わりに一定場所・時間に居住が義務づけられ、それを担保するために電子監視装置（送信機）が犯罪者の身体に装着される。この器具は、インターネット、あるいは衛星回線によって保護観察所と常時通信しており、住宅から一定距離以上に離れると自動的に保護観察所などに通報され、犯罪者は逃走したと扱われるしくみである。通勤や通学などの正当な理

由がある場合は、通信が解除されることがある。もっとも、これらの通信費
は犯罪者の負担とされる例もみられる。

電子監視は、保護観察において保護観察官などによる人的な監視を行うの
ではなく、人に代わって通信機器によって行うものである。近年では、欧米
において犯罪者からの公衆保護が強調され、経費が節減できることとも相ま
って、その手段として利用度が高まっている。しかしながら、いわばかつて
の罪人に対する刑具であった手かせ・足かせを連想させ、人間の尊厳を害し
て非人道的という批判も少なくない。わが国では保護観察の場では使用され
ていないが、将来的には性犯罪者やストーカー犯罪者に対して、凶悪な事件
が発生すれば、その装着をめぐる議論が起こることも予想される。

3　社会内処遇の現状

1　仮釈放の現状

(1)　出所受刑者数、仮釈放、刑の執行率

仮釈放申請受理人員は、受刑者の増加に従って、一時期増加傾向がみられ
たものの、平成20年以降減少したが、平成27年では1万5,118人と若干増
加した。また、申請に対する地方更生保護委員会の棄却率はほぼ2％から
4％の間で推移し、近年若干上昇傾向にある。これは、受刑者の高齢化によ
る帰住地の設定や環境調整の困難の他に、被害者に対する配慮が強まってい
るからであろう。

図14-1は、出所受刑者数と仮釈放率の推移をみたものである。これをみ
ると、仮釈放者数が満期釈放者を上回る状況にあり、平成27年の仮釈放率
は若干50％を超える57.7％で、仮釈放と満期釈放の比率はほぼ1.3：1であ
り、逆にいえば仮釈放されない者が半数近くいることを示している。通常、
施設の過剰収容が深刻になれば仮釈放が積極化されるのが以前の例であった
が、近年は過剰拘禁が緩和されたこともあって、そのような対応になってい
ない。

同じ仮釈放でも刑の執行率は異なる。刑の執行率とは、どの程度の期間を

図 14‐1　満期釈放者・仮釈放者および仮釈放率の推移

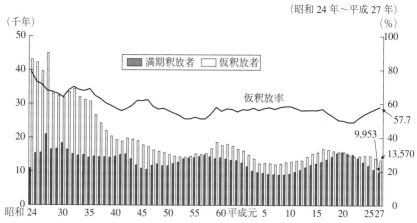

（昭和 24 年～平成 27 年）

注 1　行刑統計年報及び強制統計年報による。
　　2　女子の満期釈放者及び仮釈放者の人員の推移等については、CD-ROM 参照。

図 14‐2　無期刑仮釈放許可人員

（平成 17 年～26 年）

刑の執行機関	18年	19年	20年	21年	22年	23年	24年	25年	26年	27年
総　　　　数	4	—	4	6	7	6	4	8	4	11
20 年 以 内	—	—	—	—	—	—	—	—	—	—
25 年 以 内	1	—	—	—	—	—	—	—	—	—
30 年 以 内	2	—	2	3	2	—	—	—	1	—
35 年 以 内	1	—	2	2	2	5	4	8	2	11
35年を超える	—	—	—	1	3	1	—	—	1	—

注 1　保護統計年報及び法務省大臣官房司法法制部の資料による。
　　2　無期刑の仮釈放が取り消された後、再度仮釈放を許された者を除く。

服役すれば仮釈放が許されたかをみる指標である。すなわち、仮釈放にも早い場合と遅い場合とがある。そこで、定期刑受刑者、つまり無期刑受刑者を除く者に関する刑の執行率をみると、平成 27 年では 90％以上が約 34％、80％以上で約 81％と高く、仮釈放を受けた人の 8 割は刑期の 8 割が執行されており、この比率は高まる傾向にある。ここでも仮釈放の遅れが指摘できる。この結果、残刑も短く、保護観察を十分に行う状況にないことを示して

いる。

(2)　無期刑受刑者の仮釈放

仮釈放の遅れがさらに顕著に目立つのが、無期刑受刑者である。刑法上、無期刑については刑の執行が 10 年を経過すれば仮釈放が可能であるが、実際には 20 年を超える者が増加しており、平成 15 年以降では 20 年以内に仮釈放された者はいない。実際、刑の執行を 30 年終えて仮釈放が始まるのが現状である。これは、無期刑受刑者は大半凶悪事件を引き起こした者であり、これに対する被害者や遺族はもちろん、一般市民の報復感情が強いため、仮釈放を決定する機関が被害者などに配慮して躊躇している様子が伺われる。こんにち、無期刑は実質的に終身刑的な色彩が強まっており、実際受刑中に死亡する者も少なくない。

(3)　矯正と保護の連携

1960 年代から 1970 年代にかけて、仮釈放率が低下した際に、刑務所等の処遇を行う矯正機関と保護観察を行う保護機関との連携の必要性が強調された。仮釈放の棄却率が大幅に上昇して 15 ％を超えたからである（1965 年〈昭和 40 年〉で 15.6 ％）。これが意味するのは、仮釈放を申請する刑務所（矯正）側とそれを審査する地方更生保護委員会（保護）側との意見が一致しなかったことである。一般に、対象者が施設で収容されると同時に保護側によって仮釈放の準備調査が進められることとなっているが、実際にはほとんど行われておらず、仮釈放の適期以降に保護観察官や保護司によって対象者の面接や帰住先との環境調整が行われるにすぎない。

そこで、現在、矯正機関と保護機関との意思疎通を円滑にするために、保護観察官が刑務所などの一部の矯正施設に駐在する方式や両機関の人事交流が行われている。近年の棄却率も減少しているとはいえ、かつて矯正から保護までの犯罪者に対するスルー・ケアの重要性が強調されたことに鑑みると、今日の多機関協働という流れにおいても矯正機関と保護機関が連携することが重要であることは間違いない。

2　保護観察の現状

(1)　保護観察新規受理人員の推移

　図 14-3 からも分かるように、現在の保護観察対象者は大半が少年である。すなわち、家庭裁判所の審判で言い渡される保護処分としての保護観察（1号観察）が最も多く、かつては年間 8 万人を超える状況がみられたが平成 27 年では約 2 万 1,000 人を数える。少年ではさらに少年院仮退院者に対する保護観察（2 号観察）もあり、約 2,800 人が対象となっている。このようにして、少年の保護観察対象者は保護観察対象者全体の約 6 割を占める。これに対して、仮釈放者（3 号観察）は約 1 万 4,500 人で、保護観察執行猶予者（4号観察）は約 3,500 人であった。

　先にみたように、仮釈放者の数はいくらか増加しているものの、刑の執行

図 14‐3　保護観察新規受理人員の推移

（昭和 24 年～平成 25 年）

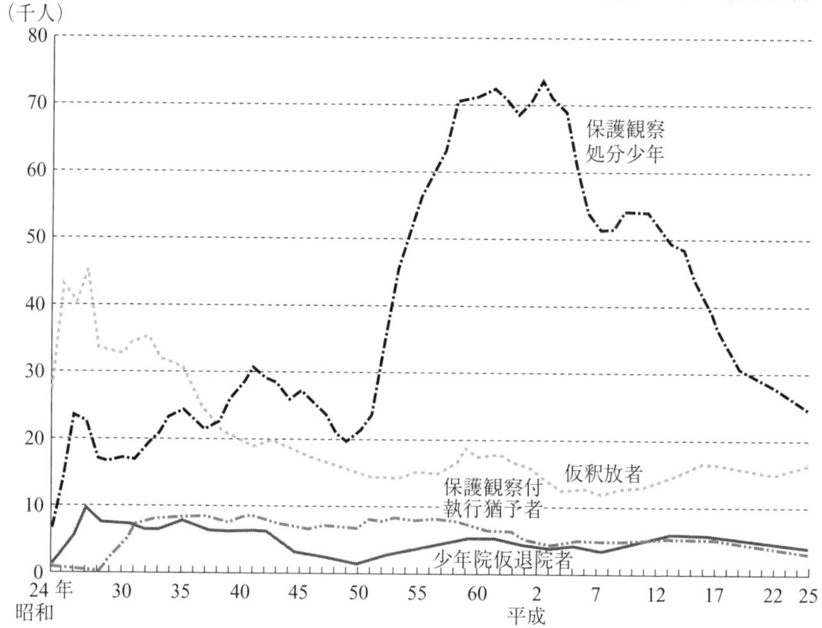

出典：法務統計年報および保護統計年報による

率が上昇していることから、残刑期間が保護観察期間となる 4 号観察では、実質的に保護観察期間の縮小が生じているのは前述のとおりである。1 年を超える期間の者はわずか約 2％に過ぎず、逆に 3 ヶ月以内が約 4 割に上る。保護観察期間中の十分なケースワークが期待できない状況にある。

(2)　応急の救護および更生緊急保護

保護観察中の者あるいは刑事手続を離れた者の中には、病気やけが、適当な住居や職がないなど困難な状況がみられ、円滑な社会復帰が阻害されており、再犯可能性が高まることも予想されることから、国は前者に対しては応急の救護（更生保護法 62 条）として、後者に対しては更生緊急保護（更生保護法 85 条）として支援を行っている。その内容は、宿泊、食事の提供にとどまらず、医療援助や旅費の給与などが含まれる。とくに宿泊や食事の提供は更生保護施設に委託して当面に生活を支援する活動を行っている。

平成 27 年において、応急の救護として約 6,100 人、更生緊急保護として約 8,000 人を支援したが、その大半は更生保護施設への委託であって、その総数は約 1 万 1,150 人に達する。

4　わが国における社会内処遇の担い手

1　更生保護の歴史

わが国の更生保護の歴史は古く、長谷川平蔵による人足寄場など江戸時代まで遡るとされるが、個々の人々の努力は散発的にあったにせよ、制度としての源流と考えることができるのは、明治期になってからである。すなわち、1888 年（明治 21 年）に篤志家であった金原明善（1832-1923）らが刑余者（免囚。刑を終えた者）を収容保護するために静岡県出獄人保護会社を設立したことが、更生保護の先駆とみられる。その後、全国に続々と免囚保護団体が誕生し

金原明善

たが、その背景には、ちょうど当時監獄には刑を終えたが自立できない者を別房に留置する制度があり、この廃止論が浮上したため、政府は慈善団体、宗教団体等に働きかけを行ったという事情がみられた。

　このように、更生保護はもともと民間から出発したものであり、こんにち保護司や更生保護施設などの民間人・組織の活動が活発なのも、このような伝統がみられるからである。もっとも、この更生保護の民間性は、歴史的に次第に縮小され、国家化の方向を示す。つまり、明治末期には免囚（釈放者）保護団体に国庫から補助金が支給されるようになり、昭和に入ると司法保護事業法が成立し、この種の団体の活動も法的規制の対象となる。さらに、この間に保護観察制度が誕生すると、保護団体の機能は相対的に低下した。戦後では、一段とこの種の組織は運営維持のために国庫補助に依存を強め、これと引き替えに国家統制を強く受けるようになったのである。この民間団体・組織を受け継ぐ現在の更生保護施設は、保護観察所からの委託保護が中心であり、組織が独自の判断で刑余者を保護する任意保護はほとんど行われていない。いわば、国家の下請け的地位に甘んじているのである。

2　更生保護の機関

　保護観察に関連する国の機関としては、法務省保護局、中央更生保護審査会、地方更生保護委員会、保護観察所があり、対象者に対して保護観察を行うのは有給の保護観察官および無給の民間ボランティアである保護司である（これらの機関については、第6講も参照）。

　しかし、この領域は伝統的に民間篤志家から開始されたこともあり、ボランティアの活動が顕著で、わが国の保護観察、更生保護は民間依存が世界的にみて非常に強いという特徴がある。

(1)　保護観察官

　更生保護法19条によれば、保護観察官は医学、心理学、教育学、社会学その他の更生保護に関する専門知識に基づき、保護観察、人格考査その他犯罪者の更生保護および犯罪の予防に関する事務に従事する一般職国家公務員である。地方更生保護委員会事務局と保護観察所に配置されている。したがって、保護観察の中心は形式的にいえば保護観察官による活動であるといえ

る。

しかしながら、2016年（平成28年）末現在で全国には保護観察官が約1,000名しかおらず、しかも実際に保護観察業務に関わるのは約630名といわれ、対象者が毎年新規に約4万人おり、この数からすればいかにも少ない。保護観察官一人あたり対象者40人を超える。そこで、保護観察の実際の現場は、通常、後述の保護司に委ねられているが、保護観察官の専門性が生かされていないと批判もあり、従来、処遇困難な対象者に限定して保護観察官が直接担当する方法もとられてきた（直担制度）。今後はさらに、詳細な対象者の分類を行い、できるだけ保護観察官の専門性が発揮できる場面を設定すべきである。

(2) 保護観察所

保護観察所は保護観察、更生保護の中心的な実施機関であり、法務大臣が管理する。全国に地方裁判所所在地に50ヶ所、支部3ヶ所、駐在官事務所27ヶ所がある。保護観察所には通常、保護観察官と法務事務官が配属されているが、平成15年に成立した心神喪失者等医療観察法に基づく医療観察制度の実施に伴い、この処遇に従事する専門職員として，精神保健福祉士の有資格者など同法の対象者の社会復帰を促進するために必要な知識及び経験を有する社会復帰調整官が新たに配置された。このため、保護観察所は性格の異なる観察活動を同時に行うこととなり、組織的一体性が問題とされている。

更生保護法（18条）によると、保護観察所は、保護観察の実施、犯罪予防のための世論の啓発指導・社会環境の改善・地域住民による犯罪予防活動の助長、および法律が定める保護観察所の所掌に属せしめられた事務を行うとされる。この所掌事務としては、犯罪者の帰住調整、更生緊急保護、保護司の教育訓練、更生保護施設の指導・監督、恩赦の上申、医療観察の実施等が考えられる（医療観察制度については、第11講参照）。

(3) 中央更生保護審査会・地方更生保護委員会

中央更生保護審査会は法務省に属する機関であり、その構成員は委員長（1人）と委員（4人）から成る。両者は法務大臣が任命するが、両議院の同意が必要である。その主要な任務は、恩赦（特赦・減刑・刑の執行の免除・復

権）の審査を行うこと、地方更生保護委員会の決定について審査を行い、裁決を行うことである。

　地方更生保護委員会は、独立行政機関の一つで高等裁判所所在地 8 ヶ所と分室（那覇）1 ヶ所に設置されている。各委員会は 3 人以上 12 人以下の委員で構成され、主として、仮釈放の審理・決定・取消、保護観察所の事務の監督、更生保護施設の認許可を行っている。

3 　民 間 組 織

(1)　保 護 司

　保護司は更生保護に関わる代表的な民間篤志家であり、保護観察官に協力して、犯罪者に対する保護観察、環境調整を行う。全国で約 4 万 8,000 人が活動している（定員は 5 万 2,500 人）。保護司は正式には、保護司法に定める無給の非常勤国家公務員で、法務大臣から委嘱を受け、特定の保護区に配置される。このような保護司の淵源は、戦前の旧少年法における嘱託少年保護司や司法保護事業法の司法保護委員に求めることができるが、現在の原型を作ったのは戦後の保護司法である。

　保護司法では経済的に余裕があることが要件に定められ、そのため地域の名望家が就任するケースが多く、その結果、平均年齢が 65 歳程度で高齢化を招いている。保護観察の対象者の多くが少年であり、また処遇困難者が増加する状況では、保護観察の現場を支える保護司の老齢化や非専門性は、わが国の社会内処遇にとって大きな問題となっている。

　今後種々の改革は必要であるが、しかし、更生保護の分野でこれほど多数のボランティアを抱える国は先進国にはなく、各地域社会に犯罪者に対する理解者・支援者が全国津々浦々に存在することは、わが国の大きな特徴であることには違いがない。近年、この活動を支えるため更生保護サポートセンターが設置された。

(2)　更生保護施設

　更生保護施設は、2001 年（平成 13 年）に成立した更生保護事業法の下で更生保護法人の設置する民間の施設である。刑務所等から釈放されて住む家がなく、頼るべき親族や縁故者もいないなど、自らの力だけでは更生が困難

な者を保護し、宿泊と食事を与えつつ社会復帰のための処遇を行う。全国に
103ヶ所あり、各都道府県に最低1ヶ所設けられている。

　もともとこの種の施設は、明治20年代に民間篤志家が初めて設置し、刑
務所などから犯罪者のもらい下げなどを行ってきた経緯があり、「更生保護
会」の名称を経て今日に至っている。しかしながら、民間施設であるがゆえ
に、財政的基盤が弱く、国からの委託費や施設整備費などで運営費を賄って
おり、若手の人材などを獲得できないなどの事情を抱えている。そのため、
国による委託保護が増加傾向にあり、施設自ら実施する任意保護が危機にさ
らされているという指摘がある。さらに、近年、家族・知人などの引き受け
てのない高齢者や薬物・アルコール中毒者などの処遇困難者を収容する傾向
にあり、宿泊や食事の提供に止まらず、更生保護施設における処遇の充実が
叫ばれている。そのため、SSTやコラージュ療法、あるいは薬害・酒害対応
なども実施する施設もあるが、専門職員が少なく、従来からこのような処遇
困難者に対しては国立の更生保護施設を求める動きから、後述の「自立更生
促進センター」の設置へと至っている。しかし、わが国の伝統である更生保
護の民間性が希薄となることを懸念する見解もある。

　近年、更生保護と社会福祉との連携が強く求められ、実際、更生保護施設
の運営に社会福祉法人、特定非営利活動法人、一般社団法人が参入する例が
みられる。

(3)　その他ボランティア

　保護司以外にも、社会内処遇の分野で活動するボランティア組織がある。
その代表は、更生保護女性会、BBS、協力雇用主である。更生保護女性会
は、文字通り女性からなる組織で全国に約30万人の会員を抱える。また、
BBS（Big Brothers and Sisters）は若年層からなる組織で、大学生や働く社会人
が会員となり、全国に約6,000人を有する。主として、非行少年の処遇に関
わり、保護司の補助的役割を果たしている。さらに、協力雇用主とは、刑を
終えた人々（刑余者）を理解し、積極的に雇用する企業経営者である。刑余
者が社会復帰を果たすには就職が大きな要素であるが、しかし、実際には非
常に困難であることから、協力雇用主の存在は社会内処遇にとって意義が大
きい。近年、これをさらに促進するために、就労支援として雇用に対する国

の助成金制度も設けられた。

5　社会内処遇の変化

1　わが国における変化

(1)　保護観察の充実・強化

　前述したように、2007 年（平成 19 年）5 月に更生保護法が成立した。同法
は、基本的には、現行の犯罪者予防更生法と執行猶予者保護観察法を整理・
統合する新法であるが、これに加えて保護観察対象者に生活状況の報告を義
務付ける制度を創設したり、対象者が保護観察中に守るべき「特別遵守事
項」を状況に応じて柔軟に変更できるようにするなど、保護観察の強化を打
ち出している。もともと、同法は、近年保護観察対象者による重大再犯事件
が相次いだことを受け、更生保護の目的として「犯罪・非行をした者の再
犯・再非行を防ぎ、これらの者が自立し改善更生することを助ける」ことを
挙げて「再犯の防止」を初めて明記した。具体的には、保護観察官や保護司
が求めた場合には、仕事、就学、家計などの状況を示す資料の提出を対象者
に義務付け、応じなければ仮釈放や執行猶予を取り消せるようにした。対象
者の生活状況を的確に把握することで、再犯防止や更生につなげる狙いがあ
るとされる。さらに、対象者に対して、①保護観察官や保護司との面接、②
一定期間、居住場所を定めた指導監督の実施、③性犯罪や薬物犯罪といった
専門的処遇プログラムの受講などを義務付けられることも明記している。

(2)　被害者意思の重視

　さらに、更生保護法では、2005 年（平成 17 年）12 月に閣議決定された犯
罪被害者等基本計画に基づき、①受刑者の仮釈放審理の際に被害者の意見を
聞くこと、②被害者の心情を保護観察対象者に伝え、反省を促すといった制
度も規定している。これ以前にも実務では、これらの一部は実施されてい
た。しかしながら、とくに①のように、もともと応報感情の強い被害者の意
思が過剰に尊重されると犯罪者の社会復帰が遅延する可能性もあり、今後、
犯罪者処遇の目的である社会復帰理念とどのように調整していくかが問題と
なろう。

(3)　自立更生促進センターの構想

　従来から、国営の更生保護施設が必要であるとの議論がみられた。とくに処遇困難者に対しては民間の更生保護施設が受け入れを拒否する傾向があり、また実際、専門の職員を有しない更生保護施設でこのような者を受け入れることが困難であった。そこで、全国数ヶ所の特定の保護観察所に、パイロット事業として保護観察対象者の宿泊施設を整備し、保護観察官による直接的な処遇を行い、これらの者に対する就労支援を充実させようとの試みが自立更生促進センターである。入所対象者としては、①刑務所内で成績が比較的良好であるが、帰住先が確保できず満期釈放になっている者、②民間の更生保護施設で受け入れたが、十分な対応ができない者、③自宅等の帰住先はあるが、改善更生のため特に強化した処遇が必要な者、である。また、入所せず通所したり、一時保護が必要な者も対象とされる。

　確かに、薬物依存者、性犯罪者などに対して、民間の施設では果たせない機能を営む公立の施設の必要性は高いが、実際には、設置予定地域の住民等の反対も根強く、この構想の実現には困難が予想された。それでも現在、自立更生促進センターが福島市と北九州市に、さらに農業等の職業訓練を行う「就業支援センター」が北海道沼田町と茨城県ひたちなか市に設置され、稼働し平成28年3月末までに約400人が入所した。

(4)　一部刑の執行猶予制度、社会貢献活動の導入

　2013年（平成25年）6月成立の「刑法等の一部を改正する法律」では、刑の一部執行猶予制度が導入された。もともと刑事施設の被収容者数が過剰であった2006年（平成18年）当時から議論されてきたが、今日過剰拘禁状況は解消されつつあり、したがって、本法は犯罪者の再犯防止と社会復帰の促進という観点が強調されている。従来の制度で刑の言渡しの形式は、刑が全部実刑か、全部執行猶予かいずれかしかなく、そこで、刑の言渡しの選択肢を増やし、中間の言渡し形態を創設する趣旨である。これによって、刑期の一部を実刑として施設内処遇を実施し、残刑期を執行猶予し、保護観察（社会内処遇）に付することも可能な状態で再犯防止・改善更生を促すものとされる。たとえば、裁判所が判決で、「被告人を懲役3年に処する。但し、うち1年につき3年間その刑の執行を猶予する。」と宣告する（適用できるの

は、3 年以下の拘禁刑の言い渡しを受ける場合である）。これにより、受刑者は最初の 2 年間刑務所に入所し、残りの 1 年分は 3 年間の執行猶予となり、社会内処遇を施すことも可能となる。但し、課題も指摘されている。第 1 に、刑の一部執行猶予は事件ごとに裁判官の裁量で判断されることになるが、わが国には、欧米のような判決前制度がなく、量刑資料を収集する専門官（たとえば、プロベイション・オフィサー）がいないため、適切に判断できるのかという疑問である。第 2 に、厳罰化の懸念もある。つまり、本来、従来の執行猶予で済ますべきところを、被害者などに配慮してこの制度が利用される場合である。あくまでも犯罪者の改善更生の目的を維持すべきであろう。なお、これと同時に成立した薬物事犯者についても刑の一部執行猶予制度が導入され、その累犯者であっても執行猶予の適用が可能となり、2016 年 6 月には薬物事犯に対して初めて適用された（薬物法第 3 条）。

図 14 - 4　刑の一部執行猶予制度の概要

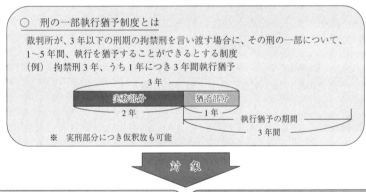

注 1　［初入者等］とは、前に拘禁刑以上の刑に処されたことがない者、前に拘禁刑以上の刑に処せられたことがあっても、その刑の全部の執行を猶予された者、前に拘禁刑以上の刑に処されたことがあっても、その執行を終わった日又はその執行の免除を得た日から 5 年以内に拘禁刑以上の刑に処せられたことがない者をいう。なお、対象犯罪による限定はない。
　　2　［薬物使用等の罪］とは、規制薬物（覚醒剤、大麻、麻薬等）・毒劇物（トルエン等）の自己使用・単純所持の罪等をいう。

　次に、本法では社会貢献活動も創設した。このために更生保護法の改正も
行われ、同法51条2項6号の特別遵守事項の類型に、「善良な社会の一員と
しての意識の涵養及び規範意識の向上に資する地域社会の利益の増進に寄与
する社会的活動を一定の時間行うこと」という一文が追加され、社会貢献活
動の実施につき、特別遵守事項による義務付けが可能となった。実は、すで
に保護観察所では従来から任意の形式で、社会参加活動が実施されてきた
が、これが法制化され、いわば追認された形である。本制度は平成27年6
月から実施され、27年度で2,077回実施し、述べ4,016人が参加した。
　もっとも、これについてもイギリスの無償活動（unpaid work. かつての
community service）にみられるように、適切な作業の確保、作業指導員の発掘
などが困難なこと、また一般人にその姿をさらすことによる恥辱刑の懸念な
ども考えられる。しかし、これによって犯罪者の自敬の念、社会的有用感が
向上して改善・更生に役立つことは十分期待できることから、種々の弊害を
回避しつつ実施されるべきであろう。

2　欧米の動き

　地域社会において、社会的弱者、とくに子どもが被害に遭うなどの事件を
契機として、欧米社会では、地域に釈放された者に対する処遇や監視の強化
策が進められ、社会内処遇のあり方が見直される機運がみられる。なかでも
性犯罪の再犯者による子どもへの危害を予防するために、従来の保護観察の
やり方では十分に対応できないとして、これを改める方向にある（本書第15
講（7）「性犯罪」を参照）。
　たとえばイギリスでは、1990年代から2000年始めにかけて子どもを対象
とする不審者の犯罪が続発したため、保護観察機関単独の処遇方式を変更
し、保護観察所だけでなく、刑務所、警察も含む多機関による協働体制によ
って犯罪者管理が進んでいる。これを受けて公的機関としても、矯正と保護
とを統一した犯罪者管理庁（NOMS）が設置された。そのため、処遇者（保
護観察官）と被処遇者（犯罪者）の伝統的な一対一のケース・ワーク体制が
崩れ、被害者感情、あるいはメディア報道の影響を強く受けて、政府は地域
社会における犯罪者に対する監視体制を進めつつある。このような動きに対

して、犯罪者の社会的排除を助長するものであるとして批判も強い。

参考文献
・三谷真貴子＝勝田聡「刑の一部の執行猶予制度と社会貢献活動の創設〜犯罪者の再犯
　防止・社会復帰を図る」時の法令 1948 号（2014 年）
・「特集　これからの更生保護〜更生保護の成立」法律のひろば 60 巻 8 号（2007 年）
・守山正「イギリス保護観察の変節」更生保護と犯罪予防 147 号（2006 年）
・守山正『イギリス犯罪学研究Ⅰ』（2011 年、成文堂）
・更生保護 50 年史編集委員会編・更生保護制度施行 50 周年記念論文集『更生保護の課
　題と展望』」（1999 年、法務省保護局）
・森下忠＝須々木主一編『刑事政策［増補版］』（1980 年、法学書院）

（もりやま・ただし）

第15講 ◆ 個別犯罪と対策

（1） 交通犯罪

キーワード

国民皆免許／大量犯罪／悪質運転／交通戦争／交通反則通告制度

1 交通犯罪の問題性

1 問題の所在

　交通犯罪は、窃盗、強盗、殺人などの伝統的な犯罪とは異なり、日常生活の中で偶然に発生する犯罪であり、これらと比較すると一般には悪質とはいえないとされてきた。加害者として、あるいは被害者として、すべての国民に関わる比較的身近な犯罪であり、しかも実際、道路交通上のうっかり事故が大半であって、運転免許を持ち運転する者であれば誰もが犯す可能性のある過失犯罪が中心である。今日、多くの国民が運転免許を取得する国民皆免許時代においては、交通犯罪はたんに犯罪学、刑事政策の域を超え、社会問題とみるべきであろう。つまり、交通犯罪は、今日の車社会が必然的に生み出した現代犯罪の典型であり、加害者にも被害者にも、さらにはその家族にも悲惨な精神的財政的ダメージをもたらしている。しかも、現象的には大量の犯罪を生み出しており、その意味で、国民誰もが直面する問題性を有する。交通犯罪は極論をいえば、交通手段である車を無くせば解決する問題であるが、それはおよそ非現実的であり、むしろ車を中心とした道路交通の需要は高まりつつある。その意味で、一方で、交通の円滑性、迅速性、安全性を確保し、かつ国家の基幹産業としての自動車産業の保護という要請と、他方で国民の人身の安全、財産の保護という要請に同時に応える政策が求められる。

2 交通犯罪の意義

　交通犯罪とは、広義には自動車・鉄道、船舶、航空機などの陸上・海上・航空交通に関わる犯罪をいうが、実際に問題とされるのは自動車等に関する道路交通に伴って生じる犯罪である。その特徴は発生の大量性とそれに伴う人の生命を含む社会的損害の甚大性である。そこで、本講では、交通手段のうち、とくに道路上の自動車交通に伴う身体・財産に対する犯罪を対象とする。

　上述のように、交通犯罪は過失犯、非故意犯が中心であり、国民誰もが加害者、犯罪者になる可能性があることから、伝統的犯罪とは異なって、両者がいわば「悲劇の主役」とされ、刑法、道路交通法を含む刑事法では、通常の犯罪とは異なった扱いをしてきた。また、刑事政策の上でも、たんに犯罪者の処罰だけでなく、他の社会保障制度との関係で、保険や補償制度などの整備が被害者救済につながることから、そのような幅広い視野が求められている。

　しかしながら、交通犯罪に対する国民の認識は、こんにちの被害者運動の影響も相まって、次第に厳しくなっている。とくに飲酒運転や危険運転による事故に対しては、運転者に対する厳罰主義が強まっており、それに伴い、法制上も刑法や特別法など種々の改正が行われている。典型的には 2001 年（平成 13 年）の危険運転致死傷罪の創設にみられるように、交通犯罪をたんに過失犯に限定するのではなく、事故を引き起こす悪質危険な運転による事故を故意犯に近い犯罪と位置づける傾向がある。

3 交通犯罪者の変質

　後述するように、近年、大量の運転免許取得者がおり、この中には多くの悪質運転者が含まれている。これらの者による法違反行為は交通犯罪者のイメージを一変させる可能性がある。なぜなら、従来、交通犯罪は善良な市民がたまたま事故を起こしたのであり、運転する者なら誰でも加害者になる可能性があるところから、被害者とともに加害者も悲劇の主役として見られる傾向があったからである。しかし、ほどんどの者が運転免許を取得するようになれば、その中には法令遵守の精神が希薄な者、あるいは犯罪性の高い者

が運転者に含まれる可能性があり、それが悪質な運転に連なる懸念がみられる。つまり、今日の車社会において悪質犯罪者の増加はいわば必然的な現象とみるべきであり、交通犯罪政策もそれを前提に立案されるべきであろう。

○コラム33　悪質交通犯罪者

　世界的にみて、どの国でも悪質交通犯罪者が問題となっている。なかでも、交通犯罪者の中に犯罪前歴のある者がどの程度含まれるかを調査した研究が若干みられる。つまり、悪質犯罪者はたんに道路上で違反を繰り返しているだけでなく、そもそも犯罪傾向が強いのではないかという仮説が立てられている。イギリスの研究によると、飲酒運転者には前科が少ないこと、無免許運転者は窃盗などの伝統型犯罪者と同様の特徴を示すこと、危険運転者は犯罪歴が多いことなどが示されている（守山正「悪質交通犯罪者の犯罪歴」曽根威彦他編『交通刑事法の現代的課題』（2007年、成文堂）593頁以下参照）。

2　道路交通および交通犯罪の状況

1　道路交通の状況

　いうまでもなく、交通犯罪の発生数は道路状況や運転者数と連動して推移するから、まず、実際の道路交通の状況を概観し、のちに交通犯罪の状況を検討する。

(1)　自動車保有台数

　わが国の自動車保有台数は、1967 年（昭和 42 年）に約 964 万台であったが、2021 年（令和 3 年）には約 8,217 万台に達し、48 年間で約 8.5 倍に増加している。特に増加が著しい乗用車にいたっては約 21 倍で、貨物車の約 2.6 倍、自動二輪等の約 4.8 倍と比較すると、その増加がいかに急激であるかが分かる。これは、一家に一台、いわゆる「マイカー時代」の到来を示すものであり、国民の多くが交通手段として車を利用する傾向が明瞭に示されている。とくに、地方において、バス・鉄道路線があまり発達していない地域ではこの傾向はさらに顕著であり、一家で 2、3 台保有する例も珍しくなく、

都市に比べ地方はいっそう車社会であるといえる。その結果、自動車事故件数、事故死車数も人口比でみると、地方の都市が比較的高い状況が伺える。

(2)　運転免許保有者数

2020 年（令和 2 年）末の運転免許保有者数は約 8,199 万人で、実に運転免許取得可能人口の約 75％を占める（令和 3 年交通安全白書）。1969 年（昭和 44 年）が約 33％であったから、46 年間に約 42％上昇したことになり、まさしく国民皆免許時代といえる。近年、運転免許の新規交付件数は減少するなか、女性と高齢者の運転免許保有者の割合が増加しているのが特徴である。女性の保有者は約 3,739 万人で、1969 年の 420 万人に比較してその増加ぶりが伺える。男女構成比においても 2015 年では 45.5％であるが、1969 年は 17.0％にすぎず、女性も取得可能な年齢に達すると運転免許を取得するのが通常になりつつある。高齢者では、65 歳以上の者については約 1,908 万人が保有し、これは 34 歳以下の者の約 1,147 万人を上回る。100 歳以上の保有者もおり、高齢者の加害者的、被害者的側面いずれも、今日の交通刑事政策の要点となりつつあり、高齢化社会と交通犯罪の問題が緊密に結合していることを示している。

2　交通犯罪・交通事故の状況

図 15(1)-1 によると、交通事故発生件数は 1946 年（昭和 21 年）の約 9 万 4,000 件以降、右肩上がりに上昇し、1969 年（昭和 44 年）の約 72 万 900 件に達した後、1977 年（昭和 52 年）には約 46 万 600 件まで減少したが、再度増加に転じ 2004 年（平成 16 年）には約 95 万 2,720 件に達した後、減少し、2020 年（令和 2 年）には約 30 万 9,000 件で一貫して減少傾向にある。

交通事故死者数は、第二次大戦後から一貫して増加し、1970 年（昭和 45 年）には 1 万 6,765 人に達した。この死者数は、日清戦争時の死者数に匹敵することから「交通戦争」と呼ばれた。そこで、舗装やセンターラインの設置、同時赤信号などの道路の整備、車道と人道の分離など種々の交通安全対策が図られたことにより、事故死者数は 1979 年（昭和 54 年）には 8,500 人程度に半減した。ところが、その後事故死者数は 1970 年代末から再び増加に転じ、1988 年から 8 年連続して 1 万人を越える状況を迎えた。そこで、

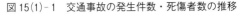

図 15(1)-1　交通事故の発生件数・死傷者数の推移

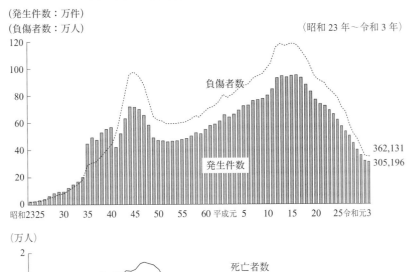

（発生件数：万件）
（負傷者数：万人）

（昭和 23 年〜令和 3 年）

注 1　警察庁交通局の統計による。
　 2　「発生件数」は、道路交通法 2 条 1 項 1 号に規定する道路において、車両等及び列車の交通によって起こされた事故に係るものであり、昭和 41 年以降は、人身事故に限る。
　 3　「発生件数」及び「負傷者数」は、昭和 34 年以前は、2 万円以下の物的損害及び 1 週間以下の負傷の事故を除く。
　 4　「死亡者」は、交通事故により発生から 24 時間以内に死亡した者をいう。

前者のピークを第一次交通戦争、後者のピークを第二次交通戦争と呼んでいる（『平成 9 年版 警察白書』参照）。その第二次交通戦争中の 1990 年（平成 2 年）に 1 万 1,227 人を記録した後、交通事故死者数は、2022 年（令和 4 年）の 2,636 人にまで減少した。これは、交通事故死者数戦後最多の 1970 年の約 16％までに激減している。

　なお、わが国において交通事故死として認定されるのは、事故後 24 時間以内に死亡した者である。つまり、交通事故が原因で死亡した者であっても事故後 24 時間を超えて死亡した者は交通事故死に含まれておらず負傷者扱

図 15⑴ - 2　道路交通事故による交通事故発生件数・死者数・負傷者数及び負傷者数の推移

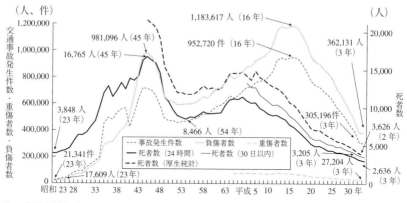

注 1　警察庁資料による。
　2　「死者数（24 時間）」とは、交通事故によって、発生から 24 時間以内に死亡した人数をいう。
　3　「死者数（30 日以内）」とは、交通事故によって、発生から 30 日以内（交通事故発生日を初日とする。）に死亡した人数をいう。
　4　「死者数（厚生統計）」は、警察庁が厚生労働省統計資料「人口動態統計」に基づき作成したものであり、当該年に死亡した者のうち原死因が交通事故によるもの（事故発生後 1 年を超えて死亡した者及び後遺症により死亡した者を除く。）をいう。
　　　なお、平成 6 年以前は、自動車事故とされた者を、平成 7 年以降は、陸上の交通事故とされた者から道路上の交通事故ではないと判断される者を除いた数を計上している。
　5　「重傷者数」とは、交通事故によって負傷し、1 箇月（30 日）以上の治療を要する者の人数をいう。
　6　昭和 41 年以降の交通事故発生件数は、物損事故を含まない。
　7　死者数（24 時間）、負傷者数及び交通事故発生件数は、昭和 46 年以前は、沖縄県を含まない。

いとなるところから、交通事故死と認定される期間が短すぎるとの批判がある。そこで、図 15⑴-2 のように、1993 年（平成 5 年）以降、欧米諸国と同様に、交通事故 30 日以内の死者数も集計されるようになった。

3　交通事故の現代的特徴

⑴　「走る凶器」型から「走る棺桶」型へ

　2021 年（令和 3 年）の死亡事故発生件数の類型別にみると、歩行中は 35.7%、車両相互は 30.6%、車両単独は 32.6% であった。また、交通事故死傷者数の割合をみると、歩行中の死傷者は 8.3% であるのに対して自動車乗車中の死傷者は 56.4% であった。すなわち、歩行中の事故よりも乗車中の事故で死傷する割合が高いことから、交通事故の形態は「走る凶器」型から

図 15(1)‐3 状態別事故死者数の推移

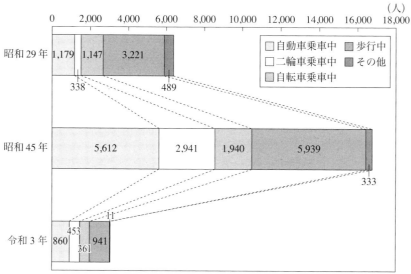

出典：交通局交通企画課「平成 18 年中の交通事故死者数について」(2007 年) 10 頁、内閣府（編）『令和 3 年版交通安全白書』勝美印刷（2023 年）45 頁の統計もとに作成した。

「走る棺桶」型に変化したといわれる。図 15(1)-3 は、モータリゼーションが始まった 1954 年（昭和 29 年）、第一次交通戦争といわれた 1970 年（昭和45 年）、2015 年（平成 27 年）において、事故死者の態様を比べたものである。これによると、明らかに、歩行中の死者が多かった時期を経て、次第に、自動車・二輪車乗車中の事故が増加し始め、さらに、歩行中の者よりも死者数を凌駕する時期を経てきたことが分かる。

(2) 交通事故死者の二極化から一極集中へ

図 15(1)-4 が示すように、従来の交通事故死者の大半は 65 歳以上の「高齢者」と 29 歳未満の「若年者」で占められ、いわゆる被害者の 2 極化傾向がみられた。その原因として、前者は高齢化による緩慢な行動による事故遭遇、後者は無謀運転などによる事故死にあると考えられる。しかし、1990年（平成 2 年）以降、交通事故死者数に占める若年者の割合（2017 年（平成29 年）では 17.7%）は減少に転じ、高齢者の比率は、年々増加傾向にあるこ

図 15(1)-4　年齢層別死者数の推移（各年 12 月末）

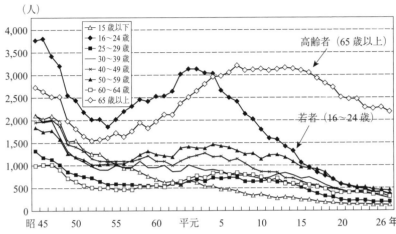

出典：警察庁交通局『平成 26 年中の交通死亡事故の特徴及び道路交通法違反取締り状況について』（2015 年）6 頁。

とを示している（2014 年では 53.3％）。さらに、高齢者の事故死の状態別にみると、歩行中（2014 年では 48.5％）が圧倒的に多く、ついで自動車乗車中（同 27.4％）、自転車乗車中（同 15.7％）となっている。すなわち、高齢化するほど歩行中、自転車乗車中の事故死が増える傾向にあり、交通事故対策を考えるうえで、一定の示唆を与えるように思われる。

(3)　事故発生の時間帯と死亡者数

　やや古い資料ではあるが、警察庁交通局「平成 27 年中の交通事故の発生状況」を参考に、2015 年（平成 27 年）の交通事故に関して昼夜別にみてみると、昼間（日の出から日没までの時間帯）が約 72％で夜間（日没から日の出までの時間帯）が約 28％であり、交通事故の発生は昼間が圧倒的に多い。これは、人や企業の活動の大半が昼間に行われ、それに伴って昼間に事故が多発する状況を示しているものと思われる。これに対して、死亡事故率（交通事故全体に占める死亡事故の割合）は昼間 1.2％に対して夜間 4.0％であり、夜間の死亡事故率は昼間の約 3.3 倍に達する。これは、夜間は、交通量が少なく平均速度が高くなること、視認性が低いこと、昼間に比して人通りが少なく歩行者に対する注意力が低下することなどの理由から、事故が発生した場

合に被害が甚大になることが理由と思われる。

3　交通犯罪の処理状況

1　ダイバージョン政策

　上述のように、第二次世界大戦後、わが国の経済成長とともに、モータリゼーションが急激に進行した結果、交通事故多発という状況が生まれた。このような交通事故多発はまた大量の交通犯罪者も生みだし、その処理は伝統的な刑事司法機関の負担を増大させ、その処理能力は限界とさえいわれた。そこで、交通犯罪を迅速に処理する必要性から、さまざまな処理手続簡易化が図られ、その具体策が交通事件即決裁判、三者即日処理方式、交通切符制度などであった。これらの施策は、明らかに伝統型の犯罪への対応とは大きく異なっている。これは、交通犯罪が非伝統型の犯罪者ではない点から生まれたものと思われる。

　しかし、先にみたように、交通犯罪は依然増加傾向を続け 1970 年にピークを迎えるが、それに対しては罰金刑が多用されてきた。罰金刑はいうまでもなく刑罰の一つであり、裁判で有罪判決を受けるものであるから、多くの前科者を生む出すこととなり、いわゆる「一億総前科」とさえ呼ばれる状況を呈した。さらに、罰金刑の多用は犯罪の抑止機能を低下させるおそれがあるとして刑罰の感銘力の問題も指摘された。そこで、これらの問題に対応するために、道路交通法が改正され、1968 年（昭和 43 年）に交通反則通告制度が導入されたのである（コラム 34 参照）。この制度は、犯罪（前科）者のラベリングを回避するための典型的なダイバージョン政策の一つである。

(1)　手続の簡略化

　交通犯罪の増加に伴って事件の迅速処理の必要性が生じ、手続の簡易化が図られ、交通事件即決裁判、三者即日処理方式、交通切符制度が導入された。

(a)　交通事件即決裁判

　昭和 29 年、交通に関する刑事事件の迅速適正処理を図るために交通事件即決裁判手続法が制定・施行され、交通事件即決裁判が導入された。本制度

は、検察官の請求に基づき簡易裁判所が即日期日を開き審判を行い、取調・宣告を行うものである。対象となるのは、道路交通法違反の罪である。本制度の導入により、略式手続よりも迅速に交通事件を処理することが可能になった。

(b)　三者即日処理方式

三者即日処理方式とは、道路交通法違反および自動車の保管場所の確保等に関する法律違反に対して、警察の取調、検察の取調・起訴、裁判所の裁判、検察庁への罰金納付という一連の手続を1日で処理する制度である。本制度の導入によって、大量の道交法違反等を迅速に処理することが可能になった。

(c)　交通切符制度

昭和38年に、道路交通違反事件迅速処理のための共用方式、いわゆる交通切符制度が導入された。本制度は、略式手続や交通事件即決裁判手続の対象となる道路交通法違反事件で使用される警察・検察・裁判所の書類を統一するものであった。

(2)　軽微違反に対する非刑罰化

上記のように交通事件即決裁判、三者即日処理方式、交通切符制度の導入により大量の交通犯罪を迅速に処理する体制が整った。しかし、これらの制度導入後も、交通犯罪は増加し続け新たな問題を生じさせた。すなわち、罰金刑を言渡される交通犯罪者が増え、一億総前科と揶揄されるようになり、罰金刑の感銘力が低下するとの指摘がなされた。

そこで、この問題を解決するために、1968年（昭和43年）に交通反則通告制度が導入された。すなわち、道路交通法違反行為のうち違反が軽微で形式犯に該当する一定の行為に対して刑事処分である罰金ではなく行政処分となる反則金を納付させることにした。現場で警察官が発行するいわゆる「青切符」が交通反則金納付書である。金銭的制裁を科す点では罰金刑と同じであるが、刑事処分ではなく行政処分であるため、一定期間内に反則金を納付すれば前科として記録されない。当該期間を徒過すると、刑事処分の対象となる。

○**コラム34　交通反則通告制度**

　交通反則通告制度とは、道路交通法違反の罪のうち、駐車違反など比較的軽微な形式犯に対する制裁として、道府県警察本部長等が通告した反則金を違反者に納付させ、反則金を納付した者は刑事訴追を免れ、納付しなかった場合は刑事事件として扱う制度である（刑事法辞典）。

　もともと、軽微な違反に対する罰金刑の大量適用による一億総前科現象を回避するラベリング防止のダイバージョン政策として誕生した。しかし、年間１千万件以上に適用され、国庫収入として数百億円の規模に達し、国民的制度として定着している。現場の警察官の認定に問題があったり、反則金を納付しない場合には刑事制裁が科されるなど、その任意性が疑問視されている。実際、納付率は95%前後に達しており、認定に不満があっても納付を行っているのが現状である。

2 3種の交通犯罪者

　同じ交通犯罪者であっても、①過失運転により交通事故を起こし、人を死傷に至らしめた者（現行では自動車運転死傷行為処罰法における自動車運転過失致死傷罪、かつての刑法上の業務上過失致死傷罪・自動車運転過失致死傷罪）、②道路交通法に違反した者、③自動車運転死傷行為処罰法上の危険運転致死傷罪を犯した者の三者間では、犯罪性が異なるように思われる。

　①の犯罪者では、程度の差はあるにしても、いわゆる「うっかり事故」を起こし、他人に危害を加えた者であるが、自動車を運転する者は誰もがそのリスクを抱えており、通常は法遵守精神があり善良な生活を送っている者でも、この種の事故を起こす可能性はある。したがって、これらの者に対して厳しい法的対応をとると、かつて国民総前科などと言われたように、一般市民生活に対する社会的影響が大きい。法定刑の上限が低いのに加え、後述するように、起訴率が低いのはまさにこの事情を示している。しかし、他人に危害を加え被害者が死傷した点では、社会的損害は甚大である。この点が、被害者保護という観点も加味されて、近年、刑法に自動車運転過失致死傷罪（法定刑上限：懲役７年）が設けられた理由である。

　これに対して、②の犯罪者による多くの違反行為は軽微で、被害自体もそ

れほど大きくない場合がほとんどである。しかし、違法行為自体は運転者自身が認識しているのが通常であろう。たとえば、最高速度に違反していることを認識していない場合は稀であり、違反者は速度を超過しているのに気づきながら走行しているのが一般である。したがって、違反の大半は故意である。この点からみると、道交法違反者は法遵守という面でみると、①の犯罪者よりも悪質ということができる。さらに、③が悪質であることは言うまでもない。このために、法定刑の上限（懲役 20 年）が非常に高く設定されているのである。

⑴　過失運転致死傷罪の犯罪者

検察庁新規受理人員は、2004 年（平成 16 年）の 90 万 6,795 件をピークに減少し、2015 年（平成 27 年）の 52 万 1,817 件、さらに、2021 年には 29 万 6,613 人であった。起訴率は 1986 年（昭和 61 年）頃まで 79％程度を維持していたが、1991 年（平成 3 年）には 29％まで急激に低下した後、さらに減少を続け、2015 年（平成 27 年）には 10.6％であったが、その後若干上昇して 2021 年では 13.6％になっている。このように、起訴率が低いのは大量の事件を公判で処理するのが困難なことに加え、先述したように、運転免許を有する国民誰もが交通犯罪の加害者となりうるとの認識が公訴機関にあるためである。そこで、被害が軽微な場合や被害者の処罰感情が低い場合に、刑事手続を早期に終結させるダイバージョン政策が採られ、それが起訴率の低下に結びついているとされる。

⑵　道交法違反の犯罪者

車両等の道交法違反の取締件数は、交通反則通告制度に基づき反則事件として告知された件数と非反則事件として検察庁に送致された件数を合わせて、2021 年（令和 3 年）では 557 万 936 件であった。しかし、検察庁新規受理人員は、2001 年（平成 13 年）には約 91 万 6 千人であったが平成 27 年には約 32 万人となり減少傾向にある。道路交通法違反の起訴率は、95％程度で推移していたが、2000 年（平成 12 年）には 99.7％となったが、2021 年（令和 3 年）には 51.0％まで減少した。道交法違反者が過失運転致死傷犯罪者よりも起訴率が高いのは大半が略式裁判において罰金刑で処理されて、ラベリングの弊害が少ないことが考えられるが、故意で悪質という判断もある

ものと思われる。

(3)　危険運転致死傷罪の犯罪者

　交通運転者による事故の中で、とくに自動車運転死傷行為処罰法が定める一定要件を満たし悪質と判断された者であるから、前記二者とは犯罪傾向が異なるものと思われる。危険運転致死傷の検挙人員は、平成14年から25年まで、270人台から420人台で推移した後、2014年5月に自動車運転死傷処罰法の施工により処罰範囲が拡大され、2015年以降、検挙人員は590人台から730人台と増え、適用の拡大がみられる。ちなみに、2021年は694人であった。それでも、過失運転致死傷等による検挙人員数と比べると、ごく一部の悪質犯罪者に同罪が適用されていることが分かる。このような運転者は日頃から、交通違反を繰り返したりするなど遵法精神の著しく欠ける者であることが考えられる。

　2015年（平成27年）において、危険運転致死傷罪で公判請求された433件のうち、最も多いのが飲酒運転で約66％であり、ついで赤信号無視が約22％を占める。いずれも他の運転者や歩行者にとってきわめて危険であり、悪質な行為であることに違いない。したがって、他の交通犯罪者とは異なった視点で分析し、処遇することが望ましい。

3　交通犯罪者の処遇

(1)　矯　　正

　交通事犯受刑者は全国20ヶ所に設けられている交通安全指導実施施設で処遇受けるが、いわゆる「交通刑務所」とよばれる開放施設は市原刑務所と加古川刑務所の2ヶ所である。交通刑務所は開放的処遇に適した交通事犯受刑者を集め、重点的継続的に処遇を行っている。また、各居室は施錠されず、受刑者の行動規制も緩和されている。これは、交通犯罪者が伝統型の犯罪者とは異なる点に配慮したものであり、施設での処遇も運転コースが設置され訓練を受けるなど、交通に関連する処遇に特化されている。

　しかしながら、従来、禁錮刑受刑者が中心であったが、交通犯罪者の悪質化に伴い懲役刑受刑者が急増し、こんにちでは大半が懲役刑受刑者である。また、少年院入院歴がある者がみられるなど受刑者の質の変化もみられる。

さらに、執行刑期も長期化しており、一部の交通犯罪者は伝統型犯罪者と変わらず、処遇困難者も少なくない。

⑵　保　　護

保護観察においては対象者に少年が多いことから、暴走族などの交通犯罪者の比率が高く、そのため特殊な交通犯罪者処遇が行われている。なかでも交通短期保護観察は集団処遇によって短期に処遇を終えるものであるが、伝統的な対面的保護観察ではなく、数回の出席で終了するため、運転免許試験場の講習と変わらないという批判がある。

4　交通犯罪に対する近年の課題

1　悪質交通犯罪者への法的対応

総じて、近時の交通犯罪に関する刑法・道路交通法改正の特徴として、第1に、厳罰化による被害者の応報感情の緩和と世論の厳罰化要求に対応している点、第2に、違反者本人だけでなく違反助長者にも処罰範囲が拡大している点、第3に、高齢者や幼児などの社会的弱者を被害者とする事故発生や被害拡大に関するリスク要因を管理することでそれらのリスクを低減させようとしている点があげられる。

⑴　重　罰　化

（a）　通常の過失運転による死傷事故

これまでにも刑法の業務上過失致死傷罪（刑211条1項）については、交通犯罪の多様化と悪質化に伴い、刑罰が強化される動きがみられた。刑法上、もともと過失犯処罰は例外とされているが、交通犯罪の性格に鑑み、禁錮刑と罰金刑が原則とされてきた。しかし、第一次交通戦争期を迎えた1968年（昭和43年）の刑法改正では、従来の「三年以下ノ禁錮」から「五年以下ノ懲役若クハ禁錮」に変更され、懲役刑が導入され選択刑とされたうえに、刑の上限が3年から5年に引上げられた。最近では、2006年（平成18年）の刑法改正において罰金の上限が50万円から100万円に引上げられている。

今日では、さらに被害者運動などの影響にもより、交通犯罪自体の根本的

な見直しの気運があり、大幅な修正や厳罰化がなされている。その象徴が危険運転致死傷罪や自動車運転過失致死傷罪の新設である。このほか、道路交通法においても種々の改正によって厳罰化が実現している。

(b)　危険運転致死傷罪の新設

従来、交通事故が発生した場合、業務上過失致死傷罪（刑 211 条 1 項）と道路交通法違反で処理されていた。しかし、近年、著しい速度超過や酒酔い運転、信号無視などの危険で悪質な運転が原因で死傷事故が発生する事例が目立つようになってきた。そこで、このような悪質で危険な運転で事故が発生し死傷者が生じた場合、過失犯である業務上過失致死傷罪で処理するのではなく、傷害や傷害致死のように故意犯に準じた犯罪として重い刑罰を科して処理する必要性が生じた。これに応じて、2001 年（平成 13 年）に刑法の一部が改正され、危険運転致死傷罪（刑 208 条の 2）が新設された。

その内容は、四輪自動車の運転による交通事故を惹起し、人を死傷に至らせた場合、一定の悪質な運転をもはや過失ではなく故意に準じる扱いをするものである。すなわち、①飲酒や薬物の影響下において正常な運転が困難な状態で走行し、あるいは、②人や車の通行を妨害する目的で自動車による幅寄せやあおり行為をし、あるいは、③赤信号などを無視して高速で運転し、これらによって人を死傷に至らしめた場合、従来の過失犯とする業務上過失致死傷罪（現在は過失運転致死傷罪）とは別に、きわめて厳格に扱う趣旨である。最高刑は 20 年の懲役刑である。

さらには、2007 年 5 月に刑法（同年 6 月 12 日施行）が改正され（以下「2007 年刑法改正」）、危険運転致死傷罪の条文中にあった「四輪以上の自動車」が「自動車」に変更された。つまり、この改正により、「自動車」には「自動二輪車」や「原動機付自転車」が新たに含まれることになり、同罪の対象範囲が拡大された。これは自動二輪車・原動機付自転車による業務上過失致死傷事犯の中に、酒酔い運転や赤信号無視などの悪質かつ危険な運転行為で重大な死傷事故が少なからず発生していることが理由とされる。

ただ、このような改正にもかかわらず、本罪の適用をめぐって下級審の判断が分かれることが多く、「正常な運転が困難な状態」の基準を明瞭にすべきであろう。

（c）　自動車運転過失致死傷罪の新設

　2007 年刑法改正で、自動車運転過失致死傷罪（刑 211 条 2 項）が新設された。これにより、自動車運転により人を死傷に至らしめた場合は、従来の業務上過失致死罪（刑 211 条 1 項）ではなく、本罪が適用されることとなった。これは、飲酒運転などの悪質で危険な自動車運転による死傷事故について、その量刑や法定刑が国民の規範意識に合致しないとして、罰則強化を求める意見がみられるようになったこと、危険運転致死傷罪新設後、法定刑や処断刑の上限近くで量刑される事案が増加していることを理由とするものである。業務上過失致死傷罪の法定刑が 5 年以下の懲役若しくは禁錮又は 100 万円以下の罰金であるのに対して、自動車運転過失致死傷罪の法定刑は、7 年以下の懲役若しくは禁錮又は 100 万円以下の罰金である。

　要するに、自動車運転過失致死傷罪新設は、2001 年（平成 13 年）の危険運転致死傷罪新設後、同罪の法定刑上限（懲役 20 年）と業務上過失致死傷罪の法定刑上限（懲役若しくは禁錮 5 年）の間に生じた大きなギャップに対して被害者運動を中心としてなされた批判に、実務による量刑で対応しきれなくなり、立法で自動車運転過失致死傷罪を新設し実質的に法定刑を引き上げ、そのギャップを埋めようとしたものと解される。

　もっとも、2013 年の自動車運転死傷行為等処罰法の制定により、危険運転致死傷罪、自動車運転過失致死傷罪が刑法から同法に移行したことについては後述のとおりである。

（2）　道路交通法の改正

　近年、交通事故の社会的影響や被害者運動の高まりから、たびたび道路交通法が改正されているが、なかでも 2007 年（平成 19 年）6 月の道路交通法改正の内容は目立っている（同年 9 月 19 日施行）。まず、飲酒運転・ひき逃げ関連の条文が改正・新設された。とくに危険運転致死傷罪新設後、ひき逃げ事件が増加していることに対応して、「救護義務違反」に対する罰則が強化されている。また飲酒関係では、運転者本人に対して酒気帯び・酒酔い運転の罰則が強化され、さらに、その周辺者には飲酒運転を助長する行為に関する条文が新設された。酒気を帯び飲酒運転を行うおそれがある者に、車両等を提供した者、酒類を提供した者、同乗の要求・依頼をした者に対して罰

則が科されることになったが、この規定の新設は市民生活に大きな影響をもたらすと思われる。従来はこのような周辺者には刑法の幇助犯として処理されていたが、飲酒運転者本人だけでなく飲酒運転助長者に対して道路交通法で明確に刑罰が新設された点が本法改正のひとつの大きな特徴である。

　このような改正の背景には、2006 年（平成 18 年）8 月に福岡県で発生した飲酒運転による幼児 3 人の死亡事故により飲酒運転や危険運転致死傷罪逃れの「逃げ得」（ひき逃げや証拠隠滅）が社会問題化し、悪質・危険運転対策を求める世論が形成され、政府が飲酒運転の根絶に取り組むことが明らかにされた点などがあるとされる。

(3)　交通犯罪対応の法制一本化

　従来、交通事故で人を死傷させた場合、刑法の危険運転致死傷罪、自動車運転過失致死傷罪等で処理されてきた。しかし、社会問題化していた「逃げ得」に加えて、栃木鹿沼市クレーン車暴走事故（2011 年（平成 23 年）4 月 18 日）、京都祇園軽ワゴン車暴走事故（2012 年（平成 24 年）4 月 12 日）、京都亀岡市無免許運転死傷事故（2012 年 4 月 23 日）など多数の死傷者を出しながら、危険運転致死傷罪の適用が見送られた事件が発生したことから、交通犯罪に関する法制度の見直しの必要性が生じた。そこで、2012 年（平成 24 年）10 月以降、法制審議会刑事法（自動車運転に係る死傷事犯関係）部会において、被害者団体からのヒアリングも踏まえたうえで、要綱案がまとめられ、この要綱案を基に国会での審議を経て、2013 年（平成 25 年）11 月 27 日に「自動車の運転により人を死傷させる行為等の処罰に関する法律」（自動車運転死傷行為等処罰法）が制定され、2014 年（平成 26 年）5 月 20 日に施行された。これにより、交通犯罪は、刑法典から削除され、自動車運転死傷行為等処罰法に一本化された。

　その主な内容は、次のとおりである（表 15(1)-1、表 15(1)-2 参照）。第 1 に、刑法第 208 条の 2 の危険運転致死傷罪を本法第 2 条に移設し、同条 6 号で「通行禁止道路進行」による危険運転致死傷罪を追加した。第 2 に、「アルコール、薬物又は政令で定める病気の影響により、その走行中に正常な運転に支障が生じるおそれ」を要件とする新たな危険運転致死傷罪を規定した。第 2 条の危険運転致死傷罪の最高刑が 20 年であるのに対して、第 3 条

表 16(1)-1　新交通犯罪処罰体系

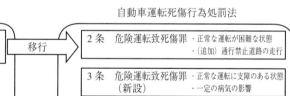

表 16(1)-2　自動車運転死傷行為等処罰法の概要

罪　名	主な要件	量　刑		無免許（第 6 条）
危険運転致死傷罪（第 2 条）	正常な運転が困難な状態で	致死：1 年以上20年以下	⇨	
		致傷：懲役15年以下		致傷：懲役 6 月以上20年以下
準危険運転致死傷罪（第 3 条）（※）	正常な運転に支障が生じるおそれがある状態で	致死：懲役15年以下致傷：懲役12年以下	⇨	致死：懲役 6 月以上20年以下致傷：懲役15年以下
発覚免脱罪（第 4 条）	運転の時のアルコール又は薬物の影響の有無又は程度が発覚することを免れる目的で	懲役12年以下	⇨	懲役15年以下
過失運転致死傷罪（第 5 条）	自動車の運転上必要な注意を怠り	懲役・禁錮 7 年以下又は100万円以下の罰金	⇨	懲役10年以下

（※）法令上の用語ではないが、講学上「準危険運転致死傷罪」とする。

　の危険運転致死傷罪の最高刑は 15 年である。これは、要件からも刑罰の内容からも、従来の危険運転致死傷罪と自動車運転過失致死傷罪の中間に位置し、いわば「準危険運転致死傷」罪と称すべきものである。もっとも、法制審議会刑事法（自動車運転に係る死傷事犯関係）部会における被害者団体へのヒアリングで「準危険運転致死傷罪の創設は避けるべき」という要望が出されたので、それに配慮した結果、「準危険運転致死傷」罪の名称が法律上使用されなかったと思われる。第 3 に、刑法 211 条 2 項の自動車運転過失致死

傷罪を本法第 5 条に移設し、罪名を「過失運転致死傷」罪に改称した。第 4
に、本法第 4 条で「過失運転致死傷アルコール等影響発覚免脱」罪を新設し
た。いわゆる「逃げ得」を防ぐための規定である。第 5 に、無免許運転によ
る刑の加重（本法第 6 条）が新設された。

　このように、自動車運転死傷行為等処罰法は、「逃げ得」に対する社会的
な批判や危険運転致死傷罪の適用が見送られた重大交通事故の教訓をもとに
制定されたものといえる。

2　一般国民の交通モラルの向上と状況的犯罪予防

　上述のような種々の法令による厳罰化には批判も少なくない。厳罰化によ
って果たして悪質な運転や交通事故が防止できるのか、疑問だからである。
むしろ、近年の被害者運動に対する配慮として応報的な色彩が強い。

　一般に、車社会では運転者のモラルが低下するという指摘がある。すなわ
ち、車は迅速に移動可能な交通手段であるから、運転の機会において「旅の
恥はかき捨て」といった風潮が強まる懸念がある。地域内の歩行であれば対
面的に人との接触があり、したがって相手に対する一定のマナーやモラルが
要求され、それを欠くと地域では人間関係が破綻したり、自身が孤立したり
する恐れがある。しかし移動距離の長い車においては、人との物理的な接触
はほとんどなく、また車内という個室化した空間では、そのような対人的配
慮を必要としないために、モラルの低下が起きやすいのである。

　他方、こんにち問題とされる飲酒運転もたんなる本人の意識の問題に止ま
らず、社会構造の問題として認識すべきであろう。なぜなら、とりわけ公共
交通の発達が遅れた地方においては、車の利用が必然的で、その分、飲酒運
転も発生しやすい。もちろん、飲酒運転を悪とする社会啓発活動も必要であ
るが、他方で、飲酒した場合の代替的な交通手段の整備も必要であろう（現
に代行タクシー、乗り合いタクシーなどが行われているが問題も少なくない）。

　さらに、交通犯罪対策には環境犯罪学的発想の導入も重要である。欧米で
は、住宅街での車の高速走行を阻むランプ（道路のこぶ）、「交通島」（道路上
の花壇などの障害物）などがあり、また近年開発の進む酒気検知器の車への
設置など、人に対する規範的な働きかけだけではなく、物理的に車の運転を

統制する手段も検討すべきである。加えて、衝突被害軽減ブレーキ、歩行者保護用エアバックの標準装備化、ひいては完全自動運転機能の開発と普及を促進することが交通犯罪対策にとって重要である。

参考文献

・法務省法務総合研究所（編）『犯罪白書（平成 28 年版）』日経印刷（2016 年）
・国家公安委員会警察庁（編）『警察白書（平成 28 年版）』日経印刷（2016 年）
・内閣府（編）『交通安全白書（平成 28 年版）』勝美印刷（2016 年）
・警察庁交通局「平成 27 年における交通事故の発生状況」（2016 年）
・警察庁交通局「平成 27 年中の交通死亡事故の発生状況及び道路交通法違反取締状況について」（2016 年）
・交通局交通企画課「平成 27 年中の交通事故死者数について」（2016 年）
・「〈特集〉自動車運転死傷行為等処罰法の成立」刑事法ジャーナル 41 号（2014 年）
・久保田卓哉「自動車運転死傷処罰法の制定」時の法令 1958 号（2014 年）
・刑事政策研究会第 3 回「交通犯罪」論究ジュリスト 1 号（2012 年）
・檜垣重臣「道路交通法の一部を改正する法律（平成 19 年法律第 90 号）について」ジュリスト 1342 号（2007 年）
・江口和伸「自動車運転過失致死傷罪の新設と危険運転致死傷罪の対象となる自動車の範囲の拡大」時の法令 1792 号（2007 年）
・曽根威彦他編『交通刑事法の現代的課題』（2007 年、成文堂）
・警察庁交通局「平成 17 年中の交通警察活動の概況」（2005 年）
・特集「交通犯罪」犯罪と非行 133 号（2002 年）
・内閣府大臣官房政府広報室　オンライン広報通信　http://www.gov-online.go.jp/publicity/tsushin/299419/flashqa.html
・警察庁　改正道交法 Q&A　http://www.npa.go.jp/koutsuu/kikaku29/KaiseiQA.htm
・警察庁 HP 内「道路交通法の一部を改正する法律（概要）について」http://www.npa.go.jp/koutsuu/kikaku9/gaiyou.pdf
・財団法人　自動車検査登録協力会　http://www.aira.or.jp/

（わたなべ・やすひろ）

（2）　薬物犯罪

キーワード

自己使用犯、ドラッグコート、
耐性・依存性、薬物5法

1　薬物と社会

　薬物と人間社会の関わりは根深く、病人であれ、健常者であれ、人々は日々、さまざまな形態で薬物を摂取している。そして、保健薬、医薬品は人間の疾病治療、健康維持という合法的な目的のために使用され、多大な効果を挙げている。他方、薬物の種類によってはその摂取によって快感、陶酔感、疲労回復感をもたらすため、この目的のために摂取する人々が多数存在する。しかし、当然ながら、過剰な摂取は人体に精神的肉体的に悪影響をもたらすほか、法律で規制される違法薬物は、保健的な効果も少ないうえに、人体に対して種々の異常をもたらし、個人レベルにとどまらず最終的には社会全体、国家に対しても損害や腐敗を与える。多くの国家・社会がこの種の薬物を規制するのは、そのためである。

　しかし、他方で、薬物の自己使用犯に対しては、刑罰か治療かという論争がみられる。一般に自己使用に対して、欧米諸国では非刑罰化され、アジア諸国では刑罰化される傾向にある。最近アメリカで開始されたドラッグ・コートは、まさしくこの論争を解決する試みで、自ら治療を望む者には寛容な扱いをするなどの措置を講じ、地域社会にねざす薬物犯罪者への新たな治療法として注目される。

○コラム35　ドラッグ・コート（drug court）

　有罪判決を受けた薬物犯罪者に拘禁刑と薬物治療のいずれかを選択させる
制度。1989年にフロリダ州マイアミで開始され、その後全米に広まった。犯
罪者が薬物治療を選択した場合、裁判所の運営の下で、長期間の治療プログ
ラムに参加することが義務づけられ、これを無事終えると、拘禁刑が執行さ
れないのは言うまでもなく、さらに前科が抹消されるなどの特典が付与され
る。2007年現在、全米で約1,100ヶ所のドラッグ・コートが稼働中で、400ヶ
所が設置計画中と言われる。プログラム修了者の再犯率は他の薬物犯罪者と
比較してかなり低く、予後も良好とされる。

　近年では、後述のように、従来脱法ドラッグと呼ばれていた危険ドラッグ
の問題性が指摘されている。法令では規制されていない薬物の中には、使用
方法によっては規制薬物以上の危険性を伴う場合があり、実際、運転中に使
用したために歩行者を巻き込む重大事故を起こすケースが目立ち、そこで政
府もこれに対応して、後述のように危険ドラッグの規制を強めている。

2　薬物使用の歴史と薬物濫用

1　薬物使用の歴史

　歴史的にみると、現在規制の対象となっている違法薬物も、種々の医療や
嗜好品、場合によっては食料などの社会的目的のために使用されてきた。た
とえば、アヘン、モルヒネには鎮痛・催眠作用があり医療として用いられ、
大麻はその陶酔感から呪術や宗教儀式に利用された。さらに、コカインのコ
カ葉は食料や飲料としても利用され、20世紀初めまで、「コカ・コーラ」の
商品に用いられたこともある（もちろん、現在は使用されていない）。また、
覚醒剤も鎮咳剤のほか、第2次大戦中日本軍は、兵士に疲労回復剤として与
えている。

　したがって、これらの薬物は社会的に、さまざまな人々に使用されてきた
経緯があり、ただその弊害、害悪について医学的に十分に認識され、厳しく
規制されるようになるのは、世界的にみても比較的最近のことといえる。

　そこで、一般には、薬物が医療的、合法的に利用される点に鑑み、ここでは治療以外で違法に使用される場面をとらえて、法律上、摂取その他の行為が規制されている薬物を規制薬物とし、その使用を「薬物濫用」として議論する。したがって、本講では、当然ながら、薬物濫用を対象とするが、上記のような歴史的経緯があった点には注意を要する。

2 薬物濫用の問題点

　薬物濫用とは、上述のように、人の中枢神経系の精神機能に影響を与える薬理作用のある化学物質を、正常な治療以外の目的ではなく、陶酔、幻覚、興奮等を求めるために摂取することをいう（狭義）。広義では、保健薬の無意味な大量使用も含むが、通常は狭義の意味に用いられる。

　この種の特定薬物を恒常的に濫用すると、①当該薬物を継続的に使用したいという欲望・願望が激しく強まる精神的依存性が形成されること、②使用を止めると苦痛を伴う身体的な依存性が生じること、③身体に耐性が生まれ、薬物の効果が薄れるようになり、1 回ごとの薬物の使用量が漸次増大すること、④個人的に薬物依存状況が進むと、通常の社会生活が困難になること、⑤薬物摂取をやめると耐え難い禁断症状が現れること、⑥薬物濫用を克服しても、突如、身体に閃光が走るような錯覚に陥るフラッシュバックなどの後遺症が残ること、など弊害がみられる。もっとも、薬物によって、これらの現象の発生や程度は微妙に異なる。

　とくに、耐性と依存性は薬物濫用の特徴をなす。耐性（tolerance）とは、薬物に対する反応が次第に減少する状態をいう。簡単にいえば、薬物への精神的肉体的な慣習化により、以前の興奮・抑制レベルに達するためには使用量を増やさなければならない状態である。また依存性（dependence）には身体的依存性と精神的依存性とがあり、前者は一定期間薬物を使用しないと生理的肉体的苦痛を伴うことをいい、後者は薬物に対する抑えがたい欲求があることをいう。但し、現実には両者の識別は困難ともいわれる。しかし、いずれにせよ、このような依存が継続する状態が薬物中毒である。また、二次的な精神的依存も指摘される。つまり、薬物を使用しないことで発生する禁断症状や苦痛を回避するために、さらに薬物を服用する場合である。

　そして、事例によっては、濫用者自身の健康・生命を脅かし、最悪の場合、重度の精神障害、つまり廃人化や死という結果を迎える。さらに、濫用者に自傷他害行為のおそれが生じ、被害妄想などから、文字通り、自分自身を傷つけ、あるいは他人に対して殺傷行為を行う。後者は、いわゆる 2 次的犯罪といわれるが、二次的犯罪はこれにとどまらず、薬物入手のための資金を獲得するために窃盗、強盗行為にも及ぶ。現に、欧米における住宅侵入盗等の原因は、主として薬物取得のための金かせぎであるともいわれる。また、薬物中毒の女性から生まれた子どもが生来的に障害を抱える状況がみられ、社会福祉、市民の健康など副次的な問題とも関連するとされる。

3 「被害者なき犯罪」の議論

　過去の議論において、薬物犯罪を「被害者なき犯罪（victimless crime)」の論争の中で扱う傾向がみられた。すなわち、1970 年代に主としてアメリカで、一部の論者によって、薬物濫用は個人的自由の問題であり、「堕落する自由」を承認して、国家が薬物濫用者に介入することは望ましいことではないと主張された。この時期、アメリカの州ないし連邦では、あまりにも多くの市民の行為が刑法上過剰に犯罪化されているとして、左派の犯罪学者などの間で、その削減が議論され、薬物濫用が売春や同性愛、堕胎などの問題とともに、非犯罪化（de-criminalization）の対象として主張された。つまり、薬物濫用を法律上、規制しないという趣旨である。

　しかしながら、今日ではこの種の議論はほとんどみられない。薬物濫用は個人ばかりでなく、社会の退廃化、さらには国家の荒廃をもたらすとの認識が強まってきたからである。19 世紀の中国におけるアヘン戦争（1839〜1842）の例をみるまでもなく、薬物の社会的影響は深刻であり、何らかの規制が必要であることは間違いがない。もっとも、後述するように、薬物犯罪には自己使用犯と流通犯とがあり、両者の規制を同列に扱うかは依然、議論がみられる。

3　規制薬物と規制法令の種類

　規制薬物を大別すると、表15(2)-1 に示されるように薬理作用に応じて、興奮剤、抑制剤、幻覚剤がある。しかし、たとえば、興奮剤に分類される覚醒剤やコカインははじめに興奮を促すが、のちに抑制するというように、多くの薬物では複雑な作用を有するのが一般である。したがって、表の分類は一応の目安である。

1 興　奮　剤

(1)　覚　醒　剤

　わが国で最も流通量が多いとされる薬物である。原材料は麻黄（まおう）で、世界的には中国、南ヨーロッパ、北アフリカ、熱帯アメリカなどの乾燥した砂地に自生する。もともと、わが国では明治時代に咳止め薬の開発に際して麻黄からエフェドリンが抽出され、のちに同様の構造をもつメタフェタミンが発見され、合成に成功して覚醒剤が生まれた。他方、20世紀初頭ドイツではその覚醒作用に注目しメタンフェタミンの商品化が図られ、アメリカではアンフェタミンが発見された。わが国でも第二次大戦中、商品化に成功し「ヒロポン」名で発売されて、軍隊等で疲労回復薬として使用されたほか、大戦後は一般市民にも使用が広がった。

　メタンフェタミンもアンフェタミンも覚醒アミンの一種で、中枢神経に作用して興奮状態を引き起こす。初度の使用では、血圧の急上昇などで不快感もみられるが、それに慣れると覚醒、気分高揚、疲労感消失、運動能力増大などの効果が生じる。しばしば、「多幸感」などと表現される。しかし、薬効が切れると、また気分消沈、脱力感、倦怠感が訪れ、これを回避するために薬物を常用するようになる。それを繰り返すうちに依存状態に至る。覚醒剤は白色の結晶で、これを水に溶かし静脈に注射するのが一般であるが、近年、錠剤で服用したり、吸煙する方法もみられる。

　覚醒剤取締法により、覚醒剤及びその原料の輸入、製造、譲渡、譲受、所持、使用さらにはその周辺行為が規制されている。

⑵　コカアルカロイド系

いわゆるコカインである。原材料は南アメリカ産のコカノキで、このコカ葉からコカインを抽出する。南米諸国のほか南アジア諸国でも栽培されている。古くから、アンデス山脈に住むインディオはコカ葉を噛むと疲労回復、気分爽快の効果があることを知っており、常用していたとされる。その後16世紀からコカ葉がスペイン人によってヨーロッパにもたらされ、19世紀中頃ドイツにおいてコカ葉からアルカロイドが抽出され、コカインと命名された。当初、コカインは局所麻酔薬として医療現場で用いられた。しかし、中枢神経に作用して始めは興奮、のちに抑制の効果があり、精神発揚と多幸感から薬物依存へと進行し、濫用を続けると幻覚等の精神障害が現れ、大量に摂取すると呼吸困難により死亡に至ることもあり、こんにち世界的に規制薬物とされる。

わが国では、「麻薬及び向精神薬取締法」で麻薬として規制される。

2　抑　制　剤

⑴　あへん・アルカロイド系

あへん、ケシ、ケシがらなどがこれに当たる。あへんはケシの乳液を乾燥させた物質である。ケシの原産地は地中海沿岸といわれるが、現在はインドネシア、トルコが2大生産地である。古くから、ケシの液汁は鎮痛・鎮静の効果があるとされ、オピウムと呼ばれた。中国では17世紀頃からアヘンが嗜好品として珍重され、一般社会にもアヘン吸煙が広がった。中枢神経抑制機能をもち、鎮痛・鎮咳・鎮痙などの効用があることで知られる。

アヘンに含まれるアルカロイドの大部分がモルヒネである。鎮痛効果に優れるが、陶酔感から快感に転じ、薬物への強い依存性、耐性がみられ、中毒の原因となる。

⑵　向　精　神　薬

化学合成品で、一般に広く病院でも処方され、また睡眠薬や精神安定剤（トランキラーザー）として市民にも愛用されてきた。その成分は、フェノバルビタール、ジアゼバム、トリアゾラムなどである。しかし、濫用すると、感情の不安定、判断力の鈍化、歩行の不調など心身に弊害をもたらし、依存

性、耐性が強まるなどの弊害が指摘されている。かつては市販されていたが、弊害が認識されるようになって、現在は、その不正な取引について「麻薬及び向精神薬取締法」で規制されている。

(3) 有 機 溶 剤

シンナー、トルエン、ボンドなどの建築用材のほか、酢酸エチルなどの化学薬品がこれに当たる。1970年代初頭までは合法であったが、その頃、学生や学生運動家の中で広く吸引するものが増え、死亡者も続出するなどして社会問題化したため、「毒物及び劇物取締法」で規制されるようになった。濫用すると、集中力・判断力の低下がみられ、幻覚・幻聴なども引き起こす。ビニール袋などに入れ、その蒸気を吸入するなど、その手口は比較的簡易である。

3 幻 覚 剤

(1) 大 麻

いわゆるマリファナ（マリワナ）、ハッシッシなどがこれに当たる。原料はアサで、広く流通する繊維をとるための植物である。大麻の花房の葉、包葉、花から樹脂が分泌され、これを乾燥させて、たばこ状で吸煙する。古くから、幻覚・陶酔作用が知られ、宗教的儀式や呪術の際にも用いられた。そのため、古代では医療の麻酔薬としても使用された歴史がある。主成分はカンナビノイドで、このうちTHC（麻酔成分）の麻酔作用、陶酔作用が最も強い。かつては煙草の害よりも小さいと言われたこともあるが、現在でははるかに有害性が高いとされる。

大麻には、その形状によって、①乾燥大麻（マリファナなど）、②大麻樹脂（ハッシッシなど）、③液体大麻（ハッシッシ・オイル）などに分かれる。大麻を濫用すると陽気・多弁になる一方で、種々の感覚が過敏になり、思考の分裂、感情の不安定を招く。これが原因で興奮状態に陥って、暴力や挑発行為を行ったり、幻聴・幻覚に悩まされる。このため、「大麻取締法」が規制している。

図15(2)-1が示すように、大麻取締法違反の検挙人員は年間2,000人を超え、覚醒剤取締法違反に次いで多い。これは、大麻が欧米などで簡単に手に

表 15 ⑵ - 1　代表的規制薬物の薬効

	薬　物	身体的依存	精神的依存	耐　性	効　　力
興奮剤	覚醒剤	×	◎	○	興奮・気分爽快・多幸感・疲労感喪失
	コカイン	×	◎	○	興奮・鎮痛・疲労回復
	有機溶剤	×	◎	×	興奮・快感
抑制剤	あへん	◎	○	◎	鎮静・陶酔
	催眠剤	○	△	○	鎮痛・鎮静
幻覚剤	大麻	×	○	×	陶酔感・幻覚・幻聴
	LSD	×	○	◎	幻覚・抑鬱感・陶酔感

図 16 ⑵ - 1　大麻取締法違反等　検挙人員の推移

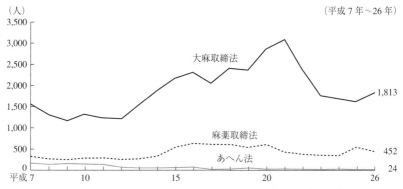

注 1　内閣府の資料による。ただし、平成 19 年までは、厚生労働省医薬食品局、警察庁刑事局及び海上保安庁警備救難部の各資料による。
　　2　大麻、麻薬、向精神薬及びあへんに係る各麻薬特例法違反の検挙人員を含む。
　　3　警察のほか、特別司法警察員が検挙した者を含む。

入ることや若者が煙草感覚で吸煙しているためと思われる。

⑵　幻　覚　剤

　LSD や MDMA などが知られる。LSD はムギに寄生するバッカク菌が原材料で、これを服用すると、血管収縮作用がみられる。第二次大戦前にバッカク菌からリゼルグ酸ジエチルアミドが合成された。この薬物は、視覚異常、色彩幻覚、めまいなどの精神異常を発現したため、精神分裂病の解明に役立つとされたが、服用者から奇形児が出産されたり、幻覚剤として濫用する者

表15(2)-2 危険ドラッグに係る犯罪の検挙人員の推移（適用法令別）

（平成22年～26年）

適　用　法　令	22年	23年	24年	25年	26年
総　　　　　数	10	6	112	176	840
医薬品医療機器等法	9	6	57	37	492
麻　薬　取　締　法	1	—	26	89	98
交　通　関　係　法　令	—	—	19	40	160
そ　　の　　他	—	—	10	10	90

注1　警察庁刑事局の資料による。
　2　複数罪名で検挙した場合は、法定刑が最も重い罪名に計上している。
　3　「危険ドラッグ」は、規制薬物（覚醒剤、大麻、麻薬・向精神薬、あへん及びけしがらをいう。）又は指定薬物（医薬品医療機器等法2条15項に規定する指定薬物をいう。）に化学構造を似せて作られ、これらと同様の薬理作用を有する物品をいい、規制薬物及び指定薬物を含有しない物品であることを標榜しながら規制薬物又は指定薬物を含有する物品を含む。
　4　「医薬品医療機器等法」及び「麻薬取締法」の検挙人員は、危険ドラッグからそれぞれ指定薬物又は麻薬が検出された場合に限る。
　5　「交通関係法令」は、危険運転致死傷、自動車運転過失致死傷、過失運転致死傷及び道路交通法違反等の検挙人員である。
　6　「その他」は、覚醒剤取締法違反、危険ドラッグ服用に係る保護責任者遺棄致死等のほか、平成26年は指定薬物以外の医薬品医療機器等法違反を含む。
　7　「交通関係法令」及び「その他」は、指定薬物として指定されていない薬物が検出され、当該薬物について、検挙後に指定薬物として指定された場合等を含む。

も現れたため、戦後、規制されるようになった。他方、MDMAは化学合成品で、別称エクスタシーやバツなどとも呼ばれる。錠剤で服用すると、多幸感とともに幻覚症状がみられる。

　現在、麻薬の一種として「麻薬及び向精神薬取締法」で規制されるが、その使用方法の手軽さ、錠剤というソフトなイメージから若者の間に蔓延する状況がみられる。

(3)　**危険ドラッグ**

①マジック・マッシュルーム

　サイロシンやサイロシビンを含有するキノコ類で、これらには麻薬成分が含まれる。これを摂取すると幻覚作用が現れることがある。かつては合法で、若者などの間に闇市場で販売されていたが、その弊害が認識され、2002年6月「麻薬及び向精神薬取締法」で麻薬原料植物に指定され、栽培・輸

入・譲渡・譲受・所持・施用等が禁止されている。マジック・マッシュルームは、中枢神経系に作用し、その興奮や麻痺、幻覚を引き起こす。

②その他の危険ドラッグ

近年ではハーブ系の危険ドラッグの存在が指摘されている。この中には規制薬物の科学構造を改変して製造された物質が含まれ、身体的精神的影響は規制薬物と変わらないとされる。たとえば、麻薬である DOM（2.5-ジメキトシ-4 メチルアンフェタン）の塩基の一つ H3C を O2N に置き換えた DON（2.5-ジメキトシ-4 ニトロアンフェタン）の薬理はこれと変わらない。これを服用すると、嘔吐、錯乱、幻覚・幻聴、妄想、意識障害、疲労感・倦怠感が生じ、最悪の場合には死を招くという。これを服用したケースとして、池袋駅付近の自動車暴走事件で死者を出した事件などが報告されている。

4　薬物犯罪の状況

1　戦後の動向

薬物規制は特定の薬物を規制すると他の薬物に濫用者が移るといった傾向を示し、すべての違法薬物の規制によって同時に効果を上げることは困難な場合が少なくない。戦後の動きもまさに、そのような傾向を示す。いずれにせよ、わが国で薬物犯罪が社会問題化したのは第二次大戦後のことである。

⑴　戦後第 1 期

図 15⑵-2 が示すように、1945 年（昭和 20 年）から 1955 年（昭和 30 年）にかけての覚醒剤濫用期をいい、とくに昭和 26 年に制定された覚醒剤取締法違反の事犯が急増した頃である。すなわち、1946 年（昭和 26 年）には覚せい剤事犯は 1 万 7,000 人程度であったが、1954 年（昭和 29 年）には 5 万5,000 千人を超えピークに達した後、政府による罰則の強化、徹底した検挙、中毒者に対する措置入院の導入、覚醒剤の害悪についての全国キャンペーンなどが功を奏して、同事犯は 1957 年（昭和 32 年）には 270 人に激減した。このような動きは、戦争直後覚醒剤は合法であって多くの国民が使用し、その結果多数の中毒者を生み出す事態に対して、規制法が立法化されたため、膨大な数の検挙者を記録したが、その検挙が一巡し、沈静化した結果であ

図15⑵-2 覚せい剤取締法違反の検挙人員の推移

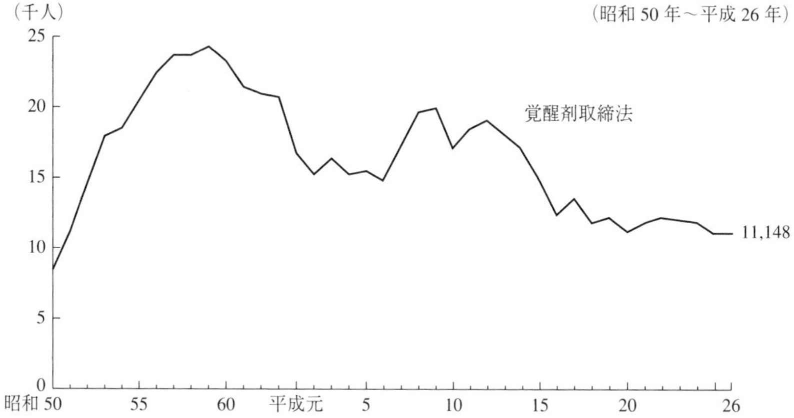

(昭和50年〜平成26年)

注1 内閣府の資料による。ただし、平成19年までは、厚生労働省医薬食品局、警察庁刑事局及び海上保安庁警備救難部の各資料による。
2 覚醒剤に係る麻薬特例法違反の検挙人員を含む。
3 警察のほか、特別司法警察員が検挙した者を含む。

る。

⑵ 戦後第2期

昭和30年代のヘロイン中毒の時期である。1953年（昭和28年）制定の麻薬取締法によってとくにヘロイン（ジアセチルモルヒネ）などの麻薬に対する規制が強化され、麻薬取締法による検挙人員は38年には約2,500人を超えたが、その後の法改正による罰則強化、取締機関の強化、暴力団に対する取締の徹底、中毒者の強制治療制度の新設等によって、その後、急速に減少した。

⑶ 戦後第3期

1970年（昭和45年）以降の覚醒剤使用の増加と有機溶剤の濫用を示す時期である。昭和30年代から昭和40年代前半までは沈静化していた覚醒剤取締法違反者は、昭和45年頃から再び増加に転じ、1984年（昭和59年）には2万4,000人の検挙人員を数えるなど覚醒剤濫用の時期を迎えた。それに並行して、昭和40年代に目立ち始めた少年によるシンナー、トルエン、ボンドなどの有機溶剤の濫用が目立ち、このため1973年（昭和47年）に改正さ

れた毒物及び劇物取締法では、これらの液剤を規制対象とした。これによって、1982 年（昭和 57 年）には少年による毒劇法違反者送致人員が 3 万人に迫るなどの状況がみられたが、その後終息した。

2 現在の状況

　平成期に入って覚醒剤は、犯罪組織による大量密輸入、主婦や中高生などの一般人への無差別販売が目立ち、1995 年（平成 7 年）以降、戦後の第 3 回目の覚醒剤濫用期が指摘されている（図 15⑵-2 参照）。このほか、最近では、MDMA（エクスタシー）などの錠剤型合成麻薬や乾燥大麻が広く流通するようになり、わが国でも薬物問題が深刻化する傾向がみられる。

　現在の薬物犯罪の特徴として、①青少年層への拡大、②大量密輸事件の続発、③暴力団関与の進行、④イラン人密売組織の台頭、⑤錠剤型覚醒剤の広がりなどがみられる（高橋靖「薬物犯罪の現状と対策」法律のひろば 55 巻 5 号 25 頁以下参照）。

　近年の少年の覚醒剤濫用の背景には、街頭などで入手が容易となったことや、密売価格が手ごろになり、また摂取方法も注射器などを使用せず、薄い炎で炙るなどして吸煙する方法に変化したことなどが考えられる。また少女にはダイエット効果という誤った認識などから、覚醒剤に対する抵抗感が弱まった結果である。このため、現在、覚醒剤事犯の全検挙者数のうち初犯者が半数を占めるに至っている。

5　薬物犯罪の規制のあり方

1 国際的取り組み

　もともと薬物犯罪は、諸外国においてわが国以上に深刻であることや薬物犯罪の根絶には国際的な取り組みが必要であることから、国連などの国際機関ではさまざまな施策を講じてきた。国連では、1961 年には「麻薬に関する単一条約」（単一条約）、1971 年「向精神薬に関する条約」（向精神薬条約）、1988 年「麻薬及び向精神薬の不正取引の防止に関する条約」（麻薬新条約）などが採択された。とくに、麻薬新条約では、マネーロンダリングの犯罪

化、収益の没収範囲の拡大、財産的保全措置の導入、外国における没収裁判
の執行の共助制度、国外犯の処罰、コントロールド・デリバリー（監視付き
移転）制の実施など、薬物の不正取引に由来する収益の剥奪と薬物犯罪取締
の国際協力の強化を図り、1994年にはわが国を含む101ヶ国が締結してい
る（『平成7年版 犯罪白書』253頁参照）。さらに、1989年パリで開催された
アルシュ・サミット（主要先進国首脳会議）でも、薬物犯罪に関して国際協
力強化の必要性が強調された。このような経緯から、1990年には「国連国
際麻薬統制計画（UNDCP）」の設置が決定し、麻薬関係部局が統合された。
　こうして、近年では、経済的規制の方向から、薬物犯罪に対する抑圧を強
める国際協力が進んでいる。

○コラム36　コントロールド・デリバリー（controlled delivery）

　捜査手法の1種。一般に、麻薬や拳銃などの非合法な禁制品を取締機関が
発見しても直ちに摘発せず、受取人を待つか、捜査官が禁制品の配送に付き
添い、本人が受け取った段階で逮捕等を行うのがこの手法に当たる。取締機
関が発見後直ちに摘発すると、犯人に犯行が捜査機関に知られたことが分か
り、禁制品を受け取らないか、逃走するおそれがあり、捜査が行き詰まるか
らである。もっとも、コントロールド・デリバリーが失敗すると、相手側に
禁制品が渡ってしまうため、さらに、内容物を偽物に入れ替えて配送するク
リーン・コントロールド・デリバリーの手法もある。

2　わが国の取り組み

　上述の国際的動向に鑑みて、わが国でも1990年（平成2年）に「麻薬取
締法等の一部を改正する法律」により、従来の麻薬取締法が「麻薬及び向精
神薬取締法」と名称変更され、向精神薬に関する規制が導入されたほか、麻
薬についても罰則も強化された。1992年には、国連の麻薬新条約を批准し、
その国内法の対応として麻薬特例法（「国際的な協力の下に規制薬物に係る不正
行為を助長する行為等の防止を図るための麻薬及び向精神薬取締法等に関する法
律」）等を制定した。また、麻薬・向精神薬の原材料に関する規制が強化さ
れたほか、国際的なコントロールド・デリバリーの実施を可能とする規定、

不法収益の必要的没収・追徴規定、マネーロンダリング処罰の規定などが導入された。このほか、平成 11 年に成立した組織犯罪処罰法も麻薬特例法が対象とする薬物犯罪に関わる規定を設けている。

　現在、上述の麻薬及び向精神薬取締法、覚醒剤取締法、大麻取締法、あへん取締法を「薬物 4 法」、これに麻薬特例法を加えて「薬物 5 法」と呼ぶ。

　これらに加え、近年は「危険ドラッグの問題」が浮上している。これは従来の薬物を加工し化学構造の一部を変更したもので、規制対象から逃れるという脱法行為のため、「脱法ドラッグ」などとも呼ばれた。その後、摂取後に危険運転などにより他人に危害を加えるなど、危険性が認識されるようになって「危険ドラッグ」という名称に変更された。そして、法規制としては医薬品医療機器等法により、「指定薬物」に指定され、平成 26 年 4 月からは輸入、製造、販売に加えて、乱用した者も処罰の対象となった。したがって、現在、指定薬物の「危険ドラッグ」を所持、使用、購入、譲受を行った者には 3 年以下の懲役又は 300 万円以下の罰金、ないしその併科が課せられる。

3　自己使用犯の扱い

⑴　薬物濫用者に対する処罰と治療

　薬物犯罪に対する規制は、薬物を自ら使用する自己使用者に対する処罰とそれを製造・所持・流通・販売する者に対する処罰があり、前者は自己使用犯、後者は流通犯と呼ばれる。わが国のほか、大半のアジア諸国では両者を処罰するのが一般であるが、逆に西欧諸国では自己使用犯を処罰しない傾向がみられる。これは、先述のドラッグ・コートの思想にみられるように、薬物の自己使用行為は犯罪というよりも疾病であり、治療しない限り、これを根絶することは困難という考え方がその背景にあり、市民的自由思想に根ざす非犯罪化、非刑罰化の発想があるものと考えられる。もちろん、薬物を流通させ、それによって巨額の利益を上げる者に対しては厳罰が必要であり、とくにわが国では暴力団対策の強化が求められるが、自己使用犯を刑罰によって処理し、刑務所収容等で薬物から引き離す方策は、再犯率などからみて必ずしも成功していない。

図15(2)-3　覚醒剤取締法違反の入所受刑者数の推移

(平成7年〜26年)

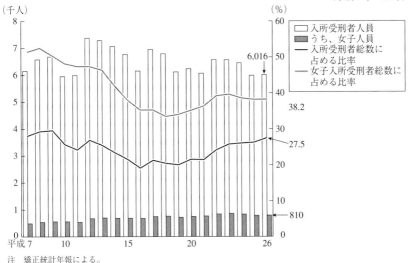

　2013年(平成25年)6月に成立して「薬物使用等罪を犯した者に対する刑の一部執行猶予に関する法律」(「薬物法」と略称される)では、社会内において薬物乱用者の処遇、治療等が必要なことに鑑み、刑法に特則を定め、薬物使用者が累犯者であっても、刑の一部の執行猶予の言い渡しを可能とした。この制度によって、わが国でも薬物濫用者の治療やカウンセリングなどを重点的に行う方策が期待される。

　但し、これらの制度とは別に、その手法は民間が先行しており、わが国の「ダルク」という民間施設では薬物やアルコールの禁絶を図って、日々活動が行われており、今後はこの種の活動を国家レベルでも取り入れていくべきであろう。

○コラム37　ダルク

　わが国で活動する民間の薬物依存症リハビリ施設。ダルク(DARC)とは、Drug,Addiction(濫用),Rehabilitation,Centerの頭文字をとった名前であ

る。全国に約40ヶ所所在する。施設では、入寮したあと、ミーティング（グループセラピー）を１日２回受け、その他、リクレーションなどのプログラムが組まれる。スタッフは全員薬物濫用経験者で、その協働意識によって「薬物を使わない生活」をめざす。ダルクでは、自助グループや医療関係者が関与しており、このような他の組織・機関との連携が重視されている。

⑵ 矯正および保護における処遇

　刑務所などの刑事施設では、これまでにも薬物犯罪者に対して、処遇類型別指導が行なわれ、薬物乱用防止教育が行われてきた。しかし、必ずしも十分な効果を上げているとはいえない。なぜなら、刑事施設は刑罰を執行する機関であり、医療刑務所があるとはいえ、治療を重視した処遇を行いにくい環境にあるためである。そこで、平成 18 年施行の「受刑者処遇法」（のちの「刑事施設収容者および被収容者処遇法」）では、薬物依存者に対する特別な改善指導を行うことができるように改正され、そのうち薬物依存離脱指導が多くの施設で行われている。確かに、標準プログラムが策定されるなど、一定の進歩がみられる。そして、外部から各種専門家・ボランティアを招聘し、指導の強化も図られている。しかしながら、図 15⑵-3 が示すとおり、覚醒剤取締法違反の入所受刑者数の推移をみても、この 20 年ほぼ横ばい傾向がみられるほか、薬物犯罪者の再犯状況からみて、依然、刑事施設内での指導には限界があるように思われる。この意味でも、2013 年成立の薬物法の成果が注目される。

　他方、保護観察においても、問題類型別処遇制度が実施され、覚醒剤乱用者、シンナー乱用者などの類型では、個別指導のほか、集団処遇、保護者などへの講習会が試みられている。平成 16 年からは、覚醒剤事犯者に対する簡易尿検査が本人の同意を得て実施されているといわれる。しかし、このような手法も保護観察実施者と対象者の間の信頼関係を損なわない範囲で有効であって、これまでの保護観察からは一歩踏み出した試みではあるが、これにも限界があると考えられる。今後は、専門家の治療やカウンセリングなどを積極的に整備すべきであろう。

参考文献

・三谷真貴子＝勝田聡「刑の一部の執行猶予制度と社会貢献活動の創設～犯罪者の再犯防止・社会復帰を図る」時の法令 1948 号（2014 年）
・「〈特集〉薬物乱用と依存」犯罪と非行 148 号（2006 年）
・守山　正＝西村春夫『犯罪学への招待』（1999 年、日本評論社）
・「〈特集〉薬物犯罪の現状と対策」法律のひろば 49 巻 1 号（1996 年）

（もりやま・ただし）

（3）　外国人犯罪

キーワード

不法滞在、犯罪インフラ、国際犯罪組織、F 指標受刑者、
国際対策室、国際受刑者移送条約

1　外国人犯罪の現状

1　外国人の在留状況と来日外国人の犯罪

　平成期に増加した外国人の新規入国者数は、昭和 60 年頃の 200 万人ほど
から平成 27 年には 1700 万人を超え、令和元年には 2,840 万人にまで増加し
た。ただし、令和 2 年に新型コロナによる世界的なパンデミックが生じたこ
とで、わが国の水際対策の強化や入国制限を招き、令和 3 年には、15 万人
ほどに激減している（出入国在留管理庁の資料による）。

　とはいえ、昭和期から平成期へかけて、一気に増加した新規入国者数の波
は、犯罪動向にも顕著な影響を与え、一般刑法犯の検挙件数は、平成元年か
ら年を追うごとに増加していた。警察庁は外国人による犯罪を、定住外国人
とは切り離して「来日外国人犯罪」という用語で統計をまとめる状況にあっ
た。平成 17 年には、この来日外国人犯罪は、3 万 3,037 件を記録している。
しかしその後、減少傾向に転じ、平成 27 年には検挙件数で 9,417 件、検挙
人員で 6,187 人に減少した。刑法犯の 66.9％は窃盗であり、平成 27 年の検
挙件数で 6,303 件である（以上の数字は『平成 28 年版犯罪白書』187 頁以下に
よる）。令和 3 年のこれらの数字は、検挙件数 9,105 件、検挙人員 5,573 人、
このうち窃盗が 59.6％である（令和 4 年版犯罪白書 222 頁参照）。

図15(3)-1　来日外国人による刑法犯 検挙件数の推移（罪名別）

（平成 14 年〜令和 3 年）

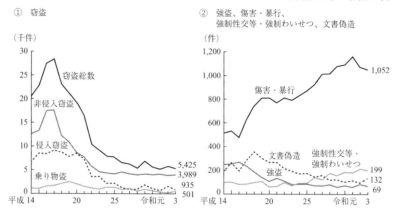

注 1　警察庁の統計及び警察庁刑事局の資料による。
　　2　「強制性交等」は、平成 28 年以前は平成 29 年法律第 72 号による刑法改正前の強姦をいい、29 年以降は
　　　　強制性交等及び同改正前の強姦をいう。
出典：令和 4 年版犯罪白書 222 頁

　特別法犯のほとんどは、平成 27 年において交通関連法令違反を除き、不
法残留をはじめとする不法滞在であるが（3,154 件、出入国管理及び難民認定
法違反）、薬物関係法令違反（560 件）や風営適正化法違反（239 件）、売春防
止法違反（64 件）なども含まれている（平成 28 年版犯罪白書 191 頁）。令和 3
年には、出入国管理法違反 4,562 件、薬物関係法令違反 890 件、風営適正化
法違反 117 件、売春防止法違反 29 件である（令和 4 年版犯罪白書 224 頁）。

2　来日外国人犯罪の特質

（1）　地方への拡散

　こうした来日外国人の犯罪は、最近は大都市圏から地方の中・小都市圏へ
拡散してきている。東京都では過去 10 年間、刑法犯認知件数は約 5,000 件
の横ばい状態にある。これに対して、中部地方では 3.6 倍に急増しているほ
か、北海道や四国地方でも全国平均の 1.3 倍を上回って増加している。今日
では、来日外国人の犯罪は、人口の過密化した都市型犯罪ではなく、地方都

市や郊外に見られる財産犯として位置づけられる様相をおびてきている。その背景として注目すべき点は、大都市圏以外のところであっても、人口の集中してきた振興住宅地や、防犯意識が緩やかで、無用心な旧来の農村地区を狙って入国してくるような、職業的に組織化された「犯罪集団」がいることであろう。その一部には、平成 13 年の山形強盗殺人事件、平成 14 年の大分県老夫婦強盗殺人事件、平成 15 年の福岡一家 4 人殺害事件のように、凶悪な事件もある。これらはいずれも中国人のグループによる犯罪であった。また近年、地方都市で就労する外国人が増加してきていることからも、来日外国人の犯罪が地方へと拡散している状況も見受けられる。

○コラム38　福岡市東区一家 4 人殺害事件

　平成15年 6 月20日午後、福岡市東区の箱崎埠頭岸壁で、同区内に在住の M さん一家四人（11歳の男子、 8 歳の女子を含む）の遺体が発見された。福岡県警は、殺人および死体遺棄事件として捜査を開始。被害者らは、自宅にて前日深夜に襲われ、首を絞めて殺害され、手錠や鉄亜鈴の重しとともに箱崎埠頭で沈められたものと判明した。捜査の結果、事件直後に帰国した中国人の元留学生 Y（23歳）と日本語学校元生徒 O（21歳）のほか、数人の中国人グループが被疑者として浮かびあがった。帰国した中国人 2 人は、中国で逮捕され、取調べの結果、犯行を自供。中国の法廷において Y は死刑、O は無期懲役の刑に処せられた。犯人グループの 1 人であった中国人の元専門学校生 G は、わが国で身柄を確保され、訴追されていたが、平成17年 5 月、福岡地方裁判所において死刑の判決を言い渡された。来日外国人の凶悪・残虐な事件として、社会的に注目された事件である。

⑵　犯罪の動機

令和 3 年に検察庁が新規に受理した来日外国人 14,969 人の国籍は、アジア地域だけで 86.2％におよぶ。平成時代に構成比が最も高かった中国を令和元年以降は、ベトナムが上回り、令和 3 年においても、ベトナムが 37.0％、次いで中国（22.3％）、フィリピン（5.7％）の順である。ベトナムは、入管法違反が 2,137 人と最も多く、窃盗（1,189 人）、傷害（188 人）となっている。中国、フィリピンも同様の罪名分布である。こうした国々には、固有の貧困問

図 15(3)-2 来日外国人被疑事件 検察庁新規受理人員の国籍等別構成比
(令和 3 年)

注1 検察統計年報による。
2 過失運転致死傷等及び道交法違反を除く。
3 無国籍の者を含み、国籍不詳の者を含まない。
4 （ ）内は、実人員である。
出典：令和4年版犯罪白書225頁

題があり、わが国への「出稼ぎ」に伴う犯罪組織との関係が見え隠れする。来日外国人の犯罪は、「個人の犯罪」という印象よりも、社会的に構造化された犯罪という印象を感じる面が強い。

(3) 共犯性

　来日外国人の犯罪は、共犯関係にあるものが多く、平成21年の61.6%には及ばぬものの平成27年には36.2%を共犯事件が占めている（平成22年版警察白書9頁及び平成28年版警察白書149頁）。日本人の場合（平成27年で12.2%）と比べれば、その特色がはっきりする。また、近年、ロシア人犯罪組織や、中国人犯罪組織、韓国人犯罪組織に代表されるように、わが国の暴力団とも密接な関係をもつ職業的犯罪集団が暗躍する姿が目立っている。たとえばロシア人犯罪組織は、高級外車を盗み出してその車両や部品の密輸出を組織的に行っているし（ヤードといわれる自動車解体作業場の一部がこの種の犯罪の温床となっている。）、「蛇頭」として知られる中国人犯罪組織は、不法入国を請負って密入国の手引きをする。また韓国人犯罪組織は、スリ集団の手引きと逃走を組織化している。また近時の特長として、日本の生活習慣や言語になじめず就労できないブラジル人たちの中で、犯罪集団化している者もいる。

3 外国人犯罪への対策

　こうした犯罪集団はより組織化され、連携して、不法就労先の斡旋や、旅券の偽造、外国人登録証明書の偽造、居所の提供などを行うなどして、日本での外国人の犯罪行動を容易にする下地をつくりあげているのである。これらは「犯罪インフラ」ともいわれる組織的犯罪促進環境である。来日外国人の犯罪に対する国内的対策として、この犯罪インフラに的確に対処してゆくことが重要である。また来日外国人による刑法犯への関与は、不法滞在の延長線上でなされる場合も多く見られる。不法滞在（不法入国、不法残留、不法在留、資格外活動等）に対する機敏な対応は、その後の犯罪への抑止に通じるという意味で重要である。あわせて来日外国人の重大犯罪を防止すべく、入国審査および管理の強化（指紋の登録など）と合理化が進められてきている点にも注目したい。

　さらに、来日外国人犯罪への対策として重要なのは、国際的な取り組みや連携である。薬物犯罪対策や国際犯罪組織対策からテロ対策にいたるまで、国際社会は頻繁に条約を整備し、加盟国相互の協力体制を強化してきた。わが国も国際社会の一員として、条約に加入し、適切な国内法の整備を行うとともに、犯罪および犯罪者への対策として国際間協力を進めてきている。犯罪人の引渡しに関しては、日米間の条約（昭和 53 年）や日韓の条約（平成 14 年）が整備されている。また犯罪捜査に関する「国際捜査共助法」の制定（昭和 55 年）による相互主義の尊重のもと、「日米刑事共助条約」（平成 15 年）や「日韓刑事共助条約」（平成 18 年）が締結されている。このほか平成 23 年までには、中国・香港、ロシアおよび EU との間で同様の条約が締結された。このほか平成 23 年までには、中国・香港、ロシアおよび EU との間で同様の条約が締結された（令和 4 年にはベトナムとの間でも条約が発効した）。条約締結にいたらない国との間では、外交ルートを通じて捜査協力を依頼することになるが、むしろ、日本も加盟している ICPO（国際刑事警察機構）を通じた捜査共助を有効に活用している。

　ちなみに、ICPO ルートによる外国からの捜査共助の要請は、令和 3 年で 1,181 件、わが国からの外国への捜査共助の要請は 414 件である（令和 4 年版犯罪白書 98 頁参照）。反対に同年の外国への捜査共助の要請は、ICPO ルー

トで318件、外交ルートで53件である（警察庁・来日外国人犯罪の検挙状
況・平成27年48頁）。このほか、司法の場面でも国際協力が進められており
（司法共助）、裁判関係書類の送達や証拠調べに関して相互の協力が行われて
いる。令和3年には、わが国の裁判所から外国の裁判所または在外領事等に
対する刑事司法共助の嘱託はないが、反対に外国の裁判所からわが国に対し
嘱託された司法共助は、書類送達が27件、証拠調べが2件あったという
（令和4年版犯罪白書99頁）。

○コラム39　ICPO（国際刑事警察機構）

　ICPO（International Criminal Police Organization）は、略称「インター
ポール（Inter Pol.）として知られる国際的な捜査情報機関である。1956年
に設立され、リヨンに本拠を置いて、主に、①国際犯罪及び国際犯罪者に関
する情報の収集と交換、②犯罪捜査に関する国際会議の開催、③逃亡犯罪人
の所在発見と国際手配書の発行といった活動を行っている。2005年3月末
で、182カ国が加盟している。その歴史は古く、1914年、モナコにおいて開
かれた「国際刑事警察会議（Inter Police Congress）」にさかのぼる。1923年
のウィーン会議のおり、「国際刑事警察委員会（International Criminal
Police Commission）」が創設され、わが国もこの委員会に1952年に加盟した
が、その後1956年に現在のICPOに発展したものである。ICPOの作業部会
では、テロリズム、組織犯罪、薬物犯罪、IT犯罪、環境犯罪、児童に対す
る犯罪などについて研究が進められ、国際的指針の提示を検討してきてい
る。また、逃亡犯罪人の身柄拘束を求める「国際逮捕手配書」や犯罪人の所
在発見等を求める「国際情報照会手配書」などの「手配制度」はよく知られ
るところである。わが国の主管は、警察庁が担っている。（http://www.npa.
go.jp/interpol/）

2　来日外国人犯罪の司法的処理

1　司法的処理の概況

令和4年版犯罪白書によると、令和3年の来日外国人被疑者に対する検察

図15(3)‐2　来日外国人被疑事件 検察庁終局処理人員（処理区分別）の推移

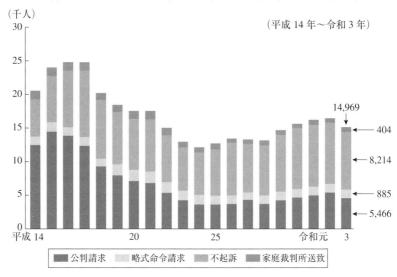

注1　検察統計年報による。
　2　過失運転致死傷等及び道交法違反を除く。
　3　無国籍の者を含み、国籍不詳の者を含まない。
出典：令和 4 年版犯罪白書 225 頁

庁終局処理人員は、14,969 人である。その内訳は、公判請求 5,466（36.5％）、起訴猶予を含む不起訴 8,214 人（54.8％）、略式命令請求 885 人（5.9％）、家裁送致 404 人（2.7％）となっている。27 万人を超える検察庁終局処理人員全体でみると、公判請求 9.9％、略式命令請求 21.2％であり、全体の起訴猶予を含む不起訴率は、63.6％である。このように、全体の不起訴率の高さに比べ、来日外国人の不起訴率は低い。来日外国人であることで、「犯人の境遇や犯罪の情状、犯罪後の情況」（刑訴法 248 条）に関する評価にやや厳しい面があるものと思われる。入管法違反のケースについてみても、起訴猶予率は 49.9％である。

　この厳しさは、通常第一審（地方裁判所及び簡易裁判所）の有罪者人員に占める外国人の割合からも窺い知ることができる。令和 3 年中に通常第一審で有罪になった外国人の数は 4,780 人であり、これは全体の 9.9％に相当する。

また被告人通訳事件の通常第一審における有罪人員は、3,773人であったが、全罪名におけるその全部執行猶予率はかなり高く、89.4％である。日本人を含めた懲役全事件の全部執行猶予率が60％強であることと比較し、相当に緩やかな対応もなされている。これはとくに入管法違反事件の外国人に対して90％を超える執行猶予率の高さから生じる数字でもあるが、概して外国人の場合には「国外退去」という行政的対応に委ねることにより、矯正施設に収容するまでもないという判断が働くからであろう。

これらの刑事裁判には、ほとんどのケースに通訳が付けられている（令和3年の通訳事件終局処理人員は、4,126人）。

通訳言語は、34言語に及ぶ。令和3年の内訳をみると、ベトナム語が1,627人（39.4％）と最も多く、次いで中国語837人（30.3％）、タイ語236人（6.4％）、タガログ語225人（5.5％）、ポルトガル語214人（5.2％）、英語185人（4.5％）、インドネシア語117人（2.8％）となっている。（令和4年版犯罪白書226頁）。

2 司法処理における問題点

ところで、外国人被疑者・被告人の刑事手続にはいくつかの問題がある。たとえば、①外国人被疑者への取調べに際しての問題として、外国人被疑者に対する権利告知をどこまで実質的に保障しえているかは重要な問題である。弁護人依頼権や供述拒否権の実質的な保障は、質の高い専門家（通訳人）が確保されてはじめて可能になる。あるいは、被疑者の供述調書は、被疑者が供述したとおりに作成されているのか、これも通訳人の力量に依存するところが大きい。また、②弁護人との意思疎通は十分なされているかどうかも、刑事手続を進めるに際して重要なことであろう。とくに国選弁護人の場合に、外国人被疑者の真意がうまく汲み取られるかどうか、選任にあたって慎重な配慮がなされるべきことであろう。さらに、③起訴状謄本や供述調書などには翻訳文がついていなかったり、外国人被疑者の第一言語（母語）でなかったりした場合の問題もある。このほか、④捜査段階にもからむ問題として、被疑者自身が国外逃亡した場合の処理や、重要な証人や共犯者が国外に逃走または強制退去してしまっている場合の処理など、国際的な共助体

図15⑶-3　F 指標入所受刑者人員の推移（男女別）

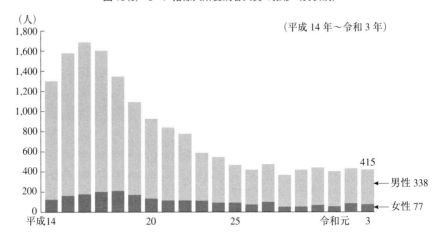

注1　矯正統計年報による。
出典：令和 4 年版犯罪白書 227 頁

制（捜査共助、司法共助）の問題などがある。

3　外国人犯罪者の処遇（F 指標受刑者の処遇）

1　F 指標受刑者の矯正処遇

　令和 3 年における外国人入所受刑者は、695 人である。このうち、言語や
宗教上の問題から日本人とは異なる処遇を必要とするものは、「F 指標受刑
者」として集団編成され処遇されることになる。かつての収容分類でいう
「F 級」と実質的に変わりないが、「受刑者処遇法」の施行にともない、受刑
者ごとに収容と処遇とを連携させ、指定される指標として用いられる。「来
日外国人」という区分はない。ここでは上記のように F 指標受刑者の処遇
について説明する。

　この F 指標入所受刑者は、令和 3 年には 415 人（男 338 人、女 77 人）とな
っている。入所受刑者全体では 1 万 6,152 人（男 1 万 4,486 人、女 1,666 人）
であるので、その比率は 2.6％（女子のみで 4.6％）である。平成 16 年まで急

激に増加したが、近年は減少傾向にある。F指標入所受刑者の国籍は、令和3年においてはベトナムが93人と最も多く、次いで、中国85人、ブラジル47人となっている。罪名別では、覚醒剤取締法違反141人と窃盗121人で過半を占めている。また令和3年末現在、F指標受刑者の収容人員は、1,343人（男性1,129人、女性214人）であった。全体の令和3年末収容人が3万8,895人であるので、F指標受刑者比率は3.5％である（女子は4,828人、4.4％）。

F指標受刑者の処遇に関しては以下の点に配慮しなければならないことは、平成13年の受刑者分類規程および依命通達と同様である。

① 刑務職員との意思の疎通を十分に行うこと

② 厳正な規律を維持すること

③ 日本人受刑者とのトラブルを回避すること

④ 日本および日本人に対する理解を深めさせること

これらの配慮重要事項のうち、とくに言語の問題と関連するのが、意思疎通の問題である。とりわけ、担当制を維持するわが国の行刑にあっては、刑務官と受刑者との日々のコミュニケーションは最重要課題であろう。受刑者の母語を流暢に駆使するほどではなくても、刑務職員のコミュニケーション能力はF指標受刑者の処遇には不可欠な要素である。また、F指標受刑者自身の日本語教育をすすめる機会を多く持つ必要性もある。受刑者相互の意思疎通は、受刑者のストレスを解消するためにも重要である。そのためにも日本国・日本人についての理解を深める教育が意味をもつ。

ただし、平成12年に実施された当時のF級受刑者の意識等調査によると、職員から見た受刑者の日本語能力は高くない（法務総合研究所研究部報告16号36頁）。44.5％の職員が「全くできない」か「あまりできない」と判断している。しかし、53.8％のF級受刑者は、「担当職員の指導態度が親切である」と回答し、65.0％が「担当職員の指示を理解できる」としている。所内規律を厳正に維持しながら、受刑者との距離を縮めてゆく努力を刑務所職員に今後も期待したいところである。

F指標受刑者を多く収容しているのは、府中刑務所と大阪刑務所である。平成10年以降、当時のF級受刑者の収容先であった府中・大阪・横須賀・

栃木に加えて、札幌、横浜、黒羽（令和 4 年 3 月廃庁）、名古屋、神戸、和歌
山、広島、福岡の刑務所へと拡大され、さらに現在では、全国の 3 分の 1 ほ
どの刑務所に広がっている。外国人受刑者の数が増加するにつれ、受刑者指
導やコミュニケーションの問題などが頻発、複雑化してきている。個々の施
設には英語や中国語など若干の言語に通じた職員が配置されていても、多岐
にわたる言語のすべてに対応できるように職員をおくことは無理なことであ
る。こうした事態を受けて、平成 7 年、府中刑務所の内部に国際対策室が設
置され、外国人受刑者の処遇に関する翻訳・通訳業務のほか、多岐にわたる
外国人受刑者の信書等の翻訳も行ってきている。平成 9 年には大阪刑務所
に、平成 27 年には名古屋刑務所にも国際対策室が整備された。また女子施
設である栃木刑務所にも、平成 26 年から国際対策室が設置されている。

2　外国人受刑者等の保護観察

　外国人受刑者の増加した時期には、矯正施設からの仮釈放者に対する保護
観察係属人員も増加していた。平成 21 年の外国人保護観察新規受理人員は、
1,226 人であったが、平成 27 年には 739 人に落ち着いてきた。令和 3 年に
は、外国人の仮釈放者及び保護観察付全部・一部執行猶予者の保護観察開始
人員は、448 人である。国籍別ではブラジル、フィリピン、中国が多い。こ
のほか外国人少年による保護事件について保護観察処分を受けた 156 人と少
年院からの仮退院者 54 人が令和 3 年中に保護観察が開始されている（令和 4
年版犯罪白書 229 頁）。これら保護観察係属者の多くは、退去強制の対象とな
って、国外に退去させられる運命にある。こうした場合に保護観察において
何ができるか、そして何をなすべきかが課題である。たしかに、退去強制を
前提にした仮釈放という側面があるが、仮釈放の意義を施設内処遇の仕上げ
として位置づけるならば、社会内処遇の場面でも、日本国および日本人に対
する理解を深めるための処遇があってしかるべきではないだろうか。もっと
も、退去強制に該当しない外国人保護観察係属者に対しては、実質的な保護
観察が進められ、就業指導や日本語教育をはじめ、福祉機関や教育機関との
連携も行われている。しかし、ここでも障壁になるのは言語である。保護観
察対象者に対する語学研修の機会が提供されることはもちろんのこと、保護

観察官や保護司の語学研修を促進することも重要である。徐々にではあるがその必要性が認識され、更生保護の場面においても国際化に応じた対応が意識されてきているところである。さらに保護司にあっても外国人保護司の採用を積極的に推進することも期待される。

4　国際受刑者移送法の成立とその運用

　外国人受刑者の多くは、前述のように、やがて退去強制されて母国へ送還される。そうであるならば、外国人受刑者をあえてわが国の刑務所に収容することの意味はあるのか、との疑念がわいてくる。刑罰が社会復帰へ向けた教育としての機能を持つのであれば、その犯罪者の母国に移送して、母国において刑の執行を行う、つまり母国社会への復帰に向けた教育を行うことのほうが、理にかなっている。

　この問題に早くから取組んだのは欧州である。1983 年、欧州評議会は「刑を言い渡された者の移送に関する条約」を採択して、外国人受刑者を母国に移送し、母国で刑の執行を行う制度をスタートさせた。わが国では、平成 14 年に「国際受刑者移送法」を整備し、条約を批准、同法は、翌 15 年から施行された。この法律によると、移送には「送出移送」と「受入移送」があるが、ここで重要なのは外国人受刑者の送出移送である。その送出移送を実施するための要件としては、①受刑者の同意があること、②受刑者の犯罪が移送先の国においても「犯罪」であること、③受刑者が犯した事件が再審の対象になっていないこと、④恩赦手続が係属していないこと、⑤罰金、追徴、没収の執行が終了していること、⑥余罪の裁判が係属していないことがあげられる（国際受刑者移送法 28 条）。この要件を満たし、法務大臣が送出移送を適当と認め、相手国が移送に合意すれば、外国人受刑者の移送は実現する。

　平成 16 年、この法律にもとづいて、初めてわが国からの送出移送が行われた。英国の女子受刑者であったという（青野友美「女性であり外国人である受刑者とともに―過去 20 年を振り返って」犯罪と非行 141 号 71 頁、2004）。

　その後、平成 17 年に韓国が上述の「移送条約」に加盟し、わが国との間

でも相互移送が可能になった。さらには平成 22 年にタイとの間で、また平成 28 年にブラジル、イランとの間で、令和 2 年にはベトナムとの間で二国間条約が締結された。これらにより、これまで多くの受刑者が送出移送されてきた。平成 27 年には、英国 11 人、メキシコ 7 人、米国 4 人、韓国 3 人、スペイン 3 人のほか、チェコ、ルーマニア、ラトビア、イタリア、オランダ、カナダ、フランス、ドイツなど 43 人の外国人受刑者がそれぞれの国へと移送されている。令和 3 年には、コロナ対策に伴う措置もあって低調になったとはいえ、イギリスやイランなどを含め 14 人の外国人受刑者（主に薬物・関税関連犯罪）が送出された（令和 4 年版犯罪白書 100 頁参照）。

　他方、平成 18 年 4 月には、最初の受入移送として米国から日本人受刑者を受け入れ、これを皮切りに、これまでに米国、韓国、タイなどから受け入れがなされているが、数は少ない。ちなみに令和 3 年の受入移送はない。移送の大前提として、移送条約にかかわる多国間または二国間条約の締結が必要であり、外国人受刑者の多くを占めるアジアの国々とは、なお条約締結に至っていない。とくに中国との二国間条約の締結に向けた努力が必要であろうが、なお交渉段階にある。なお、平成 22 年にはタイとの間で相互移送に関する条約が締結され、さらに平成 28 年にはブラジルについでイランとの間でも移送条約が結ばれ、65 カ国の間で移送が可能になっている。

参考文献

・安部哲夫「国際化と刑事政策」罪と罰 54 巻 1 号 104 頁以下（2016 年）
・岩本三千秋「栃木刑務所国際対策室の新設」刑政 126 巻 4 号 38 頁以下（2015 年）
・法務総合研究所『外国人犯罪に関する研究』研究部報告 53（2014 年）
・小林政夫「外国人犯罪組織等の動向と犯罪インフラの現状」警察学論集 59 巻 3 号 55 頁以下（2006 年）
・青野友美「女性であり外国人である受刑者とともに―過去 20 年を振り返って」犯罪と非行 141 号 65 頁以下（2004 年）
・民野健治「最近の来日外国人犯罪について」犯罪と非行 141 号 23 頁以下（2004 年）
・張荊　『来日外国人犯罪――文化衝突からみた来日中国人犯罪』（2003 年、明石書店）

（あべ・てつお）

（4）　組 織 犯 罪

キーワード
暴力団犯罪／暴力団対策法／組織的犯罪処罰法／資金洗浄／
FATF／テロ対策／破壊活動防止法／暴力団排除条例

1　組織犯罪とは

　組織犯罪といえば、わが国では暴力団あるいはやくざ集団を思い浮かべる
のが通例であろう。たしかに、20世紀後半の戦後史を通じて、不法な暴力
的集団が、固有のしのぎを維持するために組織を広域的に肥大化させ、薬物
や銃器の密輸入、出入国関連犯罪や性風俗関連犯罪をはじめ、ときには
「組」相互の抗争を繰り返すこともあった。それらが市民生活にも直接関わ
る事件や損害を発生させたことを思えば、組織犯罪といえば「暴力団」犯罪
と置き換えてもよいと思われる。国際的にも、わが国固有のやくざ集団は、
イタリアン・マフィアと並ぶ組織的な犯罪集団として、よく知られている。警
察の重点対策としても暴力団に特化した対応がなされてきた。警察組織の中
に、暴力団関連事件および暴力団対策のセクション（たとえば、警察庁の刑
事局組織犯罪対策部暴力団対策課や警視庁の組織犯罪対策第三課暴力団対策情報
室など）がおかれているし、また平成3年に成立した「暴力団対策法（暴力
団員による不法な行為の防止等に関する法律）」が、暴力団活動を規制し、暴力
団組織の弱体化をはかるために成立したことを思えば、組織犯罪対策のかな
めは、暴力団対策にあるといってもよいであろう。
　もっとも、組織的にひき起される犯罪には、暴力団のような暴力組織によ
るとは限らないものもある。平成7年に発生した「地下鉄サリン事件」に見
られるように、宗教的集団組織が、その一部の犯行とはいえ、組織的に行動

して多数の被害者を出すような「テロ行為」にいたった事件も、発生してい
る。これらも広義による組織犯罪ということができるが、狭義の組織犯罪
（暴力団事件）と区別して「組織的犯罪」と称すべきものである。これには、
一定の営利目的を実現するために商法や経済法を無視して行われる、企業に
よる組織体犯罪も含まれる。とくに、従来の暴力団が経済活動に参加して、
合法的活動にも関与することがあることも念頭においておかねばならない。
さらに、一定の政治的目的をもった集団が、国内外を問わずテロ活動に従事
する可能性もあり、これを防止するために、それらの集団活動に対して監視
や事前抑制が必要な場合もある。このように、組織的犯罪とは、その組織体
の趣旨とするところを集団的に実現するために国民の法益を害することをい
とわずに遂行する行為一般をいい、この中で殺人や傷害をはじめとする暴力
を用いて、資金確保の目的のために行われる薬物犯罪や人身売買の活動を行
う暴力組織による犯罪を「組織犯罪」と呼んでいる。

　平成 11 年に成立した「組織的犯罪処罰法」によって、組織的に行われた
刑法犯は加重処罰され、没収や犯罪収益の剥奪がより強化され、同時にマネ
ー・ローンダリングに対する規制が進められたが、同年の「通信傍受法」の
整備や、証人保護規定を導入した刑事訴訟法の一部改正（刑訴 299 条の 2）
とあいまって、組織犯罪へ司法的対策がより一層強化された。これらの動き
は、国際的動向と協調しているものの、その動向のひとつである「テロ等謀
議罪」の創設については難しい状況にあったが、平成 29 年 6 月、組織的犯
罪処罰法の一部改正が成立し、「テロ等準備罪」に構成要件を変更した規定
が導入された。

○コラム40　共謀罪（テロ等謀議罪）

　平成16年の第159回国会において、政府提案されたもので、「組織的犯罪処
罰法」を改正して、その第 6 条の 2 として「組織的な犯罪の共謀罪」を導入
しようというものである。先に、「国連国際組織犯罪防止条約」（平成12年国
連総会採択）を国会承認したものの（平成15年）、国際的に協調して組織犯
罪対策を展開するためには、同条約の締結の要件に「共謀罪」の導入が必須
であるとの政府の立場から、新設導入を提案したものである。組織的犯罪の

　芽をつむことは、たしかに必要なことである。そのためには謀議の段階から
法的介入を可能にすることは、予防的視点からみれば重要なことかもしれな
い。しかし、実行行為どころかまだ予備にもいたらない「謀議」を犯罪とし
て構成することは、「犯罪は行為である」という刑法の原理を大幅に修正す
ることであり、客観的な制限を設定しにくいままに処罰が早期化されること
になる。政府提案のままでは、かなりの数の犯罪構成要件に関する共謀罪が
成り立つことになり、処罰の拡大化という批判も投げかけられていた。幾度
にもわたって国会での検討を経たが、平成19年7月21日第171回国会の閉会
により、廃案となるに至った。その後平成28年9月に、政府は「テロ等組織
犯罪準備罪」に名称を変え、対象となる犯罪を絞り込み、計画・準備行為な
どを特定して共謀罪導入のための再提案を行っていたが、混乱する国会審議
の中、第193回国会の会期末を前に平成29年6月15日早朝、参議院を通過さ
せて組織的犯罪処罰法の改正を成立させた。

2　暴力団犯罪の現状と対策

1　暴力団犯罪の現状

(1)　広域化・寡占化

　暴力団とは、「その団体の構成員が集団的に又は常習的に暴力的不法行為
を行うことを助長するおそれがある団体」（暴対2条2号）をいうが、この団

表15(4)-1　暴力団構成員等の推移（平成 24 年〜令和 3 年）

区分 ＼ 年次	平成 24	25	26	27	28	29	30	令和元	2	3
総数（人）	63,200	58,600	53,500	46,900	39,100	34,500	30,500	28,200	25,900	24,100
構成員	28,800	25,600	22,300	20,100	18,100	16,800	15,600	14,400	13,300	12,300
準構成員等	34,400	33,000	31,200	26,800	20,900	17,700	14,900	13,800	12,700	11,900
主要団体等総数（人）	45,800	42,300	38,500	33,200	28,300	25,300	22,300	20,400	18,600	17,200
主要団体等の占める割合（％）	72.5	72.2	72.0	70.8	72.4	73.3	73.1	72.3	71.8	71.4

注1：数値は、各年末現在
　2：総数が暴力団構成員及び準構成員等の数の合計と異なるのは、これらの数が概数であるためである。
出典：令和 4 年版警察白書 126 頁

体に加入している暴力団構成員および準構成員（以下「暴力団構成員等」と称する）の数は、平成 17 年では 86,300 人であったものが、平成 27 年には 46,900 人へと減少し、さらに令和 3 年には 24,100 人へと激減した。（平成 28 年版犯罪白書 158 頁、令和 4 年版警察白書 126 頁参照）。平成 27 年 8 月に山口組が分裂したとはいえその広域化、寡占化の傾向は依然として強く、暴力団対策法にいう「指定暴力団」の 25 団体のうち、「六代目山口組」、「神戸山口組」、「住吉会」、「稲川会」に所属する暴力団構成員で 12,300 人（72.5％）に達しており（令和 3 年末）、警察庁はこれら 4 団体を「主要団体」と称している。

⑵　資金獲得の多様化

　この暴力団構成員等の令和 3 年中における検挙人員数は、11,735 人である（全検挙人員数 233,197 人の 5.0％）。内訳は、覚醒剤取締法違反が最も多く 2,985 人（39.1％）である。このほか詐欺 1,555 人（15.0％）傷害 1,353 人（7.7％）、少数ながら比率の高い恐喝 456 人（37.1％）、賭博 149 人（29.6％）などとなっている。このように、暴力団構成員等の罪名は、暴力団の資金獲得の手段としての性格を有するところであるが、伝統的ともいえる賭博やノミ行為等の減少に対して、詐欺（特殊詐欺）が目立つ状況にある。また、暴対法違反や暴力団排除条例違反も一定数みられるところである（令和 4 年版犯罪白書 183 頁）。このほか、金融・不良債権関連事犯として、競売入札妨害や強制執行妨害事件などがある。また暴力団を利用する企業と結託して、産業廃棄物処理業や金融業、建設業などに参入し、暴力団の威力を背景に経済活動を装って行われる建設業法違反や、廃棄物処理法違反などもある。このほか、企業や行政を対象とした暴力事犯として脅迫、恐喝などの事件があげられるし、さらに「振り込め詐欺」に代表されるように、暴力団構成員等以外の不良素行者を取り込んだ小組織による新手の詐欺行為にも関与している。

⑶　犯罪に占める暴力団の比率

　一般刑法犯に占める暴力団構成員等の比率は、それほど多くはない。『平成 28 年版犯罪白書』によると 5.3％である（160 頁）。ただし、賭博罪が 55.8％、逮捕監禁罪が 31.0％、恐喝罪が 47.6％、脅迫罪が 21.8％を占めて

表15(4)-2　暴力団構成員等の検挙人員（罪名別）

（令和3年）

罪　　　名	全検挙人員	暴 力 団 構 成 員 等	
総　　　　　　数	233,197	11,735	(5.0)
刑　　法　　犯	175,041	6,875	(3.9)
殺　　　　　人	848	91	(10.7)
強　　　　　盗	1,460	217	(14.9)
強 制 性 交 等	1,251	39	(3.1)
暴　　　　　行	23,993	676	(2.8)
傷　　　　　害	17,525	1,353	(7.7)
脅　　　　　迫	2,964	356	(12.0)
恐　　　　　喝	1,230	456	(37.1)
窃　　　　　盗	84,360	1,008	(1.2)
詐　　　　　欺	10,400	1,555	(15.0)
賭　　　　　博	504	149	(29.6)
公 務 執 行 妨 害	1,597	136	(8.5)
逮 捕 監 禁	366	93	(25.4)
器 物 損 壊	4,563	170	(3.7)
暴力行為等処罰法	20	7	(35.0)
特　別　法　犯	58,156	4,860	(8.4)
暴 力 団 対 策 法	20	20	(100.0)
暴 力 団 排 除 条 例	92	92	(100.0)
競　　馬　　法	5	－	
風 営 適 正 化 法	926	79	(8.5)
売 春 防 止 法	378	19	(5.0)
児 童 福 祉 法	130	8	(6.2)
銃　　刀　　法	4,521	90	(2.0)
麻 薬 取 締 法	526	51	(9.7)
大 麻 取 締 法	5,339	764	(14.3)
覚 醒 剤 取 締 法	7,631	2,985	(39.1)
職 業 安 定 法	59	15	(25.4)

注1：警察庁の統計による。
　　2：「暴力団構成員等」は、暴力団構成員及び準構成員その他の周辺者をいう。
　　3：「強制性交等」は、平成29年法律第72号による刑法改正前の強姦を含む。
　　4：特別法犯は、交通法令違反を除く。
　　5：（　）内は、全検挙人員に占める暴力団構成員等の比率である。
出典：令和4年版犯罪白書183頁

　おり、暴力団犯罪の特質をよく物語っている。殺人罪の12.6％、強盗罪の

表15⑷-3　銃器発砲事件の発生状況と死傷者数の推移（平成 24 年～令和 3 年）

区分 ＼ 年次	平成 24	25	26	27	28	29	30	令和元	2	3
総数（件）	28	40	32	8	27	22	8	13	17	10
暴力団等	25	35	19	8	17	13	4	10	14	8
うち対立抗争	7	20	9	0	6	1	1	3	5	1
その他・不明	3	5	13	0	10	9	4	3	3	2
死傷者数（人）	16(6)	8(5)	10(7)	4(0)	11(8)	8(5)	3(2)	12(3)	9(3)	5(2)
死者数	4(1)	6(5)	6(6)	1(0)	5(3)	3(2)	2(2)	4(0)	4(3)	1(1)
負傷者数	12(5)	2(0)	4(1)	3(0)	6(5)	5(3)	1(0)	8(3)	5(0)	4(1)

注1：数値は、いずれも令和 4 年 5 月末現在のもの。
　2：「暴力団等」の欄は、暴力団等によるとみられる銃器発砲事件数を示し、暴力団構成員等による銃器発砲事件数及び暴力団の関与がうかがわれる銃器発砲事件数を含む。
　3：「対立抗争」の欄は、対立抗争事件に起因するとみられる銃器発砲事件数を示す。
　4：「その他・不明」の欄は、暴力団等によるとみられるもの以外の銃器発砲事件数を示す。
　5：括弧内は、暴力団構成員等以外の者の死者数・負傷者数を内数で示す。
出典：令和 4 年版警察白書 137 頁

15.0％、強姦罪の 5.1％のように、凶悪犯罪の中に占める暴力団構成員等の比率も比較的高い。特別法犯では、覚醒剤取締法違反のうち暴力団構成員等の比率が 52.1％を占めて高率である。麻薬取締法違反（20.6％）にも見られるように、薬物犯罪のかなりの部分に暴力団構成員等がかかわっている。また、売春防止法違反（19.3％）や、児童福祉法違反（23.7％）にも、暴力団構成員等の関与するケースが多く認められる。令和 3 年の数字については表 15⑷-2 を参照のこと。

⑷　銃器の使用

　暴力団犯罪の中で、もうひとつの深刻な局面は、組織相互の対立抗争に関する事件であり、中でも銃器発砲事件については、市民の生活に与える不安感は大きい。対立抗争事件は、ここ数年少なくなってきているもののその回数は、平成 13 年から 16 年には頻繁に発生していた。たとえば平成 15 年には 44 回である。このうち銃器が使用された事件の発生は、32 回（72.7％）、死者 7 人に及んでいる。また、いわゆる発砲事件だけで見ると、平成 16 年で 85 回であったが、平成 21 年では 22 回（平成 22 年版警察白書 112 頁）、令和 3 年でも 10 回が認められた（令和 4 年年版警察白書 137 頁）。

こうした数字の背景に、暴力団が銃器を保持しているという問題がある。これを裏付けるものとして、平成 9 年から平成 21 年までの間に、暴力団構成員等から押収された「けん銃」の数をあげることができよう。その数字は決して少なくはない。平成 9 年の 761 丁に比べれば、平成 21 年の 148 丁の押収数はたしかに少ない。以前には 500 丁ほどを押収していたことから推測するに、平成 14 年以降の押収数が減少しているのは、きわめて気にかかるところである。平成 27 年には 63 丁、令和 3 年には 31 丁にとどまった（平成 22 年版警察白書 123 頁および平成 28 年版警察白書 147 頁、令和 4 年版警察白書 137 頁）。

なお、「組織的犯罪処罰法」違反で検察庁に送致された人員数は、近年増加傾向にあり、平成 14 年に 81 人であったものが、平成 27 年には 594 人にのぼっており（平成 28 年版犯罪白書 157 頁）、さらに令和 3 年には 652 人となった（令和 4 年版犯罪白書 181 頁）。とくに組織的詐欺（同法 3 条 1 項 9 号）や犯罪収益等隠匿罪（同法 10 条 1 項）の送致者数が顕著に多い。

2　暴力団犯罪への対策
(1)　法制上の改革
こうした暴力団構成員等の犯罪に対して、これまで様々な取り組みがなされてきた。戦後の闇市支配や薬物密売（ヒロポン）に対する対策を通じて、的屋や博徒に加え、新たな戦後の「愚連隊集団」への対策が盛んに行われ、それはまさに戦後の法執行機関と暴力的組織集団との戦いの様相を呈していた。昭和 30 年代には、暴力団相互の対立抗争が、市民にも被害を及ぼすほどに激しさをましてゆき、「仁義なき戦い」の果てに、山口組に象徴される広域組織暴力団が形成された。こうした動きの中で、昭和 33 年の刑法一部改正では、対立抗争の激化による殴りこみへの未然捕捉を目的とした凶器準備集合罪（刑 208 条の 3）を新たに創設した。また強姦罪が親告罪であることから、加害者が複数の暴力団員である場合に、被害者が告訴しにくいという事情もあって、複数事犯の場合においては親告罪から除外する旨の規定（刑 180 条 2 項）を導入するとともに、「お礼参り」からの証人等の保護のために、証人等威迫罪（刑 105 条の 2）も新設した。被害者への支援などにま

だ関心も芽生えていなかったこの時期に、「証人等の被害についての給付に関する法律」が整備されたことも、異例のことであった。さらに昭和39年には「暴力行為等処罰に関する法律」を改正して、鉄砲刀剣類を用いた傷害事件の刑を加重するとともに、「常習的暴力行為」の規定を整備した。併せて、これらの時期には、「鉄砲刀剣類等取締法」の数回の改正によって鉄砲刀剣類の所持に関する規制も厳しくなされるようになった。

　また、警察捜査活動においても、末端の「鉄砲玉」といわれた実行行為者のみにとどまるのではなく、これを教唆した幹部、あるいは組長の刑事責任をも追及するべく、「頂上作戦」が実行された。他方、刑事司法の場においても、「共謀共同正犯」の成立余地を考慮して、「組長」の責任を問う事例がみられた。

表15⑷-4　マネー・ロンダリング事犯の検挙状況の推移（平成24年～令和3年）

区分＼年次	平成24	25	26	27	28	29	30	令和元	2	3
組織的犯罪処罰法違反（件）	238(55)	272(75)	293(55)	381(89)	380(70)	353(46)	504(52)	528(51)	597(57)	623(60)
法人等事業経営支配（第9条）	0(0)	2(0)	1(1)	2(0)	0(0)	2(0)	1(0)	0(0)	2(0)	0(0)
犯罪収益等隠匿（第10条）	158(27)	171(35)	180(26)	234(43)	268(45)	240(22)	377(36)	378(32)	413(27)	461(32)
犯罪収益等収受（第11条）	80(28)	99(40)	112(28)	145(46)	112(25)	111(24)	126(26)	150(19)	182(30)	162(28)
麻薬特例法違反（件）	11(4)	10(10)	7(5)	8(5)	8(6)	8(4)	7(3)	9(7)	3(1)	9(4)
薬物犯罪収益等隠匿（第6条）	8(2)	6(6)	5(3)	5(3)	5(4)	7(3)	5(2)	8(6)	3(1)	5(2)
薬物犯罪収益等収受（第7条）	3(2)	4(4)	2(2)	3(2)	3(2)	1(1)	2(1)	1(1)	0(0)	4(2)

注：括弧内は、暴力団構成員等によるものを示す。
出典：令和4年版警察白書143頁

(2)　資金源の断絶

　暴力団犯罪の根絶は、安全な市民生活を確保するために喫緊の課題である。昭和 52 年の「犯罪対策研究会」による提言（警察学論集 30 巻 9 号から 31 巻 3 号までの 4 回にわたって掲載）が示すように、①人（構成員等）に対する作戦、②金（収入源）に対する作戦、③モノ（武器）に対する作戦、④社会的基盤への対策が重要である。これらの対策が総合的に効果をあげることによって、暴力団そのものの封じ込めが可能となり、暴力団を解体させ、その構成員等の離脱と一般社会への統合が実現するといえよう。

　収入源を断つ作戦として、効果をあげるのが、平成 3 年に整備された「麻

表15(4)-5　疑わしい取引の届け出状況の推移（平成 18～令和 3 年）

区分＼年次	19	20	21	22	23
年間受理件数（件）	158,041	235,260	272,325	294,305	337,341
年間提供件数（件）	98,629	146,330	189,749	208,650	234,836

注 1：年間受理件数とは、平成 19 年 1 月から 19 年 3 月までは金融庁が、19 年 4 月からは国家公安委員会・警察庁が受理した件数であり、19 年は金融庁受理件数と国家公安委員会・警察庁受理件数の合算である。
　 2：年間提供件数とは、平成 19 年 1 月から 19 年 3 月までは金融庁が警察庁へ、19 年 4 月からは国家公安委員会・警察庁が捜査機関等へ提供した件数であり、19 年は金融庁提供件数と国家公安委員会・警察庁提供件数の合算である。
出典：平成 24 年版警察白書 134 頁

区分＼年次	24	25	26	27	28
年間受理件数（件）	364,366	349,361	377,513	399,508	401,091
年間提供件数（件）	281,475	296,501	348,778	435,055	443,705

出典：平成 29 年版警察白書 164 頁

区分＼年次	平成 29	30	令和元	2	3
年間受理件数（件）	400,043	417,465	440,492	432,202	530,150
年間提供件数（件）	446,085	460,745	467,762	461,687	524,462

注 1：年間受理件数とは、国家公安委員会が特定事業者の所管行政庁から受理した疑わしい取引の届出件数をいう。
　 2：年間提供件数とは、国家公安委員会が捜査機関等に提供した疑わしい取引の届出に関する情報の件数をいい、現に捜査中の事件に関する情報であるなどの理由から、提供を保留していた情報を再度整理・分析（再評価）し、提供可能と判断された情報について捜査機関等に提供した件数を含む。
出典：令和 4 年版警察白書 142 頁

薬特例法」である。マネー・ローンダリング（資金洗浄）という行為を「不法収益の隠匿」行為として新たな犯罪概念を形成して規制するとともに、麻薬取引による「不法収益」を剥奪・没収する法律として、薬物対策に相応の効果をあげることが期待された。この不法収益の剥奪・没収は、平成 11 年の組織的犯罪処罰法にも拡大されたが、この 5 年間のマネー・ロンダリング事犯の検挙に見られるように、犯罪収益隠匿罪の適用件数が増加しており、没収・追徴金額も増大している。令和 3 年の犯罪収益等隠匿罪の検挙者数は、組織的犯罪処罰法 10 条によるものが 461 件、うち暴力団構成員等のかかわりがあるものが 43 件であった。麻薬特例法 6 条によるものが 5 件、うち暴力団構成員等のかかわりがあるものが 32 件であった。麻薬特例法 6 条によるものが 5 件、うち暴力団構成員等のかかわりは、2 件であった（令和 4 年版警察白書 143 頁）。また、平成 21 年の没収・追徴金額は、組織的犯罪処罰法によるものが急激に増大し、約 50 億円に達し、平成 25 年には 170 億円もの金額になったものの令和 2 年には 15 億円となっている（平成 28 年版警察白書 154 頁、令和 4 年版警察白書 144 頁）。

　こうした不法収益を探索するためには、犯罪収益の移転の疑いがあるものについて、すみやかにこれを確認し、確実に把握する措置が講じられなければならない。その手立てが、犯罪収益移転防止法（平成 19 年）によって整備された。この法律に定める疑わしい取引の届出制度により、事業者が行政官庁に届出た情報は、国家公安委員会・警察庁が集約して整理分析を行い（平成 17 年 1 月から 19 年 3 月までは金融庁が所管した）、都道府県警察・検察庁においてマネー・ロンダリングの捜査にあたることになる。法整備後は、疑わしい取引の届出件数が増加しており、平成 27 年には年間受理件数は 39 万 9,508 件に及んでいる（平成 28 年版警察白書 152 頁）。

　さらに、頻繁に行われた銃刀法の改正によって、平成 3 年には、けん銃等輸入資金提供罪（同法 31 条の 13）等が創設され、平成 5 年には、不法所持罪（同法 3 条 1 項）の法定刑を「1 年以上 10 年以下の懲役」にまで数回の改正を経て引き上げ（昭和 33 年の制定当時は「3 年以下の懲役または 5 万円以下の罰金」であった）、刑罰を重くした。のみならず、けん銃等加重所持罪（同法 31 条の 3「適合する実包または弾丸とともにけん銃を携帯、運搬、保管する罪」

3 年以上の懲役）等を新設して処罰範囲を拡大した。また平成 5 年の改正は、けん銃等を提出して自首した場合に刑を必要的に減免する制度を創設して、銃器を暴力団から引き上げる対策を講じたことは注目すべきことである。この自首提出に関する刑の減免制度は、発射罪（同法 3 条の 13）が新設された平成 7 年改正においても、「けん銃実包」への対策として導入が図られている（同法 31 条の 10）。

　捜査手法の面では、平成 3 年の麻薬特例法および平成 7 年の銃刀法改正によって、「コントロールド・デリバリー」が導入されていることにも注意をはらいたい（第 15 講（2）コラム 36 参照）。こうした取り組みによって、暴力団に「モノ」と「金」を残させない施策は、ある程度成功したかに見える。しかし、それも水面上でのことにすぎない。

(3)　民事介入暴力への対応と暴力団排除活動

　社会的基盤への対策として注目されるのは、「民事介入暴力」への対策が進められてゆく昭和 50 年代半ばから、暴力団排除活動が強化されたことであろう。それは、企業を食い物にする「総会屋」や、飲食店に対する「みかじめ料」などを通じて維持されてきた「暴力団」と社会との癒着を、はっきりと断ち切る方向へと展開された。その具体的な法施策は、平成 3 年の「暴力団対策法」である。同法の制定過程において「結社の自由」をめぐる憲法論議がみられ、このため、①暴力団員による威力の利用性、②幹部に占める前科者の比率、③組織の階層構造性などの一定要件を満たす組織のみを規制の対象とした（暴対 3 条）。すなわち、あらかじめ取締り対象の暴力団を指定したうえで、その構成員が、「代紋」をちらつかせるなど、所属する暴力団の威力を示して不当贈与の要求をしたり、みかじめ料や用心棒代の要求をする行為（暴対 9 条）、あるいは暴力的要求行為を行ったり（暴対 10 条）、加入を強要したり、脱退を妨害するなどの行為（暴対 16 条）を禁じるものである。このような禁止行為に反する指定暴力団員の行為に対して、都道府県公安委員会は、即座に中止命令または再発防止命令を発することができる。平成 27 年中に行われた中止命令は 1,368 件であり（平成 28 年版警察白書 141 頁）、その後はやや減少はしたものの（令和 3 年で 866 件）、暴対法施行以降の累積では 4 万 5 千件を超えている（令和 4 年版警察白書 129 頁参照）。これ

らには警察行政的に介入することで、迅速な対応とともに事態の深刻化を防ぐ意味があり、効果的な手法である。

なお、平成 20 年 5 月の暴対法の改正により、暴力団員に脅し取られた金銭をその暴力団の代表者に請求することができる趣旨の条項が新たに導入され、被害回復を法的に可能にするとともに（暴対法 31 条の 2）、これを妨害することを禁止し（暴対法 30 条の 2）地方公共団体等の行政機関またはその職員に対して、不当な要求をすることも「暴力的要求行為」として禁止されることになった（暴対法 9 条に追加）。

これにより、たとえば平成 20 年 5 月、Y 組参加の組織構成員が、自己が暴力団員であることを知っている市役所職員に対して「俺の名前で入居できんなら、女の名前で申し込みをさせろ。」などと言い、自己が所属する暴力団の威力を示して公営住宅への入居を決定するよう要求した事件に対し、同年 6 月県公安委員会は、同人に対して中止命令を発する、といった事案も見られるようになった（平成 22 年版警察白書 115 頁）。

また福岡県では、以前より暴力団の絡む事件が頻発しており、暴力団追放推進への取組みを強めていたが、平成 21 年 10 月に「暴力団排除条例」が整備されるに至った（翌 22 年 4 月施行）。この条例では、「暴力団が社会に悪影響を与える存在であることを認識した上で、暴力団の利用、暴力団への協力及び暴力団との交際をしないことを基本」とする基本理念を定め（3 条）、暴力団関係者には県の実施する入札には参加させないことや（6 条）、排除活動にかかわる県民への支援（8 条）など暴力団排除に向けての基本的施策を講ずるとともに、青少年の健全育成の観点による暴力団事務所の開設規制や（13 条）、事業者による暴力団員等に対する利益供与の禁止といった条項（15 条）を規定して、暴力団排除の動きをいっそう強化することになった。こうした動きは、他の自治体にも波及して平成 23 年 10 月までには、全都道府県に同種の条例が整備されるに至っており、都道府県暴力追放運動推進センターの活動とあいまって、暴力団の排除へ向けた動きはますます強まっている。

さらに平成 24 年 10 月に施行された改正暴対法は、対立抗争する指定暴力団等を「特定抗争指定暴力団」として指定し（15 条の 2）、特に警戒を要す

る区域として指定する「警戒区域」内での禁止行為（15条の3）に対し、中止命令等を経ずに直接に罰則適用を可能とした（46条2号）。同様に、指定暴力団員等が、人の生命又は身体に重大な危害を加えるような暴力的行為を反復する場合には、当該指定暴力団を「特定危険指定暴力団」として指定し（30条の8）、「警戒区域」で構成員等が暴力的要求行為を行った場合、これに対し直接的に処罰規定の適用をできるようにした（46条3号）。また都道府県暴力追放運動推進センターの権限を強化し、住民の委託を受けて暴力団事務所の使用差止めの請求権限（訴訟を含む）を認めている（32条の4）。

○コラム41 「やくざ」から「暴力団」へ

　「やくざ」の起源は奈良時代にまで遡り、古い。組織としては、江戸中期から後期にかけて確立したといわれる。明治期以降は、広く炭鉱・港湾・荷役作業などに従事する職人集団を形成し、その人材派遣と労働搾取、あるいは飯場での博打を資金源とした。その後、「やくざ」は農村を拠点に活動し、貧農から子弟が構成員として供給され、組頭を長とする強固な親分・子分関係を堅持した。やくざは、表向き、任侠道（強気をくじき、弱気を助ける）・義理人情という日本古来文化の保持を目的とする組織である。そして、資金は、親分自らがなわばり（シマ）の周辺者から搾取して子分に分け与えるのが一般であった。しかし、第二次大戦後、一部の組織は、資金源の拡大をめざして都市における薬物取引、土建、売春、芸能興業等に進出し、その結果組織間に貧富の差が生まれ、なわばりをめぐる抗争が激化した。これが「暴力団」の始まりである。とくに、昭和30年代高度経済成長期は、都市の利権をめぐって一段とその傾向が強まり、大組織に吸収された中小組織は庇護を受ける代償として「上納金」を納めなければならず、子分の面倒をみることが困難となり、子分は自ら資金の獲得として、一般市民生活への干渉を行うようになったのである。これが「民事介入暴力」である。つまり、従来の「かたぎ（素人）には手を出さない」という組織の掟が崩壊し、こうして「農村型やくざ」から「都市型暴力団」へと変身したのである（守山　正・西村春夫『犯罪学への招待（第2版）』日本評論社、2001年96頁以下参照）。

3 その他の組織犯罪と対策

(1) 組織的犯罪への規制

　暴力団以外の組織犯罪として、わが国民の耳目を集めたのは、平成 7 年 3 月 20 日に発生した「東京地下鉄サリン事件」であろう。早朝の地下鉄内において、猛毒のサリンが散布され、12 人が死亡、5,500 人以上が重軽傷を負うという事態になって、東京の朝は大混乱した。その後の捜査によって、「オウム真理教」の指導者グループによる犯行であることが判明し、併せて、前年の「松本サリン事件」や「弁護士一家殺人事件」をはじめとする複数の犯罪に関連して裁判が進められ、教祖ほか 10 名余に対して死刑の判決が言渡された。

　かつてない、大掛かりな教団の組織的なテロ犯罪として注目されたが、この団体に対する法規制のあり方にも関心が集まった。これまでも、昭和 49 年 8 月 30 日に起きた大手町の三菱重工ビル爆破事件（8 人死亡、376 人が負傷した）のように、無差別的テロ犯罪があったものの、犯行グループである「東アジア反日武装戦線・狼」については非合法組織であり、団体活動についての規制を具体化することに困難をきたしていたが、「オウム真理教」およびその後継組織については、団体活動を公然と行うことについて法規制の是非が問題とされた。具体的には、暴力主義的破壊活動を規制し、団体そのものを解散させることを狙いとして昭和 27 年に施行された「破壊活動防止法」の適用が考えられたものである。公安調査庁は平成 8 年、初めて公安審査委員会に解散指定の申請を行ったが、平成 9 年 1 月公安審査委員会は、この申請を棄却した。こうした経緯もあり、平成 11 年 12 月、団体活動に対して 3 年以内の「観察処分」や 6 ヶ月以内の「再発防止処分」を含む新たな「団体規制法（無差別大量殺人を行った団体の規制に関する法律）」が成立した。この法律によって、公安審査委員会は「オウム真理教」を観察処分として、その団体の活動状況につき継続的に観察の対象とした。

(2) 国際化

　組織犯罪の国際化は、テロ行為を目的とする集団との連携をも招いてい

る。組織的犯罪集団への対策強化は、テロ犯罪対策にも通じることになる。この点で重要なのは、国際社会の場において、組織的犯罪集団から徹底した犯罪収益の剥奪を行うため、マネー・ローンダリング対策を一層推進させる取り組みが行われてきたことである。そのひとつが、国際機関である経済協力開発機構（OECD）内に設置された「金融活動作業部会（FATF)」である。平成2年に、マネー・ローンダリングの犯罪化や金融機関等による顧客の身元確認および疑わしい取引についての権限ある当局への報告、不法収益の保全と没収、国際協力の強化などを盛り込んで、マネー・ローンダリング対策に関する「40の勧告」が採択された。

　さらに平成11年、国連総会において「テロリズムに対する資金供与の防止に関する国際条約」が採択され（平成14年締結）、平成12年には「国際的な組織犯罪の防止に関する国際連合条約」が採択されている（同条約は平成15年にわが国で締結承認された）。こうした動きと関連して、平成11年に、わが国の「組織的犯罪処罰法」が成立したものである。

(3)　組織的犯罪処罰法

　組織的犯罪処罰法によるマネー・ローンダリング（同法10条）の検挙件数は、平成12年以降増加しており、とくに平成20年代には急激な増加が認められる（表16(4)-4参照）。疑わしい取引に関する情報は、国家公安委員会・警察庁（平成19年3月までは金融庁）へ届けられたのち、これらの情報をもとに、各都道府県警察が捜査を行うことになっている。情報提供を受けた数も、平成12年の5,329件から平成18年の7万1,241件、平成21年の18万9,749件、平成27年の43万5,055件へと激増し、令和3年には52万4,462件に達している（各年度の警察白書および表15(4)-5参照）。その背景には、平成19年にマネー・ローンダリング防止対策をさらに推進するため、金融機関などの特定事業者に、顧客の本人確認と疑わしい顧客情報の都道府県公安委員会等への届出義務などを定めた「犯罪収益移転防止法」が制定されたことが影響している。

4 暴力団受刑者の処遇

　暴力団にかかわりをもつ受刑者（暴力団構成員等受刑者）は、全受刑者の12％前後を占めている。平成 27 年末における暴力団構成員等受刑者は 6,311人であり、全受刑者 51,175 人中 12.3％を占めていた（法曹時報 68 巻 11 号114 頁）。彼らのほとんどは、犯罪傾向が進んでいて処遇が比較的困難な「B指標施設」に収容されている。

　令和 3 年における入所受刑者 16,152 人のうち、暴力団構成員等受刑者は676 人（4.2％）である。入所受刑者における構成員等の比率が年末収容者数における比率と比べて低率なのは、構成員等の刑期が累犯等の要因から比較的長いことや、満期出所者の比率も高くなることで、刑務所に滞留する者が相対的に多くなるからであろう。刑期が 3 年を超える者の比率は、非関係者で 19.7％であるのに対して暴力団員等では 29.0％を占めている。また、入所度数をみると、初度の非関係者が 44.2％であるのに対して暴力団員等では17.0％に過ぎない。4 度以上ともなると、非関係者で 29.7％であるのに対して暴力団員等では 55.9％に及んでいる。罪種別では、入所受刑者一般に覚醒剤取締法違反が多く、非関係者でも 24.3％を占める（窃盗が 36.6％）のに対して暴力団構成員等では 46.4％に達している（令和 4 年版犯罪白書 188 頁）。

　暴力団構成員等受刑者は、暴力団への帰属意識が強く、悔悟の心を醸成して、適切な社会復帰への道筋をつけるような処遇は、なかなか難しい。これらの受刑者には、施設内で他の受刑者と喧嘩をしたり、規律違反をしたり、職員に反抗したりすることがないよう、一定の規律のもとで刑務所生活をおくるような注意が必要となる。暴力団との関係を断ち切ることを念頭に、警察等と協力して暴力団の反社会性を認識させ、暴力団からの離脱へ向けた指導を行う特別改善指導（R2）が実施されているが、指導への参加やその効果実績は低調である。それでも、暴力団からの離脱教育と就労支援といった試みは続けるべきであり、数は少なくても暴力団と関わらずに生活を維持してゆける指導と支援が不可欠であろう。

　保護観察新規受理人員に占める暴力団関係者の比率は、年々減少してい

る。令和 3 年中の仮釈放者については、840 人（7.8%）である（このうち一部執行猶予者の暴力団関係者は 128 人）。満期釈放者が多いことからも理解できる数字である。また、保護観察付全部・一部執行猶予者については、220 人（6.7%）であった（令和 4 年版犯罪白書 188 頁）。

　保護観察対象者のうち、これらの暴力団関係者については、「暴力団関係対象者類型」として、警察および都道府県暴力追放運動推進センターなどと連携して、対象者の生活実態を把握しつつ、暴力団からの離脱や就労に向けた支援と指導を積極的に行っている。

参考文献

・栗生俊一「暴力団対策法の改正と今後の暴力団対策」警察学論集 65 巻 11 号 1 頁以下（2012 年）
・警察政策フォーラム「暴力団の資金源対策、振り込め詐欺対策と、健全な社会経済システムの維持」警察学論集 63 巻 4 号 73 頁以下（2010 年）
・黒川浩一「福岡県暴力団排除条例の制定について（上）、（下）」警察学論集 62 巻 12 号 1 頁以下（2009 年）、63 巻 1 号 92 頁以下（2010 年）
・坂口正芳「組織犯罪対策の本格的展開」警察学論集 59 巻 3 号 1 頁以下（2006 年）
・猪原誠司「戦略的な組織犯罪対策の推進について」警察学論集 59 巻 3 号 13 頁以下（2006 年）
・親家和仁「組織犯罪対策の展望と課題」警察学論集 56 巻 11 号 41 頁以下（2003 年）
・岡田薫・中川正浩「暴力団対策 50 年の軌跡と 21 世紀の素描」警察学論集 54 巻 2 号 1 頁以下（2001 年）
・宮越極・大窪雅彦「組織的犯罪処罰法の運用状況と今後の課題」警察学論集 54 巻 2 号 46 頁以下（2001 年）
・野井祐一「暴力団による国際的活動の現状と対策」警察学論集 54 巻 2 号 112 頁以下（2001 年）
・加藤久雄「組織的犯罪処罰法の実体法的側面――加重処罰、マネー・ローンダリング、収益の没収等――」現代刑事法第 1 巻 7 号 47 頁以下（1999 年）
・加藤久雄『組織犯罪の研究』（1992 年、成文堂）

（あべ・てつお）

（5）　高齢者犯罪

キーワード

高齢化社会、高齢犯罪者の特性、処遇、デジスタンス

1　高齢化社会と犯罪

1　高齢化社会

　わが国に止まらず、世界的に人口の高齢化が進行している。いわゆる高齢化社会の到来である。このような高齢化の現象が犯罪状況にどのような影響を及ぼすかが刑事政策的に問題とされる。

　一般に高齢者とは 65 歳以上の者をいい、高齢者の全人口に占める比率が 7％を越えると高齢化社会、14％を越えると高齢社会、21％を越えると超高齢社会と呼ばれる。わが国では、65 歳以上の人口は 1935 年（昭和 10 年）にはわずか 4.7％であったが、急速に高齢化が進み、1970 年（昭和 45 年）に高齢化社会となった。その後も少子化傾向とも相まって 1995 年（平成 7 年）に高齢社会となり、2009 年（平成 21 年）には約 2,901 万人で総人口の 22.7％、2015 年には 3,392 万人、26.7％となり、しかも先進諸国の中でも高齢化の速度が早いのが特徴である。さらに、2025 年（平成 37 年）には 30％を突破するという予測もなされている。

　法務省は従来、高齢者とは 60 歳以上としてきたが、近年では 65 歳以上とする。このような一般社会の高齢化の状況にあって、以下に見るように、犯罪者においても高齢化が進行しており、その分析と対応が求められている。

2　高齢者と犯罪

（1）　従来の研究

　かつて刑事政策や犯罪学の領域では、「老人犯罪」というテーマで議論されてきた。これは、老年期に訪れる人生の危機を対象とするもので、1950

年代から始まって 1970 年代頃まで諸種の学会で老年期の犯罪がしばしば議論された。しかし、この時期、戦後の混乱期における犯罪激増から安定した犯罪情勢に変化した時代で、むしろ老人犯罪は減少を示した。事実、60 歳以上の老人犯罪者（男子）の成人犯罪者全体に占める比率は、警察統計によると、1950～52 年（昭和 25～27 年）で 2.53％が 1967～69 年には 2.46％に低下し、一般人口比率がそれぞれ 10.18％、14.73％で、社会経済的な繁栄と消費傾向が増すと老人犯罪は減少するとの分析が当時なされている（安香宏＝麦島文夫編『犯罪心理学』〈1975 年、有斐閣〉263 頁）。このようにして、従来の研究では、老年期は他の人生の時期に比較し、むしろ犯罪発生率が低い点が特徴とされたのである。犯罪学の分野でも犯罪の契機は青年期にあるとして、これを研究する「発達犯罪学」の分野が確立している。

(2)　加害と被害

　高齢者と犯罪の関係でいえば、犯行者としての高齢者と被害者としての高齢者に分けることができる。従来、どちらかというと、犯罪との関係では被害者としての側面が強調され、こんにちにおいてもその側面は無視できない。たとえば、交通犯罪、悪徳商法、オレオレ（振り込め）詐欺などの個別の犯罪をみても、高齢者がその標的になるケースが多く、高齢者で潜在的な被害者、あるいは被害経験者に対しては、特別の配慮や支援が必要であり、現に政府等の機関においてその施策が実施されている。

○コラム42　高齢者の犯罪被害

　一般に高齢者は社会的身体的な判断能力が低下するために、犯罪被害に遭いやすいとされる。なかでも交通犯罪、詐欺（悪徳商法、振り込め詐欺）などの被害が目立つ。警察白書によると、後期高齢者（75歳以上）、前期高齢者（65歳以上74歳まで）の交通事故死者の構成率が人口構成率よりかなり高いことが示されている。とくに、自転車乗用中、歩行中の死者数は後期高齢者が最も多い。他方、詐欺では、近年修繕の必要のないリフォームを高額で行う「リフォーム商法」が問題化したり、また依然として振り込め詐欺の被害があとを絶たない。一般的にいえば、高齢者は相対的に、社会的交流の機会が少ないために身体犯の被害には遭いにくく、比較的裕福な高齢者は財産犯の被害に遭いやすいといえる。

　これに対して、加害者としての高齢者の問題が従来、あまり関心を呼ばなかった背景には、犯罪学的にみて、犯罪者には、一般に（犯罪）行動能力が求められるために、犯罪は若者の行動態様であって、高齢者は犯罪には不向きであること、また実際、加齢にしたがって結婚・家庭生活の形成等により社会的心理的に安定するなどの状況から、いわゆる犯罪から「足を洗う（デジスタンス）」ことにより犯罪は行わなくなる傾向にあることが考えられる。したがって、高齢者犯罪は従来、年齢と犯罪などの項目で一部扱われるに過ぎなかった。ところが、わが国の現状をみると、犯罪・犯罪者の高齢化傾向が窺われ、高齢者にも固有の犯罪状況がみられる。また、高齢犯罪者中、他の年齢層に比べ女子比が高いという特徴もある。今後、少子高齢化の傾向がさらに進めば、この状況はいっそう明確になるとともに、それに伴う適切な対応が必要となろう。他方、この状況は他の諸国とはかなり異なっており、そこで、本講では、わが国における犯罪者としての高齢者の問題と他の諸国と比較してその背景を探る。

2　高齢犯罪者の現状

1　高齢犯罪者の検挙状況

　図 15(5)-1 は、65 歳以上の高齢者の一般刑法犯（交通関係の業過・重過失を除く）検挙人員を示している。1989 年（平成元年）には 6,625 人であったが、2005 年に 4 万人を超えて以降、2015 年（平成 27 年）には 47,632 人を記録し、高止まりの状況にある。検挙人員総数に占める割合もそれぞれ 2.1％から 19.9％へと上昇した。すなわち、一般刑法犯で検挙される者のうち約 2 割は 65 歳以上の高齢者である。いうまでもなく、一般に社会が高齢化すれば犯罪者も高齢化するが、しかし、近年の傾向は、それを越える状況である。すなわち、過去 20 年間の 65 歳以上の高齢者の一般刑法犯における人口比（人口 10 万人当たりの検挙人員の比率）をみてみると、1995 年 62.6 が 2015 年は 142.5 と 2.3 倍に上昇し、同世代の人口増加率 1.7 倍を上回っており、社会の高齢化だけで説明できない要因があるものと思われる。

図15(5)-1　65歳以上の一般刑法犯検挙人員及び比率

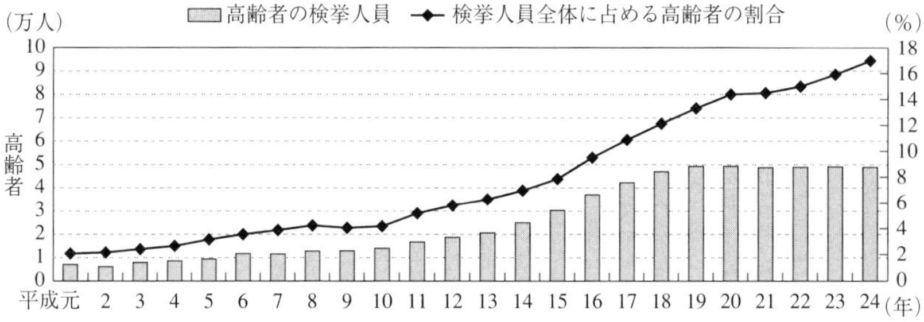

2　罪名別の検挙人員

　高齢者がどのような犯罪を行っているのかをみたのが図15(5)-2である。2015年において65歳以上の刑法犯検挙人員全体（47,632人）では、窃盗（72.3％。うち万引が57.8％）、遺失物等横領（7.5％。ほとんどが自転車の横領）といった財産犯が目立つ。暴行（7％）、傷害（11.6％）などの粗暴犯の増加も顕著で、殺人（0.4％）、強盗（0.3％）といった凶悪犯もわずかながら増加傾向がみられる。従来、高齢者の犯罪は「弱さの犯罪」などと特徴づけられ、腕力、体力、俊敏さを必要としない罪種が多いとされてきたが、近年の現象には当てはめにくい。また、とくに最近の特徴として、高齢の初犯者それも殺人等の凶悪犯が目立つことが挙げられる。もっとも、1960年代末において最も犯罪比率の高い男子高齢者の犯罪として名誉毀損が上げられ、その背景として一部の高齢者にみられる易刺激性、過感性、頑固さと問題を腕力では解決できないためと説明されているが、こんにちでは圧倒的に窃盗が多い。このような状況からみて、その後において高齢者犯罪には質的変化が生じたものと思われる。そして近年の高齢者犯罪の増加要因は数的には主として窃盗の増加によるものであり、一般刑法犯の約8割に達する。これは、社会的孤立などのこんにちの社会背景が考えられる。体力を要する犯罪として従来若年者の犯罪とされてきた粗暴犯の増加は、高齢者の体力向上傾向がみられるなど近年の高齢化社会の特徴を示すものであろう。

図 15(5)-2　犯罪別年層別検挙人員の推移

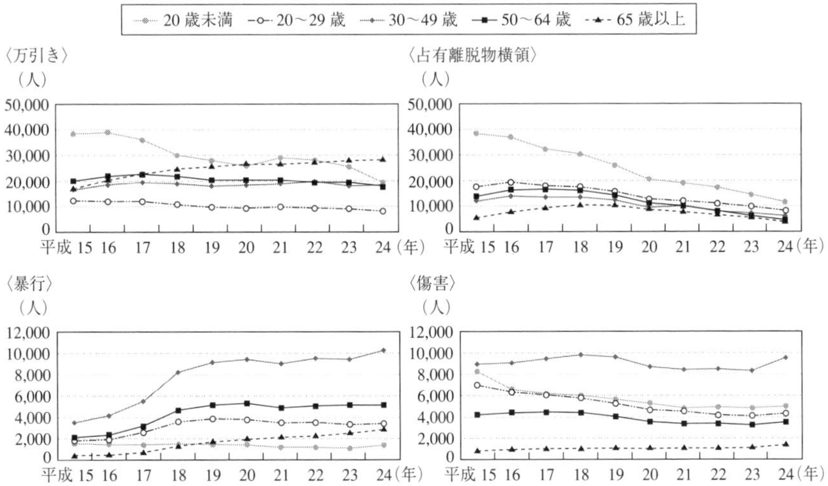

―●― 20 歳未満　―○― 20〜29 歳　―◆― 30〜49 歳　―■― 50〜64 歳　-▲- 65 歳以上

〈万引き〉
（人）

〈占有離脱物横領〉
（人）

〈暴行〉
（人）

〈傷害〉
（人）

出典：警察白書平成 25 年版

3　起訴の状況

　一般に言って、他の年齢層に比べ 65 歳以上の高齢者に対する検察官の起訴率は低く、したがって起訴猶予率が高く寛容に扱われる傾向がみられる（2014 年〈平成 26 年〉で約 61％。ちなみに 20 歳代 48％、30 歳代 48％、40 歳代 49％、50〜65 歳 51％）。もっとも、近年全般的に起訴猶予率は低下傾向にあり、高齢犯罪者に対し社会的な厳しさがみられるが、他の年齢層に比べると依然高い。このような実務の現状の背景としては、刑の執行により著しく健康を害し、あるいは生命の危険がある場合、子どもなどが幼年で他の保護する家族がいない場合など、高齢者特有の状況がある。しかし、近年、平均余命が伸張し、また高齢者にも精神的肉体的に個人差があることから、従来ほど寛容な扱いが行われていないように思われる。

3　高齢犯罪者の処遇

1　施設内処遇

(1)　収容状況

　法務省では従来、過去の統計との関係から 60 歳以上を「高齢者」として
きた。それによると、2005 年（平成 17 年）には新受刑者総数の 10.5％と 1
割を超え、65 歳以上でも 4.5％、0 70 歳以上も 1.8％を占めた。1995 年から
2005 年までの 10 年間では 60 歳以上の受刑者数は 1,389 人から 3,460 人に急
増し、2.49 倍の増加率であった。しかも、65 歳以上、70 歳以上の増加率が
著しい。10 歳代、20 歳代の減少傾向と顕著な相違がみられる。さらに、65
歳以上を元にした図 15(5)-3 における高齢者率は、2008 年（平成 20 年）に
2,092 人で全体の 7.2％であったのに対して、2013 年（平成 25 年）では 2,228
人で 9.8％を占めている。しかも刑務所入所度数では 6 度以上が約 4 割を占
め、再入所率の高さが目立っている。当然ながら、このような高齢者の再犯
率の高さは高齢受刑者の社会復帰の難しさを示すものであり、他方で介護な
どが必要な犯罪者が増加していることも物語っており、施設運営に困難な問

図 15(5)-3　65 歳以上高齢新受刑者数の入所度数別推移

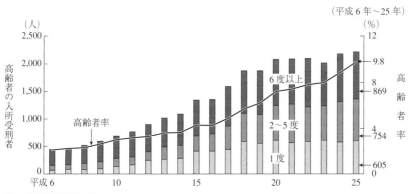

注 1　矯正統計年報による。
　　2　入所時の年齢による。
　　3　「高齢者率」は、入所受刑者総数に占める高齢者の比率をいう。

をもたらしている。

受刑者高齢化の状況は、先進諸国と比較すると、いっそう明確になる。図 15(5)-4 はその比較であるが、成人受刑者のうち 60 歳以上の受刑者の比率がわが国は群を抜いて高く、ドイツ、イギリスが 2％台、アメリカ、フランスが 3％台であるのに対して、わが国は 11％である。一般人口の 60 歳代の人口比がアメリカを除いて他の諸国はほぼ 30％前後で同じであることから（わが国では 2016 年で 33.6％）、わが国における受刑者の高齢化が際だってい

図 15(5)- 4　諸外国における成人受刑者の年齢層別構成比

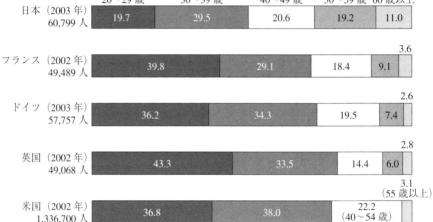

注 1　次の各国の統計書による。
　　　日本　　　矯正統計年報
　　　フランス　Annuaire Statistique de la Justice
　　　ドイツ　　Rechtspflege. Reihe 4.1（Strafvollzug）
　　　英国　　　Prison statistics England and Wales
　　　米国　　　Prisoners in 2002
　2　「成人」としては、フランス、ドイツ及び英国については 21 歳以上を、日本及び米国については 20 歳以上を集計した。
　3　米国については、40 歳以上を 40 歳〜54 歳と 55 歳以上に区分している。
　4　各国の受刑者の調査日等は、次のとおりである。
　　　日本　　　2003 年 12 月 31 日（年末在所受刑者）
　　　フランス　2002 年 12 月 31 日（受刑者及び未決拘禁者の合計）
　　　ドイツ　　2003 年 3 月 31 日（自由刑及び少年刑の合計）
　　　英国　　　2002 年 6 月 30 日（イングランド及ぶウェールズの受刑者の合計）
　　　米国　　　2002 年 12 月 31 日（1 年を超える刑期の連邦及び州受刑者の推計合計）
　5　国名の下の人数は、総数である。

ることが分かる。

(2) 高齢受刑者の特質

　若干、資料は古いが、法務総合研究所の特別調査（『平成3年版犯罪白書』特集）によると、1990年（平成2年）に行刑施設45庁で入所時教育を受けた調査対象者3,181人のうち、60歳以上は182人で、初入68人、再入114人で、高齢になるほど再入率が高く、入所度数が多くなる傾向がみられた。罪名別にみると、年齢が上がるほど詐欺、殺人、横領・背任の構成比が高まり、覚醒剤取締法違反、強姦の比率が低下する。50歳以上では、初入者の場合、詐欺、道交法違反、窃盗、殺人の順に多く、再入者では窃盗、覚醒剤取締法違反、詐欺、殺人の順で、再入者の窃盗の比率が高いのが特徴である。何度も入所を繰り返しているうちに、犯行が職業的、あるいは機会的になり、実際空き巣、万引きの比率が高く、出来心で犯罪を行う生活習慣が身に付いており、更生意欲の低さが感じられる。また、同じ高齢者犯罪といっても、初発年齢では初入者と再入者では大きな相違があり、前者が比較的高齢になって犯罪を開始しているのに対して、後者は少年時に犯罪を開始しているのが分かる。さらに、家族との関係でも配偶者の有無をみると、再入者では無・離別・未婚の比率が7割に達し、初入者の5割に比べて高い。

　このように見てくると、同じ高齢犯罪者であっても、初入者が人生の中途でトラブルを抱え偶発的に事件を起こしたパターンが多いのに対して、再入者は少年期から犯罪・非行に関わり、その間に家族関係が崩壊し、親や親族から見放され、出所後も戻る場所もなく、更生意欲に乏しく、犯罪を繰り返している姿が伺える。しかも、このような者は釈放されても戻る場所や引受人がなく、さらに生活保護、年金等も受けられないことが多いため、下関駅放火事件のように、あえて刑務所に戻る目的で犯罪を行う者もおり、社会的損失は必ずしも小さくない。

(3) 高齢受刑者の専用施設

　高齢受刑者は歩行が困難であったり、体が不自由で自力で生活できない者が少なくない。高齢者といえども懲役刑受刑者の場合、作業が強制されるが、このような者は困難である。また、認知症などの症状を示す者もあり、治療の必要性も高い。これまで、このような者については、たとえば尾道刑

務支所などのように所内で特別な分類を設けて対応してきたが、十分な成果を挙げていない。

　そこで、法務省は、既存の複数の刑務所内（広島、高松、大分などの各施設）に、生活の支障のある高齢受刑者に対する専用棟を建設し、すでに一部稼働している。今後、約 1,000 人前後を収容する意向を示している。将来はリハビリ、介護の専門職員の配置も計画され、外部の医療機関との連携も考えられているという。

　このように、次第に、刑務所の施設の一部は、老人介護施設の様相を呈し始めており、刑務官の一部では本来の処遇的役割よりも介護的役割を担うなどの問題が生じている。

2　社会内処遇

　社会内処遇においても、わが国の高齢犯罪者問題は変わらない。すなわち、仮釈放者および保護観察付き執行猶予者の新規受理人員において、高齢化が明瞭である。60〜64 歳、65 歳以上のいずれでも増加傾向がみとめられ、仮釈放者にあってはきわめて顕著である。平成 27 年で 65 歳以上の対象者は 1,154 人で、仮釈放率は 40.1 ％と他の年齢層に比べると低い。これは高齢者の場合、引受人がいない、帰住先がないなどの要因によるものと思われる。

　社会内処遇はいわば処遇の仕上げに当たり、再犯予防にはきわめて重要であるが、一般に、高齢者は頼るべき家族、家族による引き受けが少なく、社会で行き場のない者が多い。そこで、高齢者の仮釈放率は他の年齢層に比べ低い。また、多くは更生保護施設を帰住先としているが、就労等は困難であるため、施設の処遇も消極的にならざるを得ない。そもそも、更生保護施設は一定期間を経れば退所しなければならない。このように、引受人に乏しく、就労も困難な高齢者は貧困な者が少なくなく、その結果、財産犯に陥りがちであり、場合によっては、意図的に犯罪や違反行為を行って、刑務所に再入所することを望む者さえいる。要するに、万引き、無銭飲食、無賃乗車など比較的軽微な犯罪で、入所を繰り返している者が少なくない。

　保護観察所や更生保護施設では、高齢者に対しては、家族の引き受けを促すとともに、就労の斡旋や生活保護の仲介を行っているが、実際のところ対

応に苦慮しているのが現状である。

4　高齢犯罪者の問題点と対応

1 問 題 点

(1) 特　　性

　高齢犯罪者の特性は、上述のように、累犯者と初犯者では異なる。一般に、老年期になると性格変化が生じ、頑固さ、非融通性、視野の狭さ、衝動的傾向があるとされる。しかし、他方で、保守化、円熟化、内向化も指摘され、これらはむしろ犯罪には抑制的に働く。もっとも、老年期は退職・転職、経済的困窮、家庭内影響力の低下、生活圏・対人的接触の縮小など人生の転機となりやすい時期でもあり、それが引き金となって自殺などとともに、犯罪現象にも影響することは十分に考えられる。これらは一般には初発犯罪者に適用できる要因であるが、いずれにせよ、高齢化が犯罪の発生契機となる要素は多分にある。

(2) 前歴・前科

　高齢犯罪者の多くは、複数回の犯罪前歴、刑務所入所歴をもつ。少年期に犯罪・非行を開始し、加齢により犯歴を重ねるのが一般である。もっとも、高齢になって初発の犯罪を行う者も近年、増加傾向にあるといわれる。しかし、通常は前者が典型例であろう。前科・前歴が多いということは、重大な犯罪よりも、むしろ、前述のように軽微な犯罪を繰り返していることを示している。

　犯罪歴・前科が増えるほど、家族関係が崩壊し、また就労が困難となるから、累犯可能性がさらに高まるという悪循環に陥る。社会的なラベリングも当然強まる。このようにして、社会的に排除された状況に陥るのが一般である。

(3) 家 族 関 係

　前述のとおり、犯罪者が累犯化するほど、家族関係は崩壊するのが一般である。家族や親族が本人同様の社会からのラベリングを回避したり、世間体を気にしたり、本人を見限ったりするからである。また、高齢化に伴って親

の死亡、妻との離婚、子どもたちとの離縁などが起こるからである。いわゆる「天涯孤独」の状態である。このようにして社会に行き場を失った者は、単身生活を強いられ、釈放後も更生意欲が低く、施設内、社会内いずれの処遇も困難で、再犯可能性がきわめて高い。他方、少数ながら家族の引受人がいる場合は、その予後は比較的安定しているといわれる。さらに、仮に家族が引きうけない場合でも、家族と何らかの接触が可能な者や他人に信頼できる存在がある場合は、精神的に安定しているという（大場玲子「高齢犯罪者の処遇上の課題」犯罪と非行 150 号 16 頁参照）。

⑷　経 済 状 況

高齢犯罪者は一般に貧困であるといわれる。これまでの犯罪歴・入所歴に加え、実社会では就労が困難だからである。このために、民間篤志家の協力雇用主が存在するが、近年の雇用情勢から、その数も減少しつつある。一方、年金受給年齢に達していてもほとんど未加入か保険料未納のために、年金を受給できる者は限られている。そればかりか、逆に借金を抱えたり、被害弁償もできないなど、無資力という状況は深刻である。このため、生活保護などの公的援助が望まれるが、住所不定等の不利条件があり、困難な場合が少なくない。

⑸　保 健 衛 生

高齢犯罪者は、疾病を抱える者が目立つ。これはたんに加齢によるばかりでなく、健康保険等に未加入で十分な医療を受けていない状況に由来する。もちろん、刑務所等の施設では無料で医療を受けることはできるが、外部の病院などに比べると十分とはいえない。また、この種の犯罪者には自らの健康に対する意識も低いといわれる。生活保護受給者はそれでも福祉のケースワーカーの指導を受けることが可能ではあるが、それでも、本人の健康に気遣う存在がない限り、健康を維持するのは難しいのが現状である。

2　高齢犯罪者への対応

⑴　脱犯罪生活の促進

このような高齢犯罪者を生み出さないためには、どのような方策が必要であろうか。あるいは、高齢犯罪者の再犯防止に効果的な施策はあるのであろ

うか。前者については、近年、欧米諸国の研究者において、デジスタンス（desistance.「デシスタンス」とも発音される）研究が盛んである。従来の刑事政策あるいは犯罪学が「なぜ人は犯罪を行うのか」、「いつ人は犯罪を始めるのか」に関心を寄せ、犯罪原因を探ってきたが、デジスタンス研究はまさしくその逆に、「なぜ人は犯罪を止めるのか」を問題意識とする。つまり、デジスタンスとは「犯罪を止めること」、さらにいえば「犯罪生活から足を洗うこと」である。そして、このデジスタンスのプロセスを明らかにすることによって、加齢による再犯・累犯を防止する施策を見いだすことができると考えられる。これまでの研究によると、犯罪を繰り返していた者がその後の犯罪を止める理由や背景として、①個人的成熟の進展、②一定の人生変遷・出来事の発生、③本人周辺における社会的紐帯の変化、④本人のこれらの変化に対する認知的意識などが挙げられている（守山正「欧米における『デジスタンス』研究の状況」犯罪と非行 150 号 85 頁）。要するに、人生において結婚、あるいは出会いなどの契機によって生じた人間関係における変化を本人が積極的、建設的に受け入れることで、犯罪生活を終焉させるのである。逆に、このような社会的紐帯が欠如する者は、犯罪を行っても失うものがないから、犯罪を継続する（パーシスタンス）と考えるのである。したがって、犯罪常習者・累犯者において、このような社会的紐帯を早期に構築する契機を与えることが重要となる。

　そこで、当然ながら、デジスタンスの成否は犯罪者処遇機関、なかでも保護観察機関の効率や効果の測定手段とされ、多くの研究者は社会復帰過程における保護観察のあり方に言及している。一部の研究では、保護観察官の公平性や勇気づけに対する敬意と従順が対象者の心理的変化をもたらし保護観察のデジスタンス効果をもたらすとするものもあるが、それは保護観察官のモチベーションや態度にもよるという。また、保護観察官と地域社会とのネットワークの構築が重要という見解もあり、これらの文脈において犯罪者の能力や資源を引き出し、彼らに自信を持たせることがデジスタンスの鍵であるという研究もある。

(2)　わが国における対応

　上述のように、わが国は他の先進諸国に比較し、検挙者数、受刑者数とも

に高齢犯罪者の比率が高い。これはどのように理解すればよいであろうか。年齢別にみると、一般に、犯罪者の人口比は 10 代半ばでピークを迎え、その後なだらかに下降し、加齢にしたがって減少する。たとえば、図 15(5)-5 が示すように、イギリスではこのような傾向が明瞭である。つまり、加齢と犯罪者率には負の相関があり、年を重ねれば犯罪を止めるのが一般である。ところが、わが国ではその下降の度合いが緩く、高齢でも犯罪を繰り返す者が少なくないのである。

　そこで、その理由として文化的要因が考えられる。わが国は欧米に比べ家族主義が強いといわれる。確かに、これまで犯罪者の帰住先は家族や親族のもとというのが一般的であった。また、このような帰住先があれば執行猶予や仮釈放が認められやすい。逆にいえば、家族や親族の下に帰れば犯罪を止めるはずだという、家族の再犯防止機能が期待されてきたのである。しかし、常習者や累犯者にはこのような家族・親族とのネットワークはすでに崩

図 15(5)-5　イギリスにおける年齢・性別の犯罪者率

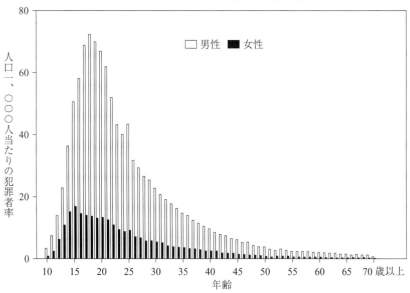

出典：A. Bottoms et al, Toward Desistance ; Theoretical Underpinnings for Emprical Study, The Howard Journal, vol.
　　43 No4, 2004, P.370.

壊しており、家族主義が機能しない状況にある。他方、欧米では、もともと
このような家族主義が強くないため、犯罪者には社会福祉の制度が用意さ
れ、それによって犯罪者の再犯防止が図られている。ところが、わが国では
ひとたび家族主義が機能しなくなると、これに代わる社会福祉が未発達なた
めに、犯罪者が路頭に迷う結果となる。高齢犯罪者は家族主義が機能せず、
社会福祉の恩恵も受けることができない典型であろう。

　こんにち、わが国では一般的に家族主義の衰退傾向がみられる。したがっ
て、今後は、高齢犯罪者に対する福祉を充実させ、家族主義の枠から外れた
人々への対応が求められる。高齢者犯罪への対応は、すでに刑事司法の域を
超え、社会福祉の問題となりつつある。高齢犯罪者への福祉を充実しない限
り、再犯防止の防波堤がなく、結局、彼らは社会と施設の間の往復を繰り返
すに過ぎず、最終的には一般市民がそのつけを払うことになろう。

参考文献
・守谷・小林編『ビギナーズ犯罪学』（成文堂、2016 年）
・『平成 27 年版 高齢社会白書』（2015 年）
　http://www8.cao.go.jp/kourei/whitepaper/w-2006/zenbun/18index.html
・守山正『イギリス犯罪学研究Ⅰ』（成文堂、2011 年）
・特集「高齢者の犯罪」犯罪と非行 150 号（2006 年）
・『平成 3 年版 犯罪白書』「特集　高齢化社会と犯罪」（1990 年）
・安香宏＝麦島文夫編『犯罪心理学』（1975 年、有斐閣）

（もりやま・ただし）

（6）　財政経済犯罪

キーワード
企業犯罪、ホワイトカラー犯罪、独占禁止法、金
融商品取引法、内部通報者保護制度、司法取引、
課徴金、法人処罰

1　財政経済犯罪の意義

　2016（平成28）年の刑事訴訟法改正により、いわゆる日本版司法取引制度
（協議・合意制度）が導入され、2018（平成30）年6月1日から施行された。
これは、被疑者・被告人が他人の刑事事件の捜査や訴追に協力することによ
り、自分の事件を不起訴または軽い求刑にしてもらうことなどを合意すると
いう制度である。司法取引の対象となるのは、財政経済事件または薬物銃器
犯罪であり、本講が扱う財政経済犯罪とは、ここでいう「財政経済事件」に
対応する。なお、犯罪白書は、財政経済犯罪を税法違反、経済犯罪、知的財
産関連犯罪に分け、①税法違反として、所得税法、法人税法、相続税法、消
費税法の各違反、②経済犯罪として、強制執行妨害、公契約関係競売入札妨
害、談合、破産法違反、入札談合等関与行為防止法違反、会社法違反、独占
禁止法（独禁法）違反、金融商品取引法（金商法）違反、不正競争防止法違
反、出資法違反、貸金業法違反、③知的財産関連犯罪として、商標法違反、
著作権法違反について、それぞれ、その動向を伝えている。
　財政経済犯罪の多くは、企業活動において、日常の経済活動と境を接して
行われることから、いわゆる企業犯罪の特色を有する。また、違法と合法の
区別も必ずしも明らかではなく、その時々の社会経済状況、業界の体質を背
景とし、それが犯罪を誘発する要因となる場合が少なくない。殺人や放火の

ような「犯罪らしさ」はないとはいえ、例えば、相場操縦やインサイダー取引など証券市場における犯罪行為（金商法違反）は、証券市場に対する信頼を失墜させ、資金調達を含めた個々の企業の経済活動に悪影響を与えるだけでなく、わが国における企業活動を停滞させ、国民経済全般に悪影響を及ぼしかねない（金商法は、「国民経済の健全な発展」に資することを目的の一つに挙げている）。また、カルテルや入札談合の影響は、価格転嫁を通じて、広く消費者全体に及びうる。財政経済犯罪の対策を考える場合には、財政経済犯罪のもつこのような特徴を踏まえて検討する必要がある。

2　財政経済犯罪の状況

　財政経済犯罪のなかから、以下では、税法違反、金商法違反、独禁法違反について、所管庁の資料も参考に、状況を確認しておくことにしたい。これらについては、犯罪の疑いのある犯則事件について行政庁が調査を行う犯則調査手続が設けられている。

　税法違反については、犯則事件について、国税庁等の職員が調査を行い、悪質な脱税については国税庁が検察庁に告発を行っている。国税庁の発表資料によれば、2021（令和3）年度に国税庁が検察庁に告発した件数は75件であり、告発事案にかかる脱税総額は61億円、1件あたりの脱税額は8100万円となっている（2017〔平成29〕年以降の5年間の推移は下記表のとおり）。なお、告発件数は2018（平成30）年の113件以降、減少傾向にあるが、告発率は2017（平成29）年以降、概ね70％前後で推移している（なお、脱税に対する刑罰は、10年以下の懲役もしくは1000万円以下の罰金またはこれらの併科となっており、脱税額が1000万円を超える場合には、情状により、罰金額の上限は脱額と同額となる。さらに、刑罰ではないが、脱税については、加算税に代えて、さらに重い重加算税が課される）。

	平成29年			平成30年			令和1年			令和2年			令和3年		
	告発件数	脱税額	1件あたりの脱税額	告発件数	脱税額	1件あたりの脱税額	告発件数	脱税額	1件あたりの脱税額	告発件数	脱税額	1件あたりの脱税額	告発件数	脱税額	1件あたりの脱税額
所得税	19	1,950	102.6	14	1,268	90.6	17	1,607	94.5	8	886	110.8	9	779	86.6
法人税	61	5,645	92.5	55	4,470	81.3	64	5,636	88.1	55	3,826	69.6	43	3,519	81.8
相続税	3	387	129.0	1	241	241.0	0	0	0.0	0	0	0.0	0	0	0.0
消費税	27	1,768	65.5	41	3894	95.0	32	1,975	61.7	18	2,031	112.8	21	1,655	78.8
源泉所得税	3	251	63.7	10	1,303	130.3	3	58	19.3	2	183	91.5	2	121	60.5
合計	113	10,001	88.5	121	11,176	92.4	116	9,276	80.0	83	6,926	83.4	75	6,074	81.0

（国税庁の資料による。金額の単位は百万円）

　金商法違反については、証券取引等監視委員会が犯則事件の調査を行い、犯則の心証を得たときは告発を行っている。2017（平成29）年以降の5年間の告発件数の推移は下記表のとおりである。なお、金商法違反の罰則で最も重いものは、有価証券報告書等の虚偽記載等、相場操縦であり、法定刑は10年以下の懲役もしくは1000万円以下の罰金またはこれらの併科である）。

年度	平成29年	平成30年	令和1年	令和2年	令和3年
合　計	4	8	3	2	8
有価証券報告書等の虚偽記載等	0	3	1	0	0
風説の流布・偽計	0	0	0	0	2
相場操縦・相場固定	2	0	0	1	1
インサイダー取引	2	5	1	5	5
その他	0	0	0	0	0

（金融庁の資料による。）

　また、有価証券報告書等の虚偽記載・不提出や、インサイダー取引などは、行政上の金銭的制裁である課徴金の対象となる。2017（平成29）年以降5年間の課徴金納付命令勧告の件数及び課徴金額は以下のとおりである。

年度	有価証券報告書等の虚偽記載等		インサイダー取引		相場操縦		偽計	
	件数	課徴金額	件数	課徴金額	件数	課徴金額	件数	課徴金額
29	2	1,200	21	6,083	5	10,813	0	0
30	10	39,343	23	3,665	7	37,340	3	205
1	6	274,696	24	24,073	5	3,935	0	0
2	10	274,685	8	4,161	6	38,880	0	0
3	5	39,720	6	5,557	6	4,730	0	0

（証券取引等監視委員会事務局の資料より作成。金額の単位は万円）

　独禁法違反のうち私的独占、不当な取引制限（カルテル、入札談合）など
については、公正取引委員会（公取委）が専属告発権を有しており、公取委
の告発がなければ刑事事件とはならない。公取委は、「独占禁止法違反に対
する刑事告発及び犯則事件の調査に関する公正取引委員会の方針」（平成17
年10月7日公表。最終改訂令和2年12月16日）に基づき、①国民生活に広範
な影響を及ぼすと考えられる悪質・重大な事案、②違反行為が反復して行わ
れ、排除措置に従わないなど行政処分では法目的を達成できない事案につい
て積極的に刑事処分を求めて告発を行うこととしており、私的独占について
告発がなされた例はないが、不当な取引制限については、1974（昭和49）年
の石油ヤミカルテル事件の告発以来、これまで20件の告発が行われている。
また、カルテル等は、課徴金の対象ともなるが、課徴金額及び課徴金減免制
度の申請件数等の推移は、以下のとおりである（公取委の発表によると、令和
元年9月30日現在、1社に対して課された課徴金の最高額は約131億円である。
なお、私的独占及び不当な取引制限に対する刑罰は、5年以下の懲役または500万
円以下の罰金である）。

課徴金額等の推移

	平成29年	平成30年	令和1年	令和2年	令和3年
対象事業者数	32	18	37	4	31
課徴金額	189,210	26,111	6,927,560	432,923	218,026
一事業者あたりの金額	5,912	1,450	187,231	108,230	7,033

（公正取引委員会の発表資料による。金額の単位は万円）

課徴金減免の申請件数等の推移

	平成29年	平成30年	令和1年	令和2年	令和3年
申請件数	103	72	73	33	52
適用された事業者数	35	21	26	17	10

（公正取引委員会の発表資料による）

3　財政経済犯罪の原因

1　社会経済的背景

財政経済犯罪は、その時々の社会経済状況、業界の体質を背景とし、それ

が犯罪を誘発する要因となる場合が少なくない。

　社会経済状況の影響という点では、例えば、バブル経済は、金融機関による不正融資・乱脈融資を生み出すとともに、バブル崩壊後の長引く不況は、多額の不良債権を抱えた金融機関による数々の粉飾決算事件を生み出し、金融機関の経営破綻を招いた。このうち、日本長期信用銀行（長銀）による粉飾決算事件と経営破綻の背景には、高度経済成長の終焉とともに大企業の「銀行離れ」が進み、融資先を失った長銀が不動産やリゾートに融資先を移さざるを得なかったことが背景にあるとされている（長銀は、通常の銀行とは異なり、巨額の貸付が必要となる設備資金や長期運転資金の融資を主たる業務とする銀行であった）。それらの融資がバブル崩壊とともに不良債権となったのである。また、2015（平成27）年に発覚した家電メーカーによる不適切会計事件は、会社上層部から過大な収益目標の達成を要求され、各事業部門が費用や損失の先送り、利益の水増しを行い、歴代社長もこれを黙認したというものであったが、このような不適切な会計処理の背景には、サブプライムローン問題に端を発したリーマンショックによる急激な業績の悪化（パソコン事業の不振）があったとされている。直近では、2022（令和4）年には、大手電力会社が事業者向けの電力販売でカルテルを結んだとして、総額1000億円を超える課徴金が課されたことが報じられたが、政府が推し進めた電力自由化政策、電力システム改革による収益の悪化が背景にあると指摘されている。

　他方、業界の体質という点では、例えば、2004（平成16）年に発覚した国交省地方整備局等が発注する橋梁工事にかかる談合事件では、鋼鉄製橋梁工事の事業者らで結成される談合組織の存在が明らかになった。談合組織は、先発の事業者17社と後発の事業者30社でそれぞれ別に組織されており、企業の共存共栄を図ろうとする業界の体質そのものが問われた事件であった。

2　企業犯罪としての財政経済犯罪

　財政経済犯罪は、多くの場合、企業の経済活動の一環として行われることから、企業犯罪、ホワイトカラー犯罪としての性質を有する。

　企業犯罪とは何かについて確立した定義があるわけではないが、企業活動

において企業の役職員が犯す犯罪、企業活動において中間管理職や末端従業員が行う犯罪などがこれにあたる。終身雇用制が崩れる中、学校を卒業後に勤めた会社に定年まで働き続けるというのが当たり前ではなくなってきたとはいえ、わが国はまだまだ「会社社会」であるといわれる。「会社社会」は、会社のために行われる犯罪を誘発する。

　会社のために行われる犯罪の特徴としては、①法律よりも組織の意向、組織の論理が重視され、それにより犯罪が合理化される、②犯罪は組織の意思によるものであり、従業員が自分の意思で自分のために行っているのではないという点が、罪の意識の希薄化、犯罪の合理化をもたらす、③犯罪が通常の業務活動の一環として行われるため、犯罪を行っているという意識を持ちにくく、とりわけ当該行為が日常業務として行われている場合には、罪の意識が鈍磨する、④犯罪を行った者は、会社内部では非難よりもむしろ同情を受け、会社内での地位を失わない、といった特徴がみられる。また、⑤会社組織における複数の成員によるいくつもの行為が合成されて犯罪が生み出されることも多く、この場合には、個々人の犯罪意識は一層希薄なものとなるであろう。さらに、⑥犯罪行為が業界の体質を反映したものである場合には、他社も同じことをやっているという横並び意識が、犯罪に対する歯止めを失わせる方向に作用する。

　これらのことは、企業犯罪の潜在的犯行者にとって、企業犯罪を魅力的なものとし、犯罪を行うことを「合理的」な選択とする。「会社のため」に犯罪を行うことは、企業の意思に沿うものであり、それ自体、評価の対象となりうる。仮に発覚することがあっても、「会社のため」ということで、非難されるどころか、企業内でその地位を維持できる可能性すらある。これに対し、毅然と非合法行為に関与しない態度は、組織に敵対する者との烙印を押され、直接、昇任・昇給で不利益を被りうることを意味し、結果的にはその後の再就職等の不安を招くことにもなりかねない。犯罪に大きな役割を果たした企業トップが、そのまま会長として企業に君臨することは珍しくなく、また、この種の現象は、企業トップに限られない。例えば、自動車メーカーによる利益供与事件に関し、総会屋への利益供与事件で有罪判決を受けた前総務部長について、個人に責任を負わせてすむ問題ではないとして寛大な人

事が行われたということがあったが、同社では、この前総務部長に対し寛大な処遇を求める声が社員から相次いでいたという。

　このように、企業犯罪には、もともと企業組織体に潜む犯罪傾性がその時々の社会経済情勢という外的要因に誘発されるかたちで顕在化するといえる。企業犯罪が語られるたび、わが国の企業風土、企業文化といった点が問題とされるのも、そのためであろう。それゆえ、企業犯罪としての財政経済犯罪の対策を語るうえでは、企業犯罪の「魅力」をいかにして断つかが重要な課題となる。

○コラム43　ホワイトカラー犯罪

　企業犯罪が独自のカテゴリーとして論じられるようになったのは、アメリカの犯罪学者サザランド（E.Sutherland、1883-1950）が提唱した「ホワイトカラー犯罪（white collar crime）」概念に遡る。彼は、ホワイトカラー犯罪を「名声と高い社会的地位を有する者が、その職務遂行の過程で行う犯罪」と定義し、貧困と社会病理に焦点を当ててきた従来の犯罪学を批判するとともに、犯罪の社会的普遍性を指摘した。それまでの犯罪学は、犯罪現象を下層階級に固有の現象と捉え、犯罪の原因を貧困と地域の社会解体に求めてきた。これに対し、サザランドは、犯罪は社会の上層階級にも普遍的にみられるのであり、犯罪の一般理論を構築しようとすれば、殺人や強盗といった犯罪と同様、このようなホワイトカラー犯罪も説明しなければならないとしたのである（守山正・西村春夫『犯罪学への招待（第2版）』（日本評論社、2001）76頁以下参照）。もっとも、サザランドの「ホワイトカラー犯罪」概念は1940年代のものであり、今日では、社会変動とともに様々な諸概念に分岐し、それぞれが独立のカテゴリーとして論じられている。「企業犯罪」もその一つである。

4　財政経済犯罪の対策

　既述のように、財政経済犯罪は、多くの場合、企業犯罪としての特徴をもつ。それゆえ、財政経済犯罪の対策を考える場合には、企業犯罪の特徴を踏

まえた検討が必要になる。また、財政経済犯罪は、日常の経済活動の一環と
して、それと境を接して行われ、違法と合法との区別が必ずしも明らかでは
ない場合が少なくないことから、企業が遵守すべきルールの明確化も重要な
課題である。さらに、経済のグローバル化とともに、財政経済犯罪対策に向
けた各国間の協調をいかに実現していくかも重要な課題となる。

1　コーポレート・ガバナンス

　企業犯罪対策という観点からは、第一に、犯罪に手を染めない組織作りが
重要な課題となる。1990 年代後半に総会屋に対する利益供与事件に揺れた
ある自動車メーカーでは、その後、一連のリコール隠しで、再び、企業の体
質が問われることになった。このように、企業犯罪が表面化し、健全な企業
経営を誓ったはずの企業が、再び同様の犯罪に手を染めたり、別の犯罪に手
を染めたりすることがある。それゆえ、企業犯罪対策の第一の課題は、企業
自身が犯罪を行わない体質をいかに構築できるかにあるといってよい。コー
ポレート・ガバナンスを核とした企業統治の仕組み作りは、企業犯罪として
の財政経済犯罪の抑止という観点からも意義を持つ。

　コーポレート・ガバナンスとは、「企業統治」と訳されるが、経営の透明
性、健全性、遵法性を確保するとともに、情報開示、説明責任を果たすため
の企業の仕組み作りを意味する。そして、法令遵守のための仕組みが、コン
プライアンス・プログラムと呼ばれるものである。企業不祥事（マスコミ等
で、「企業不祥事」という言葉が用いられることがあるが、犯罪とはならないもの
も含むという意味では、「企業犯罪」より広い概念と考えてよい）が問題となる
たび、コンプライアンス体制の確立強化に務めるとのコメントが出される
が、単なる定型文に終わらせない組織作りが必要である。そして、コンプラ
イアンス体制を確立し、健全な企業統治の仕組みを構築する責任は、取締役
等の経営陣にある。組織はトップの器を超えないといわれるように、犯罪を
行わない組織を構築するためには、企業トップを含めた経営陣の果たすべき
役割は大きい。

　財政経済犯罪の防止に向けた組織作りは、同時に、「会社のため」に犯罪
を行った者に対して厳しく対峙する組織作りを意味するものでなくてはなら

ない。「会社のため」の犯罪者に寛大な組織は、既に述べたように、犯罪を行おうとする者にとって、犯罪を魅力的なものとする。それゆえ、「会社のため」の犯罪が「割に合わない」ことを、潜在的犯行者が自覚できる組織であることが必要である。

2　自主規制・ソフトローの活用

すでに見たように、財政経済犯罪の要因としては、個々の企業に潜む犯罪傾性のみならず、業界全体の体質が問題となる場合も少なくない。したがって、財政経済犯罪の対策においては、各企業において犯罪を行わない組織作りが求められるとともに、業界全体で犯罪を行わない仕組みを構築していくことが重要である。そのような観点からは、業界レベルでの自主規制の取り組みとソフトローの活用が重要となる。

業界では、様々な自主規制が機能している。たとえば、金融商品取引業については、日本証券業協会が、金融商品取引法に基づく自主規制機関として、各種自主規制ルールを制定して、金融商品取引業の遂行の公正、円滑化に努め、また、法令、自主規制ルール等の遵守状況及び内部管理態勢の整備状況等について監査を実施するとともに、会員の経営状況及び顧客資産の分別管理に関するモニタリング調査を行うなど、証券会社及び金融機関などの協会員がその社会的・公共的使命を適切かつ十全に発揮・遂行し、投資者の保護や金融商品取引市場の公正性・健全性の確保を図るよう、取り組みを行っている。また、貸金業界においては、日本貸金業協会が、貸金業法に基づく自主規制機関として、資金需要者等の利益の保護を図り、貸金業の適正な運営に資することを目的として、協会員の法令等遵守態勢整備の支援・指導を行うなどしている。

他方、ソフトローとは、法的な強制力を持たないものの、企業等の活動を事実上拘束するものとして、企業等がそれに従っているルール（規範）をいう（これに対し、法律のように、法的拘束力を有する規範をハードローという）。企業統治のあり方を規律するコーポレート・ガバナンス・コードや、機関投資家の活動を規律するスチュワードシップ・コードなどがこれにあたる。

コーポレート・ガバナンス・コードとは、望ましい企業統治のあり方を示

すものとして、東京証券取引所（東証）が示すガイドラインである。東証市場上場会社は、コードに示された各原則について、これを実施するか、実施しない場合にはその説明を求められる（コンプライ・オア・エクスプレイン）。法的強制力はないとはいえ、合理的な理由もなく実施しない場合には、東証による公表措置の対象になるだけでなく、企業の評価に影響し、株価にマイナスに作用するおそれもあることから、東証上場企業にとっては法律と同じく無視できないものとなっている。他方、スチュワードシップ・コードとは、保険会社や信託銀行など大口投資家である機関投資家が、「責任ある機関投資家」として「スチュワードシップ責任」を果たすための諸原則を示すものであり（スチュワードとは、執事、財産管理人を意味する）、機関投資家である金融機関による投資先企業に対する監視が不十分であったことがリーマンショックによる金融危機を深刻化させたとの反省から、2010（平成22）年にイギリスにおいて規定され、日本では2014（平成26）年に策定・公表された。7つの原則と21の指針からなり、例えば、「機関投資家は、投資先企業との建設的な『目的を持った対話』を通じて、投資先企業と認識の共有を図るとともに、問題の改善に努めるべきである。」といった原則が示されている。コーポレート・ガバナンス・コードと同様に、各原則を順守するか、順守しないのであればその理由を説明するよう求められている。

　これらのソフトローは、裁判所等の国家機関によるエンフォースメントが保障されていないものの、上場企業や機関投資家を規律するルールとして、会社法や金融商品取引法などの法律に従うことと同様の重要性を有しており、犯罪・不祥事の防止の観点からも重要な機能を果たしている。

3　発覚リスクを高める

　企業犯罪は、通常の企業活動の一環として、あるいはそれを装って密行的に行われる。また、業務の遂行過程で生じることから、犯罪の外観を示さないことも多い。自動車メーカーによるリコール隠しや、家電メーカーにおける不適切な会計処理など、組織の隠蔽体質が問題とされたことも少なくない。それゆえ、犯罪行為の可視性（発覚のリスク）をいかにして高めるかも、犯罪対策の重要な課題となる。

　発覚のリスクを高める制度として、例えば、独禁法における課徴金減免制度（いわゆるリーニエンシー制度）があげられる。これは、カルテルなどの違反を自主的に申告した企業に対して課徴金を減免するというものであり、2005（平成 17）年に導入された。早く申告すれば減免率も高くなるという仕組みであり、2019（令和元）年に調査協力減算制度が導入される前は、公取委の調査開始前であれば、申告した順位に従って 1 位が全額、2 位が 50％、3 位から 5 位が 30％減額されるというものであった。調査協力減算制度導入後は、1 位が全額、2 位が 20％、3 位から 5 位が 10％、さらに 6 位以下も 5％が減免されることとなり、これに協力度合いに応じた減算率が加算される仕組みになっている（例えば、申告順位が 2 位であるが、協力度合いが高く調査協力減算制度による減算率が 40％となる場合は、課徴金減免制度による減算率 20％と併せて 60％が減免されることになる）。このような制度は、カルテルや入札談合を「割に合わない」ものとするという観点からも効果的である。さらに、司法取引（協議・合意制度）も、発覚リスクの増大という観点から重要な意義を有する。なお、司法取引がはじめて適用された大手発電機メーカーによる外国公務員に対する贈収賄事件（不正競争防止法違反）では、元役員らに対する捜査に協力する代わりに法人が起訴を免れた。

　内部通報制度も、発覚のリスクを高めるという観点からは効果的な制度である。内部通報制度とは、企業等において、法令違反や不正行為等の発生またはその恐れのある状況を知った者が、そのような状況に適切に対応できる窓口に直接通報することができる仕組みをいう。2000（平成 12）年に発覚した自動車メーカーによるリコール隠し事件は、匿名の内部告発を契機として明らかになったものであり、また、2002（平成 14）年に起こった食品メーカーによる牛肉偽装事件は、取引業者の内部告発により発覚したものである。その後も、内部告発により明らかになった企業犯罪・企業不祥事は少なくない。もっとも、企業・組織の側から見れば、内部通報は「組織に対する裏切り」という性格を有することから、内部通報者の保護をいかに図っていくかが重要となる。このような観点から、公益通報（内部告発）を行った者について、その者に解雇等の不利益な扱いが生じないように保護をし、事業者の法令遵守を促進させることを目的として、2004（平成 16）年 6 月に「公益通

報者保護法」が制定された（2006〔平成18〕年4月施行）。

◯コラム44　公益通報者保護法の改正

　2004（平成16）年6月に施行された公益通報者保護法では、内部通報制度等を設けることは法律上の義務とはされておらず、それゆえ、十分に浸透せず、内部通報が有効に機能していないという問題が指摘されていた。そこで、一定の規模の事業者に対して内部通報に適切に対応するために必要な体制の整備を義務づけ、行政機関への通報の要件を緩和するとともに、保護される通報者の範囲を退職者に拡大することなどを目的として法改正が行われ、2022（令和4）年6月から施行された。

4　規制内容の明確化

　経済活動の規制の場面では、違法な行為と合法な行為の境界が不明確な場合が少なくない。それゆえ、法令適用事前確認手続やグレーゾーン解消制度は、規制内容を明確化するとともに、法律を遵守しようとする事業者の活動のインセンティブを引き出す制度として、重要な意味をもつ。

　法令適用事前確認手続とは、ある行為が法令の適用の対象となるかどうかを行政機関に問い合わせ、その機関が回答を行うとともに、当該回答を公表するという制度である。司法手続を拘束するものではないが、行政機関が法令に抵触しないと考える場合には、当該行為に対して行政上の処分は行われない。他方、グレーゾーン解消制度とは、産業競争力強化法に基づく制度であり、事業者が事業計画を行うに際し、具体的な事業計画に即して、あらかじめ規制の適用の有無を確認できる制度である。

　また、社会や市場を取り巻く環境の変化の加速は、経済活動規制の場面においても、あらかじめ行動のルールを定めて関係者にこれを遵守させるというこれまでの規制モデルが有効に機能しないという問題を生じさせよう。そうだとすると、企業・事業者が積極的にルール形成に関与し、規範の相互形成作用することを求める、『Society5.0報告書』に示されたアジャイル・ガバナンスモデルは、財政経済犯罪対策のモデルとしても意義を有するといえよ

う。

5 各国間の協調

経済活動のグローバル化は、経済活動の規制の場面においても、自ずと国際協調を求めることになる。例えば、先に述べた、不正競争防止法における外国公務員に対する利益供与禁止の罪は、OECD（経済協力開発機構）の「国際商取引における外国公務員に対する贈賄の防止に関する条約」を国内的に実施するために設けられた（同条約は外国公務員に対する利益供与を国内法で犯罪とすることを求めていた）。財政経済犯罪の対策においては、効果的な国際協調の仕組みをいかに構築していくかも重要な課題となる。

6 制裁の強化

制裁の強化という観点からは、財政経済犯罪は、その性質上、財産的利益の獲得を目指して行われることが多いため、財産的制裁の有効性が高い領域であるといえる。その反面、制裁のなかで犯罪コストに組み込みやすいのも財産的制裁であるといえるので、課徴金などの行政的な制裁と刑罰との関係を踏まえつつ、財産的制裁をどのように設計していくかが課題となる（第10講「財産刑」を参照）。さらに、企業（法人）それ自体に対する制裁をどのように考えていくかが重要な課題となる。

課徴金制度は、もともとは違法利益の剥奪処分として独禁法に導入されたものであるが、その後、金商法などにも導入されるとともに、課徴金の加算・減算制度や課徴金減免制度、調査協力減算制度の導入を経て、違法利益の剥奪という性質からは変容を遂げ、その制裁としての機能をますます強めている。現在の課徴金制度は、金額について行政庁の裁量を直接認めるものではないが、行政庁の裁量を認める裁量型課徴金制度の導入に向けては、罰金刑、没収・追徴など刑罰との理論的な関係があらためて問われることになろう。

次に、法人処罰については、わが国の刑法典は、法人を処罰する規定を設けておらず、それゆえ、殺人罪や詐欺罪、業務上過失致死傷罪などで、企業法人自体を処罰することはできない。これに対し、独占禁止法、金融商品取

引法、銀行法といった刑法典以外の法律において、違反行為があった場合に違反行為を行った従業員等とともに法人自身を処罰する規定（両罰規定）が設けられている。そこで、詐欺罪や業務妨害罪、談合罪など刑法典上の罪についても、法人を処罰できる規定を置くべきかどうかが、立法政策上の課題となる。また、法人処罰を認める法律においても、現在、法人に対する刑罰は罰金刑のみであるが、法人の解散や営業停止といった、法人の活動そのものを拘束する制裁を刑罰として導入していくことができるかも重要な課題となる。

参考文献

・佐久間修『体系経済刑法』（商事法務、2022）
・稲屋龍彦・深水大輔「アジャイル・ガバナンスとそのシステムデザイン」商事法務2289号（2022年）24頁以下。
・宍戸常寿ほか「アジャイル・ガバナンスを担う企業の役割―経済安保・ルールメイク・企業制裁・合意形成などの観点から」NBL1209号（2022年）35頁以下。
・穴沢大輔・長井長信『入門経済刑法』（信山社、2021年）
・斉藤豊治ほか編著『新経済刑法入門（第3版）』（成文堂、2020）
・結城智里監修『企業不祥事事典II―ケーススタディ2007-2017―』（日外アソシエーツ、2018）
・田口守一ほか『刑法は企業活動に介入すべきか』（成文堂、2010）
・甲斐克則編『企業活動と刑事規制』（日本評論社、2008）
・齋藤憲監修『企業不祥事事典―ケーススタディ150』（日外アソシエーツ、2007）

（7）　性　犯　罪

キーワード

子どもの安全、児童虐待、ミーガン法、認知行動療法

1　性犯罪の問題状況

1　問題の所在

（1）　性犯罪の定義

　厳密な法的定義は存しない。最狭義では、暴力的な手段によって性的欲望を充足させるための行為であり、わが国では刑法の強姦と強制わいせつがこれに当たる。次に、狭義としては、暴力的手段を用いない、露出狂・ストリップショーなどの公然わいせつ、ポルノ販売などのわいせつ文書・図画等の頒布・販売・陳列の行為を含む。しかし、このなかで商業的に動機づけられた行為は、性欲の満足目的とは言い難いから、やや性格を異にする。また広義では、財産犯に位置づけられる下着泥棒、住居侵入罪が問題となる窃視（のぞき見）などがある。これらは性目的そのものといえるであろう。さらに、最広義では、わいせつ目的誘拐、強盗強姦、あるいは売春防止法、軽犯罪法、都道府県の青少年健全育成条例などの法令に規定された性関係の周辺行為も含まれる。もっとも、警察では強姦は凶悪犯、強制わいせつ、公然わいせつは風俗犯に分類される。他方、欧米の例では、さらに詳細な区分がみられ、法体系も複雑である。

　精神医学や心理学などの行動科学では、一般に、性欲が犯罪動機である場合を性犯罪とする。これは、上述の法的定義の中で性欲の満足に関わる犯罪を意味するから、逆に、わいせつ文書関連犯罪、売春、ストリップショーなど営利を目的とする行為は含まれないことになる。

(2)　性非行

　少年期特有の行為として、不純異性交遊、援助交際なども広く性犯罪に含めることができる。一般には、性非行とよんでいる。もっとも、性非行には上述の下着窃盗、窃視なども少年期に多い犯罪とされる。ただ、心理学的には、性非行は、倒錯的なものと正常であるが手段が違法なものとに識別されている。このように、性をめぐる問題は少年に広くみられる問題で、少年期は、性的欲求が旺盛で、かつ性欲の満足に対する合法的な実現手段を有しないために、性非行が社会現象的に発生しやすい。また、こんにち女子の中高校生の間でみられる援助交際や出会い系の行為は、必ずしも非行歴のない者が享楽目的ないしは金目当で売春を行っており、性非行概念の再構成が必要である。さらに、女子非行の場合、被害者としても問題性を有する場合があり、売春、淫行、不純な性行為等では被害者でも補導の対象となる（出会い系サイト禁止法では、性交等を誘引する書き込みを行った児童も処罰される）。

(3)　子ども対象の性犯罪

　こんにち、性犯罪は「子どもの安全」との関係で論じられることが多い。このテーマは、子どもの拉致・誘拐による強姦、殺人などの事件が相次いだために、社会的に俄然、注目されるようになった。いわゆる小児性愛者（ペドフィリー）による犯罪である。世界的にも、後述するアメリカ・ミーガン事件、イギリス・サラ事件、ドイツのステファニー事件、そしてわが国の奈良女児誘拐殺人事件のように、社会を震撼させる事件がマスメディア等で象徴的に扱われ、これを契機に政府が国民の声を受けて法的対応や対策を採るに至っている。

○コラム45　奈良女児誘拐殺人事件

　2004年（平成16年）11月17日奈良市で発生した事件で、下校途中の小学1年生の女児（当時7歳）が見知らぬ男に車で連れ去られ殺害された事件。犯人の男は1989年（平成元年）には大阪府内で幼女8人に性的いたずらをしたとして強制わいせつの罪で送検され、さらに1991年（平成3年）には女児を襲って絞殺しようとしたとして殺人未遂の罪で服役した経歴があった。この事件では、わいせつ目的誘拐、殺人、脅迫の罪で第1審において死刑が確定

し、死刑が執行されている。

2　歴史的経緯

　一口に性犯罪の歴史と言っても、世界的にみると多様であり、またそれぞれの国柄があり、論じるのは困難である。性概念は時代的にも変化し、各社会においても性道徳や性意識が異なる。わが国で伝統的に論じられてきた性犯罪には、強姦や姦通のほか、売春やポルノの問題があり、欧米では宗教上の関係もあって、近親相姦、同性愛、獣姦などが犯罪とされたが、これらについてはわが国では非犯罪化されている。

⑴　児童虐待としての性犯罪

　性犯罪、なかでも強姦や強制わいせつは、従来、比較的親しい関係の者の間で発生すると認識されてきた。家族・親族間で発生する近親相姦や児童虐待などがこれに当たる。また、強姦も歴史的には種々の社会・時代でみられたが、これも比較的親しい者の間で生じる問題として、かなり寛容に扱われてきた。しかも、家庭や施設、教会という閉鎖的な場所で発生したため、発覚しにくく、社会的には事件としては葬られ、多くの暗数を抱えていたと思われる。したがって、性的行為の強要などを犯罪視する気運に乏しく社会的に放置されてきたと言ってよいであろう。

　しかし、そもそも児童虐待の被害者は幼い児童であり、また近年子どもの人権が強調され、さらに医学的にも後遺症として PTSD（心的外傷後ストレス障害）などを発症するリスクも指摘されているため、その救済や防止は急務であると考えられる。

⑵　性犯罪者イメージの変化

　性犯罪は古くからみられる犯罪現象であるが、従来、社会的な寛容性と被害者の泣き寝入りがみられたために、それほどの大きな問題として扱われることはなかった。それが社会的に重要な問題として捉えられるようになったのは、比較的最近のことであり、とくに近年、子ども対象の凶悪重大事件が発生して、第三者・不審者による性犯罪が社会的に不安を与えるようになり、性犯罪に対する社会的な認識が深刻化してきたからである。また、性犯罪の前科を有する者による誘拐・殺人は、世界的に厳しく対処する動きが盛

んで、性犯罪者のイメージが大きく変化したといわれる。従来、どちらかというと性犯罪者は、伝統型の犯罪者タイプではなく通常人で日常的には犯罪傾性はないとされ、また上述のように性犯罪が児童虐待に限定されて議論されてきたため、それほど異常視されることはなかったのである。しかし、近年の不審者による性犯罪は、とくに児童をつけ狙うタイプの捕食者（プレデター）型が目立ち、欧米では、ミーガン法のように、社会的イメージとして性犯罪者の「悪魔化」が進むことによって、性犯罪者に対する強い社会的排除が生じている。

2　わが国における性犯罪の状況

　従来、わが国の犯罪白書は性犯罪として強姦罪と強制わいせつ罪のみに言及していたが、最近はこれらに加えて、わいせつ目的略取誘拐罪、強盗強姦罪や各都道府県の迷惑防止条例違反についても記述している。

1　強姦・強制わいせつ（2017 年以前）の発生状況

　わが国において、戦後における強姦の認知件数は、1964 年（昭和 39 年）の約 6,800 件をピークにその後減少傾向を示してきたが、1997 年（平成 9 年）に増加に転じた。しかし、2004 年（平成 16 年）以降は再び減少して、2015 年（平成 27 年）約 1,150 件であった（図 15(7)-1 参照）。昭和 30 年代初めに急激に増加した背景としては、1957 年（昭和 32 年）売春防止法の制定があり、公娼制度の廃止に伴うものとみられる。また、1964 年（昭和 39 年）以降の長期的な減少傾向は、わが国でも性意識が変化し、国民の性行動の変化によるものと考えられ、さらに 1998 年（平成 10 年）以降の微増傾向は、従来被害者の泣き寝入りや告訴期間の設定などの状況が変化し、被害者の意識の高まりと告訴期間の撤廃など法制度の改正によるものであろう。とくに、近年、欧米などでは親しい者の間で生じるデートレイプの増加の指摘があり、夫婦間強姦の認識とも相まって、性犯罪をめぐる情勢の変化がもたらしたものといえる。

　強制わいせつの認知件数については、図 15(7)-2 が示すように、昭和 40

年代以降、ほぼ横ばい傾向がみられ、約 3,000 件前後で推移していたが、1999 年（平成 11 年）以降急増し、2003 年（平成 15 年）には 1 万件を越えたが、その後増減をくり返し、2014 年には約 6,700 件であった。近年の増加の背景としては、車内や街頭における痴漢事件の増加によるものと思われ、と

図 15(7)-1　強姦 認知件数・検挙件数・検挙人員・検挙率の推移

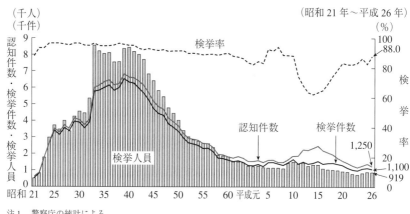

注 1　警察庁の統計による。
　2　昭和 30 年以前は、14 歳未満の少年による触法行為を含む。

図 15(7)-2　強制わいせつ 認知件数・検挙件数・検挙人員・検挙率の推移

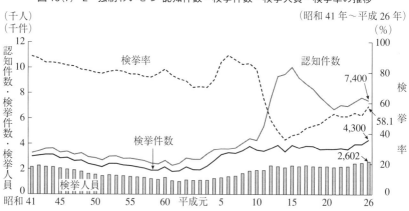

注 1　警察庁の統計による。
　2　昭和 30 年以前は、14 歳未満の少年による触法行為を含む。

くに被害者の意識が向上し、これまで泣き寝入りしていた事件が顕在化した
ものと思われる。

2　わいせつ目的略取誘拐

　わいせつ目的略取誘拐の認知件数・検挙件数・検挙人員・検挙率の推移は
図 15(7)-3 のとおりである。認知件数は、2008 年（平成 20 年）以降横ばい
であり、2014 年（26 年）は 73 件（前年比 1 件減）であった。検挙率は一貫
して 80% 以上である。

図 15(7)- 3　わいせつ目的略取誘拐 認知件数・検挙件数・検挙人員・検挙率の推移
（平成 17 年～26 年）

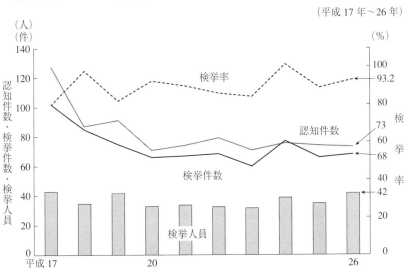

注 1　警察庁刑事局の資料による。
　2　検挙件数には、前年以前に認知された事件に係る検挙事件が含まれることがあるため、検挙率が 100%
　　を超える場合がある。

図 15(7)- 4　13 歳未満の子供が被害者となったわいせつ目的略取誘拐 認知件数の推移
（平成 17 年～26 年）

区分	17 年	18 年	19 年	20 年	21 年	22 年	23 年	24 年	25 年	26 年
認知件数	28	32	24	28	25	30	29	29	24	31

注　警察庁生活安全局の資料による。

　また、わいせつ目的略取誘拐のうち、13 歳未満の子供が被害者となった事件の認知件数は年間 20 件から 30 件の間で推移し、全体の 4 割以上を占め、この犯罪が未成年者を標的にしていることが理解される。

3　各都道府県の迷惑防止条例違反

　以下のような痴漢や盗撮も性的満足が目的である場合は、性犯罪とみなすことができる。これらの行為の多くは各都道府県が制定する迷惑防止条例で規制されており、罰則が科されている。

　①　痴　　漢

　電車内等におけるいわゆる痴漢行為は、態様によって刑法における強制わいせつ罪か各都道府県の迷惑防止条例違反の痴漢事犯として、認知・検挙される。痴漢行為はどちらで処理するかはそれぞれ管轄の警察の判断によるが、一般的には、肌に直接触るなどの悪質な場合は前者、服の上から間接的に触る場合などは後者に当たるとされる。各都道府県は、「公衆に著しく迷惑をかける暴力的不良行為等の防止に関する条例」等の名称で、いわゆる迷惑防止条例を制定し、「人を著しく羞恥させ、又は人に不安を覚えさせるような行為であり、公共の場所又は公共の乗物において、衣服等の上から、又は直接人の身体に触れる」などの行為を痴漢行為として禁止し、罰則を設けている。

　図 15(7)-5 は迷惑防止条例違反の痴漢事犯（電車内以外で行われたものを含む。）の検挙件数及び電車内における強制わいせつ事犯の認知件数の推移（平成 18 年以降）を示している。迷惑防止条例違反の痴漢および電車内における強制わいせつの認知件数は、2014 年（平成 26 年）ではそれぞれ 3,439 件（前年比 144 件減）、283 件（前年比 20 件減）であった。大半は現行犯で検挙されている。

　②　盗　　撮

　近年、盗撮行為の報道が多くみられるが、スマホや盗撮機器などの発達や暗数などを考えると、盗撮行為は社会において広く行われていると考えられる。2014 年（平成 26 年）の迷惑防止条例違反の盗撮（各都道府県警察において、「下着等の撮影」又は「通常衣服を着けない場所における盗撮」として判断し

図 15(7)- 5　迷惑防止条例違反の痴漢事犯の検挙件数・電車内における
強制わいせつの認知件数の推移

（平成 18 年～26 年）

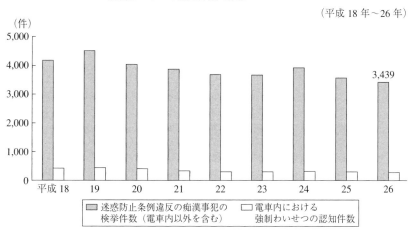

注 1　警察庁生活安全局及び警察庁刑事局の資料による。
　　 2　「迷惑防止条例違反の痴漢事犯の検挙件数（電車内以外を含む）」は、各都道府県のいわゆる迷惑防止条
例違反における卑わいな行為等を禁止する規定である「痴漢」、「のぞき見」、「下着等の撮影」、「透視に
よるのぞき見」、「透視による撮影」、「通常衣服を着けない場所における盗撮」及び「（その他）卑わい
な言動」の区分（個々の事件をいずれの区分に分類するかは都道府県警察において個別に判断してい
る。）のうち、「痴漢」として都道府県警察から報告を受け集計した数値である。

たもの）の検挙件数は、3,265 件であった。警察庁生活安全局の資料による
と、同年の盗撮事件において、明らかになった事件における、犯行時間、犯
行場所、犯行の使用機器の構成比を見ると、犯行時間では、「15 時から 18
時」が 27.9 ％（909 件）と最も高く、次いで「18 時から 21 時」が 19.8 ％
（645 件）であり、犯行場所では、駅構内が 32.2 ％（1,049 件）と最も高く、次
いでショッピングモール等商業施設が 28.5 ％（929 件）であり、使用機器で
は、スマートフォン・カメラ付き携帯電話が 70.9 ％（2,312 件）と最も高く、
次いで小型（秘匿型）カメラが 11.0 ％（359 件）であった。撮影機器の多様
化・小型化が盗撮事件を誘発しているように思われる。

4　子どもに対する性犯罪

　近年、子どもに対する性犯罪が注目されつつある。これにつき、図 15(7)

図 15(7)-6　強姦・強制わいせつの年齢層別構成比

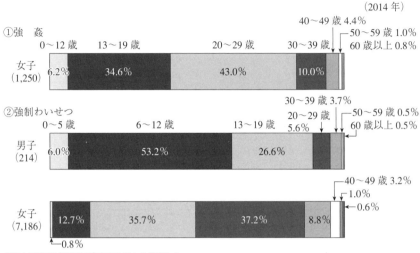

出典：平成 27 年版犯罪白書 221 頁から作成した。
（　）内は実数、年齢別の数値は比率（％）である。

-3 は、強姦および強制わいせつの被害者年齢別構成比を示している。これによると、性犯罪において未成年者を被害者とする比率が高いことが分かる。とくに、件数は少ないものの、男子を被害者とする強制わいせつでは 13 歳未満の被害が半数以上を占めている。さらに、小中学生を被害者とする強姦・強制わいせつ事件も一定比率で発生しており、とくに中学生を対象とした強姦・強制わいせつの被害者発生率（中学生女子人口 10 万人当たりの認知件数の比率）は、1996 年（平成 8 年）が約 10 であったが、2005 年（平成 17 年）では約 19 で、この 10 年で概ね倍増している。

また、法務総合研究所の特別調査（以下「法総研調査」とする。『平成 18 年版 犯罪白書』参照）によると、一般に、学校からの下校時に子どもに対する性犯罪が集中しており、曜日別では平日、時間帯では午後 3 時前後、年齢では小学校低学年、犯行場所は路上となっており、このような調査結果はその対策に一定の示唆を与えるものと思われる。

3　性犯罪者の特徴

(1)　年　齢　層

　年間の検挙人員でみると、近年では強姦は 900 人前後、強制わいせつは約 2,600 人前後で推移しているが、一般刑法犯に比較し、少年の比率（少年比）が低いのが特徴である。2014 年（平成 26 年）で一般刑法犯における少年比は 19.4 であるが、強姦では 15.8、強制わいせつでは 18.0 となっている。これらの背景にある要因としては少年における日常生活の中での性体験率の上昇ないしは最近指摘される少年の性行動の消極化など性行動の変化によるものと思われる。

　従来、性犯罪は青少年期の特徴とされ、思春期以降の 16 歳から 24 歳までの年齢層の人口比が高い状況がみられたが、その後、著しく低下し、強姦、強制わいせつともに、年齢的な特徴はかなり薄れており、これも上述のように現代社会の性行動の変化が一つの原因と考えられる。

(2)　再　犯　率

　平成 27 年度版犯罪白書では、法務総合研究所が独自に行った性犯罪者（ここで「性犯罪」とは、強姦（強姦致死傷、準強姦、準強姦致死傷、集団強姦、集団強姦致死傷、集団準強姦及び集団準強姦致死傷を含む）、強制わいせつ（強制わいせつ致死傷、準強制わいせつ及び準強制わいせつ致死傷を含む）、わいせつ目的略取誘拐、強盗強姦（強盗強姦致死を含む）及び都道府県のいわゆる迷惑防止条例で禁止されている痴漢、盗撮等をいう）に関する特別調査が実施されており、そこには再犯状況についての調査結果が示されている。調査の全対象者 1,791 人（平成 20 年 7 月 1 日から 21 年 6 月 30 日までの間に、裁判が確定した者）のうち、調査対象事件の裁判確定から 5 年が経過した時点において服役中の者及び服役中に死亡した者を除いた 1,526 人についての再犯の有無別人員を見ると、一般再犯ありの者は 311 人（20.4%）であった。このうち性犯罪再犯ありの者は 207 人（13.6%）であって、つまり性犯罪者が性犯罪を再度行う比率は必ずしも高くなく、性犯罪者が性犯罪を繰り返し危険であるという認識は改める必要がある。

(3)　子どもに対する性犯罪者

　上述の法総研調査によると、在所受刑者の小児わいせつタイプ（被害者に

13歳未満の者を含み、罪名が強制わいせつのみで単独犯行のタイプ）は、保護処分歴を含む前科率が高く、したがって入所度数が多い。一部に精神障害や低知能がみられ、最初の犯行時の年齢も若く、未婚者が多いという特徴があるという。

3   性犯罪者への対応

1   世界諸国の対応

各国の性犯罪の法的定義が異なることから比較は困難であるが、一般的な傾向と対応を記述する。

(1)   アメリカ

アメリカでは州法、連邦法によって性犯罪者の種類・内容、それに対する刑罰が異なる。ここでは、女性に対してその意思に反して強制的に性交を行う強姦（forcible rape. 未遂を含む）についてみると、全米で年間約 10 万件が発生し、この 10 年間、その傾向はほぼ変わらない。

同国の性犯罪者対策の中心は、いわゆるミーガン法に代表される性犯罪者情報の登録・公開制度である。それ以前には、男児（ジェイコブ・ウェタリング）が誘拐されて行方不明になる事件を契機に、連邦議会は、性犯罪前歴者の登録を義務づける、いわゆる「ウェタリング法」を 1994 年暴力犯罪統制及び法執行法の一部として制定し、州政府にその実施を求めた。そして、1996 年には、同法が改正され、さらに強力に州政府に登録者情報を公開する制度を求める「ミーガン法」が成立したのである。その後の改正を経て、現在、これに加えて、危険性の高い性犯罪者の登録期間を終身とすること、各州の登録情報が連邦レベルでデータベース化された全国性犯罪者登録制度への参加を州政府に求めるなどの改革が行われている。さらに、2006 年の子どもの保護及び安全法（Child Protection and Safety Act）では、登録強化制度、登録義務違反を連邦犯罪とする規定、子どもに対する性犯罪の刑の加重などを盛り込んでいる。

このほか、精神障害の性犯罪者を治療施設に収容する行政処分、認知行動療法を核とする処遇プログラムの導入、地域における性犯罪者監視のための

電子監視制度などの特徴があるが、これらは概ね欧米諸国で採用する制度である。

○コラム46　ミーガン法（Megan's Law）

　1994年7月、ニュージャージー州に住む7歳の少女ミーガン・カンカが自宅向かいに住む性犯罪歴のある男に強姦、殺害、遺棄された。事件後、両親は男の性犯罪の前歴を予め知っていれば事件は予防できたとして、犯罪者情報の登録・公開を含む法律制定の陳情運動を行った。その結果、危険レベルの高い犯罪前歴者の氏名、住所、顔写真等を一般に公開する制度を中心とするニュージャージー州法（Registration and Community Notification Law）が制定され、1996年には連邦法でも採用されて、その後全州に広がった。少女の名にちなんで通称、ミーガン法と呼ばれている。しかし、実際に情報が公開された性犯罪前歴者に対する地域住民の嫌がらせが起こり、地域が逆に混乱する状況もみられる。また、理論的にも、一事不再理原則違反などの人権侵害も問題とされ、性犯罪者の社会復帰を阻害する弊害も生まれている。

---

(2)　イギリス

　従来、性犯罪は家庭や施設内の児童虐待の問題として扱われる傾向があったが、1990年代に不審者による子ども対象の事件が相次いで発生したことから、いわゆる捕食者（プレデター）による犯罪と認識されるようになった。とくに、2000年サラ・ペイン事件以降は、性犯罪者への対応が急速に進んでいる。

　強姦（13歳未満の被害者を含む）の認知件数をみると、この10年で大幅に上昇し、1995年では約5,300件が2004年では約14,000件と3倍弱に増加しているが、この背景には統計手法の変化、犯罪類型の変更等があるため、単純に過去との比較はできない。しかし、わが国の人口の約半分であるイギリスにおいて、強姦の発生件数が多いことには変わりはない。

　性犯罪関係の法令としては、2003年性犯罪法（Sex Offence Act 2003）があり、同法は過去の複雑に入り組んだ性犯罪関連法を整理統合したものである。また、イギリスもアメリカと同様に、性犯罪前歴者に個人情報を警察に登録することを義務づけているが、その情報を一般に公開する方法は採用し

ておらず、ただ例外的に学校等に告知する程度であるが、一般公開すべきか
どうか依然議論が続き、一部実験的に公開制度が実施されている。

イギリスの性犯罪者対策実施の中心は、MAPPA（多機関公衆保護協働体制）
である。2000 年に導入され、現在、約 45,000 人がこの対象とされる。
MAPPA は、警察、保護観察所、刑務所が連携して情報を共有し、性犯罪者
のリスクの評価・管理を行うものである。必要に応じて定期的にこれらの機
関や関連機関・組織が参加した会合がもたれる。そして、将来の再犯リスク
に応じて対応しており、とくに地域社会における犯罪前歴者の監視や支援が
活動の中心である。

(3) カ ナ ダ

わが国が性犯罪者対策のモデルとするのがカナダである。カナダでは連邦
刑法典が性犯罪を規定し、全州で施行されている。性犯罪は性的暴行とその
他の性犯罪に分かれ、前者は男女に対するその意思に反した性交を含む性的
行為であり、後者はそれ以外の性犯罪であるが、これには性的な接触行為、
その勧誘・教唆、保護者によるこれらの行為等が規定されている。

カナダにおける性犯罪の状況は他の欧米諸国とは異なって減少傾向にあ
り、注目される。すなわち、性犯罪事件総数でみると、1995 年には約
32,000 件であったが、2004 年には約 26,000 件と減少し、しかも全ての性犯
罪の罪種で同様の傾向がみられる。

性犯罪対策の概要は、長期間の拘禁を伴う不定期刑制度、施設内における
性犯罪者処遇プログラム、地域社会における保護観察、施設から釈放後にお
ける長期地域社会指導監督制度、地域安全確保のための行動制限命令、警察
への情報登録制度などから成る。この中でとくに特徴的なのは、長期地域社
会指導監督制度で、一定の性犯罪者に対しては、刑期満了後も裁判所の命令
に基づいて 10 年以下の期間、地域社会において指導監督を受けさせること
ができるもので、仮釈放の考試期間主義ないし保安処分に近い制度である。
但し、危険な犯罪者は刑務所などの施設に終身収容される可能性があるか
ら、この制度の対象は危険な犯罪者の認定を受けなかった者で、かつ将来他
害の可能性のある者である。また、行動制限命令もユニークな制度であり、
14 歳未満の者に危険を与える恐れのある性犯罪者に対して、第三者の請求

に従い、裁判官が対象者に誓約書を提出させ、12ヶ月以下の期間遵守事項を定めることができ、違反した場合処罰の対象となる。なお、性犯罪者情報に関してはイギリスと同様であり、一般への公開制度は採用していない。

2　わが国の対応

わが国において、性犯罪者を意識してその処遇を行うのはきわめて最近のことである。先述の奈良女児誘拐殺害事件を契機に、2005年（平成17年）法務省内に性犯罪処遇プログラム研究会が発足し、同研究会で性犯罪者処遇プログラムが策定されて、矯正や保護の領域で処遇が開始されている。

(1)　刑事法の対応

性犯罪に関わる法規制は性刑法などともよばれる。刑法典では、第22章に「わいせつ、姦淫及び重婚の罪」が規定され、公然わいせつ罪、わいせつ物頒布罪、強制わいせつ罪、強姦罪、準強制わいせつ・準強姦罪、集団強姦罪、強制わいせつ等致死傷罪、淫行勧誘罪、重婚罪などがある。その他、特別法には売春防止法、風俗営業適正化法、児童買春・ポルノ処罰法などがあり、これらに違反する行為も性犯罪といえる。さらに、各自治体で定める青少年保護条例にも多くの性犯罪が規定され、処罰される。

性刑法の問題は、それぞれの社会や時代の性道徳と深く関係するが、近年は、個人の自己決定権を侵害する性的行為については、厳しく処罰し、法適用を積極化する方向がみられる。一般に、わが国の性犯罪に対する処罰規定は欧米諸国に比して軽いとされ、また被害者も泣き寝入りをする事例が少なからずみられた。しかし、近年被害者の意識にも大きな変化がみられる。このような社会的状況を反映して、2000年（平成12年）には、犯罪被害者等保護法の新設に伴い、刑事訴訟法が一部改正され、とくに強姦罪被害者に影響を及ぼす告訴期間（6ヶ月）制限の撤廃などが実現した。また2004年（平成16年）12月に性犯罪に対して刑法が改正され、刑罰が強化された。強制わいせつ罪（6月以上7年以下→6月以上10年以下の懲役）、強姦罪（2年以上→3年以上の懲役）、強姦致死傷罪（無期又は3年以上→無期又は5年以上の懲役）など軒並み法定刑の上限が引き上げられている。同時に、学生による集団的強姦行為が繰り返されたスーパーフリー事件を契機に、集団強姦罪（刑

178 条の 2、4 年以上の懲役）および「集団強姦等致死傷罪」（刑 183 条の 3、無期又は 6 年以上の懲役）も新設された。また、法の運用では、夫婦間に強姦罪を適用するなどの判例も出始めている。

このほか、特別法では、2000 年（平成 12 年）ストーカー規制法、2001 年（平成 13 年）DV 防止法などが相次いで立法化され、被害者の自己決定権の保護を図っている。また、とりわけ児童に対する性犯罪を規制する児童買春・ポルノ処罰法が 1999 年（平成 11 年）に成立し、さらに 2014 年（平成 26 年）には児童ポルノの単純所持を処罰する法改正が行われた。すなわち、同法第 7 条 1 項に「自己の性的好奇心を満たす目的で、児童ポルノを所持した者（自己の意思に基づいて所持するに至った者であり、かつ、当該者であることが明らかに認められる者に限る。）は 1 年以下の懲役又は 100 万円以下の罰金に処する」という規定が新たに盛り込まれた。これと同時に、乱用を避けるため、種々の注意規定が設けられている。

(2) 性犯罪規定の全面改正

その後、2017 年 6 月刑法における性犯罪規定が 110 年ぶりに大改正された（同年 7 月 13 日施行）。その主要な内容は、①強姦罪の抜本的な見直しである。第 177 条が従来の「強姦罪」から「強制性交等罪」に名称変更され、処罰範囲が性別を問わず、他人に対して性交、肛門性交、口腔性交などを含むようになった。また、法定刑も下限を 3 年から 5 年に引き上げられ、財産罪の強盗罪よりも身体の性的自己決定権が低く扱われているという批判に対応した。また、刑罰の引き上げに伴い、集団強姦罪（第 178 条の 2）、集団強姦致死傷罪（第 181 条第 3 項）が廃止された。②監護者の性犯罪規定（第 179 条 1 項監護者わいせつ罪、同 2 項監護者性交等罪）が新設されたことである。すなわち、これは 18 歳未満の者に対して現に監護する立場にある者がその地位を利用して行った性犯罪を処罰する趣旨で、これは親子間の近親相姦などで苦しむ被害者へ配慮した規定とされる。親などが監護者としての影響力に乗じてわいせつ行為を行った場合、従来の規定でも強制わいせつ罪や強姦罪の適用は可能であったが、成立要件に「暴行又は脅迫」が求められたため、児童福祉法違反などで処理するのが一般であった。そこで、新設規定では「暴行又は脅迫」の要件が含まれていない。③強盗強姦罪の見直し。旧法

では、強盗犯が強姦を行った場合は強盗強姦罪（第 241 条前段）として「無期又は 7 年以上の懲役」を科していたが、強姦犯が強盗を行った場合の規定はなく、たんに一般的に加重されるのみであった。そこで、強姦の際の強盗行為に対しても同様の規定を設けた、第 241 条強盗・強制性交等及び同致死罪が規定された。④性犯罪の非親告罪化が実現した。これは従来被害者の名誉・プライバシーの保護の観点から親告罪とされていたが、被害者の告訴選択や加害者からの報復等による精神的負担を軽減する趣旨から親告罪規定を削除したものである（第 180 条削除。一部のケースを除き、非親告罪規定は過去の事件にも遡って適用される）。確かに性犯罪被害者が刑事告発しないことに乗じて加害者が再犯を繰り返すなどの事態は避けられるものの、被害者のなかには起訴を望まない者も含まれることがおり、その心情が害されぬように捜査機関や裁判所の配慮が強く求められる。

(3)　刑事施設における対応

　従来、刑事施設、とくに刑務所では処遇類型別の指導の一環として性犯罪再犯防止のための教育プログラムが行われてきたが、必ずしも科学的ではなく、また各施設が独自に行ってきたもので、確立された基準プログラムが準備されてきたわけではなかった。法体制自体も教育的処遇を強制する根拠規定に欠いていたため、希望する受講者のみに実施されてきたに過ぎない。その後、2006 年（平成 18 年）5 月に「刑事施設及び受刑者の処遇等に関する法律（受刑者処遇法）」が施行され、必要な矯正処遇の受講を受刑者に義務づけることが可能となったため、性犯罪者に対しても、認知行動療法を中心とした性犯罪者処遇プログラムの実施が実現した。

　処遇の内容としては、上記研究会の検討を踏まえて策定された統一的科学的プログラムが使用され、同プログラムの必要な受刑者を対象に、心理技官による専門的な調査を実施している。すなわち、プログラムでは、①自己統制力とスキルの不足、②認知の歪み、③対人関係スキルの不足、④感情統制力の不足、⑤共感性の不足などを設定し、性犯罪者の個々の問題性に応じて受講を命じている。プログラムは対象者の問題性に応じて高、中、低の密度が設定され、それぞれ高密度では週 2 回 8 ヶ月、中密度は週 2 回 5.5 ヶ月、低密度は週 1 回、指導者 2 人、受講者 10 名程度のグループ・ワークを中心

に指導が行われている。

　2014 年（平成 26 年）の強姦、及び強制わいせつの新受刑者数は減少傾向にあり、648 人で、新受刑者全体の 3.1％を占める。このうち、再入受刑者は 151 人で、性犯罪の新受刑者の 23.3％である。平成 22 年に出所した強姦の受刑者の再入率は 5 年以内で 19.4％、強制わいせつで 28.6％で、他の犯罪と比べるとむしろ低い。このようにみると、刑事施設における性犯罪者の比率、再入率は、他の犯罪と比較してそれほど高くない。しかし、性犯罪、とくに子どもに対する性犯罪の社会的影響の大きさに鑑みて、施設内処遇においても、諸国の経験を踏まえ性犯罪再犯防止に特化した処遇プログラムを実施することには大きな意義がある。

⑷　保護観察における対応

　保護観察所においても、刑事施設と同様に、従来、性犯罪又は性的動機に基づく犯罪により保護観察に付された者に対して、類型別処遇の 13 類型の 1 つとして性犯罪者を対象に個別の処遇計画を立案し、それに応じて指導監督、補導援護が行われてきた。しかし、これも確立された処遇プログラムや技法ではなく、しかも、保護観察の大半は保護司によって実施されており、保護観察官による認知行動療法の適用等は個別におこなわれてきたに過ぎなかった。そこで、2006 年（平成 18 年）から実施が開始された性犯罪者処遇プログラムが、従前の類型別処遇制度を使い、その性犯罪等対象者類型に認定された仮釈放者および保護観察付執行猶予者の中で男性を対象に、指導監督の一環として実施されている。2014 年（平成 26 年）末現在、仮釈放者 582 人、執行猶予者 318 人の計 900 人がプログラムを受講している。

　2012 年法務省調査によると、処遇プログラムを受けた性犯罪者の再犯率が受けなかった者よりも有意に低いことが示されている（法務省保護局「保護観察所における性犯罪者処遇プログラム受講者の再犯等に関する分析」平成 24 年 12 月）。

　○コラム47　**認知行動療法（Cognitive Behavior Therapy）**
　　対象者の考え方や行動を変容させることによって、対象者が自ら直面する問題を積極的に解決し、その自己統制、自己管理を促進することを目指す心

理療法である。性犯罪者に対しては、グループ・ワークやロール・プレイングなどを通じ、とくに女性や性犯罪に対して抱く「認知のゆがみ」を修正して、事件と同様の状況に直面した場合に、それに適切に対処しうる能力を身につけることが期待され、その結果、再犯を防止できると考えられている。多くの国々で、性犯罪者の処遇に採用されている手法である。

3　今後の課題

　性犯罪の発生件数は、欧米に比べると、わが国では少ないし、子どもに対する凶悪な性犯罪事件も発生は稀ではある。しかし、事件の社会的影響やマスメディアの報道において、一般国民の犯罪不安は高まっており、その対応の必要性が求められている。

　他方、欧米の対応をみると、化学的去勢などの性的興奮を抑える方法がとられたり、性的興奮を測定するのに性器モニターが装着されたりするなど、犯罪者の人権にも関わる過激な手法が採用されている。あるいは、地域内の行動監視として GPS を利用した電子監視装置の装着が実施されている。わが国では、これらの手法は用いられていないし、このような方向性にはそれぞれの国でも批判がみられる。

　また、上記の各種の処遇プログラムはあくまでも再犯防止であり、潜在的な犯罪者に対する対策ではない。そこで、性犯罪だけに限るものではないが、潜在的に被害者になりうる者が日頃から用心することも必要である。その意味で、登下校における子どもの安全を確保する手段等の検討が求められるであろう。だからといって、子どもの人間不信を助長するような施策は避けなければならず、奈良県「子どもを犯罪被害から守る条例」などは若干行き過ぎであり、子どもの安全の問題は地域社会全体の枠組みの中で対応を検討すべきである。

○コラム48　奈良県「子どもを犯罪被害から守る条例」

　2004年奈良県で発生した女児誘拐殺人事件を契機に制定された条例で、「声かけ条例」などともよばれる。公共の場所・乗物において保護監督者がいない状態で、正当な理由なく、子どもに甘言、虚言を弄すること、言いが

かり、すごみ、卑猥な言動を行うことを処罰する。またそれらの行為を発見
した場合には、警察ないし保護監督者に通報の義務がある。しかし、それぞ
れの用語の定義があいまいなこと、地域社会における子どもとのコミュニケ
ーションを阻害することなどから、この条例には批判も多い。その後この種
の条例が大阪府、栃木県、宮崎県で制定されている。

参考文献

・守山　正「犯罪白書を読む〜刑事政策のあらたな潮流」法律のひろば 2007 年 1 月号 13 頁以下
・特集「性犯罪」犯罪と非行 149 号（2006 年）5 頁以下
・特集「性犯罪者処遇プログラム〜矯正施設・保護観察所の今後の取組」法律のひろば 59 巻 6 号（2006 年）4 頁以下
・法務総合研究所編『平成 18 年版 犯罪白書〜特集・刑事政策のあらたな潮流』（2006 年、大蔵省印刷局）235 頁以下
・守山正「イギリスにおける『子どもの安全』と性犯罪者対策」田口守一他編『犯罪の多角的検討』（2005 年、有斐閣）469 頁以下

（もりやま・ただし）

（8）　家庭内・近親者間犯罪

キーワード

児童虐待、配偶者からの暴力（DV）、通報・通告義務、
保護命令、接近禁止命令、退去命令、刑事法的介入

1　問題の所在

　家庭内で生ずる近親者（夫婦・親子・兄弟姉妹・祖父母など）間の犯罪は、近親殺や嬰児殺などの重大事犯は別として、いわゆる「法は家庭に入らず」との法格言にあるように、従来より基本的には家庭内の問題であり、また、通常、家庭という閉鎖的な空間で起こるため、法的介入、とりわけ刑事法的介入が困難な領域とされている。とくに、公的領域で起これば犯罪となるような暴力が、家庭内のような私的領域においては、「民事不介入」を原則とする警察実務のために、被害者が助けを求めた場合においてすら放置されてきた。このような事態に対して、日本においては1990年代以降、子ども、女性、高齢者など、いわゆる「社会的弱者」の実質的な人権を認めようとする国際的な人権問題への取組みが進展する中で、様々な形態の「家庭内暴力」（ファミリー・バイオレンス）が深刻な社会問題であるとの認識が生まれ、現行刑法上の対応とは別個に、2000年以降家庭内暴力に関する新たな法制度が相次いで整備されるようになってきている。

　「家庭内暴力」という言葉は曖昧で多義的であるが、本講では、最近年の日本における社会問題としての拡がり、被害の深刻さおよび社会的関心の高さから、とくに児童虐待と配偶者間暴力（DV）に問題対象を限定して、その実態、刑事法的対応の現状および虐待防止のための法制度の特色や問題点を相互比較しながら分析・検討することにする。

2　児童虐待および DV の暴力の定義と実態

1　児童虐待および DV の法的定義

⑴　児童虐待の法的定義

　児童虐待の概念は、1961 年の米国小児科学会において、小児科医ケンプ（C. Henry Kempe, 1922-1984）が、親による乳幼児に対する意図的な身体傷害の結果、当該乳幼児が身体的及び精神的に負うトラウマ症例の多さを説明するために「被殴打児症候群」（Battered Child Syndrome）という用語を提唱したことに始まる。その後、医療、社会福祉、法執行などの専門機関において、「被殴打児」の言葉では狭すぎるとして、その代わりに「児童虐待」（Child Abuse）の用語が、子どもに対する身体的殴打に加えて、心理的な暴力、性的暴力、ネグレクト（Neglect）をも含む総称として広く用いられ、今日に至っている。ただ、論者によっては、「虐待」と「ネグレクト」を区別したり、両者を統合する上位概念として「マルトリートメント（不適切な扱い）」（Maltreatment）の用語を使用するなど、概念定義上まだ一致した用語法が確立されているというわけではない。

　日本でもアメリカと同様に、児童虐待の定義は、これまで研究者や実務家の間で種々様々に用いられているのが実情であった（高橋重宏編『子ども虐待』・2001 年・50〜55 頁）。しかし、2000（平成 11）年 5 月 17 日に成立した「児童虐待の防止等に関する法律」（以下「児童虐待防止法」という）で、はじめて法律上明確な定義が規定された（法 2 条）。すなわち、「児童虐待」とは、保護者（親権者、未成年者後見人その他の者で、児童を現に監護する者）が、その監護する 18 歳未満の児童に対し、①児童の身体に外傷が生じ、又は生ずるおそれのある暴行を加えること（身体的虐待、法 2 条 1 号）、②児童にわいせつな行為をすること、または児童をしてわいせつな行為をさせること（性的虐待、法 2 条 2 号）、③児童の心身の正常な発達を妨げるような著しい減食または長期間の放置その他の保護者としての監護を著しく怠ること（ネグレクト、法 2 条 3 号）、④児童に著しい心理的外傷を与える言動を行うこと（心理的虐待、法 2 条 4 号）を意味する。

　さらに、2004（平成 15）年 4 月 7 日に成立した「児童虐待の防止等に関する法律の一部を改正する法律」（以下「2004 年第 1 次改正法」という）により、児童虐待の定義の見直し・拡大がなされ、ネグレクト（法 2 条 3 号）と心理的虐待（法 2 条 4 号）の定義に修正が加えられた。すなわち、保護者以外の同居人（交際中の男性、内縁の夫など）による身体的、性的、心理的虐待を放置する行為も、保護者によるネグレクトの 1 類型として児童虐待に含まれることが明記された。また、心理的虐待の具体的内容については、配偶者間の暴力（DV）の目撃（子どもの面前で配偶者やその他の家族などに対し暴力をふるうこと）も心理的虐待に含まれることを例示した。

(2)　「DV（配偶者からの暴力）」の法的定義

　DV すなわち「配偶者間の暴力（主に夫から妻への暴力）」は、アメリカでは女性解放運動（The Women's Liberation Movement）が勢いを増した 1970 年代以降、「殴られた女性達の運動」（The Battered Women's Movement）を通じて社会問題として認識されるようなった。そして、欧米ではこの女性運動の影響を受け、夫や恋人など「親密な」関係にある（あった）男性からふるわれる女性に対する暴力を指す言葉として「ドメスティック・バイオレンス（以下 DV と略）」という概念が、日常的に使われるようになった。そもそも、英語の DV は、広い意味では、文字どおり「家庭内で発生するあらゆる暴力」を意味するが、いわゆるフェミニストたちは、構造的な性差別にもとづく暴力（Gender-based Violence）という観点から、DV を「個人的な関係で成り立つ私的な領域であり、女性がその性役割を果たすべき場として囲いこまれた領域であるドメスティックな関係において、直接的かつ否定的に、女性に影響を与えようとして行われた暴力」と再定義し、その結果 DV は「夫・パートナー（同棲者・恋人）からの暴力」という限定的な意味で使われるようになっている（戒能民江『ドメスティック・バイオレンス』7、8 頁（不磨書房、2002））。

　日本でも配偶者間の暴力は、1990 年代以降、一般に DV と呼ばれ、女性に対する暴力の国際的関心の高まりの中で、その根絶に向けた法整備のために本格的な取組みがなされるようになった。そして、2001（平成 13）年 4 月に「配偶者からの暴力の防止及び被害者の保護に関する法律」（以下、DV 防

止法という）が制定された。本法の名称にもなっている「配偶者からの暴力」とは、「配偶者（婚姻の届出をしていないが、事実上婚姻関係と同様の事情にある者を含む）からの身体に対する不法な攻撃であって生命又は身体に危害を及ぼすものをいう」と定義された（法 1 条 1 項）。この法的定義の特徴は、従来の DV 概念の用語法と異なり、①法律の対象範囲を内縁関係にある事実上の夫婦を含む「配偶者」に限定し、元配偶者、（元）恋人、一時的な同棲者、婚約者などの親密なパートナーからの暴力は含まれないこと、②「暴力」が「身体的暴力」に限定され、精神的暴力や性的暴力、経済的圧迫や社会的隔離等を対象としていないこと、③「女性に対する暴力」に限定せずに、女性からの男性に対する暴力を対象として、ジェンダーに中立的な規定になっているということであった。

　その後、DV 防止法附則 3 条の施行後 3 年後の見直し規定により、2004年 5 月 27 日に DV 防止法が改正され、同年 12 月 2 日同法一部改正法が施行された（以下、第 1 次改正 DV 防止法または第 1 次改正法という）。第 1 次改正 DV 防止法では、「配偶者からの暴力」の「暴力」に身体的暴力のみならず、それに準ずる「心身に有害な影響を及ぼす言動」も含まれるようになり、「暴力」の定義が拡大された（法 1 条 1 項）。すなわち、脅迫に当たるような言動のほか、いわゆる精神的暴力（人格を否定するような暴言、無視、交友関係の監視など）や性的暴力（見たくないポルノビデオを見せる、避妊に協力しないなど）も含まれるようになった。

　また、本来本法の対象となっていない元配偶者について、改正前には「配偶者」の定義には含めず、「被害者」（法 1 条 2 項）の定義を広げることによって、元配偶者からの継続的な暴力の被害者として保護の対象としていた。しかし、第 1 次改正法により、婚姻（事実上を含む）中に身体に対する暴力等を受けた配偶者が、離婚（事実上も含む）等の後も、引き続き元配偶者から受ける身体に対する暴力等も「配偶者からの暴力」に含まれることが明記された（法 1 条 1 項）。

なお、2013（平成 25）年 6 月の DV 防止法の一部改正（2014（平成 26）1 月 3日施行）（以下、2013 年第 3 次改正法という。）では、いわゆるストーカー規制法によるストーカー事件の被害者の一部であった「生活の本拠を共にする交

際（婚姻関係における共同生活を営んでいないものを除く。）をする関係にある相手」からの暴力及びその被害者についても、配偶者からの暴力に準じて、法の適用対象となった（法1条、28条の2）。そのため、2013年の第3次改正により、法律の題名も「配偶者からの暴力の防止及び被害者の保護等に関する法律」に改められた。

(3) 相 互 比 較

児童虐待とDVの法的定義から、次のような特徴が浮かび上がってくる。すなわち、第1に、「虐待」概念は、その行為態様に着目して、①身体的虐待、②性的虐待、③心理的虐待、④ネグレクトの4類型に分類されるのが一般的であるが、DVの場合にあっては、ネグレクトが除かれている点が異なっている。第2に、児童虐待とDVの双方において、当該概念の適用される範囲（外延）は必ずしも一致はしていないが、全体的には、被害者保護・救済の充実を促進する観点から虐待や暴力の概念の外延の拡大傾向を見てとることができる。第3に、いずれの家庭内暴力も、性的には中立的な規定内容となっている。

2 児童虐待および配偶者間暴力の実態

家庭内の親密な関係の中で発生する暴力は、顕在化しにくく、また、加害者にも被害者にも暴力に関する自覚がない場合もあるなど実態がつかみにくいのが1つの特徴である。それだけに発見が遅れたり、介入が難しくなったり、深刻な事態に至って、初めて刑事的対応がなされることが多い。したがって、各種家庭内暴力の実態について、正確な実数を把握することは極めて難しい状況の中で、ここでは、現在利用可能な限られたデータからどの程度の頻度で社会において発生しているのか、また、どのような態様の虐待又は暴力が多く発生しているか、その特徴を分析・検討する。

(1) 児童虐待の実態

児童虐待に関する全国レベルの公式統計としては、厚生労働省によって公刊されている『社会福祉行政業務報告（福祉行政報告例）』（http://www.mhlw.go.jp/bunya/kodomo/dv10/index.html）と警察庁生活安全局少年課による『平成○○年中における少年の補導及び保護の概況』（http://www.npa.go.jp/

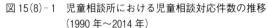

図 15⑻ - 1　児童相談所における児童相談対応件数の推移
（1990 年～2014 年）

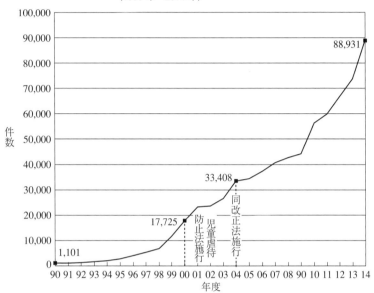

注：2010 年度は、東日本大震災の影響により、福島県を除いて集計した数値
資料源：厚生労働省・各年度福祉行政業務報告例に基づき筆者作成

safetylife/syonen31/20061006.pdf）とが代表的なものである。厚生労働省の統計資料は、1990（平成 2）年から、児童虐待を主訴とする児童相談所における虐待相談対応件数などをまとめたものである。この相談件数のデータは、性質上暗数化しやすい児童虐待において、おそらく現実に発生した量に最も近い数値を示す指標として唯一利用可能なデータといえる。一方、警察庁の統計資料は、1999（平成 11）年から、児童虐待を刑事事件として検挙した件数及び検挙人員などをまとめている。児童虐待事件のデータは、現実に発生した虐待の中で、刑法上の犯罪に該当するものとして認知・検挙されたものであり、児童虐待の中で最も重大かつ深刻なものを示す指標といえよう。

（**a**）　児童相談所における児童虐待に関する相談対応件数の推移（1990 年～2008 年）

児童相談所は、2014（平成 26）年 4 月 1 日現在、全国に 207 ヶ所設置され

ているが、全国の児童相談所が対応した児童虐待に関する「相談件数」（児童相談所が関係機関などからの通告をうけて児童虐待の事実を確認し、児童へのケアーや親への指導など処理方針を決めた件数をいう）の過去 25 年間（1990 年〜2014 年）の推移は、図 15(8)-1 のとおりである。

　すなわち、統計を取り始めた 1990（平成 2）年度の 1,101 件から、一貫して増加傾向にあり、とりわけ児童虐待防止法施行直前の 1999（平成 11）年からは急速な増加となっている。そして、2014（平成 26）年度には 8 万8,931 件（1990 年の数値の約 81 倍）に達し、過去最高を更新した。相談件数の急上昇の背景には、児童虐待そのものの増加というよりも、むしろ 2000（平成 12）年児童虐待防止法の施行により、国民や関係機関に、児童虐待防止についての認識や理解の高まりがみられること（従来潜在化していた問題の顕在化）、そして 2004（平成 16）年第 1 次改正法の施行により、通告対象の範囲が「虐待を受けた子ども」から「虐待を受けたと思われる子ども」に拡大されたことなどが考えられる。

　虐待の内容別件数の推移を見ると、1999 年から 2012 年までの過去 23 年間は一貫して、身体的虐待が最も多く、次いで心理的虐待、ネグレクト、性的虐待の順となっていた。しかし、最近年の特徴として注目すべき点は、心理的虐待の占める割合が年々増加傾向にあるということである。2013 年度以降、心理的虐待の割合が最も多くなり、2014 年のデータでは、心理的虐待が 43.6％、以下身体的虐待（29.4％）、ネグレクト（25.2％）、性的虐待（1.7％）の順となっている。

　また、主たる虐待者としては、圧倒的に「実母」の割合が最も多く、例年全体の約 6 割から 5 割以上を占めている。「実父」を含めると約 8 割以上が実親による虐待ケースというパターンを示している。さらに、虐待される児童の年齢構成については、例年、「小学生」（2014 年 34.5％）が最も多く、以下、「学齢前児童（3 歳〜学齢前）」（同年 23.8％）、乳幼児（0〜3 歳未満）（同年 19.7％）の順となっている。このことは、0 歳から学齢前児童の子どもが全体の約 4 割以上を占めており、虐待が早期から始まっていることを示している。

（b）　児童虐待事件の検挙状況の推移（2005 年〜2014 年）

過去 10 年間（2005［平成 17］年〜2014［平成 26］年）の児童虐待事件の態様別検挙状況の推移は、表 16(8)-1 のとおりである。2005（平成 17）年の検挙件数は、222 件であり、その後多少の起伏を示しながらも全体としては上昇傾向にある。2014（平成 26）年の検挙件数は 698 件であり、1999 年と比較すると、約 5.8 倍の増加となっている。態様別に見ると、過去 10 年間一貫して、身体的虐待（刑法上の殺人、傷害、傷害致死、暴行などを含む。）が圧倒的に多く（2014 年では 526 件）、次いで性的虐待（強姦、強制わいせつ、児童福祉法違反などを含む。）（同年 150 件）、「怠慢又は拒否（ネグレクト）」（保護責任者遺棄・同遺棄致死、重過失致死傷などを含む。）（同年 11 件）の順となっている。なお、心理的虐待（刑法上は脅迫罪や強要罪などに該当する。）は、児童虐待事件においてこれのみで立件された事例は警察庁が統計を取り始めた 1999 年から 2011 年まで皆無であたが、その後は増加傾向にある。いずれにせよ、ネグレクトや心理的虐待の構成比の相対的低さ（2013 年、各 1.6％）は、恐らく実際の虐待の様相は複合しており、身体的虐待などの結果としての他の犯罪と競合し、重いそれらの事件で起訴されていると思われる。

罪種別検挙件数（構成比）で見ると、過去 10 年間一貫して、傷害が圧倒的に多く、以下暴行、殺人、児童福祉法 34 条違反（いわゆる淫行罪）などが次に多くを占めている。2014（平成 26）年では傷害が 329 件（47.1％）で最も多く、次いで暴行 159 件（22.8％）、児童福祉法 34 条違反（いわゆる淫行罪）が 59 件（8.5％）、強制わいせつ 35 件（5.0％）、強姦 28 件（4.0％）、児童買春・児童ポルノ禁止法違反 21 件（3.0％）などの順となっている（警察庁生活安全局少年課『平成 26 年中における少年の補導及び保護の現況』4-2-1 表、67 頁参照）。

(2)　配偶者間暴力の実態

配偶者間暴力（DV）の実態を知る 2 次的統計資料としては、1997（平成 9）年より毎年総理府（現内閣府男女共同参画局）の編集で公刊されている『男女共同参画白書』(http://www.gender.go.jp/whitepaper_entire-index.html)が有益である。本白書では、配偶者等（事実婚や別居中の夫婦、元配偶者を含む）からの暴力（DV）などの「女性に対する暴力」に関する各種統計や調

表 15⑻-1　児童虐待事件の態様別検挙状況の推移

（平成17年〜平成26年）

区分＼年	17年	18年	19年	20年	21年	22年	23年	24年	25年	26年	構成比(%)	増減数	増減率
検挙件数（件）	222	297	300	304	334	352	384	472	467	698	100.0	231	49.5
	(37)	(43)	(38)	(36)	(39)	(29)	(28)	(36)	(34)	(31)	(100.0)	(▲3)	(▲8.8)
	[16]	[8]	[10]	[17]	[12]	[6]	[9]	[13]	[13]	[11]	[100.0]	[▲2]	[▲15.4]
身体的虐待	156	199	211	205	234	270	270	344	334	526	75.4	192	57.5
	(37)	(43)	(38)	(36)	(39)	(29)	(28)	(36)	(34)	(31)	(100.0)	(▲3)	(▲8.8)
	[16]	[8]	[10]	[14]	[8]	[3]	[7]	[7]	[8]	[7]	[63.6]	[▲1]	[▲12.5]
性的虐待	55	75	69	82	91	67	96	112	103	150	21.5	47	45.6
	(0)	(0)	(0)	(0)	(0)	(0)	(0)	(0)	(0)	(0)	(0.0)	(0)	—
	[0]	[0]	[0]	[0]	[0]	[0]	[0]	[0]	[0]	[0]	[0.0]	[0]	—
怠慢又は拒否	11	23	20	17	9	15	17	10	14	11	1.6	▲3	▲21.4
	(0)	(0)	(0)	(0)	(0)	(0)	(0)	(0)	(0)	(0)	(0.0)	(0)	—
	[0]	[0]	[0]	[3]	[3]	[3]	[2]	[6]	[5]	[4]	[36.4]	[▲1]	[▲20.0]
心理的虐待	0	0	0	0	0	0	1	6	16	11	1.6	▲5	▲31.3
	(0)	(0)	(0)	(0)	(0)	(0)	(0)	(0)	(0)	(0)	(0.0)	(0)	—
	[0]	[0]	[0]	[0]	[0]	[0]	[0]	[0]	[0]	[0]	[0.0]	[0]	—

区分＼年	17年	18年	19年	20年	21年	22年	23年	24年	25年	26年	構成比(%)	増減数	増減率
検挙人員（人）	242	329	323	316	255	385	409	486	482	719	100.0	237	49.2
	(37)	(45)	(40)	(36)	(39)	(30)	(28)	(38)	(35)	(32)	(100.0)	(▲3)	(▲8.6)
	[16]	[8]	[10]	[19]	[13]	[6]	[9]	[15]	[13]	[12]	[100.0]	[▲1]	[▲7.7]
身体的虐待	172	221	227	213	251	296	284	353	341	541	75.2	200	58.7
	(37)	(45)	(40)	(36)	(39)	(30)	(28)	(38)	(35)	(32)	(100.0)	(▲3)	(▲8.6)
	[16]	[8]	[10]	[16]	[9]	[3]	[7]	[7]	[8]	[8]	[66.7]	[0]	[0.0]
性的虐待	56	77	70	82	92	70	98	112	105	152	21.1	47	44.8
	(0)	(0)	(0)	(0)	(0)	(0)	(0)	(0)	(0)	(0)	(0.0)	(0)	—
	[0]	[0]	[0]	[0]	[0]	[0]	[0]	[0]	[0]	[0]	[0.0]	[0]	—
怠慢又は拒否	14	31	26	21	12	19	26	15	20	14	1.9	▲6	▲30.0
	(0)	(0)	(0)	(0)	(0)	(0)	(0)	(0)	(0)	(0)	(0.0)	(0)	—
	[0]	[0]	[0]	[3]	[4]	[3]	[2]	[8]	[5]	[4]	[33.3]	[▲1]	[▲20.0]
心理的虐待	0	0	0	0	0	0	1	6	16	12	1.7	4	▲25.0
	(0)	(0)	(0)	(0)	(0)	(0)	(0)	(0)	(0)	(0)	(0.0)	(0)	—
	[0]	[0]	[0]	[0]	[0]	[0]	[0]	[0]	[0]	[0]	[0.0]	[0]	—

区分＼年	17年	18年	19年	20年	21年	22年	23年	24年	25年	26年	構成比(%)	増減数	増減率
被害児童数（人）	229	316	315	316	346	360	398	476	475	708	100.0	233	49.1
	(45)	(57)	(60)	(49)	(53)	(37)	(35)	(50)	(38)	(38)	(100.0)	(0.0)	(0.0)
	[16]	[8]	[10]	[17]	[12]	[7]	[9]	[13]	[13]	[11]	[100.0]	[▲2]	[▲15.4]
身体的虐待	162	215	224	217	244	277	282	347	336	535	75.6	199	59.2
	(45)	(27)	(60)	(49)	(53)	(37)	(35)	(50)	(38)	(38)	(100.0)	(0.0)	(0.0)
	[16]	[8]	[10]	[14]	[9]	[3]	[7]	[7]	[8]	[8]	[63.6]	[▲1]	[▲12.5]
性的虐待	56	77	69	82	91	67	97	113	104	151	21.3	47	45.2
	(0)	(0)	(0)	(0)	(0)	(0)	(0)	(0)	(0)	(0)	(0.0)	(0)	—
	[0]	[0]	[0]	[0]	[0]	[0]	[0]	[0]	[0]	[0]	[0.0]	[0]	—
怠慢又は拒否	11	24	22	17	11	16	18	10	16	11	1.6	▲5	▲31.3
	(0)	(0)	(0)	(0)	(0)	(0)	(0)	(0)	(0)	(0)	(0.0)	(0)	—
	[0]	[0]	[0]	[3]	[3]	[3]	[2]	[6]	[5]	[4]	[36.4]	[▲1]	[▲20.0]
心理的虐待	0	0	0	0	0	0	1	6	19	11	1.6	▲8	▲42.1
	(0)	(0)	(0)	(0)	(0)	(0)	(0)	(0)	(0)	(0)	(0.0)	(0)	—
	[0]	[0]	[0]	[0]	[0]	[0]	[0]	[0]	[0]	[0]	[0.0]	[0]	—

（注）上段の（　）内は、保護者が、児童と共に死ぬことを企図し、児童を殺害（未遂を含む）して自殺（未遂を含む）をはかった場合を外数で計上した。

　　下段の［　］は、出産直後の殺人（未遂を含む）及び遺棄致死の場合を外数として計上した。

出典：警察庁生活安全局少年課編『平成 26 年中における少年の補導及び保護の概況』4-1-1 表、66 頁

査等の結果等を引きながら、現在の日本における女性に対する暴力の実態を明らかにしている。以下、本白書に掲載されている各種資料にもとづき、配偶者から被害経験の状況、配偶者間暴力（夫から妻への暴力）の検挙件数の推移、及び配偶者暴力相談センターにおける相談件数の推移を検討する。

（a）　配偶者からの被害経験の推移

内閣府男女共同参画局は、男女間における暴力に関する実態把握のため、1999（平成 11）年から 3 年毎に全国 20 歳以上の男女 5,000 人を対象に、無作為抽出によるアンケート調査を実施している（平成 13 年版同白書・65 頁、平成 15 年版同白書・70 頁、平成 18 年版同白書・74 頁、平成 21 年版同白書・86 頁、平成 26 年版同白書・66 頁、平成 27 年版同白書・66 頁）。これらの調査によれば、これまでに配偶者等から身体的暴行、心理的攻撃、性的強要のいずれかを 1 度でも受けたことがある女性は、1999 年調査では女性の 4.6％（約 20 人に 1 人）、2002 年調査では女性の 19.1％（約 5 人に 1 人）、そして 2005 年調査と 2008 年調査では 33.2％（約 3 人に 1 人）、2011 年調査では 32.9％（約 3 人に 1 人）、2014（平成 26）年調査では 23.7％（約 4 人に 1 人）に上ることが明らかになっている。これらの統計量を日本の 20〜60 歳代の既婚女性の人口総数を基に単純推計すると、配偶者等からの暴力被害の実態が、年々いかに膨大なものになっているかがわかる。

（b）　夫から妻への暴力の検挙件数の推移（1996 年〜2014 年）

警察庁の統計によると、過去 19 年間（1996 年〜2014 年）、配偶者間における犯罪（殺人、傷害、暴行）の被害者は多くの場合女性（毎年、女性比は 90％以上）であることが判明しているが、配偶者間犯罪のうち女性が被害者である場合の検挙件数の推移を罪種別にみると、過去 19 年間（1996 年〜2014 年）において、殺人は 1996（平成 8）年の 112 件から 2014（平成 26）年の 92 件まで多少の起伏はあるものの全体としては低い水準でほぼ横ばい傾向にある。一方、傷害と暴行はそれぞれ 2000（平成 12）年以降、大幅に増加し、2014 年に傷害は 2,550 件（1996 年の 309 件の約 8.3 倍）に、暴行は 2,775 件（1996 年の 43 件の 64.5 倍）にまで達した（（図 15(8)-1 参照）。

（c）　配偶者暴力相談センター等への相談件数の推移（2002 年〜2013 年）

DV 防止法施行により 2002（平成 14）年 4 月から、各都道府県（2004 年の

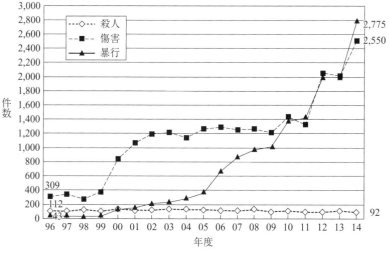

図 15⑻- 1　夫から妻への犯罪の検挙状況（1996 年～2014 年）

資料源：内閣府『男女共同参画白書　平成 27 年版』1 - 4 - 3 図（67 頁）より筆者作成

法改正により市町村を含む）は、婦人相談所等その他の適切な施設において配偶者暴力相談支援センターの業務を開始した。2014（平成 26）年 3 月現在、全国 247 施設が配偶者暴力相談の窓口となっている。過去 12 年間（2002 年～2013 年）において、相談総件数は、一貫して増加傾向を示し、2002 年度の 3 万 5,943 件から 2013 年度の 9 万 9,961 件まで、約 2.8 倍増加した（図 15⑻-2 参照）。また、2002 年 4 月から 2013 年 3 月末までに、全国の配偶者暴力相談センターに寄せられた相談は累計で 69 万 1,159 件に上っている。

⑶　相 互 比 較

　児童虐待と配偶者間暴力の実態を相互比較すると、以下のような興味ある事実が見受けられた。先ず第 1 に、児童虐待および配偶者間暴力について、警察が検挙した事件数と関係機関の相談対応件数とを比較すると、いずれにおいても、警察による検挙件数は、ほとんど問題にならないくらい少ない数値である。この落差が如実に示唆しているように、児童虐待や DV の多くは、刑法上の犯罪に該当するにもかかわらず、現実には、刑事司法機関が児童虐待や DV を犯罪として取扱い、両親や配偶者（主に夫）などの虐待行為

図 15(8)- 2　配偶者暴力相談支援センターにおける配偶者からの暴力が関係する相談件数
（2002 年～2013 年）

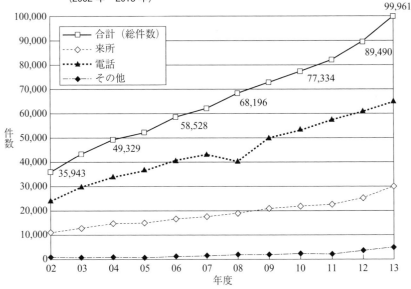

資料源：内閣府編『男女共同参画白書　平成 27 年度版』1 - 4 - 5 図より筆者作成

者に刑事責任を問うケースは、ごく一部の極めて悲惨かつ深刻な結果を伴う
虐待ケースにのみ限定されているということである。

　第 2 に、児童虐待と配偶者間暴力の相談件数を単純比較すると、配偶者間
暴力の方が児童虐待よりも高い数値を示している。この差は、被害の潜在性
という点で、児童虐待においては、子ども（とくに学齢前の乳幼児）と大人
との間における虐待自体についての理解度および直接本人が被害を訴えるこ
とができるか否かの違いを反映しているように思える。

　第 3 に、虐待の内容については、児童虐待と DV の双方において、警察の
検挙状況に関するデータを見ると、身体的虐待が最も典型的な態様であると
いう共通の特徴を示している。ただし、2013 年以後の児童相談対応件数の
推移を見ると、児童虐待については心理的虐待の方が身体的虐待よりも多く
なっている。

　第 4 に、虐待の加害者特性としては、児童虐待にあっては圧倒的に育児の

中心的役割を担っている実母が多く、配偶者間暴力においては圧倒的に力関係で優位に立つ夫からの暴力が多い。

3　児童虐待および DV に関する法制度の整備

1　児童虐待防止法（2000 年施行、2004 年第 1 次改正法、2007 年第 2 次改正法）

　児童虐待防止法の制定は、1989 年に国連で採択された「児童の権利に関する条約」を日本政府が 1994 年に批准し、その結果、締結国における虐待防止のための国内法の整備が義務づけられたことを受けて、立法化されたものといえる。日本における現行の児童虐待に対する法的対応は、従来より児童福祉法を中心とする福祉法的色彩の強い制度となっているが、児童虐待防止法は、この児童福祉法に対する特別法ないし補完法として位置づけられるものである。

(1)　児童虐待の一般的禁止

　本法は、児童虐待の防止等に関する施策を促進することを目的としているが、その前提として、一般的に、何人も児童に対し虐待をしてはならない旨の禁止規定を明記している（法 3 条）。しかし、本法は、児童虐待行為それ自体に対する罰則を規定していないため、つまり、虐待行為を直接的には刑罰の対象としていないことから、具体的な刑法上の犯罪が成立するまでは刑罰により処罰されることはない、という基本的立場に立っている。

(2)　国および地方公共団体の責務

　国および地方公共団体の責務として、児童虐待の早期発見と虐待を受けた児童の保護のために、関係機関などの必要な体制の整備、児童の保護に携わる人材の確保および資質の向上、通告義務などの広報・啓発の実施などを規定した（法 4 条）。2004 年第 1 次改正法では、国および地方公共団体の責務が強化され、児童虐待の「早期発見」と「保護」に加えて、虐待の「予防」、虐待を受けた児童の「自立支援」、「親子の再統合」に向けた体制の整備に努めなければならないことが明記された。さらに、2007 年 5 月 25 日に成立した改正児童虐待防止法（以下「2007 年第 2 次改正法」という。2007 年 6 月 1 日

公布、2008 年 4 月 1 日施行）では、被虐待児童に対する「医療の提供体制の整備」と「重大な児童虐待事例の分析」を行うことが、国及び地方公共団体の責務に加えられた。法 4 条はいわゆるプログラム規定であるが、国および地方公共団体などによる今後の児童虐待に関する施策の推進が一層期待されるところである。

(3) 児童虐待の早期発見努力義務および通告義務

虐待に対する法的対応の第 1 段階として重要なことは、いかに虐待を早期発見し、迅速に関係機関に通告することができるのかということである。本法では、職務上虐待を発見しやすい立場にある者（教師、児童福祉施設職員、医師、弁護士など）について、虐待の早期発見に努めるべき、努力義務が規定された（法 5 条）。2004 年第 1 次改正法では、虐待の通告を行う者が所属する団体の支援を得られない場合に備え、職務上虐待を発見しやすい個人のみならず、「児童の福祉に業務上関係がある団体」（学校、児童福祉施設、病院など）にも努力義務を課した。

その上で、本法は、「児童虐待を受けた」児童を発見した場合には、これを「発見した者」全員（すべての国民一般）に対し児童福祉法 25 条の規定による児童相談所などへの通告義務を課していたが、虐待の早期発見を図るために、2004 年第 1 次改正法では通告義務の対象を「虐待を受けたと思われる」児童まで、その範囲を拡大している（法 6 条 1 項）。児童福祉法 25 条は、「要保護児童」（保護者に監護させることが不適当であると認められる児童）を発見した場合の通告義務を国民一般に課すものであるが（しかし、違反した場合の罰則規定は設けられていない）、「要保護児童」より児童虐待防止法 6 条 1 項の「虐待を受けたと思われる児童」の概念の方が広いため、同法 6 条 1 項は児童福祉法 25 条の特別法と位置づけられている。

しかしながら、児童虐待防止法における早期発見努力義務および通告義務は、いずれとも義務違反または懈怠した場合の罰則を定めていないために、その実効性という点では、児童福祉法 25 条の通告義務と同様に、強制力を伴わない単なる努力義務にとどまっている。この意味で、同法は従来の児童福祉法 25 条を変更しうるものとはなっていない。

また、法令上守秘義務を負う専門職にある者に対して、職務上虐待を発見

した場合には、守秘義務よりも通告義務が優先されることが明記され、守秘義務違反に対する刑事免責を明確にしている（法6条3項）。

(4)　虐待を受けたと思われる児童の安全確認、一時保護および立入調査

虐待に対する法的対応の第2段階として、児童虐待防止法は、虐待の通告や送致を受けた場合に、児童相談所長に対して、虐待を受けたと思われる児童の「安全確認」の義務と、必要に応じて面会等の手段を通じて「一時保護」を行うことを定めている（法8条2項）。そして、児童虐待のおそれがあるときは、当該児童の保護のために最善の措置を講ずる前提として、都道府県知事に対し、身分を証明する証票を携帯した児童委員または児童の福祉に関する事務に従事する職員（児童相談所の所長・所員、児童福祉司など）をして、児童の住所または居所に立ち入り、必要な調査（「立入調査」という）または質問をさせることができる旨の権限を認めている（法9条1項）。従来は、児童福祉法29条が規定する立入調査権にもとづき、保護者の意思に反し施設入所の措置をとる必要が認められる場合に限定される運用であったが、児童虐待防止法9条1項の規定により児童の安全確認のため立入調査が広く実施できるようになった。このことは、本法の児童虐待に対する法的対応の積極的介入傾向のひとつの表れと見ることができる。

2004年第1次改正法では、児童の安全確認、一時保護、立入調査もしくは質問の実効性を高めるために、これらの職務の執行に際し必要があると認めるときは、当該児童の住所または居所の所在地を管轄する警察署長に対し援助を求めることができるようになった（法10条1項）。そして、児童の安全確認・確保のため、必要に応じ適切に、警察署長に対する援助要請を児童相談所長、都道府県知事に義務づけ、警察署長の速やかな措置を努力義務としている（法10条2項及び同条3項）。さらにまた、都道府県知事による立入調査権は、児童福祉法上の立入調査とみなされ、正当な理由なく、拒否したり、妨害したり、虚偽の答弁をした場合は、同第1次改正法の施行（2005年4月1日）により、罰金額が20万円以下から30万円以下に改正された（法9条2項、児童福祉法29条、同62条5号）。なお、2007年第2次改正法では児童福祉法の一部改正と合わせて、さらに罰金額が50万円以下にまで引き上げられている（児童福祉法の一部改正により、同法62条5号の条文の位置

が 61 条の 5 に改正されている。)

　2007 年第 2 次改正法では、児童相談所の権限強化を重点に置き、児童の安全確認および立入調査の運用を一層強化する内容となっている。すなわち、①児童相談所長による児童虐待を受けたと思われる児童の安全確認が努力義務であったのを改め、安全確認のために必要な措置を講ずることを義務化した（法 8 条）。②児童虐待の恐れがある場合、都道府県知事が保護者に児童を同伴して出頭要求し、必要な調査または質問をする制度を創設した（法 8 条の 2）。③保護者が出頭要求に応じない場合、都道府県知事は再度の出頭を求めることができる（法 9 条の 2）。しかし、再度出頭要求が拒否されたとき、都道府県知事は、裁判所の許可状を得た上で、児童相談所が当該児童の住居に「臨検」（解鍵等の実力行使を伴う立入り）又は「捜索」（強制処分として児童の発見を目的として捜し出す行動）を行うことができるようになった（法 9 条の 3 から 10 条の 5）。

(5)　保護者に対する指導、児童に対する保護・支援

　虐待に対する法的対応の第 3 段階は、児童虐待の当事者である親子に対する援助・保護などの事後的な救済策である。そのような救済策として、児童虐待防止法は、まず第 1 に、「親子の再統合への配慮」から、虐待を行った保護者に対して児童福祉法 27 条 1 項 2 号の規定による指導（児童福祉司などのカウンセリングや心理療法）を受ける義務を明記した。そして、保護者がその指導を受けない時は、都道府県知事が指導を受けるよう勧告することができる制度を新設した（法 11 条）。ただし、勧告を無視しても何の罰則もないことから、2007 年第 2 次改正法では、その実効性を高めるひとつの手段として、勧告に保護者が従わなかった場合には、都道府県知事が当該保護者の児童を一時保護、強制入所措置などを講ずることができるようになった。

　第 2 に、児童虐待の防止および被虐待児童の保護の観点から、児童福祉法 28 条による強制入所措置がとられた場合には、児童相談所長または児童を入所させた施設の長は、児童虐待を行った保護者について児童との面会または通信を制限することができる旨規定された（法 12 条）。これは、施設入所児童に対する保護者からの強引な面会や引取要求への対応策として大きな意義を持つ規定である。2004 年第 1 次改正法では、一時保護や保護者が施設

入所を同意している場合でも、必要に応じて児童相談所長が保護者の面会や通信を制限できるようになった（法 12 条の 2）。

第 3 に、2007 年第 2 次改正法では、虐待の危険を取り除くため、強制的な施設入所で面会や通信が制限されているとき、都道府県知事は児童虐待を行った保護者に対し、当該児童の身辺への「つきまとい」またはその住居などの付近での「はいかい」を禁ずる「接近禁止命令」を創設した（法 12 条の 4）。この命令に違反した場合には、1 年以下の懲役または 100 万円以下の罰金に処せられる（法 17 条）。

第 4 に、2004 年第 1 次改正法は、虐待を受けた児童への保育所入所を市町村に義務づけ、虐待を受けたために学業が遅れた児童への教育、居住場所の確保、進学、就業の支援を、国、地方公共団体に義務づけた（法 13 条の 2）。

(6)　民法上の親権に関する事項

親によるしつけに名をかりた虐待の実態に着目して、本法では、児童の親権を行う者は、児童のしつけに際して、その適切な行使に配慮しなければならないとの注意規定が置かれた（法 14 条 1 項）。また、民法上の監護養育権・懲戒権（民法 822 条）の適切な行使の範囲を逸脱する虐待行為は、違法性が阻却されないことが明記され、児童の親権を行う者は、児童虐待に係る暴行罪、傷害罪その他の犯罪について、当該児童の親権を行うことを理由として、その責めを免れることはないとされている（法 14 条 2 項）。

○コラム49　1933（昭和 8 ）年児童虐待防止法

　児童虐待は古くて新しい問題といわれているが、戦前の我が国においてすでに現行児童虐待防止法と同名の法律（以下旧法という。）が、1933（昭和 8 ）年 4 月 1 日に制定され、同年10月 1 日から施行されていた。旧法は、1931年満州事変勃発以来の失業者の増大、農村の困窮、それに伴う児童の虐待、欠食、児童の身売り、親子心中など悲惨な現実を防止するために立法化されたもので、主として14歳未満の児童を対象とした。その後、旧法は敗戦直後の1947年に成立した児童福祉法に吸収されるかたちで廃止された。旧法の趣旨自体は、今日においても児童福祉法第34条（禁止行為）に継承されている。なお、旧法については、高橋重宏編『子ども虐待』58頁以下（有斐

閣、2001）を参照。

　さらに、児童虐待に対する民法的対応として、親権の濫用を理由とする
「親権喪失宣告」（民法 834 条、児童福祉法 33 条の 6）の制度が従来より整備さ
れているが、本法では児童虐待の防止および児童虐待を受けた児童の保護の
観点からも、当該制度が適切に運用されなければならないとの注意規定が置
かれている（法 15 条）。

　しかし、親権喪失では、親権を無期限に奪ってしまい、親子関係を再び取
り戻すことができなくなるため、親権喪失の申立てはほとんどおこなわれて
いないのが実状であった。そこで、児童虐待の防止等を図り、児童の権利・
利益を擁護する観点から、2 年以内の期間に限って親権を行うことのできな
いようにする「親権停止制度」が 2012（平成 24）年 4 月 1 日施行の民法改
正によって新設された（民法 834 条の 2）。これに加えて、親権喪失・停止の
請求権も子ども本人や未成年後見人などにも拡大され（民法 834 条、835 条）、
かつ、未成年後見人制度の見直しで、個人だけでなく複数または社会福祉法
人などの法人が未成年後見人になることも可能になった（民法 840 条 2 項、
同条 3 項）。

2　DV 防止法（2001 年施行、2004 年第 1 次改正法、2007 年第 2 次改正法、2013 年第 3 次改正法）

　DV 防止法は、わが国において、配偶者からの暴力の問題を総合的に規定
した最初の法律である。本法の目的は、人権擁護と男女平等の実現を図り、
配偶者からの暴力を防止し、被害者を保護するための施策を講ずるため、配
偶者からの暴力に係る通報、相談、保護、自立支援などの体制を整備するこ
とにある（前文）。

(1)　配偶者暴力相談支援センター

　本法第 2 章において規定されている配偶者暴力相談支援センター（以下
「支援センター」という）とは、DV 被害者支援の中核的な拠点として、都道
府県が設置する婦人相談所その他の適切な施設（女性センター、福祉事務所な
ど）において、DV の防止および被害者の保護・相談のための業務を行う機

能を果たすために設けられたものである。本法は、各都道府県に対して、新たに「支援センター」（建物）を設置するのではなく、既設組織を有効に組み合わせて「支援センター機能」を設置することを義務づけている（法3条1項）。本法制定前から、DV による被害女性に対する相談・援助機関としては、事実上、婦人相談所（売春防止法にもとづく「売春のおそれのある」要保護女子の保護更生のために設置された施設）が大きな役割を果たしていた実績から、それを追認する形で、本法では、婦人相談所などが行っている DV 相談に支援センターとしての法的根拠を与えたということになる。なお、第1次改正 DV 防止法（2004年）により、被害者の保護、支援業務の拡充のために、都道府県の施設のほか、市町村の施設においても、支援センター機能を果たすことができるようになった。さらに、2007（平成19）年7月5日に成立した第2次改正 DV 防止法（以下、2007年第2次改正法という。2007年7月11日公布、2008年1月11日施行）では、より一歩進めて、市町村による支援センター機能の設置を努力義務としている（法3条2項）。

　支援センターにおいては、被害者の相談やカウンセリング、被害者およびその同伴家族の一時保護、各種情報（被害者の自立支援制度、保護命令、シェルター利用など）の提供などの業務を行っている（法3条3項）。この業務内容についても、2度に及ぶ法改正を経て、その業務内容が拡充されてきている。

(2)　DV 発見者による通報・被害者への情報提供

　DV を受けている者を発見した者は、その旨を支援センターまたは警察官に通報する努力義務を負うことになっている（法6条1項）。通報義務が規定された理由は、DV が家庭内で起こるため外部からの発見が困難であり、被害者が報復をおそれて申告しにくい場合があることから、被害者以外の第三者が発見した場合は被害者保護のために通報すべきであるという考えにもとづいている。なお、通報義務の対象となるのは、法1条1項で定義されている「配偶者からの暴力」のうち、配偶者または配偶者であった者からの「身体に対する暴力」に限定されている。

　一方、業務上 DV を発見しやすい立場にある医師その他の医療関係者に対しては、業務上 DV を発見したときは、支援センターまたは警察に「通

報することができる」と規定しているが、さらにこの場合において被害者の意思を尊重するよう努めるものとしている（法 6 条 2 項）。児童虐待防止法における専門家の通告義務と異なって、DV 防止法上医師などに通報義務を課していないのは、多くの場合成人である DV 被害者は自ら被害を訴えることが可能なので、自己決定権の尊重という観点から、被害者本人の意思の尊重を重視したということである。すなわち、医師などが被害者の意思を無視して通報するようなことがあれば、通報を嫌う被害者は医師などに行かなくなり、被害がかえって潜在化してしまうおそれがあるからである。また、被害者の意思を尊重しながらも、医師などが通報しやすくするために、医師などに課せられた業務上の守秘義務規定を適用しない旨が明記されている（法 6 条 3 項）。この点は、児童虐待防止法 6 条 3 項の規定に類似している。

　この他、医師その他の医療関係者には、被害者に支援センターなどの利用についての情報を提供するように努める義務が課されている（法 6 条 4 項）。

⑶　保護命令

　本法の最大の特色は、DV 被害者の生命または身体の安全を確保するための制度的仕組みとして保護命令制度を導入したということである。保護命令制度とは、被害者が配偶者からの更なる身体に対する暴力によりその生命または身体に重大な危害を受けるおそれが大きいときは、裁判所が被害者からの申立てにより、身体に対する暴力を振るった配偶者に対し発する命令である。命令には「接近禁止命令」と「退去命令」の 2 種類がある（法 10 条 1 項 1 号、2 号）。接近禁止命令とは、加害者である配偶者に対し、命令の効力が生じた日から 6 ヶ月間、被害者の住居（当該配偶者とともに生活の本拠としている住居を除く）その他の場所において被害者の身辺に「つきまとい」、または被害者の住居、勤務先その他その通常所在している場所の付近を「はいかい」することを禁止するものである。退去命令とは、加害者に対し、命令の効力が生じた日から 2 ヶ月間、被害者とともに生活の本拠としている住居からの退去を命じるととともに、その付近を「はいかい」することを禁止するものである。そして、保護命令の実効性を確保するため、保護命令違反に対しては、罰則（1 年以下の懲役または 100 万円以下の罰金刑）が規定されてい

る（法 29 条）。

　保護命令制度については、本法制定時（2001 年）から、保護命令の内容に制約が多すぎるなど、その実効性に問題があるとの指摘がなされ、法運用の実態をふまえ、本法附則第 3 条の施行後 3 年を目途にした見直し規定にもとづき、2004 年第 1 次改正法、2007 年第 2 次改正法、2013 年第 3 次改正法において、それぞれ保護命令制度の改正・拡充が図られている。

　（**a**）　2004 年第 1 次改正法における保護命令の改正点は、以下のとおりである（山田秀雄『Ｑ＆Ａ ドメスティック・バイオレンス法　児童虐待防止法解説』29、30 頁（三省堂、2 版、2004））。

　①　離婚した元配偶者対する保護命令の発令ができるようになった。改正前は、配偶者関係（事実婚を含む）がなければ、保護命令の申立てができなかったが、離婚後も元配偶者から暴力を受けることがあることから、本改正によって婚姻中に身体に対する暴力を受けた配偶者が、離婚後、さらに身体に対する暴力を受けるおそれのあるときには、保護命令を申立てることができるようになった（法 10 条 1 項）。

　②　被害者の子への接近禁止命令を創設した。改正前には、接近禁止命令は、申立てた被害者のみに効力があったが、それでは、親権を盾に被害者の同伴する子に接近することによって、接近禁止命令の実効性が失われるという事態も起こることから、被害者だけでなく、被害者と同居する子についても接近禁止命令を出すことが可能になった。ただし、被害者の子が 15 歳以上のときは、その同意がある場合に限るとされた（法 10 条 2 項。なお、2007 年第 2 次改正法では同条 3 項に変更）。

　③　退去命令の期間については、改正前は「2 週間」であったが、転居および新生活の準備をする上であまりに短期間であるとの批判を受け、「2ヶ月」と改正され、さらに、期間中、配偶者は退去した住居の付近をはいかいしてはならないと付加された（法 10 条 1 項 2 号）。また、改正前には接近禁止命令だけに認められていた再度の申立てが、本改正で、退去命令についても再度の申立てが可能となり、より長期間の退去を命じることができるようになった（法 18 条 1 項）。そして同時に、保護命令の再度の申立て手続も改善され、改正前よりも簡略化されている（法 18 条 2 項）。

（**b**）　2007 年第 2 次改正法における保護命令の改正点は、以下のとおりである。

①　保護命令の対象を拡大した。本改正前までは、保護命令の対象となる「暴力」は身体的暴力に限定されていたが、今回の改正により、配偶者から生命または身体に対する脅迫を受けた被害者が、配偶者から受ける身体に対する暴力によりその生命または身体に重大な危害を受けるおそれが大きいときについても、保護命令の発令が可能となった（法 10 条 1 項）。つまり、言葉による脅迫でも「生命や身体に重大な危害を受ける恐れが大きい」と認められる場合は、保護命令の対象に加えられるようになった。

②　電話・電子メールなどによる接触を禁止する保護命令を創設した。改正前には、接近禁止命令の内容としては、「つきまとい」や「はいかい」といった直接的な接近行為に限定されていたが、当該問題の実態をふまえ、今回の改正によって、被害者への接近禁止命令と併せて、被害者に対する (a) 面会の要求、(b)無言電話、連続しての電話・ファクス・電子メール、(c)緊急の場合を除く、夜間（午後 10 時から午前 6 時）の電話、ファクス、電子メール、(d)汚物、動物の死体の送付、(e)性的羞恥心を害する文書や図画の送付などを禁止する命令を発することができるようになった（法 10 条 2 項）。

③　被害者の親族などへの接近禁止命令を創設した。配偶者が被害者の親族などの住居に押し掛けて著しく粗野・乱暴な言動を行っているなどの事情があるため必要があると認めるときは、裁判所は、被害者の申立てにより、被害者の親族などの同意を条件として、被害者の親族などへの接近禁止命令を発することができるようになった（法 10 条 4 項および同条 5 項）。

（**c**）　2013 年第 3 次改正法により、前述したごとく、「生活の本拠を共にする交際相手」からの暴力及びその被害者（生活の本拠を共にする交際相手からの暴力等を受けた後に生活の本拠を共にする関係を解消した場合において、その元「生活の本拠を共にする交際相手」から引き続き受ける場合を含む。）についても、配偶者からの暴力とその被害者に準じて、2014（平成 26）年 1 月 3 日以降、保護命令の申し立てができるようになった（法 28 条の 2）。

(4)　被害者の自立支援

DV 被害者の保護をより実効的なものとするために重要な施策の 1 つは、

被害者が自立した生活を開始することできるように支援していくことである。2004年第1次改正法では、この点を明確にするために、国および地方公共団体の責務として、DV防止と被害者保護に加え、「被害者の自立支援」が明記された（法2条）。また、これに伴い、国はDV防止および被害者保護のための施策の基本方針を策定し、都道府県は基本計画を定めることとされた（法1章の2）。

(5)　機関連携協働型の被害者支援の仕組み

　被害者の保護が適切に行われるためには、1つの機関だけの対応では不十分で、関係機関が連携を図ることが必要と考えられることから、被害者の保護を行うに当たっては、支援センター、警察、福祉事務所など都道府県または市町村の関係機関の連携協力を努力義務としている（法9条）。また、被害者保護の中心的役割を果たす支援センターにあっては、DV問題に取組む民間団体も大きな役割を担っているところから、支援センターと民間団体との連携に努力すべきことが明記された（法3条5項）。その連携の実効性を上げるためにも、民間団体に対する公的な財政援助の充実が求められるところである（法26条）。

3　相互比較

　以上の考察から、児童虐待防止法およびDV防止法に共通する特色としては、第1に、いずれの法律も、児童虐待およびDV行為自体を直接の刑事罰の対象にするための刑事立法ではないということである。その代わりに、被害者保護のための一連の手続（立入調査、保護命令など）の実効性を確保するために間接的に罰則を導入しているにすぎないということである。第2に、児童虐待防止法における接近禁止命令の新設やDV防止法における保護命令制度の導入を除けば、内容的にみれば、既存の法制度および運用の枠組みから大きく踏み出すものではないということである。すなわち、児童虐待防止法は、児童虐待に関する一般法である民法と児童福祉法の実務において積み上げられてきた運用内容を追認・補完しただけにすぎず、程度の差はあれ、依然として関連機関の努力目標が掲げられているにすぎないといえる。一方、DV防止法も、婦人相談所を中心とする婦人保護事業と警察によ

って事実上行われてきた行政の DV 対応に法的根拠を与えたという意味において、保護命令制度と通報努力義務の新設以外、現行制度の枠組みからほとんど出ていないといえる。第 3 に、上記の点と関連するが、いずれの法律もその新規性や独自性に意義・特色があるのではなく、むしろ既存の法制度および関係諸機関との相互連携的なアプローチの必要性を前提にしているということである。

　他方、児童虐待防止法と DV 防止法との主たる相違点としては、同じく社会的弱者としての被害者特性を共有しながらも、被害の発見・通報という点で、年齢的な差異に応じた異なる取扱いがなされているということである。すなわち、児童（とりわけ乳幼児）にあっては被害者本人が被害を訴えることが不可能であるところから、医師、教師などの専門家が被害を発見した場合、彼らに通告義務が課されているのに対し、DV 被害者にあっては多くの場合成人の配偶者であるので自ら被害を訴えることが可能であり、医師などに通報義務を課すことよりも、先ずは被害者本人の自己決定権の尊重を重視した対応を優先するという立場にたっているということである。

4　今後の課題

　家庭内暴力に関する法制度の中で、児童虐待防止法および DV 防止法は、これまでいくつかの改正を経て、いずれもその規制対象の範囲を拡大・強化する傾向にあるといえる。たとえば、児童虐待や DV 概念の定義を見直し、拡大するとともに、児童虐待防止法における接近禁止命令の導入や DV 防止法における保護命令制度の拡充などがその例といえよう。そして、児童虐待防止法において DV の目撃が児童虐待の心理的虐待に含まれる一方で、DV 防止法でも子どもへの接近禁止命令が認められるようになったことからも分かるように、児童虐待と DV との間には密接な関係がある場合が多い。この意味で、児童虐待と DV に対する法的対応策は、パラレルに検討されるべき課題といえる。

　児童虐待と DV に関する今後の法規制のあり方を考えていくために、当面検討すべき共通の課題は、以下の 3 点である。すなわち、まず第 1 は、規

制の強化という観点から、しばしば主張されている罰則を伴う義務的通報・
通告制度の導入の是非についてである。現行法の立場が、単なる努力義務に
とどまっていることから、より実効性を担保する手段として罰則の導入の必
要性が議論されるところである。しかし、罰則を伴う義務的通報・通告制度
を導入しているアメリカでは、専門職の立場にある通告義務者が治療関係に
ある患者との信頼関係を破ることになるという点で、その倫理的・職業的ジ
レンマに陥るという問題点などが指摘されている。このような批判をふまえ
ると、本制度の導入にはなお慎重であるべきであろう。

　第2は、児童虐待とDVに対する直接の刑事法的介入の是非についてで
ある。諸外国の立法例にならって、刑法上の犯罪類型として「児童虐待罪」
および「DV罪」の新設を支持する立場があるが、「児童虐待」や「DV」を
加重類型として重罰化する場合には、憲法14条の平等原則との整合性を検
討する必要が出てくるであろう。児童虐待であれ、DVであれ、現行法の下
でも、被害の大きなものは、刑事法を適用することで対応可能であり、一般
刑事法に重ねて上記特別犯罪類型を新設することの現実的・実際的必要性は
小さいと思われる。くわえて、そもそも親や配偶者（夫）に対する刑事罰
は、家庭を崩壊させることはあっても、親子・夫婦関係の修復には機能しな
いなど、家庭内の問題を刑罰の威嚇によって解決することにはそもそも限界
や問題があるといえよう。当面は現行刑事法の適切な運用で対処するととも
に、むしろ児童虐待やDV問題の発生する構造的な原因をふまえ、当該問
題の防止および被害者保護に向けた福祉的援助の拡充に重点を置いた対応を
心がけるべきであろう。

　最後に、上記の点と関連するが、家庭内暴力に関する法制度の整備は、主
に当該問題に対する事後的対応の側面（発見、通報・通告、調査、保護命令、
被害者保護など）に重点を置いた内容となっている。しかし、今後は、より
一層当該問題に対する事前の予防策にも重点を置いた対策を展開していくこ
とが必要である。その際に、家庭内暴力の予防策は、刑事法的取組みより
も、非刑罰的なアプローチから当該問題の教育・啓発・相談活動を継続的・
組織的に取組むことのできる体制を整備すること、そして、虐待のハイリス
ク家庭の早期発見と適切かつ迅速な対応・支援を実施すること、さらには、

家庭内暴力の加害者及び現実的被害者双方に対する治療的な関わりによって、被害の再発や悪化を防止することなどによって実現しうるものと思われる。

◯コラム50　家庭内暴力の原因論

　　家庭内暴力を説明する有力な理論として、学習理論に基礎を置く「世代間伝達説」または「暴力のサイクル理論」というものがある。この説は、親から虐待を受けた子や夫婦間暴力を頻繁に目撃して成長した子どもは、家庭内での暴力的養育体験のモデリングまたは学習によって、自分が成人して家庭を持つようになると、同じような方法で妻や子に対して暴力的になると主張する。そして、児童虐待や夫婦間暴力を含む暴力的養育の慣行は、家庭内で学習され、世代から世代へと受け継がれるという「暴力の連鎖」に陥るというものである。しかし、最近の研究成果は、世代間伝達説の妥当性に疑問を示すものが多い。近年注目を集めているのは、権力構造的視点から社会階層、不平等、貧困との連関を強調するコンフリクト理論である。

参考文献

・「〈特集〉児童虐待の現状と回復への取組──防止法施行15年を迎えて」法律のひろば68巻9号4頁以下（2015年）
・「〈小特集〉DV問題の諸相」法律時報86巻9号57頁以下（2014年）
・町野朔・岩瀬徹編『児童虐待の防止：児童と家庭、児童相談所と家庭裁判所』（2012年、有斐閣）
・「〈特集〉ファミリー・バイオレンス」刑法雑誌50巻3号391頁以下（2011年）
・岩井宜子編『ファミリー・バイオレンス［第2版］』（2010年、尚学社）
・児童虐待防止法令編集委員会『児童虐待防止法令ハンドブック　平成21年版』（2009年、中央法規出版）
・富永忠祐編『Q&Aドメスティック・バイオレンス児童・高齢者虐待対応の実務』（2009年、新日本法規出版）
・南野知惠子その他『詳解　改正DV防止法　2008年版』（2008年、ぎょうせい）
・上野正史・杉田理佳「『配偶者からの暴力の防止及び被害者の保護に関する法律』の一部改正について」警察学論集60巻11号96頁以下（2007年）
・菊澤信夫「児童虐待防止法等の改正及び児童虐待防止に向けた取組について」警察学論集60巻10号153頁以下（2007年）

・川崎二三彦『児童虐待――現場からの提言』（2006 年、岩波新書）
・日本弁護士連合会高齢者・障害者の権利に関する委員会編『高齢者虐待防止法活用ハンドブック』（2006 年、民事法研究会）
・「〈特集〉改正児童虐待防止法の成立と展望」現代刑事法 6 巻 9 号 22 頁以下（2004 年）

（ぱく・うぉんきゅ）

（9） 少 年 非 行

キーワード

非行の一過性・可塑性、早期発見・早期治療、遊びの非行化、規範の注入

1 意義・観点

1 少年非行の意義

(1) 非行の概念

　わが国において「非行」という用語は戦後に普及し始めたとされ、それ以前は「不良」「愚連隊」という用語が一般的に用いられていた。この「非行」は、もともと英語の delinquency の訳であり、「法が求めることをしないこと」あるいは「支払うべき債務を支払わないこと」を意味し、約束事を履行しない行為、怠慢行為を指す言葉である。

　しかも、近世まで「子ども」の概念は社会的に存在しなかったとされることから、非行概念は「子ども」概念が生まれることによって、子どもを成人とは異なって扱おうとする社会的要請から生じたものと思われる。現に、delinquency は不払いの意味から離れ、とくに少年に対して用いられるようになり、世界的に少年法制の整備、少年裁判所の創設が行われるようになると、少年と非行概念が結合し、犯罪を行った少年に対しては刑罰ではなく、保護や援助が必要とされた。要するに、たんに「非行」概念は「犯罪」よりも広いという意味だけでなく、非行は少年の問題性・被害性を示し、成人犯罪への対応とは異なり、非行は少年の社会的援助のニーズを表しているものといえよう。現に、アメリカでは 20 世紀初期において、非行は社会の産物であり、非行少年は社会の犠牲者とする認識がみられた。したがって、非行という概念は、未成熟で発達途上の子どもに対する社会的に特別な扱いをす

るという思想と連動している。

●コラム51　「子ども」の誕生

　ヨーロッパでは、〈子ども〉は長い歴史の流れのなかで、独自のモラル・固有の感情をもつ実在として見られたことはなく、〈子ども〉の発見は近代の出来事であるとするフランスの社会思想家アリエスの見方である。アリエスは、中世から18世紀までの〈子ども〉の日常生活を詳細に観察することにより、かつて子どもは「小さな大人」として認識されたに過ぎなかったと述べている。しかし、社会の複雑化に伴い、子どもの社会化の必要性が認識されるようになると、徒弟修業から学校化が進み、子どもに対する特別の配慮が生まれたという（フィリップ・アリエス『〈子供〉の誕生』みすず書房、1981年）。

---

(2)　少年法上の概念

　わが国の少年法は、罪を犯した14歳以上20歳未満の少年、刑罰法令に触れる行為をした14歳未満の少年、その性格や環境から将来、罪を犯すか刑罰法令に触れる行為をする虞れのある少年、すなわち、それぞれ犯罪少年、触法少年、虞犯少年の3類型の少年を「非行のある少年」としている（少年法第3条）。したがって、少年非行とは、法的概念においては、犯罪行為、触法行為、虞犯行為・虞犯性という3類型の行為・行状をいう。しかし、社会学、心理学、教育学などでは多様な意味で用いられており、必ずしも概念的に一致するわけではないが、ここでは一応、法的概念から出発する。

　なお、2021年少年法改正において、18歳、19歳の少年の扱いが変更された。すなわち、これらの者を「特定少年」と呼称し、他の年齢層とは区分され、その他の年齢層に適用される規定が適用されないか、あるいは新規定が適用され、実質的には成人刑事手続に近い扱いとなった。いわば、「特定少年」は少年と成人の中間層として位置づけられるようになった。

2　少年非行の見方

　上述のように、犯罪行為だけでなく、触法行為や虞犯行為・虞犯性など犯罪の周辺行為、あるいは反社会的行動、社会的有害行為も含まれる点が非行

概念の特徴である。それは、非行が行為の主体である少年自身の問題だけで
なく、少年がおかれている環境にも問題がある場合が多いからである。すな
わち、少年は、両親や保護者から適切な保護・教育を受けていなかったり、
育った地域社会の環境が不良であったりするがゆえに、非行に走ると考えら
れている。そこで、適切な保護・教育が欠けている非行少年に対しては、成
人のように処罰を中心に考えるのではなく、国家が保護や教育を与えること
が必要となる。国が親代わりとなって保護・教育を与えて改善・更生させる

図15(9)-1　少年による刑法犯　検挙人員・人口比の推移

② 刑 法 犯

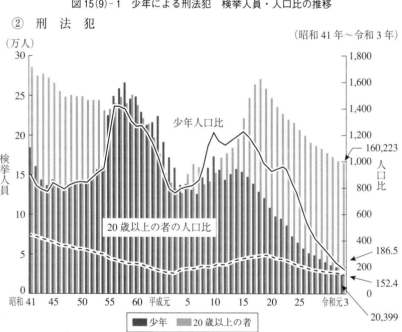

注1　警察庁の統計、警察庁交通局の資料及び総務省統計局の人口資料による。
　2　犯行時の年齢による。ただし、検挙時に20歳以上であった者は、20歳以上の者として計上している。
　3　触法少年の補導人員を含む。
　4　「少年人口比」は、10歳以上の少年10万人当たりの、「20歳以上の者の人口比」は、20歳以上の者10
　　万人当たりの、それぞれの検挙人員である。
　5　昭和40年以前は、道路上の交通事故に係らない業務上（重）過失致死傷はもとより、道路上の交通事
　　故に係る業務上（重）過失致死傷についても、「刑法犯」に含めて計上している。
　6　①において、昭和45年以降は、過失運転致死傷等による触法少年を除く。

べきとする思想を国親思想（パレンス・パトリエ）といい、わが国の少年法
を支える重要な理念の一つである。

　さらに、少年非行の特色は一過性と言われる。つまり、人生という長い期
間のうち、第二次成長期に一時的に現れる現象であり、その多くは短期間で
終息するという意味である（後掲図15(9)-3参照）。そこで、少年非行への対
応は、早期発見・早期処遇が効果的とされる。少年の性格は可塑性が高く、
どのようにでも変化する可能性がある。したがって非行に走った少年を早い
段階で発見し処遇を施せば、改善・更生する可能性は高く、逆に、すでに犯
罪が進行した段階では改善・更生が難しい。

2　少年非行の現象

1　4つの波

　1946（昭和21）年から2021（令和3）年までの少年刑法犯検挙人員の推移
をみると、少年非行には3つの波がある（図15(9)-1参照）。

　第1の波は、1951（昭和26）年を頂点とする。少年非行の増加原因とし
て、戦後間もない時期であり、浮浪児や戦争孤児が社会に溢れ、わが国の経
済は窮迫し社会が混乱し食糧も不足していた。この時期の非行少年をみる
と、両親や保護者のいない貧困家庭出身の者が多かった。非行少年の多く
は、この厳しい状況下で生き抜くためにやむを得ずに非行を犯したと分析さ
れており、このような非行形態は生活型非行といわれている。

　第2の波は、1964（昭和39）年をピークとする。この当時、わが国は朝鮮
戦争特需に続く高度経済成長期にあり、都市化・核家族化が進んだ時期であ
る。少年非行の中でも、性犯罪、粗暴犯、集団犯、累犯が増加した。両親が
揃い経済的にも不自由のない家庭の出身者が多くなってきた。学生運動が盛
んな時期でもあり、若者の間には社会に反発する風潮が蔓延していた。そこ
で、この当時の非行形態は反抗型非行と分類されている。

　第3の波は、1983（昭和58）年を頂点とする。当時、わが国はオイルショ
ック後の経済停滞期にあった。一般化、低年齢化、享楽化が特徴として挙げ
られている。自らが生きるためではなく、また社会に反抗するためでもな

図 15(9)‐2　少年による刑法犯　検挙人員・人口比の推移（年齢層別）

（昭和 41 年〜令和 3 年）

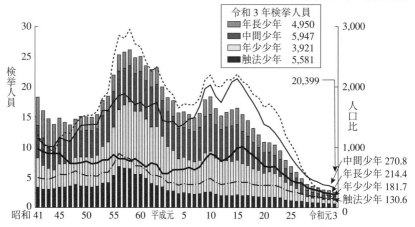

注 1　警察庁の統計、警察庁交通局の資料及び総務省統計局の人口資料による。
　2　犯行時の年齢による。ただし、検挙時に 20 歳以上であった者を除く。
　3　検挙人員中の「触法少年」は、補導人員である。
　4　平成 14 年から 26 年は、危険運転致死傷を含む。
　5　「人口比」は、各年齢層の少年 10 万人当たりの刑法犯検挙（補導）人員である。なお、触法少年の人口
　　比算出に用いた人口は、10 歳以上 14 歳未満の人口である。

図 15(9)‐3　少年による刑法犯　非行少年率の推移

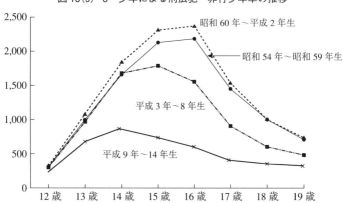

注 1　警察庁の統計、警察庁交通局の資料及び総務省統計局の人口資料による。
　2　犯行時の年齢による。ただし、検挙時に 20 歳以上であった者を除く。
　3　平成 14 年から 26 年の検挙人員については、危険運転致死傷によるものを含む。
　4　「非行少年率」は、各世代について、当時における各年齢の者 10 万人当たりの刑法犯検挙（補導）人員をいう。

く、ただ自らの快楽のために軽微な非行を犯す少年が多かったことから、遊び型非行に分類されている。なお、遊び型非行は、現在、初発型非行と呼ばれている。というのも、たとえ軽微な非行であっても放っておけば重大な非行に発展する可能性があるからである。

　第4の波も指摘される。少年刑法犯検挙人員が1996（平成8）年頃から増加に転じ、1998（平成10）年頃に小さなピークがあるからである。その後、少年刑法犯検挙人員は減少を続け、2013（平成25）年には1946（昭和21）年以降で初めて10万人を下回り、さらに2015（平成27）年には7万人を割り込み、2021（令和3）年では、戦後最小を更新する2万9,802人まで減少している。戦後、少年刑法犯検挙人員が最も高かった1983（昭和58）年から約88％の減少であり、また、少年人口比は、最も高かった1981（昭和56）年と比較すると、2021（令和3）年は186.5であり、約87％の減少である。いずれにせよ、わが国の少年非行情勢は、特に2003（平成15）年以降、劇的に改善してきたといえる。その要因として、少年人口の減少や社会の非暴力化傾向、反社会的な少年（社会に反発する少年）の減少と非社会的な少年（内面に問題を抱える少年）の増加などが指摘されているが、データに基づいて実証されているわけではない（佐伯ほか、2014年）。

2　非行少年の特徴

(1)　非行時の年齢

　2021（令和3）年の少年による刑法犯の年齢層別検挙人員（触法少年は補導人員）によれば、年長少年（18,19歳）は4,950人、中間少年（16,17歳）は5,947人、年少少年（14,15歳）は3,921人、触法少年（14歳未満）5,581人であった（図15(9)-2を参照）。2003（平成15）年以降、どの年齢層も減少している。少年法の大規模改正があった2000（平成12）年と比較すると、減少率は、年長少年79％、中間少年89％、年少少年93％、触法少年73％であり、年少少年が最も減少幅が大きく、触法少年が小さい。

　非行少年率（それぞれの年齢の者10万人当たりの一般刑法犯検挙（補導）人員）の推移を見ると、どの世代においても14～16歳を頂点として、その後は減少する（図15(9)-3を参照）。少年は、非行に走ったとしても、いずれ足

を洗う。すなわち、非行の一過性は一番新しい世代（平成9〜14年生まれ）においても維持されている。もっとも、平成9〜14年生は、非行少年率が他の世代と比較して全体的に低く、起伏がなだらかになっている。

図 15⑼‐4　少年による刑法犯の罪種別構成比（2021 年）

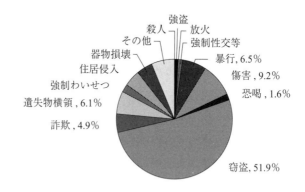

図 15⑼‐5　殺人・強盗・強制性交等・放火の少年検挙人員の推移

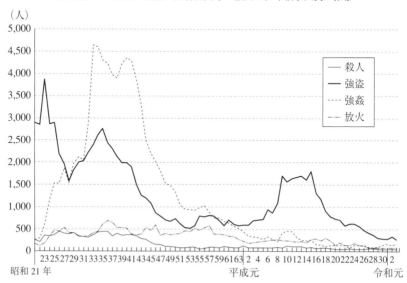

出典：法務省法務総合研究所（編）『令和4年版　犯罪白書』（2023年）108頁
　　　資料3‐3少年による刑法犯　検挙人員（罪名別）の表を基にグラフを作成した。

(2)　非行の罪種

①　刑　法　犯

少年非行の多くは、万引きや乗り物盗などの比較的軽微な犯罪で占められている。第3の波以降、このような傾向が継続している。少年一般刑法犯検挙人員を罪名別にみると、窃盗（52％）と遺失物横領（6％）が少年非行の6割弱を占めている（図15(9)-4参照）。さらに、窃盗の手口別構成比をみると、万引き、自転車盗、オートバイ盗で約7割と多い。横領では遺失物等横領が大半であり、具体的には放置自転車の乗り逃げである。つまり、少年非行の大半は万引か乗物関係の犯罪であり、したがって、比較的軽微であるといえる。

2000（平成12）年少年法改正の一つの根拠は、少年非行の凶悪化であった。そこで、警察庁が凶悪犯罪と定義する殺人、強盗、強姦、放火の4罪種について、2000（平成12）年と2021（令和3）年を比較すると、少年刑法犯検挙人員における殺人（105人→34人）、強盗（1,668人→217人）、強姦（311人→154人）、放火（210人→55人）である（平成元年以降の少年刑法犯検挙人員における凶悪犯罪の推移については図15(9)-5を参照）。量的な観点からは、少年による凶悪犯罪は激減している。

このように大半の罪種で少年の検挙人員は減少しているが、脅迫（178人→224人）、詐欺（535人→871人）、強制わいせつ等（501人→672人）（いずれも2000年→2021年）では増加している。もっとも、少年非行全体に大きな影響を及ぼすほどの増加ではない。

②　特　別　法　犯

少年による特別法犯では（交通法令違反を除く）、2021（令和3）年の検挙人員は4,940人で、昭和38年の1万8,967人、昭和58年の3万9,062人と二つの大きなピークを迎えたが、その後、減少を続け、平成19年や令和元年に増加に転じる状況をみせたものの、その後は再び減少した。罪種別では、軽犯罪法違反が最も多く、このうち田畑等侵入罪、業務妨害罪などが目立つ。薬物関係犯罪は昭和57年に3万2,129人を記録したが、その後減少に転じたのち、平成27年以降は増加を続け、令和3年では1,116名であった。このうち、大麻取締法違反955人が目立つ状況にある。

図 15(9)-6　少年による特別法犯 検挙人員の罪名別構成比

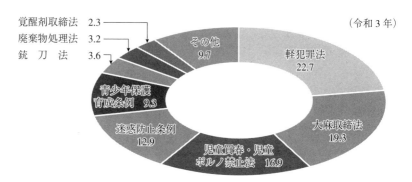

覚醒剤取締法　2.3
廃棄物処理法　3.2
銃　刀　法　3.6

（令和 3 年）

その他 9.7
軽犯罪法 22.7
大麻取締法 19.3
児童買春・児童ポルノ禁止法　16.9
迷惑防止条例 12.9
青少年保護育成条例 9.3

注 1　警察庁の統計による。
　2　犯行時の年齢による。
　3　触法少年を含まない。
　4　交通法令違反を除く。

図 15(9)-7　少年刑法犯 検挙人員中の再非行少年の人員・再非行少年率の推移

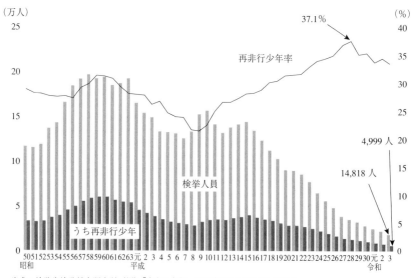

（万人）
（％）

25
40

37.1%

20
35

再非行少年率

15
30

25

10
20

検挙人員

4,999 人
15

14,818 人

5
10

うち再非行少年

5

0
0

50 51 52 53 54 55 56 57 58 59 60 61 62 63 元 2 3 4 5 6 7 8 9 10 11 12 13 14 15 16 17 18 19 20 21 22 23 24 25 26 27 28 29 30 元 2 3
昭和　　　　　　　　　　　　　　平成　　　　　　　　　　　　　　　　　　　　　　　　　　　令和

出典：法務省法務総合研究所（編）『令和 4 年版　犯罪白書』（2023 年）259 頁
　5-2-5-1 図　少年の刑法犯 検挙人員中の再非行少年の人員・再非行少年率の推移を基にグラフを作成した。

(3)　非行少年の養育環境

　かつて非行少年は単親家庭や貧困家庭出身者が多くを占めており、その養育環境が問題とされてきた。しかし、今日では両親が健在で、経済的にも中流階級に属し、高校にも進学している者が非行を犯す事例が増えている。むしろその背景には、家庭、学校、地域社会、あるいは余暇活動の場に問題があり、これらが機能不全に陥っているとの指摘がある。その理由として、第1に、非行少年に有職者が減少したこと、第2に、車社会の進展により乗物関係犯罪が激増したこと、第3に、余暇が多様化し、夜間に活動する機会が増えたこと、などが挙げられている。

　もっとも、少年院や児童自立支援施設、児童養護施設に収容される少年には伝統型の非行少年が依然として多いとされる。なぜなら、伝統型の非行少年は環境的経済的理由で十分な保護・教育が与えられていないことから、そのような環境から切り離して施設に収容し矯正教育を施す方が改善・更生する可能性が高いと家庭裁判所が判断するからである。

(4)　再非行少年率の上昇

　上記のように、近年の少年非行情勢は、1946（昭和21）年以降、一部の罪種で悪化しているものがあるものの、全体的には最も良好な状態にあるといって良い。しかし、再非行少年率（少年の一般刑法犯検挙人員に占める再非行少年（前に道路交通法違反を除く非行により検挙（補導）されたことがあり，再び検挙された少年）の人員の比率）が、少年非行の第3の波の中で31.3％（1984（昭和59）年）を記録したあと、1997（平成9）年の21.2％まで減少してきたが、そこから反転上昇し、平成22年には31.3％を上回り、その後、2016（平成28）年には37.1％に達した。第3の波以降、最も低かった1997（平成9）年の21.2％から15.9ポイントの上昇である（図15(9)-6参照）。つまり、再非行少年率は、少年非行が戦後最悪であった時代を上回っている。

　このような再非行少年率の上昇は、非行少年処遇の有効性に疑念を抱かせるものであり、重要な課題である。この問題に対応するために、法務省矯正局は、2008（平成20）年からリスク・ニーズ・アセスメント・ツールの開発に着手し、試作改良を重ねて、法務省式ケースアセスメントツール（MJCA（Ministry of Justice Case Assessment tool））を完成させ、2013（平成25）年から正

式に少年鑑別所における運用を開始した。本ツールは、諸外国のリスク・ニーズ・アセスメント・ツールを参考にしつつ、心理学や犯罪学等の人間科学の知見とわが国の少年鑑別所に入所した少年の実証データをもとに作成されたもので、少年の再非行可能性や教育上の必要性の把握に特化した統一的なアセスメント・ツールとされる。このツールは、鑑別資料の一つとして使用されるだけではなく、処遇段階においても処遇・教育方針の再検討の一資料として活用される。再非行少年率の削減にとって、大いに期待される。

3　現代非行の背景

1　非行に対する社会の厳罰化

　非行に対しては、社会自体が厳しく受け止める傾向が顕著である。かつて「遊びの非行化」が指摘されたが、その状況がいっそう進みつつある。すなわち、地域社会によるインフォーマルな統制が強かった時代は、いたずら程度の軽微な非行は地域社会内で私的に処理されていた。しかし、地域社会の統制力が弱化した現代では、少年のいたずらも地域社会には不安を与える結果となり、警察等に通報され、その結果、警察などの公的機関が非行として公的に処理するようになったという（所一彦「増える『非行』の背景」法学教室 No. 19（1982 年）95〜98 頁以下）。いわば「いたずら」が「非行・犯罪」に格上げされたのである。

　「遊びの非行化」は、今日の被害者運動の活発化や住民の犯罪不安感の悪化に伴い、一段と強められている。そして、しばしば市民の間で聞かれるのが、被害者側からみれば犯人が少年であろうが成人であろうが、被害という点では変わりがないという主張である。そこには、すでにかつての地域で子どもを育てるという意識、非行に陥った少年に対する支援が必要という意識が薄らぎ、非行少年に対するそのような対応は少年を甘やかすという認識に至っている。そのような意識が、2000 年以降、5 回にわたる相次ぐ少年法改正の背景になっているものと思われる。

　そして、このような非行少年に対する社会的排除（social exclusion）がいっそう少年たちを非行や犯罪へ追いつめ、社会復帰・更生を困難にしている。

この方向性を改善するには、非行少年が抱える諸種の問題（たとえば、虐待、いじめの被害体験など）に対する社会の人々の理解を深め、社会的排除が非行問題の根本的な解決ではないことを考えねばならない。

2　家庭の機能障害

　戦後の経済的発展や女性の社会進出などによる社会構造の変化は、家庭の構造を大きく変え、家庭内の統制力を減少させてきた。第1に、高度経済成長に伴う都市化は、祖父母・父母・子どもなどから構成される拡大家族から、両親と子どものみの核家族へと家族形態を大きく変化させた（核家族の割合 1955 年：45.4％、1980 年：60.3％、以後、60％前後で推移している）。第2に、子どもがいる夫婦の共働き率は、2004 年には 1980 年のおよそ2倍程度に上昇している。第3に、単親家庭の増加である。このような核家族化の進行、夫婦共働き率の上昇、単親家庭、特に母子家庭の増加は、子どもが家族と接する機会、コミュニケーションをとる機会を減少させており、また子どもの行動に対する親や家族の監視力・指導力を低下させている。

　さらに、近年では、社会的意識が深化したこともあり、児童虐待や家庭内暴力が新たな問題として浮上してきている。すなわち、日常的に暴力に曝されてきた子どもは、問題解決の手段として暴力を選択しやすいという指摘がなされており、将来の非行予防の観点からもこれらの問題への対応が重要である。

　このように、幼児期や少年期に十分な家庭における教育あるいは規範の注入（しつけ）を受けなかった少年は、是非弁別能力に欠け、自らの行為に対して善悪の判断ができないまま成長し、犯罪・非行を行う傾向が強まる。アメリカの犯罪学者トラビス・ハーシが指摘したように、誰もが生まれた時は無規範状態にあるのであり、その後の家庭や学校における規範の注入により逸脱を回避することが可能であるから、そのような教育、規範の注入が不十分であると、将来非行や犯罪を行う可能性が高まる。しばしば少年犯罪の凶悪化が指摘されるが、それはまさしく大人の基準における「凶悪化」であり、規範が十分に内面化されていない少年たちにとって、どの行為が凶悪であるのかの判断は困難なのである。

したがって、このような事態を避けるには家庭教育の充実強化が必要である。しかし、他方で、前述のように親や成人の規範力も弱まりつつあり、そのためには、地域において家庭とりわけ両親に対する再教育やカウンセリング等を行うか、場合によってはイギリスのように、親の責任負担を法制度化して、家庭や親の非行に対する自覚・意識を高めるしかないように思われる。

○コラム52　親の責任（parental responsibility）

　一般に、子どもが犯罪・非行を行った場合、親・保護者にも刑事責任などを科す制度である。欧米諸国ではこの種の制度がみられる。たとえば、イギリスでは、伝統的に親の責任を追及する法制度がみられたが、とくに1998年犯罪及び秩序違反法（the Crime and Disorder Act 1998）では、親に対する判決として裁判所に権限が認められており、子どもの養育を誓約させる誓約書命令（bindingover）、親が最高３ヶ月間カウンセリング・助言を受けることや、最高12ヶ月間子どもの学校への出席や一定場所への立ち入り回避を確実にすることなどを内容とする養育命令（parenting order）が言い渡される。違反すると、最高1,000ポンドの罰金が科される。

　わが国でも2000年少年法改正によって、「保護者に対する措置」（25条の２）が規定され、家庭裁判所が責任の自覚を促し、訓戒、指導その他の措置をとることが可能となったが、刑事罰は、規定されていない。その後の改革でも、少年院や保護観察所で保護者に対して指導・助言を行うことに留まっている。

3　青少年環境の悪化

　1990年代後半から、携帯電話やインターネットが急速に普及し、現在では、高度情報化社会が到来したといわれる。これらの IT（Information Technology）の普及により、日常生活の利便性は格段に向上したが、それと同時に新たな弊害も生じている。

　まず、携帯電話の普及は、子どもの安全の確保に資すると同時に、親が子どもの交友関係を把握することを困難にし、子どもに対する親の統制力を低

下させ、家庭内の非行抑制力を弱めている。

　次に、インターネットの普及は、新たな犯罪機会や犯罪形態を生み出した。すなわち、新たな犯罪機会とは、犯罪を実行するうえで、その実行手段としてインターネットを利用することを意味する。たとえば、ネット・オークション詐欺やフィッシング詐欺、ホームページやネット掲示板、オンライン・ゲームなどにおける名誉毀損、恐喝などの刑法犯あるいは著作権や商標権などの知的財産権侵害があげられる。また、他人のコンピュータ・サーバーへの不正アクセス行為などはインターネットに関する新しい犯罪形態といえよう。

　また、インターネットには非行を容易にする特徴がある。すなわち、インターネットを利用すれば、人と直接に接触することなく非対面で実行でき、また現実の生活圏という空間的制約にとらわれないことから、違法薬物を手に入れたり、売春（援助交際とも言われる）の相手を見つけたりすることが著しく容易になった。さらに、インターネットにおいて、高度で専門的な知識を容易に取得できることから、少年がインターネット上の爆発物作成方法を記載したホームページを参考にして爆発物を実際に作成し使用した例もある。このように、インターネットは、匿名性が高く、顔も知らない被害者の苦しみを直接実感しにくいことから、犯行者の罪障感を弱め、多くの少年に非行を誘発させる傾向がみられる。

　これらの弊害は、少年非行だけではなく犯罪全般に対して言えることである。しかし、一般的に成人よりも少年の方がこれらの情報技術に順応しやすく、また影響を受けやすい。実際に、近年、凶悪犯、粗暴犯、窃盗犯、風俗犯が減少傾向にあるのに対して、インターネット詐欺を中心とする知能犯のみが上昇傾向にある。これは、少年非行全体に影響を及ぼすほどの数値ではないが、今後の動向に注意を要するであろう。

4　少年非行への対応

1　法制度の改善
少年非行に対応するため、わが国だけでなく、多くの国で少年法が制定さ

れ、少年非行に関する多くの関連機関が設置されている（第 6 講「刑事司
法・少年司法機関の役割」を参照）。少年法は保護主義を基調に、「少年の健全
育成」を図る法律である。一般市民は多く、少年法を処罰の法（刑法の少年
版）と理解する傾向がみられるが、これは全くの曲解である。たとえば、非
行少年に対して家庭裁判所が審判の結果、言い渡す「少年院送致」は保護処
分の一つであり、少年院は少年を収容して更生のための教育を行う機関であ
り、刑罰を執行する機関ではない（ただ、2000 年改正少年法では、少年院が一
部、刑罰の執行の場と位置づけられた）。少年法が刑法や刑事訴訟法とは別に
制定されている理由は、少年犯罪が成人の犯罪と性質・性格がことなる点に
着目したからに他ならない。少年には犯罪ではなく、「非行」という語が使
用されているのは、まさしくそのためである。つまり、少年は精神的肉体的
に発展途上にあり、環境に影響されやすい点、他方で、柔軟性（可塑性）が
あり更生可能性も高い点などを配慮し、少年法は非行を行った少年に対し
て、特別の保護を与え、更生を支援する体制をとる。このような体制は、決
してわが国だけでなく、多くの国も同様である。

　しかし、確かに、上述したように、近年非行現象にも変化がみられ、少年
の規範意識、罪の自覚が弛緩する傾向にあるとすれば、何らかの対応は必要
であろう。その一つの対応として、たとえば、イギリスの法制などにみられ
るように親の責任に対する追及を充実させることも考えられる。2000（平成
12）年少年法改正では、第 25 条の 2 が新設され、家庭裁判所は「保護者に
対し、少年の監護に関する責任を自覚させ、その非行を防止するために、調
査又は審判において、自ら訓戒、指導その他の適当な措置」、さらに 2007
（平成 19）年には少年院長や保護観察所長が少年の親に対して指導・助言を
行うことが可能となった。これを担保するためには親に対するある種の強制
措置も必要と思われる。そうでないと、非行を行った少年のみに一般社会の
厳罰化が進み、非行の背景にある親の問題が看過される可能性があるからで
ある。

2　処遇制度の改善
　非行少年の処遇は通常、保護処分としての送致先である少年院や保護観察

所で行われる。もちろん、刑事処分によって収容された少年刑務所でも行われるが、少年の対象者数は少ない。少年院は、比較的犯罪傾向が進んだ者や凶悪事件に関与した者に対する処遇を行う。対象者に応じて処遇が個別化されており、基本的処遇計画を作成してこれに従って運用されている。処遇の種類としては、収容期間が原則 6 ヶ月以内の一般短期処遇、4 ヶ月の特修短期処遇、原則 2 年以内の長期処遇に分かれ、さらに処遇が細分されている。最近では、2 年を超える長期処遇もみられる。

しかし、いずれにせよ、少年院は一般の市民からは強力なラベリングが付されているうえに、施設収容という自由拘束を伴うから、長期収容だからといって更生の効果があるとは言い難い。また、更生の有無や程度は結局退院後の生活にも依存するから、家庭関係の再構築、進路の適正化、以前の仲間との関係断絶等、むしろ社会生活に戻った後に重点をおいて処遇を行うべきであろう。その意味で、少年院仮退院後の保護観察の充実がきわめて重要である。

3 **非行予防活動**

大半の非行少年は施設内処遇を経験することは少なく、警察や家庭裁判所に送致されたあとに家庭に戻る。実際、2021（令和 3）年における少年保護事件の家庭裁判所終局処理人員では、審判不開始・不処分が約 6 割を占め、家庭裁判所において審判自体開かれないか、処分が言い渡されておらず、家庭裁判所による訓戒や指導などの教育的な働きかけがなされる場合もあるが、多くはそのまま家庭に戻されている。簡易送致ないしは審判不開始の対象少年のその後の再犯率は必ずしも低くないと言われ、この状況を改善するために、警察では実験的に「少年対話会」などを実施したことがある（「少年対話会」については第 7 講参照）。

このような対応がとられる理由としては、事件自体が軽微であり、あるいは本人がすでに反省したり、更生したりしていることが考えられる。しかし、地域社会に戻れば再犯の危険にさらされる。その意味で、潜在的な非行少年も対象に含めた非行予防活動が求められる。

非行予防活動には警察による少年サポート・センター運営や少年相談活

動、非行防止教室あるいは少年補導員による街頭補導活動、少年警察協助員による少年の非行集団離脱に対する活動、少年指導委員による有害環境阻止活動など多様に展開されている。あるいは、法務省は毎年、「社会を明るくする運動」を展開している。しかし、これらの活動は単一の機関で、場合によっては形骸化しやすい。そこで、最近では、行政機関が主導しこれに多機関が協働する形で、個別具体的な事態への対応を強めており、従来にはない新しい形で問題に取り組む傾向がみられる。非行予防活動の実施者があまり形式的に威圧的な態度で臨むよりも、少年たちと友好的な態度で接する方が効果的であるとの報告もあり、今後は地域のさまざまなセクションが協働する多機関協働体制を構築すべきであろう。そのためにも、少年たちの「居場所づくり」など非行への防波堤としての空間を地域社会に創設して、非行を早期に発見し、あるいは予防する方策を検討すべきである。

参考文献

・法務総合研究所編『平成 28 年版　犯罪白書』(2016 年、日経印刷)
・坂野剛崇「少年非行をめぐる現状と課題」論究ジュリスト 8 号 (2014 年) 144 頁以下
・佐伯仁志ほか「〈座談会〉少年非行」論究ジュリスト 8 号 (2014 年) 154 頁以下
・法務省矯正局「法務省式ケースアセスメントツール (MJCA) について」(2013 年)
・川出敏裕「少年非行」法律のひろば 59 巻 1 号 (2006 年) 13 頁以下
・守山正・後藤弘子編『ビギナーズ少年法』(2005 年、成文堂) 31 頁以下
・法務総合研究所編『平成 17 年版 犯罪白書』(2005 年、国立印刷局)

(わたなべ・やすひろ)

刑事法令年表

公布年月	法令名	概要、　　　　その他
明治時代		
元年	「仮刑律」	
3 年	「新律綱領」	
5 年	「監獄則」	
6 年	「改定律例」	
13 年	旧「刑法」（明治 15 年施行）、「治罪法」（明治 15 年施行）	
17 年	「爆発物取締罰則」	
18 年	「違警罪即決例」	
22 年	「決闘罪ニ関スル件」	
33 年	「感化法」、「未成年者喫煙禁止法」、「精神病者監護法」	
38 年	「外国裁判所ノ嘱託ニ因ル共助法」	
40 年	「刑法」（明治 41 年施行）	
41 年	「監獄法」、「感化法」改正	・不良少年の処遇を感化院にまとめる。
大正時代		
10 年	「刑法」改正	・業務上横領罪の法定刑の下限引下げ
11 年	旧「少年法」、「未成年者飲酒禁止法」	
15 年	「暴力行為等処罰ニ関スル法律」	
昭和時代		
5 年	「盗犯等ノ防止及処分ニ関スル法律」	
6 年		改正刑法仮案（総則）公表（9 月）
8 年	「少年教護法」	
15 年		改正刑法仮案（各則）公表（4 月）
16 年	「刑法」改正	・強制執行不正免税、競売入札妨害、談合、事前収賄、第三者供賄、枉法収賄、事後収賄、安寧秩序に対する罪等の新設
20 年		「ポツダム宣言ノ受諾ニ伴ヒ発スル命令ニ関スル件」公布（9 月）
22 年	「刑法」改正	・①皇室に対する罪、外患罪の一部、安寧秩序等に対する罪、姦通罪等の廃止、②公務員職権濫用、特別公務員職権濫用、特別公務員暴行陵虐、暴行、脅迫などの法定刑引上げ、③暴行罪の非親告罪化、④重過失致死傷罪の新設、⑤名誉毀損罪の事実の証明に関する規定の設置、⑥刑の執行猶予可能範囲の拡大、⑦刑の消滅に関する規定の新設

	「児童福祉法」、「恩赦法」	
22 年	「道路交通取締法」	
23 年	「軽犯罪法」、「麻薬取締法」、「大麻取締法」、「検察審査会法」、「罰金等臨時措置法」	
	「少年法」(24 年施行)、「刑事訴訟法」(24 年施行)	
24 年	「犯罪者予防更生法」	
25 年	「公職選挙法」、「精神衛生法」、「保護司法」	・精神衛生法（通報制度、措置入院制度の創設）
	「更生緊急保護法」	
26 年	「覚醒剤取締法」、「出入国管理及び難民認定法（入国管理法）」	
27 年	「破壊活動防止法」	
28 年	「麻薬取締法」、「逃亡犯罪人引渡法」「刑法」改正	・刑の執行猶予の要件緩和、一定要件下の再度の執行猶予（保護観察付）
29 年	「あへん法」、「執行猶予者保護観察法」	
	「刑法」改正	・初度の刑の執行猶予に保護観察
	「交通事件即決裁判手続法」	・警察、検察、裁判所の三者即日処理方式の導入
31 年	「売春防止法」	
32 年	「犯罪捜査規範」（国家公安委員会規則号）	
33 年	「銃砲刀剣類等所持取締法」	
35 年	「刑法」改正	・①あっせん収賄罪新設、②証人等威迫罪、凶器準備集合及び結集罪等の新設、③輪姦的形態による強姦罪及び強制わいせつ罪等の非親告罪化
	「婦人補導院法」	
	「証人等の被害についての給付に関する法律」	
35 年	「刑法」改正	・不動産侵奪罪、境界毀損罪の新設
	「道路交通法」（道路交通取締法の廃止）	
36 年		改正刑法準備草案の公表（12 月）
38 年		交通切符制度（1 月）
		吉展ちゃん誘拐殺人事件（3 月）
39 年		ライシャワー事件（3 月）
	「刑法」改正	・①身代金目的の略取等の罪、その予備罪等の新設、②持凶器傷害罪の新設、③常習的暴力行為の法定刑引上げ、④常習的暴力行為に傷害（204 条）を付加

40 年	精神衛生法の改正	
42 年	「道路交通法」改正	・交通反則通告制度の導入
43 年	「刑法」改正	・業務上（重）過失致死傷罪の法定刑引上げ
		永山則夫連続射殺事件（10 月-11 月）
		よど号ハイジャック事件（3 月）
45 年	「航空機の強取等の処罰に関する法律」	
49 年	「航空の危険を生じさせる行為等の処罰に関する法律」	
		改正刑法草案答申（5 月）
		三菱重工ビル爆破事件（8 月）
52 年		ダッカ日航機ハイジャック事件（9 月）
53 年	「人質による強要行為等の処罰に関する法律（人質強要処罰法）」	
55 年	「刑法」改正	・収賄罪、あっせん贈賄罪の法定刑引上げ
	「犯罪被害者等給付金支給法」（56 年 1 月 1 日施行）	
	「国際捜査共助等に関する法律」	監獄法改正の骨子となる要綱（11 月）
		新宿西口バス放火死傷事件（8 月）
56 年		深川通り魔事件（6 月）
		刑事治療処分の提案（法務省刑事局）（12 月）
57 年		刑事施設法案および留置施設法案（4 月）
58 年		宇都宮病院事件（3 月）
62 年	「刑法」改正	・①電磁的記録不正作出等の罪、電子計算機損壊等による業務妨害罪、電子計算機使用詐欺罪の新設、②公正証書原本不実記載・同行使罪、公用文書等毀棄罪・私用文書等毀棄罪の客体に電磁的記録を包含
	「精神衛生法」改正（「精神保健法」への改称）	
平成時代		
平成 2 年（1990 年）		
		「児童の権利に関する条約」署名（9 月。平成 6

		年 4 月 22 日批准、同年 5 月 22 日発効）
		愛知代議士刺殺事件（10 月）
平成 3 年（1991 年）		
4 月 17 日	「罰金の額等の引上げのための刑法等の一部を改正する法律」（5 月 7 日施行）	・罰金および科料額の引上げ、刑法典上の罰金法定額の改定
		東海大学病院安楽死事件（4 月）
5 月 15 日	「暴力団員による不当な行為の防止等に関する法律（暴力団対策法）」（4 年 3 月 1 日施行）	・いわゆる「暴力団対策法（暴対法）」と呼ばれ、指定暴力団の行為・活動を規制
10 月 5 日	「国際的な協力の下に規制薬物に係る不正行為を助長する行為等の防止を図るための麻薬及び向精神薬取締法等の特例等に関する法律（麻薬特例法）」（4 年 7 月 1 日施行）	・国連麻薬新条約を締結するための国内法で、不正収益の規制策などを導入
平成 4 年（1992 年）		
6 月 26 日	「少年の保護事件に係る補償に関する法律（少年事件補償法）」（9 月 1 日施行）	
平成 5 年（1993 年）		
5 月 19 日	「不正競争防止法」改正（6 年 5 月 1 日施行）	・①条文のひらがな化、②法目的の明記、③不正競争行為の類型拡充、④損害額推定規定の新設
平成 6 年（1994 年）		
2 月	「公職選挙法」改正（一部を除き 12 月施行）	・連座制の強化として、①連座制の対象に秘書、組織的選挙運動管理者等を加え、②5 年間の立候補制限を規定
2 月	「政治資金規正法」改正（一部を除き 7 年 1 月施行）	
		松本サリン事件（6 月）
平成 7 年（1995 年）		
		地下鉄サリン事件（3 月）
4 月 21 日	「サリン等による人身被害の防止に関する法律（サリン被害防止法）」（4 月 21 日施行）	
5 月 8 日	「更生保護事業法」（8 年 4 月 1 日施行）	・旧来の更生保護会を法人化し、財政的な優遇措置を受けられるようにした
5 月 12 日	「刑法」改正（6 月 12 日施行）	・①刑法の条文を現代語表記に改めた、②刑法 40 条の削除、③尊属殺人罪等の尊属保護規定を削除
5 月 12 日	「銃砲刀剣類所持等取締法」改正（6 月 12 日施行）	

5 月 19 日	「精神保健法」改正（一部を除き 7 月 1 日施行）	・「精神保健及び精神障害者福祉に関する法律」に改称
平成 8 年（1996 年）		
3 月 29 日	「証人等の被害についての給付に関する法律」改正（4 月 1 日施行）	・給付の種類に介護給付を追加
		「被害者連絡制度」（警察）（2 月）
		京都京北病院安楽死事件（4 月）
平成 9 年（1997 年）		
5 月 1 日	「入管法」改正（同日施行）	・①集団密航に係る罪、営利目的等不法入国等援助罪、不法入国者等蔵匿・隠避罪の新設、②不法入国罪の処罰範囲の拡大
		神戸児童連続殺傷事件（5 月）
6 月 6 日	「暴力団対策法」改正	
6 月 18 日	「廃棄物の処理及び清掃に関する法律」改正（一部を除き 12 月 17 日施行）	・産業廃棄物の不法投棄に対する罰則強化
7 月 16 日	「臓器の移植に関する法律（臓器移植法）」（10 月 16 日施行）	・臓器移植を行うに際して、脳死を人の死とすることを定めた
		永山則夫死刑執行（8 月）
		世田谷小二男児ひき逃げ事件（11 月）
平成 11 年（1999 年）		
		「被害者通知制度」（検察）（4 月）
5 月 19 日	「検察審査会法」改正	
5 月 26 日	「児童買春、児童ポルノに係る行為等の処罰及び児童の保護等に関する法律（児童買春・児童ポルノ処罰法）」（11 月 1 日施行）	
8 月 13 日	「不正アクセス行為の禁止等に関する法律（不正アクセス禁止法）」（一部を除き 12 年 2 月 13 日施行）	・不正アクセス行為、不正アクセス助長行為に対する罰則を規定
8 月 18 日	「組織的な犯罪の処罰及び犯罪収益の規制等に関する法律（組織的犯罪処罰法）」（12 年 2 月 1 日施行）	
8 月 18 日	「犯罪捜査のための通信傍受に関する法律（通信傍受法）」（12 年 8 月 15 日施行）	
8 月 18 日	「刑事訴訟法」改正	
		桶川女子大生ストーカー殺人事件（10 月）

			東名高速飲酒運転二児死亡事件（11月）
12月17日	「無差別大量殺人行為を行った団体の規制に関する法律（団体規制法）」（12月27日施行）		
平成12年（2000年）			
			佐賀バスジャック事件（5月）
5月19日	「犯罪被害者等の保護を図るための刑事手続に付随する措置に関する法律（被害者保護法）」（11月1日施行）	・被害者の公判傍聴、公判記録の閲覧、加害者・被害者の和解の効果等を定める	
5月19日	「刑事訴訟法」改正（6月8日施行）	・性犯罪の親告期間の撤廃	
5月24日	「ストーカー行為等の規制等に関する法律（ストーカー規制法）」（11月24日施行）	・恋愛や怨恨による「つきまとい」行為に対して警告、禁止命令等を規定	
5月24日	「児童虐待の防止等に関する法律（児童虐待防止法）」（11月20日施行）	・児童虐待の犯罪性や児童虐待の定義を明記	
11月29日	「公職にある者等のあっせん行為による利得等の処罰に関する法律（あっせん利得処罰法）」（13年3月1日施行）	・国会議員・地方議会議員等が公務員等に口利きを行い報酬を受け取る行為、国会議員公設秘書等の同様の行為を処罰	
12月6日	「少年法」改正（13年4月1日施行）	・①刑事処分可能年齢の引き下げ、②重大事件の検察官関与と国選弁護人、③救済・抗告制度の拡大、④被害者への配慮	
平成13年（2001年）			
4月13日	「犯罪被害者等給付金支給法」改正（7月1日施行）	・「犯罪被害者等給付金の支給等に関する法律」に改称、①重傷病給付金の新設、②支給対象の拡大、③給付基礎額の引上げ、④犯罪被害者等早期援助団体の指定	
4月13日	「配偶者からの暴力の防止及び被害者の保護に関する法律（DV防止法）」（10月13日施行）	・DV被害者を保護するため、加害者に対する保護命令等を規定	
			附属池田小学校児童殺傷事件（6月）
6月20日	「道路交通法」改正（14年6月1日施行）	・悪質危険な運転行為（救護義務違反、酒酔い、過労運転、無免許運転など）に対する罰則の引上げ	
7月4日	「刑法」改正（7月24日施行）	・クレジットカード、銀行キャッシュカードの偽造に対する処罰する規定を有価証券偽造罪に追加（163条の2以下）	
11月16日	「テロリストによる爆弾使用の防止に関する国際条約の締結に伴う関係法律の整備に関する法律（爆弾テロ防止条約国内		

12 月 5 日	実施法)」（11 月 16 日施行）	
	「刑法」改正（12 月 15 日施行）	・①危険運転致死傷罪（208 条の 2）の創設、②軽微な自動車運転による致傷につき裁量的刑の免除（211条 2 項）を規定
平成 14 年（2002 年）		
		日韓「犯罪人引渡条約」署名（4 月。同年 6 月 21日発効）
4 月 26 日	「金融機関等による顧客等の本人確認等に関する法律（本人確認法）」（15 年 1 月 6 日施行）	・資金洗浄防止やテロ資金対策のため金融機関に本人の確認とその記録の保存および特定取引に関する記録保存を義務づけ
		名古屋刑務所事件（5月）
6 月 12 日	「国際受刑者移送法」（15 年 6 月 1 日施行）	・国際移送条約の締結のための国内法として、服役中の受刑者を締約国相互に移送する規定をおく
6 月 12 日	「公衆等脅迫目的の犯罪行為のための資金の提供等の処罰に関する法律（テロ資金提供処罰法）」（7 月 2 日施行）	・テロ資金供与防止条約の締結のため国内法整備のための法律
7 月 31 日	「入札談合関与行為の排除及び防止に関する法律（官製談合防止法）」（15 年 1 月 6 日施行）	
平成 15 年（2003 年）		
		「国際組織犯罪防止条約」国会承認（5 月）
6 月 4 日	「特殊開錠用具の所持の禁止等に関する法律（ピッキング対策法）」（9 月 1 日（一部 16 年 1 月 20 日）施行）	・ピッキング用具の所持などを処罰
		スーパーフリー事件（6月）
6 月 13 日	「インターネット異性紹介事業を利用して児童を誘引する行為の規制等に関する法律（出会い系サイト規制法）」（9 月 13日（一部 12 月 1 日）施行）	・出会い系サイトにより児童を性交等の相手方とする誘引行為を処罰（書込みをした児童自身を含む）
		長崎男児誘拐殺害事件（7 月）
7 月 16 日	「心神喪失等の状態で重大な他害行為を行った者の医療及び観察等に関する法律（心神喪失者等医療観察法）」（一部を除き、17 年 7 月 15 日施行）	・精神障害で重大な他害行為を行い責任能力の問えない者に対して、裁判所が入退院の処遇決定を行い、地域での継続的な治療を確保
7 月 18 日	「刑法」改正（8 月 7 日施行）	・国民以外の者の国外犯規定（3 条の 2）を新設
		「日米刑事共助条約」署名（8 月。18 年 6 月 21

年月日	法令	内容	事件等
			犯罪対策閣僚会議設置（9 月）
			行刑改革会議報告書（12 月）
			犯罪に強い社会の実現のための行動計画（犯罪対策閣僚会議）（12 月）
平成 16 年（2004 年）			
			岸和田男子中学生虐待事件（1 月）
			サイバー犯罪条約の国会承認（4 月）
4 月 14 日	「児童虐待防止法」改正（10 月 1 日施行）	・児童虐待の加害者を同居人に拡大	
			日批准、同年 7 月 21 日発効）
5 月 28 日	「裁判員の参加する刑事裁判に関する法律」（21 年 5 月 21 日施行）	・裁判員制度の導入	
5 月 28 日	「検察審査会法」改正（21 年 5 月 21 日施行）	・同一事件で検察審査会が再度『起訴相当』とした起訴議決に法的拘束力	
5 月 28 日	「道路交通法」改正（6 月 9 日一部施行）	・①運転中の携帯電話使用自体の処罰、②酒酔い・酒気帯び運転の罰則強化、③騒音運転の罰則新設、④違法駐車取締業務の民間委託	
			佐世保同級生女児殺害事件（6 月）
6 月 2 日	「DV 防止法」改正（12 月 2 日施行）	・①離婚後も保護の対象、②精神的虐待を定義に追加、③被害者の子に対する接近禁止	
6 月 2 日	「入国管理法」改正（一部を除き、12 月 2 日施行）	・不法入国罪等の罰金刑の引き上げ、上陸拒否期間の拡大、在留資格取消制度の創設	
6 月 18 日	「児童買春・児童ポルノ処罰法」改正（7 月 8 日施行）	・①法定刑の全般的な引き上げ、②電磁的ポルノを対象、③提供目的のポルノ保管行為の処罰	
			奈良女児誘拐殺人事件（11 月）
12 月 8 日	「刑法」改正（17 年 1 月 1 日施行）	・①有期刑上限の変更、②集団強姦罪の新設など	
	「刑事訴訟法」改正（17 年 1 月 1 日施行）	・公訴時効期の延長	
12 月 8 日	「犯罪被害者等基本法」（17 年 4 月 1 日施行）	・①犯罪被害者のための施策に関する基本理念の明示、②犯罪被害者等基本計画の策定、③犯罪被害者等施策推進会議の設置など	
12 月 10 日	「本人確認法」改正（12 月 30 日施行）	・預貯金通帳等の有償譲受け等に関する罰則規定の新設「金融機関等による顧客等の本人確認等及び預金口座等の不正な利用の防止に関する法律」に改称	

平成 17 年（2005 年）		
2 月 4 日		愛知安城幼児殺害事件
4 月 15 日	「携帯音声通信事業者による契約者等の本人確認等及び携帯音声通信役務の不正な利用の防止に関する法律」（5 月一部施行、18 年 4 月全面施行）	・振り込め詐欺防止のため、携帯電話事業者の本人確認を義務づけ、その不正譲渡・貸与への罰則を新設
4 月 27 日	「独占禁止法」改正（18 年 1 月 4 日施行）	・課徴金制度の見直し、課徴金減免制度、公正取引委員会の犯則調査権限の導入
5 月		綾瀬少女ネット誘拐監禁事件
5 月 25 日	「刑事施設及び受刑者の処遇等に関する法律」（18 年 5 月 24 日施行）	・監獄法の改正
6 月 22 日	「刑法」改正（7 月 12 日）	・国連条約に対する国内法整備のため、①人身売買罪・加害目的の略取・誘拐罪の新設、②逮捕・監禁罪、未成年者略取・誘拐罪の法定刑引き上げ
6 月 29 日	「商法」改正（18 年 5 月 1 日施行）	・特別背任罪等の国外犯処罰規定の新設、株主の権利行使に関する利益供与罪に対する任意的自首減免規定の新設
6 月 29 日	「証券取引法」改正（12 月 1 日施行）	・虚偽記載の有価証券届出書等の提出、風説流布・偽計、相場操作、インサイダー取引に対する法定刑上限の引き上げ
9 月 15 日		「核によるテロリズムの行為の防止に関する国際条約」署名（平成 19 年 7 月 7 日発効）
11 月 22 日		広島女児殺害事件
12 月		栃木女児殺害事件
平成 18 年（2006 年）		
1 月		下関駅舎放火事件（1 月 7 日）
		ライブドア事件
1 月 20 日		「刑事に関する共助に関する日本国と大韓民国との間の条約」署名（平成 18 年 12 月 27 日批准、19 年 1 月 26 日発効）
5 月 8 日	「刑法」改正（5 月 28 日施行）	・窃盗罪および公務執行妨害罪につき、軽微な事案への対応として罰金刑を規定、211 条の罰金額引き上げ
6 月 7 日	「児童虐待防止法」改正（19 年 4 月 1 日）	・児童相談所職員による住居への立入り、捜索を規定
6 月 8 日	「受刑者処遇法」改正、「刑事収容施設及び	・「刑事施設ニ於ケル刑事被告人ノ収容等ニ関スル法

	び被収容者等の処遇に関する法律（刑事収容施設法）」（改称）(19年6月1日施行)	律」の廃止、未決拘禁者・死刑確定者の処遇を含めて受刑者処遇法との一般化を実現
6月14日	「証券取引法」改正 (19年9月30日施行)	・「金融商品取引法」に改称、開示書類の虚偽記載及び不公正取引の罰則強化
6月28日		「更生保護を考える有識者会議」報告書
8月25日		福岡飲酒運転三児死亡事件
12月15日	「入札談合等関与行為防止法」改正 (19年3月14日施行)	・国家公務員等の入札等の公正を害する行為への罰則創設
12月20日	「貸金業の規制等に関する法律等」改正 (19年1月20日一部施行、22年6月18日全面施行)	・グレーゾーン金利廃止、ヤミ金融業者の高利貸付けに対する罰則強化、無登録営業に対する罰則強化
12月20日	「官製談合法」改正	・「入札談合等関与行為の排除及び防止並びに職員による入札等の公正を害すべき行為の処罰に関する法律」に改称
平成19年 (2007年)		
3月31日	「犯罪による収益の移転防止に関する法律（犯罪収益移転防止法）」(4月1日、一部20年3月1日)	・サイバー条約締結による国内法整備のため不正指令電磁的記録の作成の処罰、記録媒体の証拠収集に関する規定を設置
4月17日		長崎市長射殺事件
5月23日	「刑法」改正 (6月12日施行)	・①自動車運転過失致死傷罪 (211条2項) の新設、②二輪車の危険運転致死傷罪の対象化
6月1日	「少年法」改正 (11月1日施行)	・①触法少年事件に関する警察の調査権限の整備、②少年院送致可能年齢の引下げ、③保護観察遵守事項違反に対する措置、④特定重大事件に対する国選付添人制度の導入
6月15日	「更生保護法」(12月1日一部施行、20年6月1日全面施行)	・犯罪者予防更生法と執行猶予者保護観察法を整理統合し、かつ犯罪被害者保護の規定を設置
6月20日	「道路交通法」改正 (9月19日一部施行)	・①酒酔い運転、酒気帯び運転の法定刑の引上げ、②悪質な飲酒運転幇助行為に対する罰則規定の新設、③救護義務違反の法定刑引上げ
6月27日	「刑事訴訟法」改正 (12月26日一部施行)	・①刑事裁判への被害者参加制度の創設、②損害賠償命令制度の創設、③被害者の氏名等の情報保護制度の創設
7月11日	「DV防止法」改正 (20年1月11日施行)	・保護命令の対象及び範囲の拡充し、無言電話禁止のための保護命令を規定
11月8日		佐賀入院患者射殺事件
11月30日	「銃刀法」「武器等製造法」改正 (12月30日施行)	・暴力団等によるけん銃犯罪の重罰化、罰金刑の引上げなど
12月1日		「刑事に関する共助に関する日本国と中華人民共

		和国との間の条約」署名（平成 20 年 10 月 24 日批准、20 年 11 月 23 日　発効）
12 月 14 日		ルネサンス佐世保散弾銃乱射事件
12 月 21 日	「犯罪利用預金口座等に係る資金による被害回復分配金の支払等に関する法律（振り込め詐欺救済法）」（20 年 6 月 21 日施行）	
平成 20 年（2008 年）		
4 月 18 日	「犯罪被害者等給付金支給法」改正（7 月 1 日施行）	・題名の改正、犯罪被害者等給付金の拡充、やむを得ない理由のため申請できなかった場合の特例の創設など
4 月 23 日	「犯罪被害者等の権利利益の保護を図るための刑事手続に付随する措置に関する法律及び総合法律支援法の一部を改正する法律」	・国選被害者参加弁護士制度の新設
5 月 2 日	「暴力団対策法」改正（8 月 1 日施行）	・暴力団の代表者等に対する民事責任の追及、組織的暴力の助長行為の規制、行政対象暴力の規制など
5 月 23 日		「刑事に関する共助に関する日本国と中華人民共和国香港特別行政区との間の協定」署名（21 年 9 月 24 日発効）
6 月 8 日		秋葉原無差別殺傷事件
6 月 18 日	「少年法」改正（7 月 8 日施行（一部を除く））	・被害者等による記録の閲覧・謄写の範囲の拡大、意見聴取対象者の拡大、少年審判傍聴制度、審判状況説明制度の新設など
6 月 18 日	「オウム真理教犯罪被害者等を救済するための給付金の支給に関する法律」（12 月 18 日施行）	・オウム真理教犯罪被害者等給付金制度の創設（年 12 月 17 日に原則的申請期間が終了）
12 月 5 日	「銃刀法」改正（21 年 1 月 5 日一部施行）	・ダガーナイフ等の所持禁止、銃砲刀剣類の所持許可の要件の厳格化、実包等の所持に関する規制の強化など
平成 21 年（2009 年）		
3 月 13 日		ソマリア沖・アデン湾における海賊行為対処のための海上警備行動・発令
5 月 12 日		「刑事に関する共助に関する日本国とロシア連邦との間の条約」署名（平成 22 年 11 月 13 日批准、23 年 2 月 11 日発効）

6月19日	「著作権法」改正（22年1月1日施行（一部を除く））	・違法な著作物等の流通の抑止に関する規定の整備など
6月24日	「海賊行為の処罰及び海賊行為への対処に関する法律（海賊対処法）」（7月24日施行）	・海賊行為に関する罪の新設など
		広島少年院暴行陵虐事件
7月22日		「刑を言い渡された者の移送及び刑の執行における協力に関する日本国とタイ王国との間の条約」署名（22年7月29日批准、22年8月28日発効）
12月15日		「刑事に関する共助に関する日本国と欧州連合との間の協定」署名（23年1月2日発効）
平成22年（2010年）		
4月27日	「刑法」「刑事訴訟法」改正（4月27日施行（一部を除く））	・公訴時効・刑の時効の廃止・延長など
10月11日		大津市いじめ中2自殺事件
平成23年（2011年）		
4月28日	「犯罪収益移転防止法」改正（25年4月1日施行）	・特定事業者の追加、取引時の確認事項の追加、罰則の強化など
6月3日	「民法等の一部を改正する法律」（24年4月1日施行）	・児童虐待防止のための親権制度の見直し、親権停止制度の新設、未成年後見制度等の見直しなど
6月8日	「不正競争防止法」改正（12月1日施行）	・営業秘密を保護するための刑事訴訟手続の整備、技術的制限手段回避装置等提供行為に対する規律の強化など
6月24日	「障害者虐待防止法」制定（24年10月1日施行）	・障害者虐待の禁止、障害者虐待防止等に関する規定の整備など
12月16日		西海市ストーカー殺人事件
平成24年（2012年）		
3月31日	「不正アクセス行為禁止法」改正（5月1日施行）	・フィッシング行為、ID・パスワードの不正取得等の禁止・処罰、不正アクセス行為に係る罰則の法定刑の引上げなど
6月22日	「死因究明等の推進に関する法律」（9月21日施行）	・死因究明等の総合的かつ計画的な推進のための死因究明推進法、死因究明等推進会議の設置、死因究明等推進計画の策定など

6月22日	「警察等が取り扱う死体の死因又は身元の調査等に関する法律」（25年4月1日施行）	・警察等による死体の取扱いに関する規定の整備、遺族の承諾なしの新解剖制度の創設など
6月27日	「著作権法」改正（10月1日施行）	・違法ダウンロードの刑事罰化に係る規定の整備
7月4日	「サイバー犯罪に関する条約」公布・告示（11月1日発効）	・サイバー犯罪に関する実体及び手続規定の整備・国際協力等を規定
8月1日	「暴力団対策法」改正（10月30日、25年1月30日施行）	・特定抗争指定暴力団等に係る規定の創設、都道府県暴力追放運動推進センターによる事務所使用差止請求制度の導入など
9月5日	「海上保安庁法及び領海等における外国船舶の航行に関する法律の一部を改正する法律」（9月25日施行）	・海上保安官の執行権限の充実強化、遠方離島における犯罪対処など
9月12日	「金融商品取引法等の一部を改正する法律」（1年半内政令日施行）	・課徴金制度の見直し、インサイダー取引規制の見直し
11月6日		逗子ストーカー殺人事件
平成25年（2013年）		
2月13日		グアム無差別殺傷事件
5月17日	「麻薬及び向精神薬取締法及び薬事法の一部を改正する法律」（10月1日）	・麻薬取締官等の処分権・立入検査権、指定薬物等の試験のための収去権限の追加など
6月12日	「犯罪被害者等の権利利益の保護を図るための刑事手続に付随する措置に関する法律及び総合法律支援法の一部を改正する法律」（12月1日施行）	・被害者参加旅費等支給制度の創設、被害者参加人のための国選弁護制度における資力要件の緩和
6月14日	「道路交通法の一部を改正する法律」（26年6月1日、9月1日一部施行）	・一定の病気等に係る運転者、悪質・危険運転者、自転車利用者の対策強化
6月19日	「刑法等の一部を改正する法律」「薬物使用等の罪を犯した者に対する刑の一部の執行猶予に関する法律」（28年6月1日施行（27年6月1日一部施行））	・刑の一部の執行猶予制度、社会貢献活動の創設
6月28日	「いじめ防止対策推進法」制定（9月28日施行）	・いじめ防止に関する国・地方公共団体等の責務の明確化
7月3日	「DV防止法」改正（26年1月3日施行）	・「生活の本拠を共にする交際相手からの暴力及びその被害者」もDV防止法の対象に
7月3日	「ストーカー規制法」改正（25年7月23日、25年10月3日施行）	・電子メール送信行為の規制対象化、被害者からの禁止命令等の申出の新設など
10月8日		三鷹ストーカー殺人事件
11月27日	「自動車の運転により人を死傷させる行為等の処罰に関する法律」制定（26年5月20日施行）	・危険運転致死傷罪、自動車運転過失致死傷罪を刑法から移転、危険運転致死傷罪に新類型を追加、発覚免脱罪の新設など
12月13日	「薬事法及び薬剤師法の一部を改正する法律」（26年4月1日一部施行）	・指定薬物の所持、使用等の禁止など（危険ドラッグ対策）
平成26年（2014年）		

1月24日		「刑を言い渡された者の移送に関する日本国とブラジル連邦共和国との間の条約」署名（28年2月14日発効）
2月7日		「重大な犯罪を防止し、及びこれと戦う上での協力の強化に関する日本国政府とアメリカ合衆国政府との間の協定」署名
3月27日		袴田事件、再審決定（静岡地裁）
4月18日	「少年法」改正（5月8日、6月18日施行）	・国選付添人制度と検察官関与制度の対象事件の範囲拡大、少年の刑事事件に関する処分の規定の見直し
6月4日	「重大な犯罪を防止し、及びこれと戦う上での協力の強化に関する日本国政府とアメリカ合衆国政府との間の協定の実施に関する法律」	・重大犯罪に関連する疑いのある人物の指紋情報のオンライン照会と自動回答、人定・犯罪経歴等の追加情報の提供に関する枠組みの構築
6月11日	「少年院法」改正（27年6月1日一部施行、7月1日全面施行）	・少年院の種類変更、少年院視察委員会の設置、在院者の権利義務関係の明確化、不服申立制度の創設など
6月11日	「少年鑑別所法」制定（27年6月1日施行、7月1日全面施行）	・鑑別対象者の鑑別、在所者の観護処遇、健全育成支援、権利義務の範囲、不服申立手続、市域社会における非行防止に関する援助、施設委員会の設置など
6月25日	「児童ポルノ禁止法」改正（7月15日施行）	・3号ポルノの定義の明確化、児童ポルノ所持罪、盗撮による児童ポルノ製造罪の新設など
7月26日		佐世保女子高生殺害事件
11月27日	「私事性的画像記録の提供等による被害の防止に関する法律（リベンジポルノ防止法）」制定（11月27日一部施行）	・リベンジポルノの犯罪化、公表罪、公表目的提供罪の新設など
11月27日	「国際連合安全保障理事会決議第千二百六十七号等を踏まえ我が国が実施する国際テロリストの財産の凍結等に関する特別措置法」（27年10月5日施行）	・国際テロリストの公告・指定、財産凍結等の措置
11月27日	「犯罪収益移転防止法」改正（11月27日一部施行）	・疑わしい取引の判断方法の明確化、為替業務等の代行契約時の厳格な確認、事業者が行う体制整備等の努力義務の拡充
平成27年（2015年）		
1月9日		「刑を言い渡された者の移送に関する日本国とイラン・イスラム共和国との間の条約」署名

6月12日	「裁判員の参加する刑事裁判に関する法律の一部を改正する法律」（27年12月12日）	・長期間審判事件等の除外対象可能化、被害者の氏名等の情報保護規定等の整備
6月17日	「道路交通法の一部を改正する法律」（公布日より2年以内施行）	・高齢運転者対策の推進に関する規定、運転免許の種類等に関する規定の整備
6月24日	「風俗営業等の規制及び業務の適正化等に関する法律の一部を改正する法律」（28年3月23日一部施行、28年6月23日全面施行）	・客にダンスをさせる営業に係る規制範囲の見直し、特定遊興飲食店営業に関する規定の整備等
9月2日	「矯正医官の兼業及び勤務時間の特例等に関する法律」（12月1日施行）	・矯正医官の診療兼業の法務大臣による承認化、フレックスタイム制の導入
平成28年（2016年）		
6月3日	「刑事訴訟法」改正（一部規定を除き、公布日から3年以内に施行）	・取調べの一部可視化、司法取引制度の導入、通信傍受対象犯罪の拡大、裁量保釈判断考慮事情の明確化、被疑者国選弁護制度対象事件の拡大、証拠開示制度の拡充など
6月3日	「児童福祉法」改正（一部規定を除き、29年4月1日施行）「児童虐待防止法」改正（一部規定を除き、29年4月1日施行）	・児童福祉法の理念の明確化、児童虐待発生予防、発生時の迅速的確な対応、被虐待児童への自立支援に関する規定の整備
6月7日	「国外犯罪被害弔慰金等の支給に関する法律」（11月30日施行）	・国外犯罪被害弔慰金等支給制度の新設
7月26日		**相模原障害者施設無差別殺傷事件**
12月14日	「ストーカー規制法」改正（29年1月3日施行）	・規制対象行為の拡充（SNS等も規制対象に）、禁止命令等の制度の見直し、ストーカー行為等に係る情報提供の禁止、罰則の見直し等

※本年表は、平成28年12月末現在において作成したものである。

索　引

本文掲載の写真・肖像画出典一覧

P. 1 　A. フォイエルバッハ　http://ja.wikipedia.org/wiki/Anselm_von_Feuerbach.jpg

P. 2 　F. リスト　http://ja.wikipedia.org/wiki/Bild:Liszt.jpg

P. 12 　C. ロンブローゾ　http://ja.wikipedia.org/wiki/Bild:Cesare_Lombroso.png

P. 14 　C. ベッカリーア　http://ja.wikipedia.org/wiki/Cesare Beccaria.jpg

P. 15 　J. ハワード　http://www.howardleague.org/index.php?id=johnhoward

P. 15 　小河滋次郎　上田市立図書館所蔵　小河滋次郎監獄学集成〈復刻版〉五山堂

P. 177 　留岡幸助　北海道家庭学校所蔵
　　　　　岡山県高梁市　http://www.city.takahashi.okayama.jp/

P. 267 　J. オーガスタス　http://www.mass.gov/courts/probation/pr071207a.html

P. 273 　金原明善　法務省保護局 http://www.moj.go.jp/HOGO/hogo02.html

編者・執筆者紹介

* 守山　正　（もりやま　ただし）　　第1講、第3講、第4講、第14講、
　　拓殖大学名誉教授　　　　　　　　　第15講 (2)、(5)、(7)

* 安部哲夫　（あべ　てつお）　　　　第5講、第10講、第12講、
　　獨協大学名誉教授　　　　　　　　　第15講 (3)、(4)

　恒光　徹　（つねみつ　とおる）　　第2講、第9講、第11講
　　大阪市立大学名誉教授

　太田達也　（おおた　たつや）　　　第6講、第7講
　　慶應義塾大学法学部教授

　渡邉泰洋　（わたなべ　やすひろ）　第8講、第15講 (1)、(9)
　　拓殖大学政経学部准教授

　朴　元奎　（ぱく　うぉんきゅ）　　第13講、第15講 (8)
　　北九州市立大学名誉教授

　神例康博　（かんれいやすひろ）　　第15講 (6)
　　岡山大学大学院法務研究科教授

（*編著者、掲載順）

ビギナーズ刑事政策〔第3版補訂版〕

平成20年6月30日	初 版第1刷発行
平成23年6月1日	第2版第1刷発行
平成29年7月31日	第3版第1刷発行
令和5年5月1日	第3版補訂版第1刷発行

編著者　守山　正　安部哲夫

発行者　阿部成一

〒162-0041　東京都新宿区早稲田鶴巻町514番地

発行所　株式会社　成文堂

電話 03（3203）9201（代）Fax（3203）9206
http://www.seibundoh.co.jp

製版・印刷・製本　シナノ印刷

定価（本体3000円＋税）